JN437319

쉴라이에르마허에서 리꾀르까지

현대 철학적 해석학의 흐름

머리말

오늘날 현대 유럽철학은 그 주류 흐름에 있어서 해석학적 철학으로 전개되고 있다. 독일의 선험철학은 19세기에 신칸트주의로 발전하여 선험적 자아의식의 유아론적 자기인식에서 한계를 경험하고, 20세기에 이르러 하이데거에 의하여 존재론으로 전개되었다. 19세기 쉴라이에르마허에서 이해의 이론으로서 시작된 현대적 해석학은 뵈크의 "인식된 것의 인식"이라는 문헌학으로서 백과전서의 해석학을 지나, 드로이젠의 인간정신의 표현으로서 역사를 파악하는 역사 이해의 해석학, 딜타이의 문헌적으로 고정된 삶의 기술학으로 파악된 정신과학의 해석학을 거쳐 20세기에 하이데거에 이르러 존재론적 전향을 하기에 이른다. 하이데거에서 전개된 존재론적 해석학은 가다머에 이르러 영향사 해석학으로 전개되었다. 베티는 적용 아닌 순수의미론적 객관성을 강조하며, 정신과학 이해를 위한 규범적 해석학을 제안하였다. 하버마스는 이데올로기 비판을 수행하는 비판적 해석학과 상호소통의 합의 해석학을 제시하였고, 이러한 하버마스의 착상을 발전시키면서 아펠은 선험철학의 해석학적 변형을 시도하면서 이상적 소통 공동체 해석학을 제시하였다.

해석학은 리꾀르에 이르러 텍스트 해석학으로서 해석학적 철학으로 전개되었다. 더욱이 현대의 해석학은 훗설의 현상학에서 파생되어 나왔다. 하이데거, 가다머, 레비나스, 리꾀르 등이 모두 초기에는 현상학자이었다. 이들은 훗설의 선험적 현상학이 갖는 유아론적 성찰의 한계를 극복하는 가운데서 그 방법론적 출구를 해석학적 반성에서 찾았다. 리꾀르가 말하는 대로 현상학과 해석학은 서로를 요구하면서 보완한다. 현상학은 의미의 질문을 제시함으로써 해석학에 대한 전제이며, 해석학은 현상학이 제시하는 의미질문에 대한 설명함으로써 현상학의 전제이다.

그리하여 현대의 해석학적 철학에서는 인간이 스스로의 이성적 사변적 반성을 통하여 존재의 의미를 성찰하는 것이 아니라 언어, 상징 등 텍스트로 주어지는 언어적 표현을 해석함으로써 자기와 역사를 이해하기에 이르고 있다. 철학이란 해석학적 성찰이요, 이 해석학적 성찰은 인간의 선험적 이성이 진리를 인식하기 위한 가장 자연스러운 하나의 철학적 방법으로 인정되고 있다. 해석학적 철학은 이제 단지 현대 철학의 중요한 분과만이 아니라 성경학과 신학의 반성에 있어서 중요한 방법론적 성찰을 제시한다. 이미 리꾀르는 철학적 해석학자로서 성경해석학과 신학적 해석학을 제시하였고 이에 지대한 영향을 미쳤다.

본 저서는 이상에서 서술한 바 같이 쉴라이에르마허에서 리꾀르에 이르는 철학적 해석학의 이론적 흐름을 소개하는 해석학 입문이다. 본래 본 저서는 1994년 한국해석학회가 창립되어 대우학술재단의 연구과제(1995년)로 지정을 받아 진행하였던 연구과제에서 비롯되었다. 필자는 이 원고들을 다시 최근 새로운 연구성과에 맞추어 정리하면서 2000년 들어와 학술지에 한해에 하나씩 발표하기에 이르렀다. 따라서 본서의 각 장들은 새한철학회의 학술지 『철학논총』(2003년 이후 2010년), 칸트학회의 학회지 『칸트연구』(2003년), 한국해석학회의 학회지 『해석학 연구』(2006년) 등 여러 학술지(學術誌)에 기고하였던 논문이다. 이 논문들은 본래 철학적 해석학에 대한 입문으로서 의도되었고 그렇게 발표된 논문들이 모여져서 하나의 저서가 형성된 것이다.

본서가 현대철학에 대하여 관심을 가지는 자들에게 그리고 현대 성경신학, 조직신학, 기독교 철학, 문학을 전공하는 학도들에게 철학적 해석학에 대한 하나의 길잡이가 되기를 바라는 마음이 간절하다. 본서의 출판과정에 심혈을 기울려주신 장창훈 출판부장과 실무적인 교정과 표제의 디자인을 위하여 노고를 아끼지 않으신 임경란 계장께 감사를 드리고 싶다.

2010년 9월 저자

- 목 차 -

1장
해석학이란 무엇인가

머리말

해석학은 본래 종교적 텍스트에 대한 이해에서 시작되었다. 이것이 근대에 와서 일반 텍스트 이해로 발전하면서 철학적 해석학이 시작되었다. 그러므로 해석학 이해에는 성경 해석학, 신학적 해석학의 이해가 같이 수반한다. 따라서 성경 해석학과 신학적 해석학은 철학적 해석학을 이해하는 지평이 된다.

1. 해석학에 대한 일반적 이해

해석학이란 이해에 대한 연구이다. 해석학은 특히 텍스트가 가진 의미에 대한 이해를 그 과제로 하고 있다. 해석학은 문학적으로 말해서 하나의 작품에 새겨진 인간적인 각인, 그 작품의 의미를 해독하고자 하는 해독과정(deciphering process)에 대한 이론이다. 해석학은 일차적으로는 텍스트 해설을 위한 장치와 기술을 그 과제로 하고 발전했으나 점차 이해와 해석에 대한 일반적인 설명의 지평 내에서 해석학적 문제를 보고 이해를 인간 실존의 근원적인 현상과 관련시키면서 현대 철학의 중요한 분야로 등장하기에 이른다.

해석학이란 용어와 더불어 우리는 해석의 보편성과 이 단어의 광범위한 사용을 말할 수 있다. 해석이란 이해와 더불어 인간 삶의 근원적인 현상이다. 우리는 아침에 눈을 뜨고 일어나서 일하고 잠자리에 눕기까지 어느 하나 해석을 하지 않고 실천되는 언어와 행위는 없다. 우리는 만나는 상대방의 언어와 행동을 해석하고 거기에 합당한 대응을 하면서 사회생활을 한다. 상대방의 말과 행위를 해석하지 못할 때 우리의 사회생활은 불가능하며 우리의 삶은 이루어질 수 없다. 해석이란 인간사고의 가장 원초적인 작용이요, 우리의 삶은 끝임없는 해석의 과정이다. 요아힘 바하(Joachim Wach)가 말하는 바 같이, 인간의 삶은 언어가 없이도 생각될 수 있다. 그러나 인간 삶은 인간 상호간의 이해 즉, 해석 없이는 상상조차 할 수 없다.[1] 언어는 인간 감각과 지각을 형성시켜 주며 인간 자신과 세계에 대한 이해를 형성시켜 준다. 카시러(E. Cassirer)와 리꾀르(P. Ricoeur)가 말하는 바 같이 인간이 원초적 고백에서 사용하는 상징(symbols)이라고 할지라도 인간 언어의 차원을 넘어설 수 없다.[2] 인간의 모든 행위는 언어를 통해서 이루어진다. 그러므로 언어는 하이데거(M. Heidegger)와 가다머(H. G. Gadamer)가 말하는 바 같이 인간 존재를 유지하는 매개체이다.

---

1) Joachim Wach, *Das Verstehen*, Grundgüge einer Gesclicrte der hermeneutischen theorie im 19. Jahrhundert, Tübingen 1926-33, I. Abschnitt. 1. Kapital.

2) Ernst Cassirer, *Philosophy of Symbolic Forms*, Vol.3: The Phenomenology of Kmowledge, transl cvted by Ralph Manheim, New Haven cend London, yale University press, 1957 The Chapter on the Language
Paul Ricoeur, *The Symbolism of Evil*, trans. by Emerson Buchnan, Harpers & Row, 1967.

해석학은 이해이론의 두 가지 영역을 다루고자 한다. 하나는 텍스트 이해이고 다른 하나는 인간 존재와 관련하여 일어나는 이해현상이다. 해석학은 단지 텍스트 해석의 차원에 그치지 않고, 언어를 사용하는 인간 존재에서 일어나는 근원적인 사건으로서, 하나의 독자적인 철학적 흐름으로서 베티가 피력하는 바 같이 인문학의 토대가 된다.[3)]

1) 용어 설명

"해석학"이란 단어는 희랍어 동사 헤르메네인(hermenein, ἑρμηνεύιν)에서 유래한다. 그것은 언표, 알림, 해석, 서명(署名) 그리고 번역을 의미한다. 이 단어는 다양한 의미들을 가지고 있다. 이 다양한 의미들은 "무엇이 이해되어져야 한다"는 공통성에 근거하고 있다. 이 단어는 표출로부터 의미의 내면으로 되돌아가는 의미매개의 과정(ein Vorgang der Sinnvermittlung)으로 증시된다. 이것은 모든 언어적 표현에, 역사적 내지 문학적 서적의 설명인 해석에 그리고 한 서적을 다른 언어로 번역할 때에 나타난다.

언어가 유래한 헤르메스(Hermes)는 언어와 문자의 근원으로 인정되는 신의 사자(使者)다. 그것은 이미 희랍어에서 델포이 신전(神殿)의 신탁(神託)이나 신적 소명의 해석과 이해를 의미했다는 것은 확실하다. 그러므로 해석학이란 단어는 그 어원에 있어서 종교적인 영역, 즉 신적 메시지의 이해와 해석과 관련되어 있다. 이러한 사실에 근거할 때 "해석학"이란 단어는 신학 분야에서 최초로 형성되고 사용되었다.[4)]

---

3) Emillo Betti, *Allgemeine Auslegungslehre als Methodik der Geisteswissenschaften*, Tübingen, 1967, 771 pp. *Die Hermeneutik als allgemeine Methodik der Geisteswisenschaften, Philosophie und Geschichte* series, Pamphlet Nos. pp. 78-79, Tübingen, 1962, 64 pp.

4) Emerich Coreth, *Grundfragen der Hermenutik,* Herder 1969, 신오현역, 『해석학』, 종로서적, 1985, 4.

아리스토텔레스는 그의 논문 "해석에 관하여"(herme¯neias, On Interpretation)에서 해석을 "언명"이라고 정의한다.[5] 그에 의하면 언명이란 신으로부터의 메시지가 아니라 합리적 지성의 작용이다. 그는 "헤르메네이아"를 한 사물의 참 혹은 거짓과 관련된 진술을 하는 정신 작용을 지시하는 것이라고 정의한다. 해석이란 "참과 거짓을 판별할 수 있는 발화(發話)행위"다. 아리스토텔레스는 해석을 이렇게 정의함으로써 수사학과 시학을 해석론에서 배제한다. 그리고 그는 언명으로 나타나는 해석을 논리학과 혼동시켜서는 안 된다고 본다. 언명이란 진술의 형성 그 자체며 논리학은 알려진 것으로부터 모르는 것으로의 추론이기 때문이다. 아리스토텔레스는 해석의 계기가 논리적 분석의 제 과정에 선행한다고 보았다.

신학자 에벨링(Gerhard Ebeling)은 헤르메네인(ἑρμηνεύιν)의 세 가지 의미를 지적하였다.[6] 그것은 "표현하다"(ausdrücken), "해석하다"(auslegen)와 "번역하다"(übersetzen)이다. 해석과 번역은 거의 동일한 의미를 지니고 있다. 낯선 말을 친숙한 말로 번역하는 것은 어떤 의미에서 해석이기 때문이다. 표현과 해석의 차이는 다음과 같다. 표현은 정신이 내적인 사상을 표출시키는 것이고, 해석은 표현된 것 배후에 있는 내적 의미를 찾는 것이다.

희랍철학에서 해석학이란 해석하는 기술(Kunst der hermenuein)로 이해되었다. 해석학에 있어서 의미연관은 다른 언어로부터 친숙된 언어로 번역되어야 한다. 플라톤의 파악에 의하면 해석학은 기술에 속한다. 그것은 신들의 말을 밝혀내어야 한다. 아리스토텔레스에 의하면 해석학이란 진리와 허위에 관계하는 판단의 논리적 구조를 다룬다.

---

5) Aristoteles, *On Interpretation, Peri herme¯neias,* Commentary by St. Thomas and Cajetan, Trans. from the Latin and with an introduction by Jean T. Oesterle, Milwaukee: Marquette University Press, 1962, 17a2.

6) Gerhard Ebeling, Art. "Hermeneutik", in : *Religion in Geschichte und Gegenwart Bd. III,* 1959, 243.

교부시대(Patristik)에도 성경해석 기술은 교회와 신학의 중요관심사였다. 르네상스 이래로 해석학은 신학적 해석학(hermeneutica sacra), 철학적 해석학(hermeneutica profana), 법 해석학(juristische Hermeneutik)으로 발전되어 왔다. 그러나 올바르고 사태에 적합한 문헌 해석이라는 점에 있어서 해석학이란 단어는 근세 17세기에 와서 처음으로 등장한다.[7)]

17세기에 와서는 해석하는 기술(ars interpretandi)은 신학과 문헌학과 법학의 보조수단이 되었다. 그것은 상응하는 텍스트에 대한 해석의 규칙을 확정해야 한다. 이제 해석학은 "이해의 기술" 내지 "올바른 해석이론"이 된다. 해석이란 이해되도록 하는 것(ein Verständlichmachen) 또는 낯설은 의미를 이해되는 것으로 번역(ein Übersetzen von fremdem Sinn in Verständliches)하는 것이다. 해석학적 이론이란 이해의 이러한 과정을 취급하는 것이다. 인간의 모든 행위는 이해되도록 하는 과정을 기초로 하고 있다. 해석학의 보편성요구란 이 사실을 증언한다.

2) 해석학의 두 가지 성격 : 규범적 해석학과 현상학적 해석학

해석학이란 좁게 파악한다면 이해의 이론(eine Theorie der Interpretation)이다. 이해의 이론은 두 가지 성격으로 나타난다.[8)] 이것은 현대 해석학에서도 양극화 현상으로 나타나고 있다. 하나는 쉴라이에르마허와 딜타이를 따르는 전통이며, 다른 하나는 하이데거와 가다머를 따르는 전통이다. 전자는 해석학을 해석의 근저에 놓여 있는 방법론적 원리를 규명하는 학문으로 이해하고, 후자는 해석학을 모든 이해의 성격과 필수적인 조건들에 대한 현상학적 해명으로 본다. 전자는 이해의 객관적 타당성을 찾으려고 하

---

7) Jean Grondin, *Einführung in die philosophische Hermeneutik*, Darmstadt, 1991, 21.

8) 코레스는 규범적 해석학과 현상학적 해석학에 관해서는 언급하고 있다 (E. Coreth, op. cit., 31). 그리고 팔머도 현대에 있어서 해석학의 양극화 현상– 쉴라이에르마허와 딜타이를 따르는 전통과 하이데거를 따르는 전통– 에 관하여 언급하고 있다 (Richard E. Palmer, op. cit., 80-81).

고, 후자는 이해의 역사적이고 존재론적 사건을 밝히고자 한다. 전자는 해석학이란 객관적 해석을 위한 제 원리를 제공하는 기능을 해야 한다고 보고, 후자는 해석학이란 존재에 대한 기술(記述), 존재이해의 사건을 드러내는 것이라고 본다. 전자는 규범론자이며 후자는 현상학자이다. 해석학은 규범론자에게는 방법론적 규범해석학으로 이해된다. 이것은 쉴라이에르마허에서처럼 이해의 기술이다. 이해기술이란 텍스트 접근을 위한 방법적인 규칙제시를 말한다. 이러한 해석학의 과제란 기술적이고 규범적인 차원을 드러내는 것이다. 규범해석학은 이해의 임의성을 막기 위해서 실행해야 할 규칙을 설정하는 것이다. 이해이론은 하이데거 등 현상학자에게는 현상학적 해석학으로 이해된다. 현상학자들은 이해의 근원적 현상에 대한 현상학적 분석을 위해서 규범적인 반성을 도외시한다. 이러한 현상학적 분석은 어떻게 해석되어야 하는가가 아니라 어떻게 실제로 해석되어지는지를 기술한다. 현상학적 반성은 이해에 있어서 무엇이 현실적으로 일어나며, 해석에 있어서 인간 이해행위에는 무엇이 일어나야 하는가를 드러내려고 한다. 그리하여 이해 현상의 철학적 근본조건을 해명하고자 한다. 따라서 해석이론을 수행할때에 우리는 규범적 해석학과 관계하든지 아니면 현상학적 이해에 관계하든지 해야 한다.

규범적 해석학을 시도한 자는 쉴라이에르마허, 드로이젠, 딜타이, 베티, 허쉬(E. D. Hirsch), 아펠과 하버마스 등이며, 현상학적 해석학을 수행하는 자는 하이데거, 가다머, 불트만, 에벨링과 푹스 등 신해석학자들 그리고 리꾀르 등이다. 규범해석학과 현상학적 해석학 사이의 논쟁은 1960년대 초 베티와 가다머 사이의 논쟁에서 첨예화 되었다.[9] 하버마스는 한편으로는 일상적인 이해의 현상학적 분석에서 시작하나 다른 한편으로는 이상적 의사소통이 가능할 수 있는 선험적 공동체를 요청한다는 점에 있어서 규범적

---

9) H. G. Gadamer, *Wahrheit und Methode. Grundzüge einer philosophischen Hermeneutik* (Tübingen, 1961, 2 Aufl. 1965), 482ff.

해석학을 시도하고 있다. 해석학의 이해란 하이데거에 와서 텍스트해석에 국한되지 않고 인간실존과 사고의 근원적인 현상이 되고 있다. 이해는 가다머에 와서는 역사적 전승에 대한 만남(지평융합)이 되며 언어 속에서 일어나는 인간의 가장 근원적인 사건이 된다. 그리고 리꾀르에 와서는 이해는 그 영역을 텍스트의 차원에서 더 나아가 행위와 역사로 확대된다. 여기서는 이해의 해석학이 현상학적으로 전개된다.

2. 성경 해석학의 문제

해석학이란 용어는 이처럼 종교적인 사용에서 비롯되었다. 근세에 철학적 해석학이 발전되기 전에는 고대 사회에서부터 주로 성경텍스트 이해를 위하여 해석학은 사용되어 왔다. 성경해석학이란 성경해석의 제 원리를 지칭하는 것이다. 성경 해석 외에도 고대로부터 세속적인 영역에서도 올바른 문헌해석의 문제가 제기되었다. 문학작품, 역사적 증언, 지난날의 법전 등은 올바르게 이해되어야 한다. 그리고 성경해석도 이러한 광범위한 맥락 속에서 이해되어야 한다. 해석학의 어원이 신탁의 해석과 관련되어 있는 것처럼 성경해석학은 하나님의 말씀에 대한 해석과 관련된다. 성경은 우리 인간에게 하나님의 말씀을 인간의 언어(희브리어와 희랍어)로 전달한 것을 기록한 책이다. 성경은 하나님의 말씀을 인간적이며 역사적인 언어로 전달한 문헌이다. 그러므로 우리는 성경본문이 전하는 하나님의 계시의 내용을 담고 있는 문학적이고 역사적인 차원을 고려해야 한다. 성경 해석학은 이를 위하여 문학적 해석학에서 많은 도움을 받을 수 있다. 1654년 단하우어(J. C. Danhauer)는 『성경주석의 방법으로서의 성경해석학』(Hermeneutica sacra sive methodus exponenndarum sacram litterarum)이라는 책을 출판했다.[10]

---

10) G. Ebeling, "Hermeneutik," *RGG, III,* p. 243.

이 책의 제목에서 보듯이 해석학은 해석의 방법으로서 주석과는 구별되고 있다. 여기서 해석학이란 실제적인 주석과는 달리 주석의 규칙 또는 방법을 다루는 것이다. 성경본문에는 우리의 삶과 윤리를 규정하는 규범적이고 권위적인 명제들이 있기 때문에 이에 대한 적절한 해석이 요구된다. 성경해석학은 이를 위하여 법해석학에서 많은 것을 시사받을 수 있다.

구약성경도 처음부터 해석의 과제에 직면하였다. 율법서, 역사서, 예언서, 성문서로 되어 있는 구약성경 중 예언서는 율법서에 대한 새로운 해석이었다. 구약성경은 신약성경의 빛 속에서 해석되어 진다. 그러므로 구약과 신약의 관계는 약속과 성취의 관계(Verheissung und Erfüllung Verhältnis)로 이해되어 진다. 구약성경이 하나님의 성전의 네 기둥이라면 신약성경은 그 지붕이다. 마르시온(Marcion)을 비롯한 이단들이 구약성경의 불필요성을 주장한데 반해서 교회는 구약성경의 필요성을 강조했다. 그것은 마치 하나님 왕국이라는 집을 짓는 데 있어서 네 기둥이 필요한 것처럼 구약성경은 필수불가결한 것이다. 유대교가 신약성경의 불필요성을 주장하는 데 반해서 교회는 구약성경 해석을 위하여 신약성경의 필요불가결성을 강조한다. 구약성경에 대하여 신약성경은 마치 집의 지붕과 같은 역할을 한다. 지붕없는 집은 항상 미완성된 것이다.

성경해석자인 우리는 성경 속에서 종교개혁자 루터와 칼빈이 말하는 바같이 하나님의 음성을 들을 수 있어야 한다. 루터는 성경해석에 있어서 해석학적 원리를 제시했다. 형식적 원리란 "성경은 스스로 해석한다"(scriptura interpres ipsus, scripture interprets itself)이다. 성경은 교회의 전통이나 신조로써 해석되는 것이 아니라 성경자체로써 해석되어야 한다는 것이다. 내용적 원리는 "그리스도 중심적 해석"(Christcentered interpretation)이다. 구약성경 창세기에서 신약성경 요한 계시록에 이르기까지 모든 성경본문은 그리스도를 증거하고 있으므로 예수 그리스도 중심으로 해석되어야 한다는 것이다. 해석의 내용적 성경 해석에 있어서 해석자인 우리는 그 속에서 말씀하시고자 하는 하나님의 계시 음성을 들을 수 있어야 한다.

성경해석학은 이를 위하여 신학적 해석학에서 많은 것을 시사 받을 수 있다. 성경은 하나의 문헌으로 올바르게 해석되어야 하는데 올바른 이해의 기술을 다루는 학문의 분야가 바로 철학적 해석학이다. 성경해석학은 위에서 보는 바 같이 일반 문학적 해석학이나 법 해석학이나, 신학적 해석학 그리고 철학적 해석학과의 긴밀한 관계 속에 있다. 성경해석학은 하나님 말씀인 성경을 해석하는 고유한 영역의 학문이다. 그러나 성경해석학은 이러한 타 영역 해석학의 도움을 받음으로써 보다 풍요한 해석학적 성과를 거둘 수 있다. 그러므로 성경해석학은 성경본문을 해석함에 있어서 보다 더 넓은 정신과학적 연관성, 그리고 일반 학문이론적이고 방법론적이며 철학적이고 신학적인 연관을 고려하여야 한다.

18세기에 와서 합리주의 발전과 이에 따른 고전 문헌학의 융성은 성경해석학에 큰 영향을 주었다. 성경에 대한 역사 비판적 방법이 태동한 것이다.[11] 계몽주의의 유산을 계승한 합리주의자들은 "성경주석의 규범이 될 수 있는 것은 오로지 공통적인 이성의 빛"이라고 보았고(스피노자),[12] "역사의 우연적인 진리들은 결코 이성의 필연적인 진리들을 위한 증거가 될 수 없다"(레싱)[13]고 주장했다. 이들은 역사의 우연적인 진리는 이성적인 진리에 비하여 열등하다고 간주했다. 그리하여 이들은 성경해석에 있어서 종교개혁전통이 강조한 초자연적인 계시보다는 계몽된 이성이 타당하다고 간주할 수 있는 도덕적인 진리를 찾아내고자 하였다. 합리주의자들은 성경

11) Hans-Joachim Kraus, *Geschichte der historisch-kritischen Erforschung des Alten Testaments von der Reformation bis zur Gegenwart,* Neukirchen, 1956, pp. 70-102.

12) G. Ebeling, "Hermeneutik," *RGG III*, p. 245.

13) Gotthold E. Lessing, "Über den Beweis des Geistes und der Kraft"(1777), "On the Proof of the Spirit and of Power," in: *Lessing's Theological Writings*: Selections, Trans. and with an introductory essay by Henry Chadwick, Standford, 1957, pp. 51-6.

에 있는 초자연적 계시나 구속의 진리보다는 보편적 이성에 타당할 수 있는 도덕적 진리를 찾아내고자 하였다. 이들은 이미 문헌학 연구를 통해서 문법적 분석기술을 세련된 수준까지 발전시켰다. 그리고 성경해석에 있어서 다른 문헌학에 적용되는 문법적이고 역사적 비판적인 방법을 그대로 적용시켰다. 1761년 에르네스티(J. A. Ernesti)는 그의 저서 『신약 해석의 강요』(Institutio interpretis Novi Testamenti)에서 "성경의 언어적 의미는 우리가 다른 책에서 하는 것과 동일한 방식으로 결정되어야 한다"고 주장했다.[14] 독일 합리주의의 아버지라고 불리우는 젬믈러(J. S. Semler)는 개인적 신앙과 학문적 신학을 분리시키면서 전자는 주관적으로 생활하는 신앙이며, 후자는 객관적으로 주장하는 신념이라고 보았다. 그는 성경의 의미는 "역사적 이해자가 성경을 마치 다른 환경과 변화된 시대를 탐구하듯이 다루게 될 수 있을 때에만" 보존된다고 보았다.[15] 그리하여 성경해석학은 합리주의자들에 있어서 세속적인 해석이론, 즉 고전의 문헌학과 같은 것이 되었다. 여기서 성경해석의 방법은 일반 고전문헌의 해석방법과 동일한 것이 되었다. 그리하여 엄격하게 성경적이었던 해석학의 개념이 점차적으로 문헌학적 주석의 일반적인 규칙으로서의 해석학으로 변형되어 갔다. 여기에 가장 큰 공헌을 한 자가 바로 쉴라이에르마허이다.

근대 철학적 해석학의 창시자인 쉴라이에르마허(Friederich Schleier-macher)는 신학자였고 설교하는 목사의 직분을 가진 자였다. 그는 철학적 해석학이나 신학적 해석학의 구분을 철폐함으로써 성경해석학을 철학적 해석학에 종속시키고자 했다. 그 후 계몽주의 전통 속에 선 신학자들은 이러한 쉴라이에르마허의 입장에 서서 성경적 해석학을 단지 철학적 해석학의 지평

14) Johann August Ernesti, *Institutio Interpretis Novi Testamenti,* 4th ed., with observations by Christopher Fr. Ammon, Leipzig: Weidmann (1st ed., 1761), English translation by Moses Stuart, Elements of Interpretation, 3rd. ed., Andover: M. Newmann, 1827, 124 pp. F, W. Farrar, *History of Interpretation,* Grand Rapids, Mich. : Baker Book House, 1961, p. 402 에 인용.
15) H. J. Kraus, op. cit., pp. 93-130.

속에서 다루고자 하였다. 그리하여 헤겔좌파인 스트라우스(D. F. Strauss)에서부터 성경에 있어서 처녀탄생, 십자가 대속의 죽음이나 부활 승천이나 재림 같이 이성적으로 이해될 수 없는 부분은 신화적인 요소로 취급하고 평가절하하였다.

이에 반해서 종교개혁의 전통에 선 신학자들은 성경에서 이성적으로 이해할 수 없는 부분들은 하나님 계시의 차원으로 믿음으로 받아들이고자 하였다. 신정통주의자 바르트, 브룬너, 고가르텐, 투르나이젠 등은 성경 속에 있는 전혀 다른 하나님의 계시의 세계를 발견하였다. 그리하여 성경해석학은 다시 일반 철학적 해석학과는 달리 고전적인 의미를 복권하기에 이른다. 그러나 바르트를 중심으로한 신정통주의자들은 성경해석에 계시적 사고 이외에 어떠한 철학적 해석의 방법을 인정하지 않으면서 철학적 해석학과 극단한 분리의 길로 나아갔다. 이에 반해서 프랑스 현상학적 해석학자인 뽈 리꾀르(Paul Ricoeur)는 성경해석학의 고유성을 인정하면서 철학적 해석학의 타당성을 인정하고 있다. 리꾀르는 철학자이나 그의 스승 가브리엘 마르셀(G. Marcel)을 통해서 빠스깔을 거쳐 종교개혁의 전통 속에 서 있다. 그는 성경해석학은 철학적 해석학을 근간으로 하되 후자에 종속시킬 수 없는 고유한 영역을 가지고 있다고 천명하고 있다. 리꾀르의 해석학에 관하여는 나중에 보다 깊이 취급하게 될 것이다.

3. 신학적 해석학의 문제

신학적 해석학은 본래 성경문헌에 대한 해석에서부터 출발하였다. 그러므로 성경해석학은 신학적 해석학의 본래적인 과제였다. 신학적 해석학에는 성경이 보고(報告)하는 사건에 대한 해석이 중요한 문제로 제기되었다. 2-3세기 교부시대 이래 안디옥 학파(Antiochische Schule)는 성경이 보고하는 사건의 문자 그대로 역사적 의미를 고수하였다. 이에 반해서 알렉산드

리아 학파(Alexandrianische Schule)는 사건이나 문자보다는 상징적이며 유추적인 해석을 통하여 보다 정신적 의미를 찾으려고 하였다.

어거스틴은 이 두 가지 대립되는 해석의 경향을 통일하고자 하였다. 사실과 의미란 두 가지 분리된 영역이 아니라 밀접하게 연관된다. 역사적 예수의 탐구에 있어서도 메시야적 구속의미를 떠난 순수한 인간 예수만을 그려낼 수 없다. 역사적 예수와 그의 메시야적 의미는 불가분적으로 밀접하게 연관되어 있다. 그러나 중세교회를 거쳐오면서 성경에 대한 해석은 순수한 성경에 대한 해석학적 원리에서 떠나서 교회 전통의 결정에 의존하게 되었다. 성경에 대한 해석은 교회가 독점하게 되었다. 그리하여 성경에 대한 신학적 해석학은 교회의 권위에 의하여 침식당하고 제한당하게 되었다.

근세 초기 종교개혁자 루터는 종교개혁을 통하여 성경해석의 해석학적 원리를 교회의 권위가 아니라 성경자체의 권위로 되돌릴 것을 주장한다. 루터에 의하면 성경이란 교회의 전통에 의해서가 아니라 성경 그 자체에서 해석되어야 한다. 루터가 천명한 "오로지 성경만으로"(sola scriptura)라는 해석학적 원리는 신학적 해석학의 원리다. 이에 대항하여 로마 카톨릭교회는 트리엔트 종교회의(Konzil von Trient)에서 "성경해석은 교회에 속한다"라는 사실을 재확인한다. 종교개혁의 전통에서 정통주의 해석학이 나오고 계몽주의의 전통에서 자유주의 해석학이 나온다. 정통주의 해석학은 성경해석에 있어서 축자영감(verbal inspiration)론과 유기적 영감(organic inspiration)론과 완전영감(plenary inspiration)론을 발전시킨다. 여기서 영국의 청교도운동(puritanism), 독일의 경건주의(pietism), 영국과 미국의 복음주의(evangelism)와 신복음주의(Neo-evangelism)등이 유래하였다. 정통주의 해석학은 하나님의 주권과 신자의 전적인 순종과 신앙의 실천이라는 관점에서 성경을 해석하고 성경을 지식과 삶과 행위의 절대적 기준으로 삼았다.

자유주의 해석학은 목적영감(purpose inspiration)론과 역동적 영감(dynamic inspiration)론을 주장하거나 영감자체를 부인하였다. 자유주의 해석학은 성경의 초자연적인 계시 성격을 부인하고 오로지 이성의 빛으로만 성경을 해석하고자 하였다. 여기에는 이신론(deism)자인 존 록크(John Locke), 이성주의자인 칸트(I. Kant)와 헤겔(F. Hegel)이 대표자들이다. 이들은 성경의 계시적 내용을 합리적으로 통찰할 수 있는 진리의 차원으로 해석하고자 하였다. 이들에게서 이미 성경에 대한 이성적 비판이 시작되었다.

헤겔좌파인 스트라우스(D. F. Strauss)는 1835년 『예수 생애』(Das Leben Jesu)라는 저술을 내면서 성경에 있는 초자연적 내용이 역사적인 사실 아닌 신화적이라는 것을 선언하면서 현대 역사적 비판적 방법의 효시가 된다. 이러한 성경에 대한 해석학적 견해는 쉴라이에르마허(F. Schleiermacher), 리츌(A. Ritschl)과 하르낙(A. Harnack)과 헤르만(W. Hermann) 등 19세기 자유주의 신학자들에 의하여 지지되었다. 이들이 가진 해석학적 원리란 다음 두 가지로 요약된다. 첫째, 성경해석에 있어서 이성의 합리적인 사고에 의하여 파악될 수 없거나 증명될 수 없는 것은 역사적 사실에서 배제한다. 둘째, 세계와 역사의 사건 속에 신의 간섭은 불가능하다. 그러므로 계시사건과 이적에 관한 성경의 보고는 이성적 차원에서 배제되어야 한다.

이러한 역사비판적 방법은 트뢸취(E. Troelsch)와 궁켈(H. Gunkel)등 종교사학파들과 이에 영향받은 불트만(R. Bultmann) 등에 의하여 현대개신교의 자유주의 신학의 해석학으로서 거대한 흐름으로 주도하고 있다. 이에 대하여 개신교 정통주의의 신학자들은 개별적으로 반대하는 입장을 표명하였다. 캘러(M. Kaehler), 이반(Iwand), 쾌블러(A. Koebler), 슐라터(A. Schlatter), 바르트(K. Barth), 오토(M. Otto) 등이다. 캘러는 "현대저술가들의 역사적 예수는 우리에게 생생한 그리스도를 은폐시킨다"고 비판했다. 바르트는 역사적 비판이 성경이해를 위한 준비로서 역사적 삶의 이해와 분석을 제시하는 상대적 인정을 한다.[16] 그러나 바르트는 역사적 비판을

16) 김영한, 『바르트에서 몰트만까지』, 1991, 대한기독교서회, 22-23, 개정증보판, 2005, 34-36.

넘어서서 성경의 사실에 주목하는 정통주의적 축자영감설을 더 선호한다. 그는 다음같이 말한다. "나의 모든 관심은 역사를 통해서 영원한 영이신 성경의 영(Geist der Bibel) 안으로 보는 것이다".[17]

이에 대하여 불트만은 바르트의 해석학적 비난에 대하여 대응하기를 역사비판적으로 그리고 언어학적으로 원문에 대한 탐구 없이 원문을 해석하는 것은 원문의미를 왜곡시키는 것이라고 비판한다. 불트만은 성경의 원문이 현대인들에게 바르게 이해되기 위해서는 비신화론화 되어야 한다고 주장한다. 그에 의하면 "비신화론화"(Entmythologisierung)의 프로그램은 바로 성경본문에 대한 "실존론적 해석"(existentiale Interpretation)이다. "비신화론화"는 케리그마가 포장된 신화라는 의상을 벗겨내는 부정적인 절차라면, "실존론적 해석"이란 현대 인간이 갖는 자기이해의 빛 속에서 수행되는 신화론적 진술을 인간학적이고 실존적으로 번역하는 것이다. 불트만은 하이데거가 제시하는 현존재의 해석학이 "인간실존에 관하여 말해질 수 있는" 사태에 적합한 개념을 제시한다고 확신한다.[18] 불트만은 하이데거가 전개한 현존재 해석학의 원리를 성경해석의 원리로서 수용한 것이다. 그리하여 성경해석의 사실은 종교개혁적인 말씀의 사실을 떠나서 실존이해의 사실로 변형되어 버리게 된다.[19]

바르트는 이러한 불트만의 해석학에 정면으로 반대한다. 불트만은 인간실존의 이해를 중요시함으로써 하나님 말씀의 중요성을 놓치고 있다. 그리하여 불트만의 해석학에서는 "신약성경의 구원순서가 바뀌는 중대한 변형"을 야기한다.[20] 불트만은 주장하기를 성경에 적합한 인간이해와 현대세계상에 적합한 인간의 실존적 이해는 성경 해석에 있어서 중요하다고 본

---

17) K. Barth, *Röemerbrief*, 1918, Erste Auflage, V.
18) R. Bultmann, *Glaube und Verstehen, III*, Tübingen 1952, 232.
19) 김영한, "불트만의 실존론적 해석학", 『하이데거에서 리꾀르까지』, 박영사, 1993, 87-114.
20) K. Barth, *Rudolf Bultmann. Ein Versuch, ihn zu verstehen* (Zürich, 1958), 13.

다. 이에 대하여 바르트는 성경해석의 원리란 인간이해에 정위되는 것이 아니라 하나님의 계시에 정위되는 것이라고 역설한다.

불트만의 제자인 오트(Heinrich Ott)는 후기 하이데거의 존재사상에 근거하여 신학적 해석학을 제시한다.[21] 후기 하이데거는 일차적으로 인간이 아니라 존재를 문제시한다. 그는 인간을 "존재의 역운"(Geschick des Seins)에서 이해하면서 인간을 "존재의 조명", "존재진리의 처소"로서 이해한다. 그는 역사 역시 인간의 역사가 아니라 존재의 역사와 존재의 역운으로 파악한다. 언어도 인간의 언어가 아니라 "존재의 목소리"(die Stimme des Seins)다. 그래서 오트는 후기 하이데거의 존재사상은 비록 철저히 세속화되기는 했지만 하나의 신학이라고 본다. 그러므로 그는 후기 하이데거의 존재사상과 기독교적인 신(神)사상 사이의 유사성을 찾아내고자 한다.[22] 그러나 하이데거 자신이 자기가 추구하는 존재는 신이 아니라고 하기 때문에 후기 하이데거와 신학과의 관계성을 탐구하고자 하는 오트(H. Ott)의 시도는 처음부터 잘못되어 있다.[23]

개신교 신학자 에벨링(Gerhard Ebeling)은 『루터의 해석학 연구』(Eine Untersuchung zu Luthers Hermeneutik)라는 연구서를 통해서 해석학적 과제란 성경해석이라는 주제에 관한 루터 자신의 진술들만이 아니라 그의 설교와 저서들에서 드러나는 주석의 실제에 대한 연구를 포함해야 한다고 주장하였다.[24] 그래서 에벨링은 『성경해석의 역사로서의 교회사』(Kirchengeschichte als Geschichte der Auslegung der Heiligen Schrift)라는

21) H. Ott, *Denken und Sein, Der Weg Martin Heideggers und der Weg der Theologie (Zollikon, 1959); Was ist systematische Theologie?*: 2 ThK Beiheft 2, 19-46.
22) 김영한, "후기하이데거와 해석학", 『하이데거에서 리꾀르까지』, 박영사, 1993, 76-80.
23) E. Coreth, op. cit, 22.
24) G. Ebeling, *Evangelische Evangelienauslegung: eine Untersuchung zu Luthers Hermeneutik, München:* Kaiser, 1942, Darmstadt: Wissenschaftliche Buchgesellschaft, 1962, 520 pp..

그의 저서에서 기독교회사에서 나타나는 교파의 대립은 결국 각파의 해석학적 원리의 대립으로 환원한다는 결론에 도달하기에 이른다.[25] 그래서 성경해석의 역사는 본질적으로 신학의 역사가 된다.[26] 푹스(E. Fuchs)와 에벨링(G. Ebeling)은 바르트와 불트만의 착상을 수용하면서 성경해석을 "언어사건"(Sprachereignis) 내지 "말씀사건"(Wortgeschehen)으로 규정하면서 "신해석학"(New hermeneutic)을 제창한다. "신해석학"이란 성경의 사실과 언어가 단지 과거에 있는 객관적인 사건과 언어로 그치는 것이 아니라 오늘날의 실존적 상황 속에 있는 현대인들에게 "참된 이해의 사건"이 되도록 한다는 데 그 중요한 착상을 가지고 있다. 그리하여 한편으로는 성경언어에 대한 신학적 반성을 강조하는 점에 있어서 불트만을 부분적으로 극복한다. 그러면서도 성경의 말씀 사건을 단지 실존적으로 타당한 참된 이해의 사건으로 받아드리는 점에 있어서 여전히 불트만의 테두리 안에 있다.

필자는 신학적 해석학의 독특성을 네 가지 관점에서 규정하고자 한다.

첫째, 성경의 사실을 있는 그대로 받아들이는 성경적 실재주의의 입장을 갖는다. 성경은 문학적 장르(비유, 상징, 시, 산문)를 가지고 있다. 문학적 장르는 성경기자들의 역사적이고 사실적 보고가 지니는 표현방식이다. 성경은 역사이다. 그리고 그 역사는 문학적 장르를 표현방식으로 지니고 있다.

둘째, 성경의 사실은 구속사적인 의미를 가지고 있다. 신학적 해석학은 사실과 그 사실이 갖는 의미를 분리하지 않는다. 역사와 해석은 두 가지가 서로 분리될 수 없는 통일체를 이루고 있다. 그러므로 19세기와 20세기 역사적 예수의 실증주의적 탐구는 처음부터 그 전이해가 잘못된 것이다. 알버트 슈바이쳐(A. Schweitzer)로 대표되는 역사적 예수탐구의 신학적 전제

---

25) G. Ebeling, *Kirchengeschichte als Geschichte der Auslegung der Heiligen Schrift*, Tübingen: J.C. Mohr, 1947, 28 pp..
G. Ebeling, Artikel, "Hermeneutik": *RGG III*, 1959, pp. 242-64

26) G. Ebeling, *Kirchengeschichte als Geschichte der Auslegung der Heiligen Schrift*, Tübingen: J.C. Mohr, 1947, 28 pp..

는 처음부터 잘못 설정된 것이다. 쿨만(O. Cullmann)과 퀸네트(W. Kuenneth)가 지적한 바 같이 구속사적 의미연관에서 벗어나 순수객관적으로 있는 역사적 예수는 존재하지 않는다.

셋째, 주석학과 교의학은 서로 분리되어 작업하지 않고 서로 긴밀한 관계 속에서 작업해야 한다. 성경해석은 바로 교회의 삶과 신자들의 삶과의 구체적인 관계 속에서 이루어져야 한다. 성경해석에 있어서 주석학은 단지 문헌학적 방법의 사고에 머물러서는 안된다. 그것은 더 나아가 하나님의 계시의 말씀을 경청해야 한다. 그럴 때만이 성경주석적 방법은 단지 세속적인 문헌학의 방법의 중립성에서 벗어나 신앙적인 성찰이 되며 신학적 해석학이 된다.

넷째, 역사비판학은 그 절대적 권리와 요구를 포기해야 한다. 역사적 비판학의 결과는 교회의 경건과 신앙고백 및 신자들의 신앙생활과 괴리를 가져왔기 때문이다. 역사 비판학은 성경의 계시 사실을 드러내기 위하여 제한적으로 상대적으로 적절하게 사용되어야 한다. 역시 비판학은 하나님의 계시사실을 향하여 열려 있어야 하며 그것을 역사적으로 문법적으로 적절하게 드러내기 위하여 구속사적인 맥락에서 사용되어야 한다.

4. 철학적 해석학의 문제

철학적 해석학이란 작품의 이해와 해석에 관련한 철학적 고려를 다룬다. 주석작업이 본문에 적합하게 수행하기 위해서는, 본문의 언어, 본문이 유래하는 역사적이고 문화적인 배경에 대한 지식과 문학적이며 문체적인 특성, 저자가 살았던 시대의 구체적인 정황과 저자의 의도, 작품의 전체적인 의미와의 연관에서 개별적인 본문의 해석 등이 요구된다. 철학적 해석학이 발전함에 따라서 본문의 해석에는 단지 문학적이고 문화적인 맥락과 이해 기술의 밑바닥에 훨씬 더 깊고 원칙적인 문제들이 놓여 있다는 사실이 지적되었다. 따라서 해석학은 텍스트 이해와 해석의 이론, 인간작품과 행위에 관한 이해와 해석의 이론을 넘어선다. 철학적 해석학은 두 가지 방향으로 진행된다. 하나는 규범적 해석학이다. 이것은 이해의 규칙을 설정하는 것이다. 다른 하나는 현상학적 해석학이다. 이것은 이해의 근원적 현상을 기술하는 것이다. 철학적 해석학은 규범적 해석학에서 출발하여 현상학적 해석학으로 발전하면서 이해가 단지 문헌 해석에 국한된 것이 아니라 인간 실존의 보편적 현상이요 그래서 철학은 바로 해석학이라는 명제를 제시하기에 이르고 있다. 그래서 철학적 해석학은 해석학을 단지 성경 해석학이나 문학이 텍스트 이해를 위하여 필요로 하는 이해기술의 차원을 넘어서서 하나의 보편적인 학문으로 발전시키기에 이른다. 여기서 저자는 이 저서에서 소개하고자 하는 11명의 철학적 해석학자들의 이론을 소개하고자 한다.

1) 쉴라이에르마허

슐레겔(Schlegel)과 쉴라이에르마허(F. Schleiermacher)를 통해서 해석학은 규범적인 텍스트인 고전, 문학, 성경과 법문(法文) 등의 해석이라는 제한적 범위로부터 텍스트 일반의 이해와 해석의 포괄적인 이론으로 해방되었다. 쉴라이에르마허에 의하면 해석학이란 문헌에 대한 올바른 해석의 규칙과 주석적인 작업의 올바른 실행과 관련되는 이해의 기술론(Kunstlehre des Verstehens)이다. 이 기술론은 이론적인 지식이 아니라 실천적인 행위며, 말해지거나 기록되어진 원문에 대한 올바른 해석의 기술이다. 해석학은 문헌해석학의 차원을 넘어서 모든 대화에서 이루어지는 이해조건들을 기술하는 학문을 지향한다. 그리하여 해석학은 단지 문헌 해석학이 아니라 일반 해석학이 된다. 해석학의 원리는 모든 종류의 텍스트 해석을 위한 기초로 사용될 수 있다. 이제 이해는 전 해석학적 물음의 근본관심사와 근본개념이 된다.[27] 해

---

27) K. O. Apel, "Das Verstehen" (eine Problemgeschichte als Begriffsgeschichte): *Archiv fuer Begriffsgeschichte, Bd.* 1 (Bonn, 1955), 142-199.

석학은 처음으로 이해자체에 대한 연구가 된다.

쉴라이에르마허는 비교적인 이해와 예감적인 이해를 구분하였다. 비교적인 이해는 문법적인 이해로서 사실에 대한 문법적인 역사적인 지식에 의거하고 진술의 연관성이나 비교에서 의미를 파악한다. 비교적인 이해는 다양한 개별자료를 통해서 매개된 이해이다. 이에 반해서 예감적인 이해는 심리적인 이해로서 생생한 감정이입을 통해서 저자의 정신으로 들어가서 저자가 자기 자신을 이해하는 것 보다 더 잘 이해하고자 한다. 예감적 이해는 의미의 직접적인 파악을 시도한다.

이 두 가지 이해는 해석학적 사고의 두 가지 계기로서 서로 분리되거나 독립적으로 수행되는 것이 아니라 서로 불가분적으로 활동한다. 이 두 가지 계기가 이해과정에서 상호작용하는 것이 해석학적 순환이다. 해석학적 순환에 있어서 예감적 계기는 개별자료에 근거해서 선이해를 자발적으로 구상하며, 비교적 계기는 다양한 개별자료와 관련하여 선이해를 비교한다. 이 두 가지 계기는 하나의 통일체를 형성한다. 이해는 문법적 이해를 통하여 예감적 이해로 나아간다. 그리하여 주어진 말과 문서를 역사적이고 예감적인 이해를 통하여 재구성한다. 그리하여 저자의 사고와 정신의 세계 이해로 나아간다.

2) 뵈크

뵈크는 해석학 이론과 비판으로서 문헌학인 "백과전서"를 창안하였다. 이것은 쉴라이에르마허 착상의 심화이다. 문헌학이란 "인식된 것의 인식"이다. 이것은 해석학적 인식의 순환구조성(Zirkelhaftigkeit der Erkenntnis)이다. 이것이 바로 뵈크가 그의 문헌학 강의에서 주제화 하고자 하는 내용이다. 뵈크는 해석학을 "모든 문헌학 연구의 기초"(the basis for all philological studies)로 보고, 문헌학을 "역사적 현시 속에 있는 인간 문화의 모든 측면에 관계하는 보편적 학문분야"(the universal discipline concerned with all aspects of human culturein the historical manifestation)라고 보았다. 뵈크는 그의 문헌학 이론의 형식적 부분에서 네 가지 방식들을 구분한다. 이 네 가지 해석방식은 상호적인 조건의 관계를 설명한다. 그것은 문법적 해석, 역사적 해석, 개별적 해석 그리고 종속적 해석이다. 4가지 해석방식은 서로 교차적(交叉的)으로 연관되어 있고 상호권을 제한다. 이것이 "과제의 순환구조"(der Zirkel der Aufgabe)이다. 뵈크는 문헌학(philologische Wisslogchaftlo) 이론의 테두리(형식적 부분)에서 비판을 권개한다. 비판은 해석학의 밀접한 관련 속에서 수행된다. 해석학과 비판은 상호권제한다. 해석의 네 가지 방식에 상응하면 각기 문법적 비판, 역사적 비판, 개별적 비판, 양식비판이 수행된다. 뵈크 해석학 이론의 새로운 점이란 문헌학적 인식에 해석학적 이해를 적용한 것이다. 그는 문헌학과 철학의 상호관계성을 주장하였고 해석학적 원리를 학문체계학의 핵심으로 만들고자 하였다.

3) 드로이젠

랑케(Ranke)와 드로이젠(K. J. Droysen)은 역사과학의 특성을 자연과학으로부터 분리시킨다. 드로이젠은 그의 저서 『역사학 개요』(Grundriss der Historik)에서 설명(Erklaerung)과 이해(Verstehen)를 구분함으로써 역사과학의 방법과 자연과학의 방법을 구분한다. 설명은 개별현상을 인과적으로 관찰하여 보편적이고 필연적인 법칙으로 환원하는 것으로서 자연과학의 방법이다. 이에 반하여 이해는 개별적인 것을 그 특성과 의미에 있어서 파악하는 것으로서 역사과학의 방법이다. 그는 이해의 해석학적 순환구조를 다음같이 표명한다. "개별적인 것은 전체적인 것 속에서 이해되고, 전체적인 것은 개별적인 것으로부터 이해된다".[28)]

드로이젠의 해석과 이해론은 보편사(Universalhistorie)의 이해론으로서 도덕세계의 탐구를 시도하고자 한다. 그의 해석과 이해론은 도덕세계의 이

28) K. G. Droysen, *Grundriss der Historik* (Leipzig 1868), 9 f.

해론으로서 그 후 딜타이에 의하여 체계화된 정신세계의 이해론으로서 해석학의 기초를 마련해주었다. 드로이젠은 랑케(Leopold von Ranke)의 역사학파가 말하는 것처럼 역사가(歷史家)가 "객관적인 역사"(objective history)를 쓰고 실재로 일어난 대로의 과거를 재창조할 수 있다고 보지 않았다. 드로이젠은 세계사를 정신의 자기실현(die Selbst-Verwirklichung des Geistes)으로 보는 헤겔의 목적론적 도식을 거부하였다. 드로이젠은 역사 이해에 있어서 헤겔의 역사사변에 반대할 뿐 아니라 자연과학적 설명과도 다른 방식을 취하고자 하였다. 그는 실증주의적 접근을 거부하였다. 그가 제시하는 역사학 방법이란 이해(Verstehen)라는 정신과학과 사회과학의 방법이다. 드로이젠은 역사과학을 경험과학으로 간주하기 때문에 헤겔적인 사변이 아니라 구체적인 역사적으로 전승된 원전과 재료를 통해서 그것을 반성함으로써 정립하고자 한다. 그는 역사적 방법을 탐구하는 이해라고 보았다.

드로이젠이 강조하는 것은 우리가 역사탐구에서 얻는 것은 일어난 것 자체의 상(像)이 아니라 일어난 것에 대한 우리의 파악과 작업의 상이라는 것이다. 여기서 드로이젠은 역사적 객관주의 내지 역사적 사실주의를 거부하고 그의 스승 뵈크의 견해, 역사인식이란 인식된 것의 재인식(Wiedererkennen des Erkannten)이라는 관념론적 입장을 받아 들인다.

4) 딜타이

딜타이(Wilhlem Dilthey)는 드로이젠의 착상을 받아들이면서 해석학을 역사과학의 방법론으로 정초하고자 했다. 딜타이는 해석학을 그가 주창한 역사적인 삶의 근원으로부터 이해하고 전개하고자 했다. 해석학이란 삶의 해석학(Hermeneutik des Lebens)이다. 딜타이를 통해서 해석학은 정신과학의 정초와 연관된다. 딜타이는 객관적으로 타당한 인식을 요구하면서 해석학의 과제란 이해의 법칙과 원리를 찾아내는 것이라고 피력함으로써 쉴라이에르마허가 제시한 해석학의 방향을 계승하였다. 해석학은 표현의 이해,

그것의 바른 근거와 정신과학적 인식의 건축에 관하여 묻는다. 이러한 그의 시도는 1883년의 저서 『정신과학 입문』(Einleitung in die Geisteswissenschaften)과 1910년의 저서 『정신과학에서의 역사세계의 건축』(Der Aufbau der geschichtlichen Welt in den Geisteswissenschaften)에서 이루어진다.

딜타이는 드로이젠이 제시한 정신과학과 자연과학의 이원성을 명료히 한다. 전자는 분해하면서 설명하는 방법을 사용하고, 후자는 이해하면서 기술하는 절차를 사용한다.[29] 딜타이는 정신과학 이해의 기초로서 이해의 심리학을 창안하며 이것을 인과적으로 설명하는 자연과학적 심리학에 대립시킨다. "우리는 자연을 설명하고, 정신생활을 이해한다."[30] 정신생활의 이해를 위해서는 개별적인 것은 전체적인 것으로부터 이해되어야 한다. 이 전체적인 것은 바로 삶의 통일성이다.

딜타이는 후기에 정신과학의 심리주의적 정초를 포기한다. 그의 해석학은 객관적인 전향을 수행한다. 이해는 더 이상 상대방의 체험 속으로 들어가는 심리적인 감정이입(Einfühlen)이 아니라 삶의 객관화(Objektivation des Lebens)이다.[31] 이해는 삶의 객관적인 의미구조, 객관적인 작품, 역사적이고 문화적인 가치에 관계하며 삶의 구조와 법칙의 파악이다. 여기서는 삶의 체험이 중요하다. 이해란 삶의 체험을 전제한다.[32] 딜타이는 체험을 통해서 삶의 객관화인 표현(Ausdruck)에 접근하고 삶의 통일성을 추론해 낸다.

---

29) W. Dilthey, *Einleitung in die Geisteswissenschaften* (Leipzig 1883), 328.

30) W. Dilthey, *Ideen über eine beschreibende und zergliedernde Psychologie* (Berlin 1894), 13-14.

31) Dilthey, Der *Aufbau der geschichtlichen Welt...*, GS VII (Leipzig-Berlin 1927), 147-152.

32) Dilthey, op. cit., 143.

5) 하이데거

하이데거(Martin Heidegger)는 인간이해가 선이해의 구조를 가지고 있으며 이해란 주관의 인식이 아니라 인간 현존재의 양식이라고 보았다. 하이데거에 와서 철학 자체가 현존재의 해석학으로 이해된다. 하이데거는 이해를 현존재의 실존 속으로 끌어 들였다.[33] 이것은 해석학이 존재론적으로 전향하게 되는 결정적인 계기를 마련하게 된다. 이해는 인간 현존재의 양식이다. 하이데거는 딜타이가 구분한 설명과 이해의 이원성에 앞서 있는 인간 현존재의 존재와 더불어 있는 근원적 이해를 문제시한다. 하이데거는 인간 현존재가 지니고 있는 존재에 대한 선이해의 구조를 현상학적으로 분석해낸다. 해석학은 현존재의 해석학이 된다.

여기서 하이데거는 이해의 해석학적 순환성을 제시한다. 이것은 이미 쉴라이에르마허, 드로이젠과 딜타이에 의하여 알려졌으나 하이데거에 의하여 정식화되었다. 모든 이해는 순환구조를 가지고 있다. "이해를 산출해야 할 모든 해석은 이미 해석되어져야 할 것을 이해했어야 한다."[34] 초기 하이데거는 세계와 존재를 현존재의 이해지평에서 이해한다.

후기 하이데거는 세계를 역사적으로 계시되나 숨는 존재로부터 이해한다. 세계는 "인간이 그의 던져진 본질에서부터 벗어나서 그 속으로 들어서는 존재의 비춤(Lichtung des Seins)이 된다."[35] 그리고 언어는 존재이해의 지평이다. 이해의 모든 역사적 지평은 언어 속에서 구성된다.[36] 그래서 후기 하이데거는 더 이상 해석학에 관하여 말하지 않는다. 그의 사고는 언어를 통해서 자기를 개시(開始)하는 존재사건에 귀속된다. 언어는 존재의 집

33) M. Heidegger, *Sein und Zeit* (Halle 1927, Tübingen 1963, zehnte Auflage), 142-8, 148-153.

34) Heidegger, *Sein und Zeit,* 152.

35) Heidegger, *Platons Lehre von der Wahrheit mit einem Brief über den Humanismus* (Berlin 1947), 100.

36) Heidegger, *Unterwegs zur Sprache* (Pfullingen 1960, zweite Auflage), 97.

이기 때문이다. 언어는 더 이상 현존재의 산물이 아니라 인간에게 다가오는 "존재의 언어"(Sprache des Seins)이며 존재의 목소리요 "독백"(Monolog)이다.[37] 여기서 그의 제자 가다머의 언어존재론을 향한 해석학의 길이 준비되고 있다.

6) 가다머

가다머(Hans Georg Gadamer)는 인간 현존재는 역사적이고 언어적인 이해의 지평을 가지고 있는 역사적인 존재라는 사실을 들추어 낸다.[38] 가다머는 낭만주의에서 역사주의에 이르기까지의 계몽주의 전통의 이해이론을 비판적으로 논의한다. 계몽주의가 가졌던 망상은 보편타당한 학문의 객관성을 확보하기 위하여 주관성을 말살하는 것이었다. 그러나 가다머는 그것이 불가능하다는 것을 밝힌다. 이것은 계몽주의 자체가 가진 선입견이요 인간이해가 속해 있는 역사성을 무시하는 데서 비롯된 발상이다.

가다머는 하이데거가 정식화한 해석학적 순환성을 수용하면서 계몽주의가 평가절하한 선입견의 긍정적 의미를 제시하면서 선입견을 해석학적으로 복권시킨다. 여기서 선입견이란 역사적으로 전수되어 학문적으로 반성되지 아니한 선이해이다. 이 선이해는 이해의 첫 통로를 열어준다. 그래서 모든 심층적이고 세부적인 이해에는 선이해가 전제되어 있다. 선이해는 각 이해자가 갖는 일정한 역사적 지평에 따라 다르다.

가다머는 이해가 사물을 보는 방식의 차이로부터 유래하는 문제를 지평융합을 통해서 설명한다. 인간은 영향사적인 맥락 속에서 존재한다. 인간은 과거로부터 영향 받으며 그것을 '현재화' 한다. 과거의 작품은 단지 저자의 입장으로 들어가는 것이 아니라 현재의 입장에서 그것을 이해한다.

---

37) Heidegger, *Unterwegs zur Sprache* (Pfullingen, zweite Auflage 1960), 265.
38) Gadamer, Wahrheit und Methode. *Grundzüge einer philosophischen Hermeneutik* (Tübingen 1961).

여기서 과거 저자의 지평과 현재 독자의 지평이 만나고 나의 이해 속에서 융합한다. 이것이 지평융합(Horizontverschmelzung)이다. 각자는 타자의 이해를 통해서 자신의 제한된 지평을 확장한다. 지평융합을 통해서 과거는 현재의 지평에 영향을 미치고 들어온다. 지평융합을 가능케하는 의식이 바로 영향사적 의식 (wirkungsgeschichtliches Bewußtsein)이다. 이해는 지평의 융합이다. 이해는 언어로 수행되며 언어는 보편적인 매체이기 때문에 해석학은 이제 철학의 한 분야가 아니라 철학의 근간이다. 철학을 이제는 철학적 해석학으로 발전시킨다. 현존재의 해석학은 이제 영향사의 해석학이 된다.

7) 베티

베티(Emilio Betti)는 가다머와 쌍벽을 이루는 현대 철학적 해석학의 대표자이다. 베티는 그의 방대한 저서 『일반해석론』(Allgemeine Auslegungslehre)에서 법학적 해석학에서 출발하여 정신과학의 전체방법으로 확대하여 나간다.[39] 베티는 철학적 전제에 있어서 쉴라이에르마허에서 딜타이에 이르는 정신과학적 해석학의 전통에 서 있다. 가다머가 해석학의 규범보다는 해석에 있어서 무엇이 일어나야 하는가를 분석해 나가면서 현상학적 해석학에 머물러 있는데 반해, 베티는 철두철미 딜타이의 방법론 의식에 철저하면서 규범적 해석학을 정초하고자 한다.

베티는 해석학이란 철두철미 하나의 방법론이라고 주장한다. 해석이론은 정신과학적 이해의 모든 영역, 역사적 그리고 언어학적, 법학적, 신학적 이해의 영역으로 확대되어야 한다. 이런 의미에서 베티의 규범적 해석학은 세부적인 방법론으로서 가다머의 영향사적 해석학을 훨씬 능가한다. 그러나 베티

39) E. Betti, *Allgemeine Auslegungslehre als Methodik der Geisteswissenschaft* (Tübingen 1967), 축소판: *Die Hermeneutik als allgemeine Methodik der Geisteswissenschaften* (Tübingen 1962).

의 해석학은 해석학의 규범을 강조함으로써 하이데거나 가다머의 현상학적 해석학이 보여주는 바 인간이해와 해석의 근원적인 사건이 어떻게 일어나는가를 보여주지는 못했다.

8) 하버마스

하버마스는 두 가지 유형의 해석학을 제시한다. 하나는 일상적인 이해소통의 해석학이다. 일상적인 이해소통(Verständigung) 해석학은 사회과학과 행동과학의 연결점을 형성한다. 사회과학과 행동과학도 언어적으로 이루어진 사회현실의 파악 그리고 해석과 관계하기 때문이다. 다른 하나는 "심층해석학"(Tiefenhermeneutik)이다. 심층해석학은 개인과 사회집단의 의사소통에 있어서 왜곡된 의미현실을 비판적으로 들추어내고 성찰하는 해석학이다.

하버마스(Jürgen Habermas)는 그의 해석학을 해방적 관심을 구현하는 비판사회학의 테두리 안에서 전개한다. 하버마스는 가다머가 해석학을 존재론적으로 발전시켰으나 인식의 사회적 차원을 등한시 했다고 보면서 인간의 사회적 행위연관 속에서 해석학을 전개하였다.[40] 하버마스는 전통적 이해가 왜곡된 의사소통의 산물일 수도 있다고 보면서 왜곡된 의사소통의 구조를 드러내는 심층해석학을 전개한다.

여기서 하버마스는 이성이 가진 "반성의 힘"(Kraft der Reflektion)을 강조한다. 하버마스는 우리 행위의 비판능력(Kritikfähigkeit unseres Handelns)을 강조한다. 그것과 더불어 의사소통행위론(Theorie des kommunikativen Handelns)을 제시한다. 의사소통행위가 성공하기 위해서는 행위자는 연관체계 속에서 이해과정을 통해서 관찰자와 공동적인 상황이해로 나아가야 한다. 행위자는 관찰자와 동일한 해석가능성을 행사해야 한다. 모든 참여자들이 표명에 내포된 타당성요구에 비판적으로 다가선다면 합의는 이루어

40) Habermas, *Zur Logik der Sozialwissenschaften,* Frankfurt a. M. 1967, 169.

진다. 이러한 하버마스의 의사소통행위론은 후기현대의 해체주의적 행위론에 대한 해석학적 이념에 성실한 대안이라고 할 수 있다.

가다머가 요구하는 해석학적인 보편성요구에 대항하여 하버마스는 "특별히 이해되지 않는 삶의 표현"(spezifisch unverständliche Lebensäusserungen)이 있다는 사실을 강조한다. 그것을 위해서 정신분석이나 이데올로기 비판을 시도할 필요가 있다. 설명적인 이해는 정신분석을 통해서 개인의 허위의식을, 이데올로기 비판을 통해서 사회의 허위의식을 대상으로 다룬다. 여기서 하버마스는 "왜곡되지 않는 의사소통관계"(ungestörte Kommunikationsverhaeltnisse)를 상정한다.

이러한 하버마스의 시도에 대하여 가다머는 사회에서 특별히 병들어 있다고 느끼지 않는 그룹에게 해방의식의 이름으로 허위의식을 전가하는 것은 적절하지 않다고 지적한다. 하버마스가 이데올로기 비판에서 말하는 "좋은 삶의 예기"란 모든 사람에게 공통적인 것이지 단지 이데올로기 비판의 특권이 아니라고 본다. 후기의 하버마스는 이해소통의 해석학적 근본범주, "이상적 언어상황"(ideale Sprachsituation)을 상정하면서 해석학의 보편성을 인정하기에 이른다. 그러나 그 의미는 가다머와는 다르다. 가다머의 보편성이 이해지평의 융합이라는 과거와 현재 사이의 관계에서 이루어진다면, 하버마스의 보편성은 미래적 이상적 상황의 예기 속에서 이루어진다는 것이다.

하버마스는 가다머의 전통정위적 이해개념에 대하여 전통비판적 해방적 인식개념을 대립시킨다. 그러나 리꾀르가 주장하는 바 같이 전통과 비판이란 서로 대립적인 개념이기보다는 상호보충적인 개념이다. 비판이란 전통의 기초 위에서 비로소 가능하기 때문이다. 담론의 윤리가 어떤 수준에서 상황화 될 수 있는가 그리고 단지 도덕적 관점을 분명히 하는 이 윤리에 의하여 무엇이 얻어질 수 있는가라는 열린 질문이 남아 있다.

9) 아펠

아펠(Karl Otto Apel)은 현대 철학이 당면한 철학의 위기와 해체로부터 철학을 구하기 위해 "철학의 변형"(Transformation der Philosophie)을 시도한다.[41] 아펠은 철학의 흔들리지 않는 최후정초를 수행하고자 한다. 흔들리지 않는 토대근거로서의 마지막 근거설정이야말로 철학을 위기와 해체로부터 구하는 길이다. 그는 과학주의를 비판하는데 칸트의 선험철학을 유용화하면서 변형을 시도한다. 아펠은 선험철학의 변형에 언어비판과 해석학적 사고와 이데올로기비판을 동원한다.

아펠은 철학을 해석학적으로 변형된 선험적 화용론(transzendentale Pragmatik)을 통해서 보편적 학문으로 복권시키고자 한다. 아펠은 "실재적 의사소통공동체"(reale Kommunikationsgemeinschaft)의 선험성을 전제로 하여 "이상적 의사소통의 공동체"(ideale Kommunikationsgemeinschaft)에 도달한다. 그리하여 그는 "해석학적으로 변형된 선험철학"(hermeneutisch transformierte Transzendentalphilosophie)을 정초하고자 한다.[42]

아펠은 이러한 선험철학의 변형에 언어비판과 해석학적 사고와 이데올로기 비판을 동원한다. 아펠은 철학을 비판주의적으로, 그리고 인간지식과 행동을 선험철학적으로 기초 놓음와 최후정초로서 이해하고, 그리고 해석학적으로 변형된 선험적 화용론(transzendentale Pragmatik)을 통해서 철학을 보편적 학문으로서 복권시키고자 한다. 그리하여 철학이 유아론적 처소에 머물지 않고 상호주관적 의사소통 속으로 들어오도록 한다. 그리하여 아펠은 인간사회 속에서 이론과 실천의 매개(Vermittlung von Theorie und Praxis in der menschlichen Gesellschaft)로서 철학을 복권시키고자 한다. 아펠은 선험철학을 인식-인간학적으로 확장하기를 시도한다. 인식인간적 확장이란 의미-구성(Sinn-Konstitution)과 의미-타당성(Sinn-Geltung)을 가능하게 하는 조건

---

41) Karl Otto Apel, *Transformation der Philosophie I,* Frankfurt am Main, 1973.
42) Ibid., 60.

에 대한 넓은 선험적 물음이다

아펠은 정신분석의 테두리 안에서 준(準)객관적인 설명의 방법, 즉 설명적 이해(erklärendes Verstehen)를 요청한다. 설명적 이해는 환자로 하여금 억압된 내용을 말하도록 하고 따라서 공적인 언어소통으로 들어오도록 한다. 아펠은 하버마스의 착상을 따르면서 사회의 정신분석을 요구한다. 이것은 바로 이데올로기 비판이다. 이것은 허위 사회의식(falsches gesellschaftliches Bewußtsein)을 들추어내는 것이다. 해석학적 이해는 정신분석과 이데올로기 비판을 수용함으로써 유아론적 의미 왜곡에서 벗어나 간주관적인 사회의 실재적 의사소통 공동체의 타당성으로 나아갈 수 있다. 아펠은 타당성을 정초하고 타당성을 합법화하는 기준으로서 논의의 더 이상 배후로 나아갈 수 없는 근본규범(nichthintergehbare Grundnorm der Argumentation)인 이상적 의사소통공동체를 상정한다.

이상적 의사소통공동체를 상정하는 데 있어서 아펠은 인간 이성의 사실에 대한 낙관주의를 전제하고 있다. 이상적 의사소통공동체로의 소급은 인간 이성의 유한성으로 말미암아 오류가능에 내던져 있다. 인간 이성은 그의 유한한 역사성을 통해서 제한적으로 그 자신에 대하여 책임지며 단지 구체적인 상황 속에서 구체적인 행동방식에 대한 규범만을 정초할 수 있을 뿐이다. 그러나 최후정초는 불가능하다.

10) 레비나스

레비나스는 후설과 하이데거의 현상학적 사고가 정초된 서구철학 전통에 있어서 동일성의 사고에 친숙한 존재의 사고를 타자의 사고로 전환시켰다. 그는 하이데거 이래로 주제화된 존재 사고로부터 타자의 사고로 전환을 수행하였다. 이것은 철학적 태도의 근본전향(eine fundamentale Umorientierung der philosophischen Einstellung)이다. 이것은 주체성의 철학으로부터 타자의 철학으로의 전환이다. 타자는 주체성의 계산과 규정 바깥에 있으며, 주체성의 능력이 결코 지배할 수 없는 것이다. 타자는 무규정적인 것의 이념, 즉 무한한 것의 이념(die Idee des Unendlichen)을 제시한다.

타자는 현상학적 지향성의 대상으로 결코 천착할 수 없는 무제약자이다. 레비나스는 자아 중심적으로가 아니라 제삼자(die dritte Person)로서 다가서는 타자에 대한 해석학적 반성을 수행한다. 레비나스는 자아중심적인 일인칭의 사고가 아니라 타자 중심적인 삼인칭의 사고를 수행하고자 한다. 해석학적 반성은 형이상학적 윤리적 사고를 현상학적 지향성의 한계를 너머서 특징지운다. 이러한 사고는 과부, 방랑자, 낯선자의 모습으로 다가오는 타자에 대한 무한한 윤리적 책임을 가져온다. 타자는 레비나스에 있어서 최종적으로 신을 드러낸다. 신은 레비나스 사고의 종착역이다. 레비나스는 흔적으로 나타나는 무한자의 이념을 "제삼자성"(die Illeität, illéité)이라는 특별한 언어로써 표현한다. "제삼자성"의 해석학이란 존재론으로 형이상학을 정초하고자 하는 훗설에서 하이데거까지 지배하는 서구의 동일성 철학에 대한 레비나스의 비판적 공헌이다.

11) 리꾀르

리꾀르에 의하면 해석학은 현상학을 전제로 한다. 해석학은 현상학이 제시하는 의미를 해석하고자 하는 것이다. 현상학이 추구하는 지향성의 의미는 해석학의 전제이다.[43] 리꾀르는 인간의 본성을 기술하는데 있어서 현상학적 본질 기술을 수행하며 그 한계를 드러낸다. 선험적 현상학적 본질기술의 기본 이념은 직접성이다. 그러나 현상학적 반성은 절대적 투명성, 의식과 대상의 완전한 일치(das identisches Sein des Bewußtseins mit dem Gegenstand)를 추구한다. 그러나 리꾀르는 이러한 현상학적 본질기술에 있어서 의식 속의 직접적 자기 소여의 불가능성을 본다. 리꾀르는 경험현상

43) Paul Riceour, "Phenomenology and Hermeneutics," In: John B. Thompson (ed. & trans.) *Hermeneutics and the Human Sciences,* Cambridge University Press, 1981, 101-128, 김영한, 『하이데거에서 리꾀르까지』, 박영사, 2003, 553-569.

학적 기술을 시도하면서, 그 한계를 극복하기 위하여 해석학적 반성을 시도한다. 그리하여 그는 현상학을 해석학적 현상학으로 전개한다. 리쾨르(Paul Ricoeur)에 와서 현상학은 해석학적 현상학이 된다. 리쾨르는 인간 의지의 분석에 현상학적 방법을 적용하나 더 이상 순수자아로 환원시키는 관념론적인 방법이 아니라 본질을 기술하는 형상적 방법을 사용한다. 그리고 인간의지를 직접 직관하는 지향적 분석이 아니라 상징과 신화를 분석함으로써 인간의지의 본질을 드러낸다. 이러한 해석학적 우회로를 해석학적 현상학이라고 말한다.

리쾨르는 가다머가 주장하는 바 "텍스트의 사실"(Sache des Textes)을 수용하면서 이 개념을 "텍스트의 세계"(Textworld)로 발전시킨다. 이 텍스트의 세계는 인간 반성이 생활세계의 진리를 다시 재형상화하는 이차적 소박성(second naivity)의 영역이다. 이러한 차원에서 리쾨르는 가다머의 텍스트 해석학의 사고를 그대로 수용하고 있다. 그러나 리쾨르는 가다머의 전통지향적 해석학이 자칫 빠질 수 있는 의사소통의 체계적 왜곡에 대한 하버마스의 지적을 수용하면서 이데올로기비판을 고려에 넣는다. 그리하여 비판적 해석학을 발전시킨다.

리쾨르는 후기에 이르러 텍스트의 해석학에서 더 나아가 "행위의 해석학"(hermeneutic of action)을 전개한다. 리쾨르는 인간 행위도 하나의 "유사-텍스트"(a quasi-text)로 보면서 텍스트의 해석학의 원리를 그대로 적용한다. 『시간과 이야기』(Tempt et récit, Time and Narrative)에서 과거의 사실을 기록하는 역사기술(l' historiographie)과 인간의 삶을 상상적으로 묘사하는 문학작품(la fiction)의 두 영역을 시간 속에 사는 인간의 상상력 안에서 교차시키는 "이야기 해석학"(the narrative hermeneutics)을 발전시킨다. 이야기 해석학은 "역사와 허구의 교차"(l' entrecroisement de l' histoire et de la fiction)의 해석학이다.[44)]

---

44) P. Ricoeur, *Temps et récit III, Le temps racont,* Paris 1985, 264.

맺음말

이상에서 우리는 현대해석학의 창시자인 쉴라이에르마허로부터 리꾀르에 이르는 현대 철학적 해석학의 착상을 살펴 개관해 보았다.

쉴라이에르마허는 해석학을 이해의 기술론(Kunstlehre des Verstehens)으로 전개하였다. 이 기술론은 말해지거나 기록되어진 원문의 올바른 해석의 기술이다. 해석학은 문헌해석학의 차원을 넘어서 모든 대화에서 이루어지는 이해조건들을 기술하는 학문을 지향한다. 그리하여 해석학은 단지 문헌해석학이 아니라 일반 해석학이 된다. 해석학은 처음으로 이해자체에 대한 연구가 된다. 그는 문법적 이해와 예감적 이해를 해석학적 사고의 두 계기로서 불가분적으로 상호작용하는 해석학적 순환구조로 보았다. 이해는 문법적 이해를 통하여 예감적 이해로 나아간다. 그리하여 주어진 말과 문서를 역사적이고 예감적인 이해를 통하여 재구성한다. 그리하여 저자의 사고와 정신의 세계 이해로 나아간다.

뵈크는 해석학 이론과 비판으로서 문헌학인 "백과전서"를 창안하였다. 문헌학이란 "인식된 것의 인식"이다. 이것은 해석학적 인식의 순환구조성으로서 뵈크가 그의 문헌학 강의에서 주제화 하고자 하는 내용이다. 뵈크는 해석학을 "모든 문헌학 연구의 기초"(the basis for all philological studies)로 보았다. 뵈크 해석학의 새로운 점이란 백과전서인 문헌학 인식에 해석학적 이해를 적용한 것이다. 그는 해석학적 원리를 학문 체계학의 핵심으로 만들고자 하였다.

드로이젠은 역사학의 방법을 이해의 해석학으로 정립하는데 공헌하였다. 실증주의적 시대에서 드로이젠은 역사학을 자연과학적 물리적인 법칙에 종속시키지 않는 역사 고유한 이해를 발전시키고자 했다. 이것이 역사해석에 있어서의 드로이젠의 공헌이다. 드로이젠은 역사이해의 완결성이 아닌 근사치적 접근성을 제시하였다. 드로이젠의 역사 이해는 낙관주의에 머물렀다. 드로이젠은 헤겔의 역사 사변에 반대하고 역사적 사건에 대한 관찰자의 해석과 이해를 강조하였으나 여전히 역사적 반론에서 벗어나지 못하고 있다. 드로이젠은 헤겔의 진보사관에 영향을 받아 역사의 이면에 있는 인간의 탐욕과 권력욕에 따른 역사의 퇴각과 집단적인 불의의 차원을 보지 못했다.

딜타이는 해석학을 그가 주창한 역사적인 삶의 근원으로부터 이해하고 전개하고자 했다. 해석학이란 삶의 해석학(Hermeneutik des Lebens)이다. 딜타이를 통해서 해석학은 정신과학의 정초와 연관된다. 딜타이는 드로이젠이 제시한 정신과학과 자연과학의 이원성을 명료히 한다. 전자는 분해하면서 설명하는 방법을 사용하고, 후자는 이해하면서 기술하는 절차를 사용한다. 딜타이는 후기에 정신과학의 심리주의적 정초를 포기한다. 그의 해석학은 객관적인 전향을 수행한다. 이해는 더 이상 상대방의 체험 속으로 들어가는 심리적인 감정이입(Einfühlen)이 아니라 삶의 객관화(Objektivation des Lebens)이다.

하이데거는 인간 현존재가 지니고 있는 존재에 대한 선이해의 구조를 현상학적으로 분석해낸다. 해석학은 현존재의 해석학이 된다. 여기서 하이데거는 이해의 해석학적 순환성을 제시한다. 이것은 이미 쉴라이에르마허, 드로이젠과 딜타이에 의하여 알려졌으나 하이데거에 의하여 정식화되었다. 초기 하이데거는 세계와 존재를 현존재의 이해지평에서 이해한다. 후기 하이데거는 세계를 역사적으로 계시되나 숨는 존재로부터 이해한다. 그래서 후기 하이데거는 더 이상 해석학에 관하여 말하지 않는다. 그의 사고는 언어를 통해서 자기를 개시(開始)하는 존재사건에 귀속된다. 언어는 존재의 집이기 때문이다. 언어는 더 이상 현존재의 산물이 아니라 인간에게 다가오는 "존재의 언어"(Sprache des Seins)다. 여기서 그의 제자 가다머의 언어존재론을 향한 해석학의 길이 준비되고 있다.

가다머는 하이데거가 정식화한 해석학적 순환성을 수용하고 계몽주의가 평가절하한 섭입견의 긍정적 의미를 제시하면서 선입견을 해석학적으로 복권시킨다. 여기서 선입견이란 역사적으로 전수되어 학문적으로 반성되지 아니한 선이해이다. 이 선이해는 이해의 첫 통로를 열어준다. 가다머는 이해가 사물을 보는 방식의 차이로부터 유래하는 문제를 지평융합을 통해서 설명한다. 과거 저자의 지평과 현재 독자의 지평이 만나고 나의 이해 속에서 융합한다. 이것이 지평융합(Horizontverschmelzung)이다. 지평융합을 가능케하는 의식이 바로 영향사적 의식(wirkungsgeschichtliches Bewußtsein)이다. 이해는 언어로 수행되며 언어는 보편적인 매체이다. 그리하여 해석학은 이제 철학의 한 분야가 아니라 철학의 근간이다. 이제는 철학을 철학적 해석학으로 발전시킨다. 현존재의 해석학은 이제 영향사의 해석학이 된다.

베티는 철학적 전제에 있어서 쉴라이에르마허에서 딜타이에 이르는 정신과학적 해석학의 전통에 서 있다. 가다머가 해석학의 규범보다는 해석에 있어서 무엇이 일어나야 하는가를 분석해 나가면서 현상학적 해석학에 머문데 반해서 베티는 철두철미 딜타이의 방법론 의식에 철저하면서 규범적 해석학을 정초하고자 한다. 일반적 해석이론은 정신과학의 방법이 되어야 한다. 해석이론은 정신과학적 이해의 모든 영역, 즉 역사적, 언어학적, 법학적, 그리고 신학적 이해의 영역으로 확대되어야 한다. 이런 의미에서 베티의 규범적 해석학은 세부적인 방법론으로서 가다머의 영향사적 해석학을 훨씬 능가한다. 그러나 베티의 해석학은 해석학의 규범을 강조함으로써 하이데거나 가다머의 현상학적 해석학이 보여주는 바 인간이해와 해석의 근원적인 사건이 어떻게 일어나는가를 보여주지는 못했다.

가다머가 해석학을 존재론적으로 발전시켰으나 하버마스는 그의 해석학을 해방적 관심을 구현하는 비판적 해석학을 전개한다. 전통적 이해는 왜곡된 의사소통의 산물일 수도 있다. 그것의 구조를 드러내는 심층해석학이 요청된다. 가다머가 요구하는 해석학적인 보편성요구에 대항하여 하버마스는 "특별히 이해되지 않는 삶의 표현"이 있다는 사실을 강조한다. 그것을 위해서 정신분석이나 이데올로기 비판을 시도할 필요가 있다. 여기서 하버마스는 "왜곡되지 않는 의사소통관계"를 상정한다. 후기의 하버마스는 "이상적 언어상황"을 상정하면서 해석학의 보편성을 인정하기에 이른다. 해석학의 보편성은 미래적 이상적 상황의 예기 속에서 이루어진다는 것이다.

아펠은 현대 철학이 당면한 철학의 위기와 해체로부터 철학을 구하기 위해 "철학의 변형"을 시도한다. 철학을 위기와 해체로부터 구하는 길은 철학의 흔들리지 않는 최후정초, 말하자면, 흔들리지 않는 토대근거를 설정하는 것이다. 아펠은 선험철학의 변형에 언어비판과 해석학적 사고와 이데올로기비판을 동원한다. 아펠은 철학을 해석학적으로 변형된 선험적 화용론을 통해서 보편적 학문으로 복권시키고자 한다. 아펠은 "실재적 의사소통공동체"의 선험성을 전제로 하여 "이상적 의사소통의 공동체"에 도달한다. 그리하여 그는 "해석학적으로 변형된 선험철학"을 정초하고자 한다. 여기서 아펠은 인간 이성의 사실에 대한 낙관주의를 전제하고 있다. 이상적 의사소통공동체로의 소급은 인간 이성의 유한성으로 말미암아 오류가능에 내던져 있으며, 제한적으로 그 자신에 대하여 책임진다. 최후정초는 불가능하다.

레비나스는 훗설과 하이데거의 현상학적 사고가 정초된 서구철학 전통에 있어서 동일성의 사고에 친숙한 존재의 사고를 타자의 사고로 전환시켰다. 이것은 철학적 태도의 근본전향이다. 타자는 현상학적 지향성의 대상으로 결코 천착할 수 없는 무제약자이다. 레비나스는 자아 중심적으로가 아니라 제삼자로서 다가서는 타자에 대한 해석학적 반성을 수행한다. 레비나스는 자아중심적인 일인칭의 사고가 아니라 타자 중심적인 삼인칭의 사고를 수행하고자 한다. 레비나스는 흔적으로 나타나는 무한자의 이념을 "제삼자성"(die Illeität, illéité)"이라는 특별한 언어로써 표현한다. "제삼자성"의 해석학이란 존재론으로 형이상학을 정초하고자 하는 훗설에서 하이데거까지 지배하는 서구의 동일성 철학에 대한 레비나스의 공헌이다.

리꾀르는 현상학적 본질기술에 있어서 의식 속의 직접적 자기 소여의 불가능성을 본다. 현상학적 기술의 한계를 극복하기 위하여 해석학적 반성을 시도한다. 그리하여 그는 현상학을 해석학적 현상학으로 전개한다. 리꾀르에 와서 현상학은 해석학적 현상학이 된다. 리꾀르는 가다머가 주장하는 바 "텍스트의 사실"을 수용하면서 이 개념을 "텍스트의 세계"로 발전시킨다. 이 텍스트의 세계는 인간 반성이 생활세계의 진리를 다시 재형상화하는 이차적 소박성의 영역이다. 리꾀르는 텍스트의 해석학에서 더 나아가 "행위의 해석학"을 전개한다. 리꾀르는 인간 행위도 하나의 "유사-텍스트"로 보면서 텍스트의 해석학의 원리를 그대로 적용한다. 리꾀르는 과거의 사실을 기록하는 역사기술과 인간의 삶을 상상적으로 묘사하는 문학작품의 두 영역을 시간 속에 사는 인간의 상상력 안에서 교차시키는 "이야기 해석학"을 발전시킨다.

참고문헌

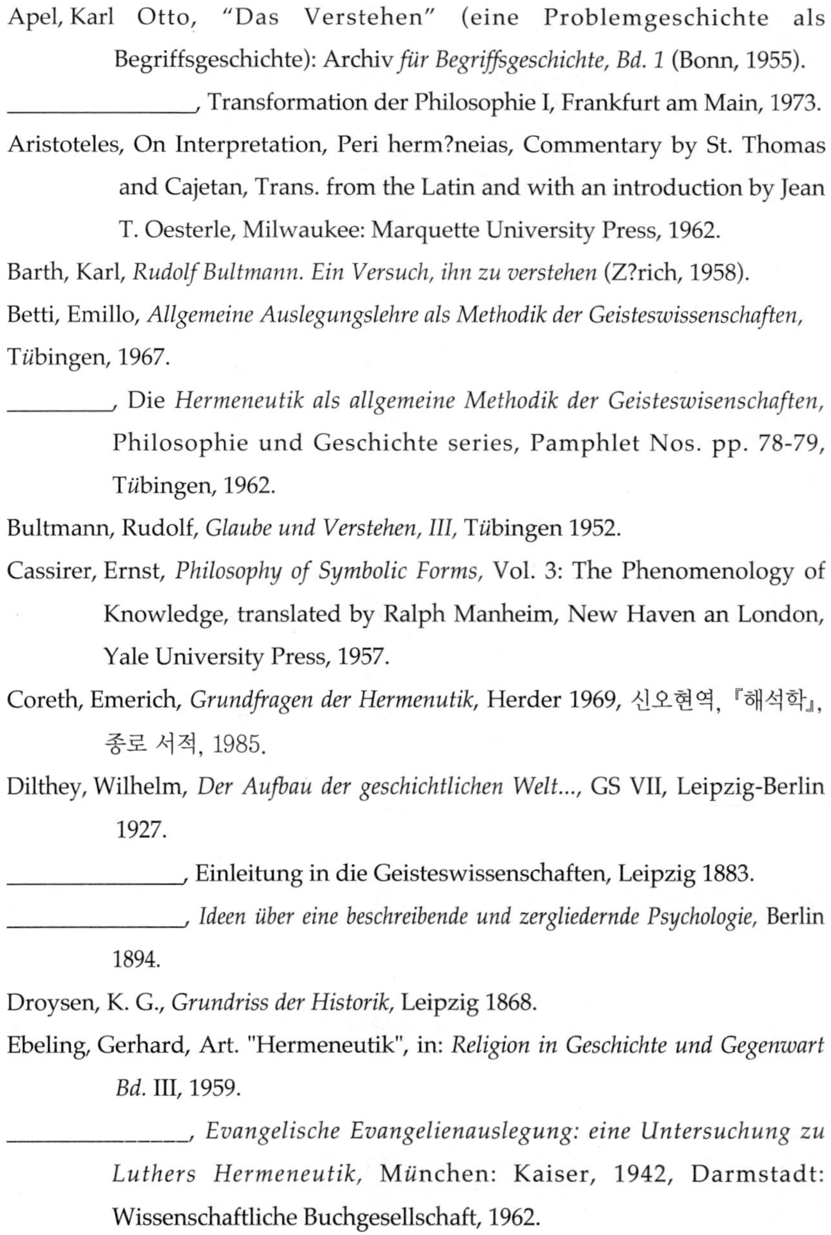

Apel, Karl Otto, "Das Verstehen" (eine Problemgeschichte als Begriffsgeschichte): Archiv *für Begriffsgeschichte, Bd. 1* (Bonn, 1955).

________________, Transformation der Philosophie I, Frankfurt am Main, 1973.

Aristoteles, On Interpretation, Peri herm?neias, Commentary by St. Thomas and Cajetan, Trans. from the Latin and with an introduction by Jean T. Oesterle, Milwaukee: Marquette University Press, 1962.

Barth, Karl, *Rudolf Bultmann. Ein Versuch, ihn zu verstehen* (Z?rich, 1958).

Betti, Emillo, *Allgemeine Auslegungslehre als Methodik der Geisteswissenschaften,* Tübingen, 1967.

_________, Die *Hermeneutik als allgemeine Methodik der Geisteswisenschaften,* Philosophie und Geschichte series, Pamphlet Nos. pp. 78-79, Tübingen, 1962.

Bultmann, Rudolf, *Glaube und Verstehen, III,* Tübingen 1952.

Cassirer, Ernst, *Philosophy of Symbolic Forms,* Vol. 3: The Phenomenology of Knowledge, translated by Ralph Manheim, New Haven an London, Yale University Press, 1957.

Coreth, Emerich, *Grundfragen der Hermenutik,* Herder 1969, 신오현역, 『해석학』, 종로 서적, 1985.

Dilthey, Wilhelm, *Der Aufbau der geschichtlichen Welt...,* GS VII, Leipzig-Berlin 1927.

_______________, Einleitung in die Geisteswissenschaften, Leipzig 1883.

________________, *Ideen über eine beschreibende und zergliedernde Psychologie,* Berlin 1894.

Droysen, K. G., *Grundriss der Historik,* Leipzig 1868.

Ebeling, Gerhard, Art. "Hermeneutik", in: *Religion in Geschichte und Gegenwart Bd.* III, 1959.

_______________, *Evangelische Evangelienauslegung: eine Untersuchung zu Luthers Hermeneutik,* München: Kaiser, 1942, Darmstadt: Wissenschaftliche Buchgesellschaft, 1962.

______________, *Kirchengeschichte als Geschichte der Auslegung der Heiligen Schrift,* Tübingen: J.C. Mohr, 1947.

Ernesti, Johann August, *Institutio Interpretis* Novi *Testamenti,* 4th ed., with observations by Christopher Fr. Ammon, Leipzig: Weidmann (1st ed., 1761), English translation by Moses Stuart, Elements of Interpretation, 3rd. ed., Andover: M. Newmann, 1827.

Farrar, F, W., *History of Interpretation,* Grand Rapids, Mich. : Baker Book House, 1961.

Gadamer, Hans-Georg, *Wahrheit und Methode. Grundzüge einer philosophischen Hermeneutik Tübingen,* 1961, 2 Aufl. 1965.

Grondin, Jean, Einf?hrung in die philosophische Hermeneutik, Darmstadt, 1991.

Habermas, Jürgen, Zur Logik der *Sozialwissenschaften,* Frankfurt a. M. 1967.

Heidegger, Martin. Sein und Zeit (Halle 1927, Tübingen 1963, zehnte Auflage)

________________, *Platons Lehre von der Wahrheit mit einem Brief ?ber den Humanismus,* Berlin 1947.

________________, *Unterwegs zur Sprache,* Pfullingen 1960, zweite Auflage.

Kraus, Hans-Joachim, *Geschichte* der *historisch-kritischen Erforschung* des Alten *Testaments von der Reformation bis zur Gegenwart,* Neukirchen, 1956.

Lessing, Gotthold E., "über den Beweis des Geistes und der Kraft"(1777), "On the Proof of the Spirit and of Power," in: *Lessing's Theological Writings: Selections,* Trans. and with an introductory essay by Henry Chadwick, Standford, 1957.

Ott, Heinrich, *Denken und Sein, Der Weg Martin Heideggers und der Weg der Theologie,* Zollikon, 1959 .

____________, Was ist systematische *Theologie?*: 2 *ThK* Beiheft 2, 19-46.

Riceour, Paul, "Phenomenology and Hermeneutics," In: John B. Thompson (ed. & trans.) *Hermeneutics and the Human* Sciences, Cambridge University Press, 1981.

____________, *Temps et récit III, Le temps racont,* Paris 1985.

____________, *The Symbolism of Evil,* trans. by Emerson Buchnan, Harpers &

Row, 1967.

Wach, Joachim, Das *Verstehen. Grundzüge einer Geschichte der hermeneutischen Theorie im 19. Jahrhunert, 3 Bde., Tübingen 1926-33.*

김영한, 『바르트에서 몰트만까지』, 1991, 대한기독교서회, 22-23, 개정증보판, 2005.

_____, "불트만의 실존론적 해석학", 『하이데거에서 리꾀르까지』, 박영사, 1993, 87-114.

2장
쉴라이에르마허의 보편해석학

머리말

쉴라이에르마허(Friedrich Schleiermacher, 1768-1834)는 서구 정신사에서 "현대 개신교신학의 창시자"요 "현대해석학의 창시자"[45]로 자리매김하고 있다. 그는 철학적 해석학보다는 『종교론』(Über Religion)이나 『기독교 신앙』(Der christliche Glaube) 등 신학 저서로써 더 널리 알려진 19세기 개신교 신학의 대부였다. 동시에 신학자요 문헌학자(Philologe)요 철학자[46]인 그의 신학적이고 철학적인 사상은 그가 살았던 당시의 낭만주의 사상의 영향, 그리고 그가 일생의 과제로서 기획하고 발전시켰던 그의 해석학적 관심과 착상의 맥락에서 이해되어야 한다. 1838년도에 출판된 그의 "해석학 강의"의 제목은 "신약성경과의 특별한 관계를 배려한 해석학과 비판" (Hermeneutik und Kritik mit besonderer Beziehung auf das Neue

45) David E. Klemm (ed.), *Hermeneutical Inquiry: I, The Interpretation of Texts,* Atlanta: Scholars Press (A.A.R. Studies in Religion, 43), 1986, 55.
46) Hans Ineichen, *Philosophische Hermeneutik,* Freiburg, München: Karl Alber, 1991, 118.

Testament)이었다.[47)]

필자는 본 장에서 쉴라이에르마허의 해석학적 기획의 발전과정, 그리고 그가 받은 낭만주의 사고의 영향, 자귀(字句)위주의 전통적인 특수해석학을 보편해석학으로 발전시키는 그의 해석학적 사고의 구조, 그리고 낭만주의적 사고가 그의 보편해석학의 착상을 제대로 실현시킬 수 있었는지를 논구하고, 그의 해석학의 공헌과 한계를 제시하고자 한다.

1. 해석학 원고와 편집과정

쉴라이에르마허는 1805년 독일 할레(Halle)대학에서 교수활동을 시작해서 1834년 죽을 때까지 집중적으로 해석학의 문제를 다루었다. 1809년 그는 베를린 대학의 신학교수로 초빙받았고 여기서도 8차례나 해석학에 관한 강의를 했다. 그는 베를린 대학의 신학부의 교수 그리고 설교가로서 정기적으로 설교를 해야 했다. 그에 의하면 설교에 있어서 의사소통이란 이해를 요구하는 것으로 사고방식을 강요하는 것이 아니라 청중을 "움직이는 음악을 켜는 것"이다.[48)] 그리고 플라톤 번역가로서 명성을 얻은 그는 고전의 번역가로서 해석학에 관한 관심을 가지지 않을 수 없었다.

쉴라이에르마허는 1805년 격언(格言)이나 예비적인 한 두 관찰문장으로써 해석학에 관한 약간의 필기를 시작하였다. 그는 1809-10년에는 해석학에 관한 원고의 초안을 썼다. 그것은 1819년에는 『개요』(Compendium)로

---

47) F. Schleiermacher, *Hermeneutik und Kritik* mit besonderer Beziehung auf das Neue Testament, aus Schleiermachers handschriftlichem Nachlasse und nachgeschriebenen Vorlesungen, hrsg. von Friedrich Lücke, Berlin bei G. Reimer, 1838.

48) F. Schleiermacher, *Über die Religion. Reden an die Gebildeten unter ihren Verächtern,* Berlin 1799, *On Religion, Speeches to its Cultural Despisers,* Eng. New York, Harper, 1958, 119-120.

서 알려진 진전된 모습을 갖추었다. 1828년 강의에는 약간의 난외 각주를 첨가하였다. 1829년의 해석학 강의에는 그의 동시대인 볼프와 아스트의 해석학을 참조하였다. 그래서 그는 1829년의 아카데미의 강의(Akademierede)에는 "볼프의 가르침과 아스트의 텍스트를 참조한 해석학 개념"(Über den Begriff der Hermeneutik, mit Bezug auf F. A. Wolfs Andeutungen und Asts Lehrbuch)이라는 제목을 부쳤다. 『해석학과 비판』(Hermeneutik und Kritik)은 쉴라이에르마허가 생전에 출판한 것이 아니라 그가 별세한 후 그의 제자인 뤼케(Friedrich Lücke)가 자기 스승의 강의 노트에서 편집하여 1838년 출판한 것이다.[49]

쉴라이에르마허는 1805년 이래로 해석학에 대한 출판이 확실히 계획되었으나 그가 해석학에 관해 숙고해서 쓴 많은 분량의 원고들을 출판하지 않았다. 그 이유로는 그가 예기치 않게 66세로 죽음으로 그의 기획에 대한 작업을 더 이상 할 수 없었던 것도 이유가 되겠으나 주요 이유로는 그가 자기의 기획에 만족하지 않았기 때문이다.[50]

1959년 킴멀레(Heinz Kimmerle)는 쉴라이에르마허가 쓴 해석학에 관한 원고들을 완전히 재편집했다. 킴멀레는 그의 편집본에서 학생들의 강의노트에 근거한 자료들을 배제하고 지금까지 출판되지 않았던 초기의 원고들과 난외주들, 그리고 쉴라이에르마허 자신이 쓴 해석학의 모든 자료들을 연대기순으로 배열했다. 킴멀레의 편집본으로 말미암아 쉴라이에르마허의 해석학 연구에 있어서 초기의 해석학에 관한 노트로부터 후기의 해석학 강의록 원고에 이르기까지 해석학 사상의 발전 전체를 고려할 수 있게 되었다.[51]

---

49) F. Schleiermacher, *Hermeneutik und Kritik,* hrsg. von Friedrich Lücke, Berlin bei G. Reimer, 1838.

50) Jean Grondin, *Einführung in die philosophische Hermeneutik,* 1991, 89.

51) F. Schleiermacher, *Hermeneutik: Abhandlung der Heidelberger Akademie der Wissenschaften* (Heidelberg: Carl Winter, 1959), hrsg. von Heinz Kimmerle, mit der Einleiting, Heidelberg, 1959, 9-24, 영문판, *Hermeneutics,* Missoula: Scholars Press 1977 (A.A.R. Text and Translation series I, Tr. by J. Duke and J. Forstman), 21-40, and 229-34.

쉴라이에르마허의 해석학 강의는 1977년에는 만프레드 프랑크(Manfred Frank)에 의하여 언어철학적인 텍스트의 부록을 넣어서 입문과 더불어 『해석학과 비판』이라는 제목으로 다시 출판되었다.[52] 1985년에는 비르몬드(W. Virmond)에 의해 편집되어 1809/10년 해석학 강의의 여태까지 알려지지 않은 추고(推敲)가 『보편해석학』(Allgemeine Hermeneutik)이라는 제목으로 새로운 판으로 출판되었다.[53] 이 편집서는 뤼케, 킴멀레와 프랑크의 알려진 편집 이후에 쉴라이에르마허의 해석학적 기획에 대한 아주 신선한 개요를 제공하고 있다.

2. 낭만주의자들의 영향

쉴라이에르마허는 그의 동시대인 볼프, 쉴레겔, 아스트의 해석학적 사고의 영향을 받았다. 볼프(Friedrich Wolf, 1759-1824)는 할레 대학의 고대어와 문학 교수로서 쉴라이에르마허의 선생이었다. 볼프는 해석학과 비판을 문헌학의 예비도구로서 보았다. 문법, 해석학과 비판은 문헌학의 기반을 형성한다. 그에 의하면 해석학의 과제란 다른 사람의 구전적 문서적 사상을 그것이 스스로 파악되고자 했던 것처럼 파악하는 것이다. 여기서 해석의 기준이란 저자에 의하여 의도된 의미라는 주장에 이르는 심리학적 관찰방식이다.[54] 볼프는 이해의 세 가지 수준을 명료히 구분하고자 했다. 첫째 수준은 언어지식과 명료화다. 둘째 수준은 저자와 텍스트의 상황에 대한 역사적 지식에 대하여 이끌어 내는 재구성적 이해이다. 셋째 수준은 이러한 해석적 이해를 측정

52) F. Schleiermacher, *Hermeneutik und Kritik*, hrg. und eingel. von Manfred Frank, Mit einem Anhang sprachphilosophischer Texte Schleiermachers, Frankfurt a/M: Suhrkamp 1977.

53) F. Schleiermacher, *Allgemeine Hermeneutik von 1809/10*, hrsg. von W. Virmond, in: Schleiermacher-Archiv I (1985), 1269-1310.

54) Hans Ineichen, *Philosophische Hermeneutik*, 121.

하는 비판적 평가가 수행되는 반성적 이해이다. 쉴라이에르마허는 볼프의 해석학이 우선적으로 문헌적 관찰의 집성으로 머물었고 해석을 주로 문헌 이해에 대한 도구사용으로 봄으로써 "보편해석학 이론을 제시하지 않았다"고 비판한다.[55] 그는 볼프가 그 자신이 제시한 이해의 세 가지 수준을 명료히 따르지 않았다고 본다. 쉴라이에르마허는 이러한 볼프의 해석학 착상을 수용하면서 그것을 보다 세련되게 보편해석학 착상으로 발전시킨다.

아스트(Friedrich Ast, 1778-1841)는 쉴라이에르마허 보다는 10년 연하의 쉘링의 제자로서 1808년 『문법, 해석학과 비판』(Grundlinien der Grammatik, Hermeneutik und Kritik)이라는 저서를 출판했다.[56] 그의 주요 관심은 19세기 유럽세계 속에서의 희랍 로마의 고대문학과 문화의 역할과 기능이었다. 고전들은 찬미되었으나 머나먼 연구의 대상으로 취급되었다. 낭만주의 사상가와 더불어 아스트는 고전(古典)을 단지 지적 사상의 수동적 대상이 아니라 창조적 힘들의 유산으로 보았다. 이러한 창조적 힘들이란 그것들의 당시의 삶의 맥락에서 나와서 현대세계의 역사와 생동적인 체험에 대하여 말할 수 있다. 아스트에 있어서는 이해의 목표란 정신의 파악이다. 이 정신이란 창조적 삶의 객관화된 유산인 고전(古典, die Antike)을 통해서 자신을 표현한다. 정신적인 것의 해석학적 파악의 출발점이란 고대 정신의 지식을 형성한다. 모든 문자는 높은 정신으로 되돌아 간다. 아스트는 피력한다: "해석학 또는 주석은 모든 외면적 그리고 내면적 요소들에 있어서 고대(古代) 이해(das Verständnis des Altertums)라는 보편을 전제하고 고대의 문서적 작품의 설명을 기초지운다."[57]

볼프처럼 아스트도 해석학적 이해의 세 가지 방식을 제시한다.[58] 첫째

55) Schleiermacher, *Hermeneutics: The Handwritten Manuscripts* edited by H. Kimmerle, Eng. Missoula: Scholars Press 1977, 116.
56) F. Ast, *Grundlinien der Grammatik, Hermeneutik und Kritik,* Landshut 1808, 70.
57) F. Ast, ibid., 71.
58) Hans Ineichen, *Philosophische Hermeneutik,* 120.

방식은 작품의 상황과 내용에 관한 역사적 이해(das historische Verstehen)다. 둘째 방식은 언어에 대한 문법적 이해(das grammatische Verstehen)다. 셋째 방식은 저자와 고대 보편의 사상에 대한 정신적 이해(das geistige Verstehen)다. 정신적 이해는 저자의 고유한 가치와 개별성과 시대정신의 맥락 속에서 저자의 창조과정에 관해 직관적(intuitiv)으로 이해한다. 아스트는 이해의 세 가지 방식들이 상호의존하는 것을 인정하였다. 아스트는 "해석학적 순환" 이념(die Idee vom hermeneutischen Zirkel)을 제시한다: "모든 이해와 인식의 근본법칙이란 개별적인 것으로부터 전체의 정신을 발견하고, 전체를 통해서 개별적인 것을 파악하는 것이다."[59] 쉴라이에르마허는 해석학적 순환에 관한 아스트의 공식을 인정하고 다음같이 피력한다: "아스트가 제안하였고, 여러 관점에서 외면적으로 발전하였던 해석학적 원리는 전체가 부분으로부터 이해되고 그래서 부분이 전체로부터 이해될 수 있는 것이다."[60]

쉴라이에르마허는 당시의 낭만주의 철학자 쉴레겔(Friedrich Schlegel)의 영향도 받았다. 쉴라이에르마허는 1796-7년 사이에 집필된 쉴레겔의 수고(手稿) 『문헌학을 위한 철학』(Philosophie zur Philologie)을 접했다.[61] 그는 1797년부터 한동안 베를린에서 쉴레겔과 같은 숙소를 사용하면서 플라톤 번역의 계획을 세우고 친교를 나눈다. 쉴레겔은 문헌학을 고전적 구분계획을 따라서 문법, 비판과 해석학으로 나누었다. 문법이 여기서는 기초(Fundament)다. 비판과 해석학의 관계는 역설적이다. 바르게 이해하기 위해서는 비판적으로 편집된 텍스트를 가져야 하고, 이것을 완결하기 위해서는 해석학이 필요하다. 해석학이 완성되기 위해서는 고대에 대한 역사적

---

59) Ast, op. cit., 75.

60) F. Schleiermacher, *Hermeneutik und Kritik,* hrg. und eingel. von Manfred Frank, 329.

61) F. Schlegel, *Philosophie zur Philologie,* mit einer Einleitung, hrsg. von Josef Körner, in: Logos 17 (1928), 1-72, Jetzt: *Zur Philologie,* in: *Friedrich-Schlegel-Ausgabe,* Bd. 16, 1981, 33-81.

지식이 요청된다.[62] 해석학과 문헌학의 구체적인 관계를 설정함에 있어서 쉴레겔은 고대의 모범적인 고전성계획을 기술적으로 형성하는 철학적 해석학을 착안手稿)한다: "해석학의 철학도 역시 앞서 가야 한다. 이것은 아마도 문법처럼 독자적 학문이다. 이것은 오히려 기술이 아니냐? 기술이라면 역시 학(學)이다."[63] 쉴레겔은 이처럼 이해의 기술을 고전으로 되돌리면서 칸트 이후 해석학 이론의 보편적 기능을 말하고 있다. 여기서 해석학적 주관은 전통으로 되돌아 간다. 쉴레겔은 주관의 불안정성과 그러므로 전통의 선(先)행위에 지시되도록 하면서 낭만주의 해석학의 선구자가 된다.[64]

쉴라이에르마허는 쉴레겔에 의해 정초된 낭만주의에 의하여 결정적인 영향을 받았다. 그는『종교론』출판 직전 해에 정기적으로 낭만주의 시인들의 소모임에 참가하여 이들과 교제를 나누었다. 그가 종교론을 쓰게 촉구한 것도 쉴레겔이었다.[65] 루돌프 오토(Rudolf Otto)는『종교론』나중판의 서문에서 종교론을 "낭만주의자들의 진실한 선언"이라고 기술하였다.[66]

쉴라이에르마허가 쉴레겔이나 낭만주의 시인들과 공유한 가치는 계몽주의의 지적인 이성주의와는 대조적인 것으로서 인간 감정의 창조적 상상력, 생동적인 체험, 무한한 것에 대한 감각과 전체적인 것의 통일성 감각을 중요시 하는 것이었다. 쉴라이에르마허는 합리적 논증과 반성만으로 성취될 수 있는 것을 불신함에 있어서 낭만주의 정신과 공통성을 갖는다. 그의 해석학적 사고에 있어서 의미를 직관하는 여성적인 요소와 의미를 비교하고

---

62) F. Schlegel, *Kritische Ausgabe,* Bd. 16, 38.
63) Ibid., 69.
64) Jean Grondin, *Einführung in die philosophische Hermeneutik,* Darmstadt: Wissenschaftliche Buchgesellschaft, 1991, 88.
65) Martin Redeker, *Schleiermacher's Life and Thought,* Eng. Philadelphia: Fortress Press, 1973, 61.
66) F. Schleiermacher, *On Religion. Speeches to its Cultural Despisers,* Eng. New York, Harper edn, 1958, xi.

연역하는 남성적인 요소 사이의 상호작용이 항상 있다.[67] 그럼에도 불구하고 그는 헤르더(Herder)와 낭만주의자들과 더불어 논증 배후에 있는 인간 삶의 창조적 계기에 이르는 충동을 공유한다. 그의 사고가 갖는 낭만주의적 성격은 1805년의 그의 짧은 성문(聖文), "성탄 축하: 대화"(Die Weihnachtsfeier. Ein Gespräch)에서 가장 잘 묘사된다.[68] 그는 이 글에서 성탄의 기쁨과 삶이란 신학적 설명보다는 음악 속에서 더 잘 표현된다고 말한다. 이러한 쉴라이에르마허의 이해는 논리적이기 보다는 직관적이며, 남성적인 것보다는 여성적인 것에 굳게 뿌리내려 있다.

3. 이해의 이론으로서의 해석학

1) 이해를 위한 학(學)

쉴라이에르마허는 1791년 해석학 강의의 입문에서 다음같이 피력한다. "이해의 기술로서의 해석학은 아직도 보편적으로 존재하지 않고 단지 여러 가지 특수한 해석학들만이 있다."[69] 단지 문헌학적 해석학, 신학적 해석학 그리고 법률적 해석학 등 다양한 특수한 해석학이 있을 뿐이다. 그러므로 그는 이해의 기술로서 보편해석학을 정립하고자 한다. 그는 본문에 대한 일시적인 해석의 규칙이 아니라 본문에서 진정한 의미를 이끌어내는 이해 기술을 발전시키고자 했다. 그는 해석학을 인식론의 맥락에 놓고 이해이론으로서 전개하고자 하였다.

옛 해석학의 원칙이란 해석학은 오해가 있는 곳에서 시작된다는 것이다.

---

67) Anthony C. Thiselton, *New Horizons in Hermeneutics. The Theory and Practice of Transforming Biblical Reading,* Grand Rapids: Zondervan, 1992, 210.
68) F. Schleiermacher, "Die Weihnachtsfeier. Ein Gespräch", in: *Schleiermacher Werke IV,* Aalen: Scientia Verlag, 1967.
69) F. Schleiermacher, *Hermeneutik und Kritik,* hrsg. und eingeleitet von M. Frank, 75.

쉴라이에르마허는 이 원칙을 따르면서 이해자체를 주제화 한다. 그는 이해를 교회 테두리에 한정된 특수한 해석차원, 말하자면, 교의(敎義)적 실용적 성경해석의 차원에서 벗어난 철학적 인식론의 주제로 발전시키고자 한다. 그는 아직 보편적으로 있지 않고 특수한 여러 가지 형태로 있는 해석학에다 "이해의 기술"이라는 학문적 의미를 부여한다. 그는 당시까지 해석학적으로 활용되었던 설명(Darlegung)의 기술을 해석학의 영역에서 배제한다. 설명이란 하나의 수사학적 기술(eine rhetorische Kunst)에 지나지 않는 것이었다. 해석학이란 단지 수사학(修辭學)이 아니라 언설(eine Rede)을 철학적으로 사유하고 이해하는 것이다. 그는 해석학을 모든 대화에서 이루어지는 이해를 위한 조건들을 기술하는 학문으로 만들고자 한다. 그리하여 모든 텍스트에 보편적으로 적용되는 이해의 기술을 발전시키고자 한다. 그리하여 그는 해석학을 문헌학적인 차원을 넘어선 보편해석학(Allgemeine Hermeneutik)으로 정초하고자 한다. 쉴라이에르마허에 의해서 처음으로 해석학은 이해 자체를 위한 학(學)으로 전개된다.

신학자로서 쉴라이에르마허는 헬레니즘에서 유래하는 은유적 해석(allegorische Interpretation)을 반대한다. 은유적 해석은 비유나 다른 특별한 문학적 유형이 취급되지 않는 경우에서도 텍스트의 본래적인 의미 외에 비본래적인 의미를 받아들인다. 그래서 해석자의 자의(恣意)에 대하여 문이 열려지게 된다. 각 텍스트로부터 임의적인 것이 나오게 된다. 교의학적 해석조차도 은유적 해석과 함께 기획된다. 교의학적 해석(dogmatische Auslegung)은 텍스트의 본래적 의미에 적합하지 않다.

당시 계몽주의 해석학은 번역이나 주석의 시도에서 시행착오를 통해서 단편적으로 얻어진 규칙이나 암시를 얻었다. 이러한 규칙은 이해하기 어려운 귀절을 해석하는데 관찰의 예들을 제시했다. 그래서 계몽주의 해석학은 이해의 일시적인 규율적인 기능을 한다고 보았다. 이러한 계몽주의 해석학은 해석학을 올바른 이해를 위한 관찰의 집합으로서만 보았기 때문에 진정한 이해를 위한 목적에 도달할 수 없었다.

쉴라이에르마허는 해석학이란 수사학이 아니라 이해의 이론이라고 보았다. 그는 말하는 것과 말해진 것에 관해 이해하는 것을 구분했다. 전자는 수사학이나, 후자는 이해이론으로서 해석학을 위한 기초이다. 쉴라이에르마허는 해석학의 출발점으로서 이해기술에 대한 질문을 제시한다. 말이든 글이든 발화(發話)가 어떻게 이해되는가? 이해기술이란 다른 사람의 말이나 글 속에 구체화 된 사상을 창조적으로 재구성하는 것이다. 그리하여 오해를 방지하는 것이다. 오해를 피하는 것이 해석학의 핵심 과제이다. 여기에는 감정이입(Einfühlen)이 필요하며 문법의 차원을 넘어 심리의 차원으로 나아간다. 이해의 기술은 텍스트 저자의 원래의 정신을 다시 체험하는 것이다. 쉴라이에르마허에 의하면 해석자가 언어지식과 역사지식을 획득함으로써 저자와 동일시 되어야 한다는 요구는 해석의 전제다.[70] 해석자는 상응하는 언어지식을 획득하고 저자의 사고방식과 같은 삶의 정황에 가능한한 친숙(親熟)되어야 한다. 쉴라이에르마허는 여기서 해석자는 "저자가 자신을 이해했던 것보다 저자를 더 잘 이해해야 한다"고 주장한다. 이해란 저자가 행한 언설에 대한 문법적 해석과 심리적 해석을 통해서 저자의 사고를 재구성하는 기술이다. 여기에 쉴라이에르마허 해석학의 낭만주의적 성격이 드러난다. 그는 해석을 낭만주의자들의 시적 형식을 넘어서 그것을 산출한 감정으로 되돌아가고자 하였다. 해석학 이론의 형식에 있는 낭만주의의 확신이란 삶 자체 또는 인간 정신이 항상 구두적, 미학적, 또는 기구적 표현보다 항상 더 충만하다는 것이다. 그러므로 해석자는 언어의 문헌적 연구를 따라서 언어 배후에 있는 것을 예감하는 것을 추구해야 한다는 것이다. 이런 점에 있어서 쉴라이에르마허는 볼프나 아스트의 낭만주의 해석학 견해를 따르고 있다.

70) Ibid., 94.

2) 해석학적 순환 : 부분과 전체의 상호작용

쉴라이에르마허에 의하면 이해란 기본적으로 지시적인 기능이다. 무엇(전체)을 이해하기 위해서는 부분적인 전이해가 전제된다. 우리가 이해하는 것은 부분들로 이루어진 전체의 통일성을 형성한다. 전체는 개별적인 부분을 규정하고, 부분들은 모여서 전체를 형성한다. 쉴라이에르마허는 다음같이 유명한 해석학적 공식을 선언한다. "부분이란 전체에서만, 그리고 전체는 부분에서만 이해되어질 수 있다."[71] 해석과정은 텍스트 전체파악과 부분파악 사이의 지속적인 순환구조를 형성한다. 전체와 부분은 상호작용하는 변증법적 구조를 가진다. 이해는 순환적이다. 이해작용에 있어서 전체와 부분은 변증법적인 상호작용에 의하여 서로 순환적이다. 그래서 의미를 형성한다. 의미는 이러한 순환 속에서 이루어지기 때문에 이것을 바로 "해석학적 순환"(hermeneutischer Zirkel)이라고 부른다. 이것은 논리적으로는 모순이라고 말할 수 있으나 이해 행위에 있어서 이것은 논리 이전(以前)의 이해과정으로서 필연적으로 일어나는 이해의 순환적 사건이다. 전체에 대한 임시적인 이해에는 부분에 대한 선(先)이해가 들어 있으며, 부분의 개략적 이해에 이미 전체에 대한 막연한 이해가 들어 있다. 우리는 이 이해의 순환구조로부터 떨어져서 이해할 수 없다. 텍스트를 자세히 읽기에는 해석자에게 전체를 개관해 주는 개략적 읽기(kursorische Lesung)가 선행한다.

전체 개념은 상대적이다. 전체는 단 한번에 파악되는 것이 아니라, 개별의 이해가 더 큰 연관으로 정위되면서, 해석학적 원(原)은 자꾸 커진다. 이해는 잠정성과 무한성의 성격을 가지기에 이른다. 쉴라이에르마허가 제시하는 해석학적 순환 개념은 이해의 존재론적 선구조(die Vorsturktur)를 발견한 하이데거를 거쳐 가다머에 이르러 "이해의 역사성"(die Geschichtlichkeit des Verstehens)과 관련하여 가장 성숙하게 파악되기에 이

71) F. Schleiermacher, *Hermeneutik und Kritik,* hrsg. u. eingel. von M. Frank, 95.

른다.[72)]

4. 전통적 해석학에 비판적 사고 도입: 해석학과 비판

쉴라이에르마허는 해석학적 사고에 전통적 해석학이 도외시한 비판적 사고를 도입한다. 그리하여 해석학적 사고에 해석학과 비판을 상호귀속 시킨다. 해석과 이해는 비판되어진다. "비판적인 행위는 해석학적 행위의 지속적인 동반자다"(die kritische Tätigkeit ist die beständige Begleiterin der hermeneutischen).[73)] 비판의 내용과 범위란 기계적인 오류이거나 자유로운 행위를 통해서 야기되는 오류이다. 이 두 경우에 있어서 텍스트에 오류가 있다는 추측이 깔려 있다. 비판 자체는 이러한 오류를 인식하고 본래적인 텍스트를 다시 만들어 내는 과제를 지닌다.

의심의 계기는 텍스트 안에 놓여 있는 의미모순이나 언어지식의 근거에서 발생한다. 언어지식은 특히 상응하는 저자와의 친숙성 또는 그 시대의 텍스트와의 친숙성에서 나온다. 기계적인 오류는 자유로운 행위에서 의도적으로 유래한 오류에 대립된다. 기계적인 오류는 복사나 인쇄에서 나타난다. 의도적인 오류는 텍스트 안에서 의식적으로 수행된 변경이다. 오류들은 고귀한 의도, 특히 의도되는 불명료나 오류를 제거하는 의도로 되돌아갈 수 있다. 만일 오류들이 철학적 반대자에 의한 적대자적인 인용에서 비롯한다면 나쁜 의도로 평가되어 진다.

쉴라이에르마허는 비판을 텍스트 비판의 의미에서 본래적인 텍스트의 탐구(Ermittlung eines autentischen Textes)로서 이해한다. 여기서는 우위

72) H. Gadamer, *Wahrheit und Methode,* Tübingen 1960, 250, 261 Anthony C. Thiselton, *New Horizons in Hermeneutics,* 222.
73) F. Schleiermacher, *Hermeneutik und Kritik,* hrsg. von M. Frank, 353.

적인 질문이란 저자가 본래적으로 스스로 썼거나 말했는가 하는 점이다. 그것을 넘어서 해석 자체가 맞는가 맞지 않는가에 대해 음미하는 과제도 중요하다. 쉴라이에르마허는 이것을 “교리적 비판”(doktrinale Kritik)이라고 말한다. 교리적 비판이란 작품이해에 있어서 이념을 전제하고, 이념을 좋게 또는 나쁘게 실현하는 산물로서 작품을 이해하는 것이다.[74] 교리적인 비판에 대하여 쉴라이에르마허는 텍스트비판(Textkritik)인 문헌비판(philologische Kritik)을 옹호하고 있다.

5. 이해의 기술학으로서 보편해석학

1) 이해의 기술학

쉴라이에르마허는 이해의 기술성격을 강조한다. 이해는 해석을 위한 기초가 되며 이미 스스로 해석하는 바 예비적인 해석이다. 해석이란 언어규칙에 의해서 완전히 규정되지 않는 구성이다. 구성이란 단순히 기계적인 규칙적용만이 아니라 재능에도 기초한다. 해석학이란 본문의 이해하기 어려운 귀절에만 관련되지 않고 본문의 내용과 언어에도 관계한다. 그가 이해의 기술로서 추구하는 것은 단지 관찰의 집합만이 아니었다.

쉴라이에르마허는 해석학을 이해의 기술학으로 발전시킨다. 해석학이란 문헌학의 분야로서 “이해의 기술학”(Kunstlehre des Verstehens)이다. 해석학이란 다른 사람의 말, 특히 문서적으로 고정된 말 또는 텍스트를 이해하고 해석하는 기술이다.[75] 말의 이해는 일상적인 현상이다. 그러나 의사소통의 어려움이 야기하면 이해는 규칙을 통하여 보완되어야 한다. 이것이 해석학이다. 이해는 규칙의 적용을 통하여 기술적 이해, 다시 말하면, 텍스

74) Ibid., 244.
75) Ibid., 75.

트 해석이 된다.[76] 주석이나 해석은 따라서 규칙에 입각해서 텍스트를 이해하는 해석방식이다. 이 규칙은 이해의 어려움을 피하고 가능한대로 어려움을 예방하도록 해야 한다.

해석학이란 이해를 위한 기술이지 기계적인 절차(ein mechanisches Verfahren)가 아니다. 쉴라이에르마허는 해석학의 두 가지 실천방식을 구분한다. 하나는 "좀 느슨한 실천"(laxere Praxis)과 "좀 엄격한 실천"(strengere Praxis)이다. 전자의 결과로 이해가 스스로 야기하고, 후자는 오해가 스스로 야기하는 것에서 출발한다. 전자는 해석학의 소극적인 실천이며, 후자는 해석학의 적극적인 실천이다.

"좀 느슨한 실천이란 다음 사실에서 출발한다. 그것은 이해는 스스로부터 야기하고 목표를 소극적으로 표현한다: 오해는 피해야 한다."[77] "좀 느슨한 실천"이란 이해란 스스로 야기하고, 오해는 피해야 한다는 부정적인 목적을 갖는다. 쉴라이에르마허는 이것을 명료치 않는 구절을 밝혀내기 위해 지침을 제시하는 자귀(字句)해석학(Stellenhermeneutik)으로 본다. 이것은 전통해석학의 관점이다. 쉴라이에르마허는 전통해석학을 특수해석학으로서 보고 다음같이 평가한다. "특수해석학은 관찰들의 집합에 불과하다. 그리고 학(學)으로서의 필요조건을 충족시키지 못한다. 반성없이 이해를 추구하는 것과 특별한 경우에 한하여 이해의 규칙들에 의존하는 것은 균형이 잡히지 않는 활동이다."[78] 여기에는 기술없는 순수 직관적인 오성이 작용한다. 이해는 정상적인 전개방식에서는 기술(技術)을 필요로 하지 않으며 그 자체 문제가 없다. 이해가 되지 않을 때까지, 즉 모순에 부딪칠 때까지 모든 것은 바르게 잘 이해된다. 해석학이란 이해가 되지 않을 때 비로소 필요하다. 이해가 잘 되는 것은 일차적이고 자연적 과정이며, 오해하는 것

---

76) Ibid., 91.
77) Ibid., 92.
78) F. Schleiermacher, *Hermeneutik,* 영어번역 *Hermeneutics: The Handwritten Manuscripts,* Scholar Press, 1977, 95.

은 특별한 해석학적 도움이 필요시 되는 예외 경우이다. 따라서 쉴라이에르마허에 의하면 해석학은 오해를 근본상태로서 전제한다. 이해하고자 시도함으로부터 해석자는 가능적인 오해를 방지하고자 한다. 이해는 오해를 방지하기 위하여 기술적으로 단계적으로 나아가야 한다. 해석학은 "이해가 불확실하게 되는 곳에서가 아니라 언설(言說, Rede)을 이해하고자 하는 시도의 시작과 더불어 출발한다."[79] "해석학이란 오해를 피하는 기술이다" (Hermeneutik ist die Kunst, Mißverständnis zu vermeiden).

"좀 엄격한 실천"이란 쉴라이에르마허가 해석학과 더불어 열고자 하는 분야이다. 이것이 보편해석학이다. "좀 엄격한 실천이란 다음 사실에서 출발한다: 오해는 스스로 야기하며 이해는 모든 점에 있어서 원해져야 하며 추구되어야 한다."[80] 쉴라이에르마허는 더 엄격한 실천과 더불어 오해의 차원을 보편화하고자 한다. 이해의 보편적인 우위로부터 출발하고자 한다. 이해의 요소는 사실로 보편화가 가능하다. 그러나 이해가 성공한 곳에서도 "오해의 잔재는 완전히 해소되지 않는다."[81] 그러나 이해의 기술은 본문종류에 관계없이 법률문서, 종교경전, 문학작품 등에 모든 본문의 해석에 보편적으로 적용된다고 보았다. 이것이 그의 보편해석학의 착상이다.

쉴라이에르마허는 이해의 근본행위를 추후구성(Nachkonstruktion)으로 이해한다. 하나의 언설을 이해하기 위하여 마치 내가 언설자(言說者)인 것처럼 언설을 그것의 모든 부분들에 있어서 추후구성해야 한다. 이해에 있어서 중요한 것은 내가 사실로 가져오는 의미가 아니라 추후적으로 구성되어지는 저자의 관점에서 보여지는 의미이다. 여기서 "언설을 먼저 저자와 같이, 그리고 다음에는 저자보다 더 잘 이해한다"(die Rede zuerst ebenso

79) F. Schleiermacher, *Allgemeine Hermeneutik von 1809/10,* hrsg. von W. Virmond, 1985, 1272.

80) F. Schleiermacher, *Hermeneutik und Kritik,* hrsg. und eingeleitet von M. Frank, 92.

81) Ibid., 328.

gut und dann besser zu verstehen als ihr Urheber)라는 유명한 공식이 나온다.[82] 더 좋은 이해의 목표는 무한한 과제이다. 이것은 도달하지 못하는 목표이다. 왜냐하면 우리 인간은 결단코 완전히 이해할 수 없기 때문이다.

2) 두 가지 해석의 방법

쉴라이에르마허에 따르면 두 가지 해석의 방법이 있다. 하나는 문법적 해석이고, 다른 하나는 심리적 해석이다. 모든 말은 "언어와 화자(話者)의 전(全) 사고"에 관계한다.[83] 문법적 해석은 말이 언어 속으로 얽혀있음을 반성하고 있으며, 심리적 해석은 말이 그의 사고를 전달하고자 하는 화자를 전제한다는 사실을 고려한다. 두 해석은 전달의 방식에 따라서 다른 의미를 가진다. 문헌적인 텍스트에 있어서는 사실이 전면에 부각되며 저자는 취급되는 사실 배후에 머문다. 여기서는 문법적 해석이 중요하다. 이에 반해 소설과 같은 텍스트는 저자의 의도가 중요한 위치를 차지하게 된다. 소설의 이해란 소설의 플롯을 전개하고자 하는 저자의 의도를 재구성하는 것이다. 여기서는 심리적 해석이 중요하다. 쉴라이에르마허는 텍스트 해석이란 문법적 계기와 심리적 계기의 변증법적 상호작용을 통하여 이루어진다고 본다. 전자가 객관적 보편적 특성을 가지고 있다면, 후자는 주관적 개별적 특성을 가지고 있다. 쉴라이에르마허는 이 두 가지 해석 계기의 특성을 언어에 의하여 매개함으로서 실증적인 경험과 선험적인 사변철학의 특성을 결합하고자 하였다. 그러나 그의 사상의 발전에 있어서 심리적 해석이 문법적 해석보다 더 강조되는 방향으로 나아갔다. 여기에 외적인 고정된 문헌이나 표현보다 인간 내면의 정신적 창조과정을 중요시하는 쉴라이에르마허의 낭만주의적 정신이 깔려 있다.

---

82) Ibid., 94, 104.
83) Ibid., 77.

[1] 문법적 해석

쉴라이에르마허는 해석학의 테두리 안에서 언어에 대해 근본적인 의미를 부여한다. 언설이란 사고의 표현이다. 그것은 사고의 외적 차원이다. 언어가 언설을 통해서 발전된다는 것이 진리라고 하더라도 모든 언설은 언어를 전제한다. 언어는 모든 개인의 사고를 제약한다. 쉴라이에르마허에 의하면 우리는 언어에 나타나는 생각만을 파악할 수 있다. 언어는 언어행위, 언설(Rede) 속에서 존재한다. 언어는 개인화자의 언어능력에 의존한다. 그렇지만 언설은 단순히 화자의 창조만이 아니라 문법에 얽매인다.

문법적 해석은 해석학의 "문법적 측면"(die grammatische Seite)이다. 이것은 언어를 다룬다. 언어는 공동체가 사용하는 언어의 총체성에서 나오는 단면이다. 그러므로 언어는 먼저 주어진 구문론과 사용에 따른다. 그러므로 언어는 개인차원을 넘어선다. 문법적 해석은 표현을 텍스트에 놓여 있는 언어의 총체적 연관에서 해명한다. 이것은 언어의 문맥에서 말해진 것을 이해하는 것이다.

쉴라이에르마허는 문법적 해석을 위하여 규칙(Kanon)을 발전시킨다. 그리고 그는 다음 두 가지 규칙이 가장 중요하다고 말하고 있다. 첫번째 규칙은 공통언어에 관한 것이다: "주어진 언설에서 어떤 것에 대한 보다 정확한 결정은 저자나 그 본래의 독자에게 공통적인 언어의 용법에 기초하여 수행되어야 한다."[84] 두번째 규칙은 언어 맥락의 파악에 관한 것이다: "주어진 귀절에서 각 단어는 그 문맥에 의해 결정되어야 한다."[85] 쉴라이에르마허는 공통언어의 파악 그리고 언어 맥락의 파악이라는 "이 두 가지 규칙이 문법적 해석의 전체를 구성한다"고 보았다.

공통적인 언어를 파악하는 첫번째 규칙에 의하면 언설(Rede)의 부분은 저자의 언어영역에서만 규정될 수 있다. 해석학의 "과제란 언어로부터 언

84) Ibid., 101.
85) Ibid., 116.

설의 의미를 이해하는 것이다"(Die Aufgabe ist, aus der Sprache den Sinn einer Rede zu verstehen).[86] 이해는 언어를 대상으로 한다. 언어는 이해의 수단이며 사고의 매개물이다. 언어 없이는 사고할 수 없다. "해석학에 있어서 전제되는 모든 것은 오로지 언어이다"(Alles Vorauszusetzende in der Hermeneutik ist nur Sprache).[87] 이러한 쉴라이에르마허의 명제는 해석학을 언어존재론으로 심화시키는 가다머의 해석학적 사고에 단초를 제공하고 있다. 가다머는 "이해되어질 수 있는 존재는 언어이다"(Sein, das verstanden werden kann, ist Sprache)라고 말한다. 이해의 본질적인 언어성은 우리의 진술에서보다는 우리의 마음 속에 가지고 있는 것에 대한 언어의 추구에서 표현된다. 가다머는 쉴라이에르마허가 말하는 언어적 진술의 해석뿐만 아니라 마음 속에 생각하고 있는 것에 대한 이해차원까지 말하고 있다. 쉴라이에르마허에 의하면 성경의 해석에 종사하는 고(古)문헌학자나 신학자들에게 이 첫 번째 규칙이 큰 비중을 갖는다. 저자와 원래적인 청중의 공통적인 언어영역도 중요하다. 언설은 공통적인 언어에의 참여이기 때문이다. 두 번째 규칙인 언어적 맥락에 대한 파악에 의하면 단어의 의미는 언어환경에서 형성되는 맥락에서 해석되어진다. 여기서는 언어적 맥락에서 언설부분의 중요한 가치가 발견된다. 해석학에서 전제되는 모든 것은 오로지 언어이다. 다른 객관적이고 주관적인 조건들, 거기에 속하고 발견되는 모든 것은 언어에서 발견되어야 한다.

문법적 해석은 의미파악을 위하여 비교방법(die komparative Methode)을 사용한다. 쉴라이에르마허는 "개별적인 의미들은 연합하여 비교함으로써 내적 통일을 파악"할 수 있다고 보았다. 해석자는 저자가 자신을 이해한 것보다 그를 더 잘 이해할 정도로 그가 사용한 언어를 철저히 파악해야 한다. 그래야만 저자가 사용한 언어에 대한 시대착오적인 오해를 피할 수 있다. 쉴라이에르마허는 문법적 해석을 위해서 여러 개의 규칙을 제시했다. 그러

---

86) F. Schleiermacher, *Allgemeine Hermeneutik von 1809/10*, hrsg. von W. Virmond, 1985, 1276.

87) F. Schleiermacher, *Hermeneutik*, hrsg. von H. Kimmerle, Heidelberg 1959, 38.

나 "해석학적 규칙의 적용 자체에 있어서 아무런 규칙이 없다"는 사실을 의식하게 된다. 그것은 "개별적 인간의 언어재능이나 기술에 기인한다."[88] 그리하여 쉴라이에르마허는 옛날 해석학 전통을 본질적으로 새롭게 하는 해석의 보편적 방법을 제시한다. 그것은 구절을 그것의 맥락에서 해명한다는 요구이다. 그러나 결과적으로 그는 적용의 규칙을 제시하는 것을 포기했다.[89]

문법적 해석에서 중요한 것은 쉴라이에르마허가 언어의 관점을 의식적으로 발전시켜서 그것을 해석학으로 끌어들였다는 것이다. 그래서 심리적 차원을 넘어서는 해석학적 문법의 차원을 열었다는 것이다.[90] 그러나 해석학은 문법적 해석으로 끝나지 않는다. 1960년대 일어난 구조주의(Strukturalismus)도 "오로지 문법"(nur Grammatik)만이 있다고 보았다. 구조주의는 해석이 수행되는 주관적 개별적 차원을 무시했다. 구조주의는 해석학을 통해서 보다 넓은 의미의 개방성 세계로 나아가게 된다.[91] 해석학은 문법으로 해소되지 않는다. 해석자는 문법을 사용하는 저자의 의도를 앎으로써 텍스트를 보다 더 잘 이해할 수 있다. 해석학은 심리적 해석으로 나아가야 한다.

[2] 심리적 해석

쉴라이에르마허는 그의 해석학 강의 두 번째 부분에서 심리적 해석의 과제를 다음과 같이 규정한다: "심리적 해석의 과제는 그 자체적으로 관찰할 때 일반적으로 각기 주어진 사고의 복합성을 일정한 인간의 삶의 계기로서 파악하는 것이다."[92] 텍스트의 이해와 해석은 심리적 측면에서는 저자의

88) F. Schleiermacher, *Hermeneutik und Kritik,* hrsg. von M. Frank, 81, 360.
89) Jean Grondin, op. cit., 94.
90) Hans Ineichen, *Philosophische Hermeneutik,* 1991, 126.
91) Paul Ricoeur, "Structure and Hermeneutics" (1963), in: *The Conflict of Interpretation,* 57.
92) F. Schleiermacher, *Hermeneutik und Kritik,* hrsg. u. eigel. von M. Frank, 178.

마음으로 이입(移入)하여 저자가 말하고자 하는 것을 알아내는 것이다. 이것은 "기술적 해석"(technische Interpretation)이다. 쉴라이에르마허는 처음에는 "심리적(기술적)해석"(die psychologische(technische) Auslegung)이라는 표현을 사용하면서[93] 심리적 해석이란 용어를 "기술적 이해"라는 용어와 구분 없이 사용하고 있다. 여기서 기술(技術)이란 저자가 그의 텍스트에서 표현하고자 하는 "특별한 기술"(besondere Kunst)을 말한다. 이것은 저자의 의도, 어감과 어조이다. 기술적 이해는 말이나 글에 나타난 이러한 저자의 심리적 차원을 이해하는 것이다. 기술적 해석은 저자의 언어구성의 특성과 문체를 이해하는 것이다. 여기서 기술적 해석은 문법적 해석이 취급하는 언어의 순수문장학적 측면이 아니라 언어가 본래 진술하고자 하는 저자의 심리와 의도를 다룬다. 여기서는 저자의 의도가 중요시 된다. 저자에게는 관념론적 전통에서 비롯되는 자아, 존엄과 자율성, 자유와 자발성에 대한 어떤 것이 부착되어 있다. 저자의 작품은 저자의 행위와 그의 창조로서 나타난다. 여기서는 작품을 저자의 마음으로부터 드러내고자 하는 정신의 이해(Verstehen des Geistes)가 수행된다.[94]

쉴라이에르마허는 나중에 저자의 삶의 요소를 파악하기 위하여 "기술적인 해석"(technische Auslegung)을 기술적인 해석과 심리적 해석으로 세분하여 발전시킨다: "순수 심리적인 것과 기술적인 것의 상대적인 대립은 다음같이 규정된다: 전자는 개인의 삶 계기의 총체성으로부터 사상의 유래에 관계하며, 후자는 계열이 발전하는 일정한 사고와 설명으로 되돌아가는 것이다."[95] 이 두 가지 해석은 설명의도와 결단이 단지 확정되고, 그리고 영향력이 기대될 때 가장 근접한다. "그것의 차이란, 기술적인 것이 명상의 이해와 구성의 이해이나, 심리적인 것은 근본사상이 같이 파악되어지고 전

---

93) Ibid., 167.

94) H. Birus, "Schleiermachers Begriff der "Technischen Interpretation", in: *Schleiermacher-Archiv I* (1985), 591-600.

95) F. Schleiermacher, *Hermeneutik und Kritik,* hrsg. u. eigel. von M. Frank, 181.

계열이 발전되는 착상의 이해요 부수적 사상의 이해다."[96]

심리적 내지 기술적 방법은 예감적(die divinatorische) 방법과 비교적(die komparative) 방법을 내포한다. 이 둘은 "서로 간에 지시하며 서로 분리될 수 없다." 양자의 차이는 다음과 같다: "예감적인 방법은 자기 자신을 타자로 변화시키면서 직접적으로 개별적인 것을 파악하고자 하는 방법이다. 비교적인 방법은 먼저 이해되어지는 것을 일반적인 것으로 정립하고, 그 다음 동일한 일반적으로 파악된 것 가운데서 다른 것과 비교하면서 고유한 것을 발견하는 것이다. 전자가 인간 인식에서 여성적 힘이라면, 후자는 남성적인 것이다."[97]

심리적 해석은 저자의 삶 전체로부터 사상들이 어떻게 나왔는가를 드러내는 데에 초점을 둔다. 그러나 심리적 해석은 작품이 저자의 창조물이긴 하나 심리적 원천을 넘어서는 성격을 지니고 있다는 사실을 놓치게 될 때 빗나가게 된다. 훗설이 심리주의를 비판한 것 같이 생산적 행위와 지향적 내용을 혼동해서는 안된다. 심리적 해석은 저자의 근본의도로 되돌아 가고자 한다. 그리하여 작품이 그것의 발생과 저작과정으로부터 설명되도록 한다. 여기에는 "공감적 상상력"(sympathetic imagination) 내지 타자에 대한 "잠재적 일치"(potential rapport)[98]로서 예감 (豫感, Divination)이 작용한다. 예감이란 신적인 영감을 말하지 않고 추측의 과정(ein Vorgang des Erratens)이다. 쉴라이에르마허는 [부록](Anhang)에서 다음과 같이 피력한다: "이해란 읽고 듣는 것과 더불어 동시에 예감적으로 이미 먼저 항상 주어지고 자기 자신에 관하여 완전히 파악하는 것일 것이다."[99] 예감이란 저자가 말하고자 하는 의도에 대한 추정을 말한다. 해석자는 저자의 관찰방식에 정위하여 거기로부터 작품을 이해하고자 한다. 해석자는 저자의 다른 작품 또는 다른 저

96) Ibid., 182.
97) F. Schleiermacher, *Hermeneutik und Kritik*, hrsg. von M. Frank, 169.
98) Anthony C. Thiselton, *New Horizons in Hermeneutics*, 223.
99) Ibid., 314.

자의 작품들과 비교함으로써 해석을 한다. 여기서 예감은 해석가설 형성(Bildung von Auslegungshypothesen)의 수단 역할을 한다.

쉴라이에르마허는 말해지거나 쓰여진 말 배후에는 그것의 본래적인 의도를 형성하는 사상이 있다고 전제했다. 그러나 이 사상은 단어 속에서만 알려진다. 사상을 알기 위해서는 궁극적으로는 추정되어야 한다. 그러므로 쉴라이에르마허는 항상 해석학에 있어서 예감적인 이해(das divinatorische Verstehen)에 더 큰 가치를 부여했다. 그는 다음같이 피력한다: "심리적 (기술적) 해석의 최종목적은 발전된 시작 외 다른 것이 아니다. 말하자면, 행위의 전체를 그것의 부분들에서, 각 부분에서 다시 내용을 움직이는 것으로서, 형식을 내용을 통해서 움직인 자연으로서 직관하는 것이다."[100] 해석학의 역사과정에 있어서 심리적 해석, 즉 텍스트의 이해를 그것의 산출과정에 대한 통찰을 통하여 이해하는 사고는 특히 중요하다. 이것은 낭만주의가 추구하는 저자의 생동적인 정신의 체험으로 되돌아가는 것을 의미한다.

그리하여 저자의 언어에 중점을 두었던 초기의 보편해석학은 후기에는 저자의 주체성에 강조점을 두는 심리적 해석학으로 전환된다. 그리하여 후기의 해석학은 본문의 개념에서 출발하여 저자의 본래의도(originale Intention)의 정신과정을 재구성하는 심리학이 된다. 이러한 심리적 해석은 문법적 해석을 무시하는 것이 아니라 오히려 그것의 기초 위에서 정당성을 가진다. 특히 예감을 해석가설 형성의 수단으로 관찰하게 될 때 심리적 해석은 그 타당성을 지닌다. 이러한 예감적인 이해의 전제는 모든 개체성은 보편적인 삶의 표현이며 각 사람은 타인과 공통적인 삶의 요소를 지니고 있다는 것이다. 이러한 삶의 체험의 공통성에 근거하여 해석자는 저자의 내면적 삶을 예감할 수 있다.[101]

100) Ibid., 167.
101) Jack Forstman, *A Romantic Triangle* (Missola: Scholar Press, 1977), 101.

3) 해석의 변증법: 문법적 해석과 심리적 해석의 상호역동적인 과정

쉴라이에르마허의 해석학을 바로 이해하기 위해서는 그의 해석학이 갖는 변증법적 성격에 주목해야 한다. 여기서 변증법(Dialektik)이란 대화적인 지평(dialogischer Horizont)을 말한다. 변증법이란 쉴라이에르마허에 있어서 "이해소통의 기술론"(eine Kunstlehre des Sichverständigens)이다. 변증법의 필연성은 인간에게 완전한 이해와 해석이 불가능하다는 사실에서 나온다. 쉴라이에르마허는 그의 해석학 강의 [부록]에서 "해석학과 변증법"에 관하여 다음같이 피력한다: "중간공간에서는 지식욕구의 사실로서 순수사유가 이미 움직이나, 지식은 아직도 완성되지 않는다. 이 사실이 이 영역에 대한 지배권을 기술론으로서 주장한다면 공간을 제거하기 위한 싸움이 일어난다."[102] 인간의 사고에는 언제 어디서나 논쟁의 재료가 무한하게 놓여 있기 때문에 공통적이고, 논쟁에서 벗어난 진리에 도달하기 위하여 우리는 상호간에 대화를 해야 한다.

이해의 기술인 해석학은 이러한 대화적인 지식추구에 참여한다. 텍스트를 이해하기 위해서 텍스트와 대화해서 텍스트의 단어들이 직접적으로 진술하는 것의 배후로 와야만 한다.[103] 해석학은 대화적 기반에 근거한다. 텍스트를 해석한다는 것은 텍스트와 대화에 들어가는 것이며 텍스트에 대하여 질문하는 것이며, 텍스트로부터 질문을 받는 것이다. 그리하여 해석은 순수히 쓰여진 것을 넘어서서 글과 글 사이를 읽어야만 한다. 이러한 기술은 대화와 비슷하다. 모든 쓰여진 단어는 그 자체에 있어서 텍스트가 다른 정신과 수행하고자 하는 대화의 제공이다. 그러므로 쉴라이에르마허는 문헌 해석자가 더 의미있는 대화의 해석(die Auslegung des bedeutsameren Gesprächs)을 하도록 촉구한다. 쉴라이에르마허는 [부록]에서 다음같이 피력한다: "특별히 나는 우리에게 가장 가까이 놓여 있는 것에 머물기 위하여

102) F. Schleiermacher, *Hermeneutik und Kritik,* hrsg. von M. Frank, 419.
103) Ibid., 315-6.

문서작품의 해석자에게 더 의미있는 대화의 해석을 부지런히 연습할 것을 간절히 충고하고자 한다."[104)]

해석학적 사고란 바로 문법적인 해석과 심리적 해석의 상호관계 속에서 수행된다. 쉴라이에르마허는 다음같이 피력한다: "이해는 단지 두 계기, 즉 문법적 계기와 심리적 계기의 서로 얽힘(ein Ineinandersein)이다."[105)] 문법적인 해석과 심리적 해석의 두 작용들은 실제 적용에서 결합되어 있다. 그러나 규칙을 다루는 데 있어서 이 양자는 각기 그 자체의 특별한 초점을 가지고 있기 때문에 분리되어야 한다. 쉴라이에르마허는 실제적인 이해란 문법적 해석과 심리적 해석이 결합함으로써 이루어진다고 보았다. 이것이 해석학이 지닌 변증법적 구조이다. 본문이 문법적으로 해석되지 아니하면 심리적으로 해석될 수 없고, 심리적으로 해석되지 않으면 문법적으로 해석될 수 없다. 해석자가 문법적 해석을 등한시하고 심리적 해석만을 강조하면, 그 해석은 환상적이 되어 버린다. 해석자가 언어 맥락만을 강조하고 저자의 언어수식 능력을 등한시하면, 오해를 야기한다.

쉴라이에르마허는 따라서 해석의 구체적인 과정에 있어서 문법적 해석과 심리적 해석의 상호보충적인 작용인 "역동적인 과정"(dynamischer Prozess)을 강조한다. 이것이 해석학적 사고의 변증법이다. 양자는 상호보충적인 작용을 통해서 이해를 산출시킨다. 그러므로 해석학적 사고에 있어서 이러한 상호관계는 바로 해석학적 순환구조이다. 이 해석학적 순환구조는 이해의 본질적인 요소이며 모든 이해행위에 작용한다. 쉴라이에르마허는 예감적인 방법과 비교적인 방법의 상호지시적이며 역동적인 과정에 관하여 말한다: "양자는 서로 분리되어서는 안된다. 예감(die Divination)은 확인하는 비교를 통해서만이 비로소 그것의 확실성을 보유한다. 예감은 비교 없이는 항상 환상에 머물 수 있기 때문이다. 비교적인 것(Die Komparative)은 그러나 통

104) Ibid., 316.
105) Ibid., 79.

일성을 보장하지 못한다. 일반적인 것과 특수한 것은 서로 침투해야 한다. 이것은 항상 예감을 통해서만 일어나기 때문이다." [106]

쉴라이에르마허는 그의 해석학적 순환구조를 이러한 대화적인 테두리 안에 위치시킨다. 해석학적 순환구조는 전체와 부분의 순환관계, 즉 전체는 부분으로부터, 부분은 전체로부터 이해하는 것이다. 그것은 해석학적 개념의 두 가지 측면에서 규정된다. 문법적이고 객관적인 측면에 따르면 개별적인 것이 전체로부터 설명된다. 이해란 전체로부터 부분으로 그리고 부분으로부터 전체에로의 반복적인 순환구조를 가지고 있다. 이처럼 부분과 전체는 변증법적인 상호작용에 의하여 서로 간에 의미를 부여한다. 쉴라이에르마허는 [부록]에서 다음같이 피력한다: "각 작품은 그것이 귀속한 문헌의 영역에서 개별적인 것이며, 다른 동일한 내용과 더불어 전체를 형성한다. 이 전체로부터 그것은 하나의 관계, 즉 언어적 관계에서 이해되어진다."[107] 이 전체는 개별적인 것이 생겨 나오는 문학 장르(die literarische Gattung)이다. 심리적이고 주관적인 측면에 따르면 개별적인 것(귀절, 작품)은 저자의 행위로서 보여지고 저자 삶의 전체로부터 설명된다. 쉴라이에르마허의 해석학은 해석학적 순환구조를 개인적인 삶의 총체성으로 제한시킨다. 그리하여 언어적인 것을 내적 사상의 유출이며 영혼의 의사소통의 시도로서 이해하였다.

6. 후기에서 해석학적 사고의 변화 : 언어중심의 해석학에서 심리적 해석학으로

쉴라이에르마허는 1810년에서 1819년에 이르는 초기의 원고에서는 철저

106) Ibid., 170.
107) Ibid., 335.

하게 언어중심의 해석학을 제안하였다. 그는 처음부터 문법적 부분과 기술적 부분으로 이루어진 보편해석학을 염두에 두고 있었다. 해석학의 과제는 "두 개의 상이한 지점에서 수행된다." "하나는 언어에 대한 이해며, 다른 하나는 화자(話者)에 대한 이해다."[108] 화자에 대한 이해는 언어를 통해서 이루어진다. 해석학은 화자가 말한 것을 통해서 화자를 이해하는 기술이다. 여기에는 사고와 표현은 동일하다고 보는 쉴라이에르마허의 사고적 전제가 있다: "사고와 그것의 표현은 본질적으로 그리고 내적으로 완전히 같은 것이다."[109] 화자이해는 그의 언어를 통해서 하는 것이므로 언어는 그의 초기 해석학적 사고에서 핵심이다. 쉴라이에르마허에 의하면 "해석학에서 전제되어야 하는 것은 바로 언어이다. 또한 거기서 밝혀져야 할 것도 언어이다. 따라서 기타의 객관적이고 주관적인 전제들은 언어를 통해서 혹은 언어로부터 밝혀져야 한다."[110] 이러한 쉴라이에르마허의 초기 사고는 개인의 사고와 그의 개체존재는 자아와 세계이해의 기반이라고 할 수 있는 언어를 통해서 결정된다고 하는 주장을 확고하게 견지함으로서 가다머의 언어존재론의 사고와 유사한 입장을 지니고 있다.

그러나 후기에 이르러, 특히 1829년의 아카데미 강의에서 쉴라이에르마허는 전기의 언어중심의 해석학의 착상에서 벗어나 심리적으로 정향된 해석학으로 이행한다. 여기서 결정적인 요소는 가다머의 제자 킴멀레(Heinz Kimmerle)가 해석하는 바 같이 사고와 언어를 동일시하는 초기 생각의 점차적인 포기이다.[111] 쉴라이에르마허는 점차 텍스트를 내면의 정신과정이 직접적으로 표출된 것으로 간주할 수 없었다. 그는 해석학적 사고에 있어서 내면적인 것에 도달하기 위해서 궁극적으로는 언어를 초월해야 하는 것으로 본다.

---

108) F. Schleiermacher, *Hermeneutik,* hrsg. von Heinz Kimmerle, Heidelberg, 1959, 56.
109) Ibid., 21.
110) Ibid., 44.
111) Heinz Kimmerle, "Einleitung" in: Schleiermacher, *Hermeneutik*(hrsg.), Heidelberg, 1959, 9-23.

그리하여 그는 사고와 표현의 동일성에 관한 자신의 초기의 명제를 포기하기에 이른다. 해석학에 의해 재구성된 내면적 과정은 더 이상 본질적으로 언어적인 것으로 간주되지 않으며 오직 언어의 개별성과는 분리된 저자의 인격적인 개별성의 내적 가능성으로 생각되었다.[112] 쉴라이에르마허는 [부록]에서 다음같이 피력한다: "해석학의 과제란 저자의 구성하는 행위의 전 내적 과정을 완전히 추후구성하는 것에 있다."[113] "그(필자주: 저자)가 단지 개별 작품만을 산출한 것이 아니라 언어에 있어서 확고히 서 있는 유형이 부분적으로 그와 함께 그를 통하여 시작한다는 사실로부터 언어에 있어서 그의 생산과 힘의 강도로 추론된다."[114] 저자의 이해란 언어적 차원을 넘어선 저자의 내면적 창조성에 대한 예감적 직관에서 수행된다.

이러한 해석학적 기획의 심리주의적 전환에 대하여 가다머는 그의 주저 『진리와 방법』에서 킴멀레의 새로운 해석에 동의한다: "심리적 해석이 쉴라이에르마허의 사상발전에 있어서 점차 그렇게 전면에 서 있다."[115] "해석학에는 문법적 해석기술과 심리적 해석기술이 있다. 그러나 쉴라이에르마허의 고유한 것은 심리적 해석이다." 가다머는 이러한 심리적 해석을 19세기 낭만주의적 상황으로부터 해석한다: "여하튼 심리적 해석은 19세기 이론 형성에 있어서 – 자빈, 뵈크, 스탄달 무엇보다도 딜타이에 있어서 – 본래적으로 규정하는 해석이 되었다."[116] 여기서 "이해는 결국에는 예감적 행위, 말하자면 저자의 전 심신상태로의 이입"(ein Sichversetzen in die ganze Verfassung des Schriftstellers)이 된다.

쉴라이에르마허에 있어서 이해의 심리적 파악은 "언설이거나 문서거나 간에 사고물이 사실적 내용이 아니라 미적 상(ein ästhetisches Gebilde)으로 이해되는 것"을 의미한다. 여기서 쉴라이에르마허의 이해란 공동적인 사실

112) Richard E. Palmer, *Hermeneutics,* 142.
113) F. Schleiermacher, *Hermeneutik und Kritik,* hrsg. von M. Frank, 321.
114) F. Schleiermacher, *Hermeneutik und Kritik,* hrsg. von M. Frank, 321-322.
115) H. G. Gadamer, *Wahrheit und Methode,* Tübingen 1960, 175.
116) Ibid., 175.

사고가 아니라 개별적인 것의 표현인 "개별적 사고"(individuelles Denken)가 되어 버린다. 가다머는 쉴라이에르마허의 해석학을 "개별성에 근거하는 해석학"[117]으로 규정한다. 이 개별성은 이성으로 전적으로 드러날 수 없는 비밀로서, 감정(das Gefühl), 즉 "직접적인 공감적인, 동류적인 이해"(das unmittelbares, sympathetisches, kongenilaes Verstehen)를 통해서 파악될 수 있다. "저자가 자신을 이해하는 것 보다 저자를 잘 이해한다"는 명제는 "천재미학(Genieästhetik)의 전제 아래서"[118] 이해되어 진다. 쉴라이에르마허는 해석학을 언어 기준으로 정위하였다. 그러나 그가 말하는 개별적인 것의 말함이란 사실은 "자유로이 형성하는 행위"(ein freies bildendes Tun)이다. 그는 해석자로서 "텍스트를 그것의 진리주장과는 상관없이 순수한 표현현상으로만 본다." 가다머는 쉴라이에르마허와 낭만주의자들의 보편해석학적 기획이 실패했음을 지적한다: "이들이 보편해석학을 만들면서 사실이해에 의해서 주도되는 비판을 학문적 해석의 영역으로부터 추방해 버렸다."[119]

가다머는 쉴라이에르마허가 언어중심의 해석학이 거둘 수 있는 결실을 맺지 못한 채 "개별성의 미적 형이상학"(ästhetische Metaphysik der Individualität)으로 전락해 버렸다고 지적하고 있다.[120] 따라서 해석학은 "하나의 수사학이나 시학으로의 돌아감"(eine Art Umkehrung zur Rhetorik und Poetik)[121]이다. 그리하여 언어중심의 해석학이 사라지고 저자의 정신을 재구성하는 심리학적 기술이 전면에 나선다. 그래서 심리적 해석에서 시도하는 예감이란 "스스로 모범을 만들고 규칙을 제시하는 천재적인 개인성의 창조적 작용사상"에 영향을 받고 있다. "쉴라이에르마허는 그것(필자주: 이해의 근본성격)을 심리적인 이해에 적용한다. 심리적 이해는 각 사고물을 각 인간의 총체적 연관 안에 있는 삶의 계기로서 이해한다."[122] 그러나 심리적 이해는 사실적인 진리

117) Ibid., 179.
118) Ibid., 182.
119) Ibid., 184.
120) Ibid., 178.
121) Ibid., 177.
122) Ibid., 178.

를 도외시하고 있다. 여기서 더 좋은 이해란 "텍스트가 말하는 사실의 이해가 아니라 오로지 저자가 의도하고 표현하고자 한 텍스트의 이해"이다.[123] 그리하여 가다머는 쉴라이에르마허가 "모든 이해의 근거도 역시 항상 공감성의 예감적 행위(ein divinatorischer Akt der Kongenialität)여야 한다."[124]는 낭만주의적 사고에 입각해 있다고 지적하고 있다.

리꾀르도 그의 논문 "해석학의 과제"(The Task of Hermeneutics, 1973)에서 킴멀레의 논문을 지적하면서 이 점을 시사하고 있다: "그가 추구한 문제는 해석의 두 가지 형식: 문법적 해석과 기술적 해석 사이의 관계다. 이 구분은 그의 작품을 통해서 지속적이었다. 그러나 중요성이 나중에 바뀌었다... 그래서 처음부터 두 해석의 형식이 동일한 기반에 있었다 하더라도 쉴라이에르마허는 심리적 관점으로 평가받았다."[125] 리꾀르는 또한 피력한다: "쉴라이에르마허의 후기 텍스트들에서만은 두 번째 해석이 첫 번째 해석을 지배하고, 해석의 예감적 성격이 그것의 심리적 성격을 뒷받침한다."[126]

7. 쉴라이에르마허 해석학의 평가

정신과학과 해석학의 역사에 있어서 쉴라이에르마허 해석학은 다음과 같이 평가될 수 있다.

첫째, 쉴라이에르마허는 해석학을 모든 문헌에 대한 해석의 규칙을 제시하는 보편해석학으로 발전시켰다. 여기서 보편해석학이란 단지 주어진 본문을 해석해야할 제한된 영역에서만 타당하는 특수해석학이 아니라, 모든 본문과 대화에 대하여 이해기술을 제시하는 학문으로서의 보편해석학이

123) Ibid., 180.
124) Ibid., 177.
125) P. Ricoeur, "The Task of Hermeneutics"(1973), in: *Hermeneutics & the Human Sciences,* Cambridge University Press, 1981, 46.
126) Ibid., 47.

다. 그리하여 해석학은 쉴라이에르마허에게 와서 단지 본문 오해를 피하기 위한 훈련의 기술이 아니라 모든 텍스트와 대화를 이해하는 학(學)으로 발전했다. 해석학은 시행착오에 의해 축적(蓄積)되는 방법이 아니라 모든 특수한 해석기술에 선행하는 보편적인 이해의 기술이다. 그것은 해석에 있어서 근본적인 것과 그렇지 못한 것을 결정할 수 있는 새로운 원리에 관한 것이다. 해석학은 이제 더 이상 신학이나 문학 혹은 법학에 속하는 특수한 해석의 기술이 아니라, 언어로 표현된 모든 것을 이해하는 기술로 전환되었다. 그리하여 해석학은 더 이상 성경이나 법전을 해석하는 특수한 영역에서 벗어나 모든 텍스트를 이해하는 보편적인 학(學)이 된다. 가다머도 쉴라이에르마허가 "이해와 해석을 모든 교리적 관심으로부터 완전히 벗어나게 하였다"는 점에서 공헌을 인정하였다.[127]

둘째, 그는 초기에 언어를 해석학의 주제로 다루었다. 해석학이란 언설에 대한 이해와 해석으로서 언어와 긴밀한 관계를 가지고 있다. 그러나 언어가 지닌 사실의 논리는 심리주의적 관심에 가려진 채 제대로 전개되지 못했다. 쉴라이에르마허의 언어 해석학은 가다머의 『진리와 방법』(Wahrheit und Methode)에서 가장 성숙한 모습으로 나타났다. 가다머는 쉴라이에르마허의 보편해석학 기획을 사실의 논리로 수정하면서 이것을 언어존재론으로 전개하였다. 가다머는 "사실의 이해"(Verständnis der Sachen)와 "텍스트의 이해"(Verständnis des Textes)를 구분한다. 사실의 이해란 텍스트에서 말해지는 것이고, 텍스트의 이해란 저자가 표현하고자 했던 것이다.[128] 쉴라이에르마허가 텍스트이해에 관심을 주었다면, 가다머는 사실의 이해에 초점을 둔다.

셋째, 그는 칸트 이후 이해를 가능하게 하는 언어적 그리고 간주관적 조건을 논구함으로써 보편 해석학을 선험적으로 정초하고자 하였다. 가다머

127) H. G. Gadamer, *Wahrheit* und Methode, 185.
128) Ibid., 180, 280.

는 쉴라이에르마허가 미적 사고가 "단지 주체성의 계기적 행위"라고 보는 점에서 "칸트의 입장을 따르고 있다"고 본다.[129] 이런 의미에서 쉴라이에르마허는 칸트의 선험적 착상을 해석학의 영역에 적용한 선험적 해석학을 정초하였다고 말할 수 있다. 여기에 그의 공헌이 있다. 그러나 가다머가 지적하는 바 같이, 칸트 자신이 그러했듯이 쉴라이에르마허는 이해를 수행하는 인간 주체성이 자리잡고 있는 전통의 역사적 제약성, 인간 존재의 역사성에 대한 충분한 성찰을 하지 못했다. 칸트는 이성이 자리잡고 있는 역사적 전승을 도외시하고 순수이성을 피력하였고, 쉴라이에르마허는 의사소통을 위하여 공통매체인 언어를 사용하는 인간 주체성의 역사적 제약성을 충분히 성찰하지 못했다. 여기에 그의 해석학의 한계가 있다.

넷째, 그는 보편해석학의 착상을 제시하였음에도 불구하고 그가 속했던 낭만주의 시대의 사고에서 벗어나지 못했다. 쉴라이에르마허는 언어를 중요시했음에도 불구하고 해석학의 목적을 저자의 정신과정의 재구성이라는 낭만주의적 시대정신의 맥락에서 보았다. 쉴레겔과 더불어 그는 문헌적 텍스트의 이해에 있어서 중요한 것이란 텍스트 자체에 깔려 있는 정신이라는 헤르더(Herder)의 가설에 동의했다.[130] 그래서 의미란 단지 텍스트에 객관적으로 나타나는 것보다 더 많은 것으로 보았다. 낭만주의자들은 외적인 언어 (äußere Sprache)는 저자의 내적, 창조적 사고행위로 되돌아가서 이해되어져야 한다고 보았다.[131] 여기서 해석학은 의미와 사실에 대한 이해가 아니고 저자의 창조적 행위를 이해하는 것으로 간주된다. 이러한 심리적 착상은 딜타이에 의하여 수납되었다. 딜타이는 쉴라이에르마허의 착상을 아주 강하게 심리주의적으로 수용했으며 해석이란 저자의 생동적인 행위인 작품의 "추후구성"(Nachkonstruktion)이며, 해석학적 이론이란 "산출하는 행위의 본성으로부터

129) Ibid., 176-7.
130) Anthony C. Thiselton, *New Horizons in Hermeneutics*, 226.
131) M. Potepa, *Hermeneutik und Dialektik bei Schleiermacher, Schleiermacher-Archiv I*, Berlin/New York 1985, 495.

이 추후구성을 학문적으로 정초하는 것"이라고 보았다.[132)]

다섯째, 그는 심리적 해석에 우위를 둠으로써 나중에는 보편해석학의 포기로 나아갔다. 쉴라이에르마허는 심리적 해석을 통하여 여태까지의 문법위주의 전통해석학의 한계를 넘어서고자 했다. 쉴라이에르마허는 해석의 두 가지 차원(문법적 해석과 심리적 해석의 상호관계)을 말하였음에도 불구하고 후기에 들어와서 심리적 해석에 더 우위를 두었다.[133)] 여기에는 그가 살았던 그 시대의 낭만주의 사고의 영향이 있다. 1829년의 아카데미 강의에서 그는 명백히 외적인 언어는 저자의 내면적인 사고로 되돌아감으로써 이해되어져야 한다고 말한다. 해석은 작품을 저자의 생동적인 행위로서 추후구성하는 것이다. 그리하여 해석학의 과제란 "저자의 구성하는 행위의 전내적 과정을 가장 완전하게 추후구성하는 데" 있다.[134)]

쉴라이에르마허는 초기에는 외적인 언어를 내적 사고의 표현으로 받아들이고자 한다. 그러나 후기에는 언어보다는 심리적 예감을 통하여 저자의 내면을 직관하고자 하였다. 그리하여 언어중심의 해석학에서 멀어졌다. 그럼에도 불구하고 이러한 심리적해석의 의도는 순수문법적 차원의 안일한 독단주의를 깨뜨리고 단어의 정신을 되살리고자 하는데 있다. 그리하여 후기에 심리적으로 전향된 그의 해석학은 그가 제창한 보편해석학의 착상과는 멀어지고 형이상학으로 전락해 버리고 말았다. 그러므로 쉴라이에르마허에 대한 가다머의 비판 – 해석자는"텍스트를 그것의 진리요구와는 독립적으로 순수한 표현현상으로서 관찰해야" 한다[135)] – 은 정당한 것이다. 리꾀르 역시 심리주의적 성격이 농후한 쉴라이에르마허의 해석학의 난관은 "저자의 주관성에 대한 작품의 관계를 명료히 하고, 숨

---

132) W. Dilthey, Gesammelte Werke, *XIV/1*, 689.

133) M. Potepa, *Hermeneutik und Dialektik bei Schleiermacher, Schleiermacher-Archiv 1* (1985), 494, 그리고 Grondin, op. cit. 95.

134) F. Schleiermacher, *Hermeneutik und Kritik*, hrsg. von M. Frank, 321.

135) H. G. Gadamer, *Wahrheit und Methode*, 1960, 184, *Gesammelte Werke*, I, Tübingen 1986, 200.

어 있는 주체성에 대한 두드러진 논구로부터 작품자체의 의미와 사실지시를 향하여 해석의 강조점을 옮김으로써만 극복될 수 있다"[136]고 지적하고 있다.

여섯째, 쉴라이에르마허는 성경적 해석에 요청되는 보편적인 해석이론을 제시하고자 했다. 그는 해석학을 모든 본문을 해석할 수 있는 이해의 기술학으로 취급했기 때문에 보편해석학의 확립을 과제로서 제시했다. 그가 제시한 신약성경에 대한 문법적이고 심리적 방법, 또는 문헌학적이고 비교적인 기술적 해석은 역사적 문서로서의 성경문서를 객관적으로 이해하는 데 보편적 해석의 길을 연 것은 성경에 대하여 단지 교리적 접근이 아니라 객관적 접근을 하게 하였다. 그럼으로써 그는 기독교 문서를 역사적이고 심리적으로 이해하는 보편적인 길을 제시하는 데 공헌하였다. 바울 서신의 이해란 단지 문법적이고 언어적인 이해만이 아니라 바울의 내적 동기와 의도를 앎으로써 단지 교리적 해석을 넘어서서 보다 보편적인 해석에 이를 수 있다.[137]

그러나 그는 성경에 대한 고유한 신학적 해석의 방법을 거부했다. 그는 신학적 해석학의 독특한 영역을 거부했다. 그는 성경을 위한 특수해석학이나 계시적 언어를 거부했다. 성경의 언어조차도 독자를 떠나서는 이해될 수 없다고 보았다. 그러므로 쉴라이에르마허는 성경의 영감적 해석을 이해의 기술을 배제하는 교의학적 원리에 종속하는 것이라고 보면서 전혀 인정하지 않았다: "교리적 해석이 성령에 관점의 기분과 변양의 부인할 수 없는 바뀜을 맡겨야 한다면, 스스로 파괴된다."[138] 그는 "성령은 해석의 규칙에 복종할 수 없다는 전통적인 신념은 잘못된 것"이라고 보았다.[139] 1832년경에 쓴 난외주에 쉴라이에르마허는 성경영감과 성경해석에 관한 자신의

136) P. Ricoeur, "The Task of Hermeneutics", 47.
137) Anthony C. Thiselton, *New Horizons in Hermenutics*, 220, 223 .
138) F. Schleiermacher, *Hermeneutik und Kritik*, hrsg. von M. Frank, 125.
139) F. Schleiermacher, *Hermeneutics*, 67-68.

입장을 선명하게 밝히고 있다. "마음 속으로의 주입으로서의 영감은 해석 작업에 영향을 주지 말아야 한다. 해석학의 목적은 성경의 경우도 모든 다른 경우에서와 마찬가지로, 최초의 독자들이 그 본문들을 이해했던 것과 같이 이해되어 지는 것이다. 그들이 영감되었다는 사실은 해석에 전혀 영향을 주지 않았다. 신약성경의 영감 때문에 특수해석학이 필요한 것이 아니라 신약성경의 복잡한 언어용법 때문에 특수해석학이 필요하다고 가정할 수 있다. 그러나 그런 경우에도 특수해석학은 보편해석학에 연관되어 있다."[140] 쉴라이에르마허는 성경해석학의 특수성을 그것이 갖는 초자연적 계시 때문이 아니라, 단지 그것이 갖는 복잡한 언어용법에 기인한 것으로 보면서 교회전통이 갖는 초자연적, 신적 권위가 제시하는 특수성을 인정하지 않았다. 이런 맥락에서 그는 계몽주의적 낭만주의의 전통에 서고 있다.

쉴라이에르마허는 그의 전 사상의 발전을 통해서 종교개혁적인 성경의 영감을 위한 신학적 해석학을 거부했다. 그리고 성경해석조차도 보편종교 텍스트 해석의 범주에 넣으면서 보편해석학을 제시하였다. 그는 저자와 해석자 사이에 존재하는 보편적인 인간성이 보편해석학을 가능케하는 것으로 보았다. 그는 문법적 해석과 심리적 해석이 보편해석학의 방법이라고 보았다. 이러한 방법은 그대로 성경해석에 사용될 수 있다고 보았다. 그리하여 전통교회와 신학자들이 사용한 성령의 조명에 입각한 성경해석을 거부했다.

쉴라이에르마허는 뒤에 오는 딜타이, 하이데거와 가다머에 이르는 현대의 철학적 해석학에 결정적인 영향을 주게 된다. 그리하여 그는 철학적 영역에서는 현대철학적 해석학의 창시자로 간주된다.[141] 그러나 신학적

---

140) Ibid., 216.
141) Claude Welch, *Protestant Thought in the Nineteenth Century, Vol. I* (New Haven: Yale University Press, 1972), 85.

해석학의 고유한 방법을 거부하고 성경해석을 보편해석학적 사고 안에 해소시키는 그의 사고는 신학계에서는 불트만을 통하여 비신화론화의 프로그램을 제시하게 되는 바 큰 문제를 야기시키기에 이른다. 그러나 리꾀르는 보편해석학의 이념에 있어서는 쉴라이에르마허의 입장을 근본에 있어서 따르면서도 성경해석학을 한편으로는 보편해석학의 영역에 귀속하면서도 다른 한편으로는 신의 계시를 다루는 특수 해석학의 영역으로 인정하고 있다.

맺음말

쉴라이에르마허는 해석학을 이해의 기술로서 발전시켰을 뿐만 아니라 해석학을 이해의 학문으로 발전시켰다. 그리하여 해석학을 보편적인 학문의 차원으로 올려 놓았다. 그의 보편해석학은 문법적 해석과 심리적 해석이라는 두 차원으로 나누어진다. 전자는 언어를 언어사용의 총체성으로부터 관찰하고, 후자는 언어를 내면의 표현으로 관찰한다. 그는 본문의 진정한 의미를 알기 위해 전통적 해석학이 도외시한 "감정이입"이라는 심리적 차원을 도입했다. 해석학은 말하는 수사학적 기술이 아니라 저자의 심리적 정신적 과정을 다시 체험하는 것이다. 그는 해석학이 갖는 대화의 성격을 강조한다. 일방적인 해석이 아니라 텍스트와 대화하는 쌍방간의 대화를 통해서 이해를 도출하는 것이다. 여기에 그의 해석학의 변증법적 성격이 있다. 쉴라이에르마허는 해석학에 비판적 사고를 도입했다. 그의 보편해석학이란 해석에 대한 비판이 가능한 해석학이다. 해석과 비판은 상호귀속한다.

후기 쉴라이에르마허의 사고는 언어중심의 해석학에서 주관성 중심의 해석학으로 옮겨갔다. 언어중심의 이해이론에서 멀어지면서 후기에 이르러 해석학의 목표는 추후체험(Nacherleben)을 통하여 텍스트를 기술한 저자의 정신적 삶에 접근하여 그것을 재구성하는 것이 되었다. 이해는 저자가 가진 원래의 정신과정의 재구성으로 간주되었다. 그리하여 그의 후기해석학은 심리주의로 그리고 형이상학으로 잘못된 길로 접어들었다. 이것은 그가 보편해석학을 정초하고자 했음에도 불구하고 정신적인 내면으로 되돌아가 생동적인 것을 체험하고자 하는 낭만주의 사고에서 벗어나지 못했음을 알려준다.

쉴라이에르마허의 보편해석학의 착상에 따르면 聖 해석학(hermeneutica sacra)과 俗 해석학(hermeneutica profana) 사이의 구분은 철폐된다. 그가 비록 신학자로서 주로 성경해석의 문제를 취급했음에도 불구하고 이해와 해석에 관한 그의 이론은 그 내용이 무엇이든지 간에 모든 텍스트에 관계하는 것이었다. 그리하여 쉴라이에르마허는 전통해석학을 종교적 영역에서 벗어난 보편해석학으로 전개했다. 그는 보편해석학의 착상에 따라서 신학적 해석학과 철학적 해석학의 영역적인 차이를 철폐함으로써 신학적 해석학을 철학적 해석학으로 세속화시켰다. 그의 견해는 불트만에 의하여 강하게 지지되었다. 오늘날 리꾀르는 한편으로는 보편 해석학과의 착상을 인정한다. 모든 텍스트는 언어와 문법적 맥락에서 이해되어야한다. 그러나 다른 한편으로 성경 해석학은 신의 계시를 다루는 한에 있어서 보편해석학의 규칙을 넘어서는 특수한 해석학의 규칙을 인정해야 한다. 리꾀르는 불트만 해석학의 사고가 너무나 합리성에 치우치고 신화나 상징을 도외시한다고 비판하고 신성한 것의 해석학을 복권시킴으로써 쉴라이에르마허의 사고를 수정하고 있다.

참고문헌

Schleiermacher, F. *Dialektik,* hrsg. von R. Odebrecht, Leipzig 1942.

______________, *Hermeneutik und Kritik mit besonderer Beziehung auf das Neue Testament,* aus Schleiermachers handschriftlichem Nachlasse und nachgeschriebenen Vorlesungen, hrsg. von Friedrich Lücke, Berlin bei G. Reimer, 1838.

______________, *Hermeneutik,* hrsg. von H. Kimmerle, Heidelberg 1959.

______________, *Hermeneutik und Kritik mit besonderer Beziehung auf das Neue Testament,* hrsg. u. eingeleitet von Manfred Frank, Frankfurt 1977 .

______________, *Allgemeine Hermeneutik von 1809/10,* hrsg. von W. Virmond, in: Schleiermacher-Archiv I, 1985.

______________, *Hermeneutics: The Handwritten Manuscripts* edited by H. Kimmerle.

Eng, Missoula: Scholars Press 1977 (A.A.R. Text and Translation series I, Tr. by J. Duke and J. Forstman).

Bayer, Oswald, "Hermeneutical Theology", in: *Scottish Journal of Theology,* 56(2), 2003, 131-147.

Birus, H. "Schleiermachers Begriff der 'Technischen Interpretation' ", in: *Schleiermacher-Archiv I* (1985).

Boyer, Jr. Ernest . " Schleiermacher, Shaftesbury, and the German Enlightenment", In: *Harvard Theological Review* 96:2 (2003), 181-204.

Forstman Jack, *A Romantic Triangle* (Missola: Scholar Press, 1977).

Gadamer, H. G. *Wahrheit und Methode,* 1965.

Grondin, Jean, *Einführung in die Philosophische Hermeneutik,* 1991.

Klemm David E. (ed.), *Hermeneutical Inquiry: I, The Interpretation of Texts,* Atlanta: Scholars Press (A.A.R. Studies in Religion, 43), 1986.

Palmer, Richard E., *Hermeneutics. Interpretations Theory in Schleiermacher, Dilthey, Heidegger and Gadamer,* Northwestern University Press, 1969, Evanston .

이한우 역, 『해석학이란 무엇인가?』 문예출판사, 2001.

Potepa, M., " Hermeneutik und Dialektik bei Schleiermacher" , in: *Schleiermacher-Archiv 1* (1985).

Thiselton, Anthony C., *New Horizons in Hermeneutics. The Theory and Practice of Transforming Biblical Reading,* Grand Rapids: Zondervan, 1992.

Welch, Claude, *Protestant Thought in the Nineteenth Century,* Vol. I .

New Haven: Yale University Press, 1972.

한국해석학회, 「해석과 이해」, 지평문화사, 1996.

__________, 「해석학은 무엇인가」, 지평문화사, 1995.

__________, 「현대 해석학의 제문제」, 지평문화사, 1997.

__________, 「후기 하이데거와 자유현상학」, 지평문화사, 1997.

Pöggeler, Otto, 박순영 역, 「해석학의 철학」, 서광사, 1972.

강돈구, "해석학적 순환의 인식론적 구조: Schleiermacher와 Gadamer", 「해석학과 사회철학의 제문제」, 일월서각, 1990. 6.

김영한, 「하이데거에서 리꾀르까지」(전정판), 2003년 5월, 박영사.

3장
아우구스트 뵈크의 해석학:
"인식된 것의 인식"으로서의 이해

머리말

필립 아우구스트 뵈크(Philip August Boeckh, 1785-1867)는 쉴라이에르마허의 보편해석학 착상을 계승하고 이 착상을 문헌학에 구체적으로 적용한 중요한 인물이다. 쉴라이에르마허는 신학자요 문헌학자였으나, 뵈크는 고고학자(der Altertumwissenschaftler)로서 고전문헌학으로부터 출발하여 해석학과 비판을 전개하였다. 그는 해석학이란 비판과 함께 다루어져야 할 것을 말한다. 뵈크는 해석학의 영역이 비판을 넘어서 역사에 제한되지 않고 문헌학을 포괄해야 한다고 주장하였다. 그의 해석학 착상은 쉴라이에르마허의 해석학을 심화시켰다. 그런데 뵈크의 해석학은 아직도 한국에서 제대로 소개와 논의가 되지 않았다.

본 장의 의도는 우리 학계에 거의 소개가 되지 아니한 뵈크의 해석학 착상을 소개하는 것이다. 그의 해석학의 내용인 지식의 연관과 비판을 강조하는 백과전서 이념, 해석의 네 가지 방식, 문헌학의 테두리 안에서 비판,

낭만주의 해석학으로서 정신의 예감적 능력, 해석학적 이해의 순환구조를 설명하고, 끝으로 뵈크 해석학의 새로운 점인 철학적 원리로서의 해석학적 원리, 그리고 뵈크의 해석학에 대한 평가를 제시하고자 한다.

1. 해석학 이론과 비판으로서 백과전서 : 쉴라이에르마허 착상의 심화

뵈크는 그의 저서 『백과전서와 문헌학의 방법론』(Enzyklopädie und Methodenlehre der philologischen Wissenschaften)[142]에서 쉴라이에르마허의 해석학 착상을 수용하고 계승하였다.[143] 이 저서는 그의 사후 1887년에 출판되었으나 통일적인 형태를 지니고 있다. 이 저서는 뵈크가 1809년부터 1865년까지 베를린대학에서 26학기 동안 행한 강의들이며 1809년 쓰여진 수고(手稿)가 기본이 된다. 뵈크는 1809년 "백과전서와 문헌학의 방법론"이라고 명명된 특별강좌를 개설하였다. 이 강좌는 고전적 문헌학의 모든 영역에 대한 학문적 입문으로 사용되는 것이었다. 이 강좌는 해마다 수정되어 확장되었다. 이 강좌는 1866년 그의 별세 2년 전까지 26번이나 개최되었다. 1877년에야 비로소 그의 제자 브라투세크(Bratuscheck)가 그의 강의록을 처음으로 편집하여 저서로 출판하였다. 바로 그의 해석학이 제공하는 것은 방법론이기 보다는 학문의 연관만을 알도록 하는 "백과전서"(Enzyklopädie)이다.[144] 뵈크는 해석학이론의 유기적인 연관을 드러내려고 하였다.

문헌학이란 총체적인 범위에 있어서 고대의 인식(die Erkenntnis des

---

142) A. Boeckh, *Enzyklopädie und Methodenlehre der philologischen Wissenschaften,* hrsg. von E. Bratuscheck, 1877, Leipzig, 2 Aufl. 1886 (Nachdr.: Darmstadt 1966, 1977).

143) H. G. Gadamer, *Wahrheit und Methode,* Tübingen 1960, 181.

144) Jean Grondin, op. cit., 103.

Alterthums)을 포괄한다.[145] 뵈크는 문헌학의 과제를 "인간 정신에 의하여 생성된 것, 즉 인식된 것의 인식"[146](das Erkennen des vom menschlichen Geist Producierten, d.h. des Erkannten)으로 파악한다. 그럼으로써 그는 쉴라이에르마허의 근본착상을 심화시킨다.[147] 뵈크는 인식된 것의 인식을 "이해"(Verstehen)라는 용어로서 파악한다. 철학이 생산적이고 구성적인데 반해서, 문헌학은 재생산적이고 추후 구성적이다. 문헌학의 이해란 "총체성에 있어서 인간 정신의 구성에 대한 재구성"[148]이다. 인식된 것에는 역사만이 아니라 예술과 문학, 말하자면, 전 인간문화가 귀속한다. 문헌학은 전달 (Mitteilung)에 지시된다. 말해진 말과 쓰여진 말은 인식된 것의 전달의 가장 고상한 방식으로 나타난다. 항상 이미 인식된 것이 이해되어 진다. 말하자면, "인식된 것의 인식"(Erkenntnis des Erkannten)이다. 더 자세히는, 인식의 표현이란 인간 사상이 형성되어지는 일정한 해석(hermeneia)에 있어서 항상 이해되는 것이다.[149] 해석학에 있어서 중요한 것은 이 해석(ἑρμηνεία)을 인식의 표현(Niderschlag der Erkenntnis)으로서 이해하는 것, 말하자면, 재구성이다.

"이미 인식된 것의 인식"이라는 뵈크의 공식(Boeckhs Formel einer Erkenntnis des schon Erkannten)은 각 해석학의 영혼이라는 표어를 나타낸다: "말해진 또는 쓰여진 말을 탐구하는 것은 가장 근원적인 문헌학적인 충동이다"(Das gesprochene oder geschriebene Wort zu erforschen, ist der ursprünglichste philologische Trieb)[150]. 기호와 상징에서 수행되는 전달이란 단지 저자에 의하여 인식된 것의 일부만을 나타낸다. 그리하여 저자가

145) Ibid., 25.
146) Ibid., 11, 1977, 10.
147) Jean Grondin, *Einführung in die philosophische Hermeneutik,* Darmstadt; wissenschaftliche Buchgesellschaft, 1991, 102.
148) A. Boeckh, op. cit., 1977, 19.
149) Boeckh, op. cit., 1977, 80.
150) Ibid., 11.

말하고 사용한 언어를 탐구하는 것이 해석학의 영혼이다. 이것은 인식된 것의 인식, 재인식으로서 지속적인 탐구로 나아간다. 뵈크는“저자가 자신을 이해했던 것 보다 저자를 더 잘 이해한다”는 쉴라이에르마허의 공식을 다시 수용한다. 저자는 대부분 무의식적으로 산출해낸다. 해석자는 말해지지 않은 내용을 드러내기 위하여 표현 속에 반영된 인식된 것을 반성한다. 뵈크는 무엇보다도 구술적으로 그에게 친숙했던 쉴라이에르마허의 개념으로부터 많은 것을 받아들인다. 따라서 뵈크의 해석학 이론은 쉴라이에르마허와 비교하여, 독창적이 아니다. 뵈크는 역사주의의 흐름 속에서 역사적 해석이란 문법적 해석, 개인적 해석, 양식(樣式)적 해석을 돕는 것으로 보았다.[151] 이 역사적 해석은 이해되어지는 의미로서 역사적 양식의 실재연관에 대한 이해를 보완한다. 이 강의록에는 쉴라이에르마허와의 구두적인 대화와 토론을 통해서 영향받은 것들이 수록되어 있다. 그러나 이 강의록은 뤼케(Lücke)가 시도한 쉴라이에르마허의 해석학 편집에 의하여 결정적인 영향을 받은 것은 아니다. 뵈크는 다음과 같이 피력한다: “나의 설명에 있어서 쉴라이에르마허의 이념은 이 문서가 아니라 이전의 전달로부터 사용되어서 나는 고유한 것과 낯선 것을 구분할 수 없다.”[152]

뵈크는 이해법칙의 학문적 발전을 제공하고자 한다. 이 법칙이란 다음같이 표현된다: 인간정신의 산물을 다루는 문헌학은 “인식 총체성의 재구성”[153]을 수행하며, 이 속에서 재구성되어야 하는 것은 동시에 지식으로 이미 항상 전제되어야 한다. 이것은 해석학적 인식의 순환구조성(Zirkelhaftigkeit der Erkenntnis)이다. 이것이 바로 뵈크가 그의 문헌학 강의에서 주제화 하고자 하는 내용이다. 뵈크의 해석학은 규범적이기 보다는 서술적(mehr deskriptiv als präskriptiv)이다. 그는 쉴라이에르마허의

---

151) Jean Grondin,, op. cit., 103.
152) A. Boeckh, op. cit., 1966, 75.
153) Boeckh, op.cit., 1966, 19.

해석학 착상을 볼프(F. A. Wolf)와 아스트(F. Ast)에 의하여 작업된 고전적 문헌학의 엄한 방법(the exacting method)과 연결시켰다.[154]

뵈크는 해석학을 "모든 문헌학 연구의 기초"(the basis for all philological studies)로 보고, 문헌학을 "역사적 현시 속에 있는 인간 문화의 모든 측면과 관계하는 보편적 분야"(the universal discipline concerned with all aspects of human culture in the historical manifestations)[155]라고 보았다. 뵈크는 다음같이 피력한다: "인식된 것을 재인식하고 순수하게 설명하는 것, 그리고 시간의 위조(die Verfälschung der Zeit)와 오해를 제거하는 것, 그리고 전체로서 나타나지 않는 것을 전체로 연결시키는 것, 이 모든 것이 지고의 본질적인 것이며, 그것 없이는 곧 모든 학문이 종말을 고할 것이다."[156] 이해란 인식된 것의 인식(Erkenntnis der Erkannten), 즉 재인식(Wiedererkennen)이다. 주어진 전달은 다시 인식되어야한다. 이해란 종국적으로 인식된 것에 놓여있는 이념의 재인식이다. 현실의 다양성이란 이념(Ideen)의 다양한 현상이다. 모든 역사적 현상, 예술작품, 기구, 국가, 가정의 현상은 거기에 내주하는 이념의 산물이다. 여기서 우리는 뵈크가 플라톤적인 계열에 있음을 보게된다.[157]

"인식된 것"(das Erkannte)이란 단지 개념적인 인식의 결과만이 아니라 인간의 총체적인 도덕적이고 정신적인 활동을 의미한다. 뵈크는 말한다: "문헌학은 전 정신적 삶과 행동이 인식된 것의 영역을 형성하며, 따라서 모든 백성에 있어서 그들의 총체적인 정신적 발전의 모든 방향으로 나아가는 저들의 문화의 발전을 설명해야 한다."[158] 뵈크는 개념적으로 인식된 것을

154) Kurt Mueller-Vollmer(ed.), *The Hermeneutical Reader. Texts of the German Tradition from the Enlightenment to the Present,* New York: Continuum, 1990, 132.
155) Kurt Mueller-Vollmer, op. cit., 132.
156) Boeckh, op.cit., 1966, 15.
157) Hans Ineichen, *Philosophische Hermeneutik,* 1991, 131.
158) Boeckh, op. cit., 1966, 55f.

단지 빙산의 일각으로 파악한다.[159] 문헌학은 단지 열려있는 지식의 재구성만이 아니라 무엇보다도 로고스가 가라앉아 있는 감성적으로 직관적인 삶의 층과도 관계한다. 여기서 뵈크가 말하는 인식된 것의 개념은 나중에 딜타이가 주제화하는 "역사적 삶"(geschichtliches Leben)의 개념을 태동하고 있다.

뵈크는 백과전서의 부분영역으로서 해석학과 비판에 있어서 이해의 조건을 이해의 결과로서 논구한다. 현실의 다양성이란 이념의 다양한 현상이다. 뵈크는 이념이란 역사적 현상의 본질적인 것, 내적 내용이라고 말한다. 이해란 최종적으로는 인식된 것 속에 놓여 있는 이념의 재인식이다. 문화의 일정한 지속성은 문화의 고유성이며, 이것은 개인 삶, 국가 삶, 가족 삶의 실천적인 이념 안에 포함되어 있다. 이것을 드러내는 것이 문헌학의 대상이다. 따라서 이해(Verstehen)는 재인식(Wiedererkennen)과 동일시된다. 여기에 뵈크 사고의 플라톤적인 배경이 있다. 플라톤적 배경이란 이해론의 심리주의적 오해를 방지하는 요소들 중의 하나다.[160]

2. 문헌학 이론에서 해석의 네 가지 방식

뵈크는 그의 문헌학 이론의 형식적 부분에서 네 가지 해석의 방식을 구분한다. 그는 이 네 가지 해석방식은 상호적인 조건의 관계를 설명한다. 그것은 문법적 해석, 역사적 해석, 개별적 해석 그리고 종속적 해석이다. 해석을 구분하는 원리는 전달, 특히 전승된 언어(각종 기념비, 문헌 등)에 대

---

159) Frithjof Rodi, "Erkenntnis des Erkannten. August Boeckhs Grundformel der hermeneutischen Wissenschften", *Erkenntnis des Erkannten. Zur Hermeneutik des 19. und 20. Jahrhundets.* Frankfurt: Suhrkamp, 1. Aufl. 1990, 77.

160) Hans Ineichen, op. cit., 131.

한 해조건을 형성한다. 엄밀히 관찰하면, 의미(意味, Sinn), 그리고 이해가 정위되는 전승된 것의 의의(意義, Bedeutung)는 중요하다. 의미와 의의는 동의어로 사용되며 텍스트에 의하여 여러 관점에 따라서 규정된다. 문법적 및 역사적 해석은 "전달된 것의 객관적인 조건들로부터의 이해"(Verstehen aus den objektiven Bedingungen des Mitgeteilten)로부터 출발한다. 이이 반해서 개별적 및 발생적 해석은 "전달된 것의 주관적 조건으로부터의 이해" (Verstehen aus den objektiven Bedingungen des Mitgeteilten)로서 수행된다.

문법적 해석(die grammatische Interpretation)이란 단어, 문장, 텍스트의 의미를 드러낸다. 언어적 형상으로서 단어, 문장 또는 텍스트 자체는 의미와 의의를 갖는다. 문법적 해석은 단어 자체의 의미와 의미가 다양한 방식으로 나타나는 의의를 구분한다.[161] 텍스트는 언어가 사용되는 표현의 총체성의 맥락에서만 이해된다. 언어 역사 그리고 문법과 사전(辭典) 속에서의 그것의 기호화는"다른 해석을 위한 기초 그리고 동시에 자료적 훈련일반의 구성화의 기초"가 된다.[162]

역사적 해석(die historische Interpretation)이란 단어, 문장, 텍스트를 그것이 표명된 일정한 역사적 상황 속에서,"수행되는 시간 표상"의 연관 속에서 이해한다. 일정한 시간에 대한 이러한 관계, 즉 실재적 관계가 의미와 의의를 함께 규정한다. 역사적 해석은 의미와 시간, 즉 역사적 상황의 연관을 더 가까이 논구해야 한다. 단어의미 그 자체와 역사적 상황이 함께 텍스트 이해와 해석의 객관적 조건을 형성한다.

개별적 해석(die individuelle Interpretation)이란 그것들을 "전달의 주관적인 조건에서" 이해한다. 단어, 문장과 텍스트가 그의 견해를 피력하는 저자를 가진 한에 있어서, 전승된 것의 의미와 의의는 일정한 주관의 창조로서 고정된다. 개별적 해석은 주관으로부터 텍스트를 주관의 창조로서 이해

161) Boeckh, op. cit., 1966, 83.
162) Ibid., 84.

하는 과제를 갖는다.

종속(種屬)적 해석(die generische Interpretation)이란 전달들을 그것에 깔려 있는 목적과 의도의 관점에서 해석한다. 동일한 목적은 서로 다른 표명의 밑에 깔려 있다. 그리하여 서로 다른 담론양식(Redegattung)이 발생한다. 뵈크는 전달의 목적에는 비판에 의미 있는 규범이 연결된다는 사실을 주목한다.

이러한 4가지 해석방식은 서로 연결되어 있으며 하나의 해석방식은 다른 것들의 도움 없이는 완성될 수 없다. 4가지 해석방식은 서로 교차적(交叉的)으로 연관되어 있고 상호 전제한다. 이것이 "과제의 순환구조"(der Zirkel der Aufgabe)이다. 뵈크는 피력한다: "개별적 해석의 도움 없이 단어 의미자체(Wortsinn an sich)를 이해할 수 없다. 왜냐하면 어느 누구에 의해서 말해지는 모든 말은 이미 그에 의해서 일반적인 어휘로부터 나와서 개별적 언어를 갖는다. 이 단어를 뽑아낸다면 말하는 자의 개별성을 알아야 한다. 마찬가지로 일반적인 단어의미는 실재관계를 통해서 그리고 담화양식(Redegattungen)을 통해서 정해진다."[163] 개별적 해석방식은 "실재지식을 전제하며, 실재지식은 전(全) 원전자료의 해석을 통해서만 얻어질 수 있다."[164]

이러한 4가지 해석방식은 각기 유형적 특징을 갖고 있다. 문법적 해석은 언어적 표현의 의미를 고정시키는 과제를 지니고 있다. 문법적 해석은 이 과제를 단지 상응하는 저자들의 언어사용으로 되돌아 감으로써만 수행될 수 있다. 언어요소들은 다른 요소들과의 연관 속에서 사용되어진다. 해석자는 언어요소들을 고립적으로 관찰하지 않는다. 일정한 처소의 단어의미의 규정이나 한정은 문맥의 연관에서 일어나야 한다. 뵈크는 강조한다: 언어요소의 의의는 어원학(Etymologie)과 언어사용에서 발전되나 어원학 자체는 언어사용에서만 이해되어질 수 있다.

---

163) Ibid., 83.
164) Ibid., 84.

역사적 해석에서는 해석자의 사실지식(die Sachkenntnis des Interpreten)이 무엇보다도 중요하다. 텍스트를 해석하고자 하는 자는 저자가 어떤 역사적 상황에서 텍스트를 저술했는가를 알아야 한다. 텍스트의 종류에 따라서 역사적 지식은 다소간에 중요하다. 흥미로운 것은 뵈크가 논증을 통해서 다소간 증명되는 해석방식으로서 가설에 관하여 말하는 것이다.[165] 역사적 해석가설이 신뢰할만한가 하는 것은 해석자의 느낌의 사실일 것이다. 가설의 정확성은 논증을 통한 음미를 요구한다.

개별적 해석은 그를 다른 사람 앞에서 드러내는 정해진 저자의 특수성을 고려하고자 한다. 저자의 관점과 문제설정은 아주 개별적인 인상을 지닐 수 있다. 작품의 양식은 저자의 특수성을 표현할 수 있다. 저자의 의도는 전달의 주관적인 조건과의 연관 속에서 취급된다. 주목할만한 것은 저자의 의도는 개별적인 해석에서 표현되지 않고 양식적 해석에서 나타난다. 저자의 의도는 그가 언어작품과 함께 추적하는 특별한 목적을 형성한다. 저자의 목적은 저자에게 모범상(模範像)으로 놓여 있는 사고형식으로 관찰된다. 언어작품의 목적을 통해서 일정한 양식이 고정된다. 담화양식 또는 언어작품의 양식은 그것들의 저자의 개별적 결단의 표현이나, 더 많은 저자들에 의하여 적용되고 실현될 수 있다.

뵈크는 그의 해석학에 있어서 해석의 심리학적-주관적 계기와 객관적 계기 사이의 묘한 균형을 시도한다. 그러나 현실의 다양적 객관화는 거기에 놓여 있는 이념의 표현이라는 그의 플라톤주의적 견해 때문에 이 균형은 곧 사라진다.[166] 서로 다른 해석방식의 차이는 이해의 순환(Zirkel des Verstehens)을 해소시키도록 허락한다. 객관적인 단어의미에서부터 전(全) 텍스트의 잠정적 의미를 가질 수 있고 그래서 개별적 의미에 접근한다. 그리하여 전 텍스트를 향한 새로운 빛이 주어진다.

---

165) Ibid., 1966, 116.
166) Hans Ineichen, op. cit., 134.

3. 문헌학의 테두리 안에서 비판

뵈크은 문헌학(philologische Wissenschaften) 이론의 테두리(형식적 부분)에서 비판을 전개한다. 비판은 해석학과의 밀접한 관련 속에서 수행된다. 해석학과 비판은 상호 전제한다. 비판은 이해를 전제하고, 이해는 비판을 견디어 낼 때 적합하다. 비판을 통해서 이해는 확실해지고 이해를 통해서 비판은 그 힘을 발한다. 이해와 비판은 전달되는 것 또는 전승된 것과 관계한다. 비판은 "주어진 언어작품이나 그것의 부분들이 언어, 역사적인 기초, 저자의 개별성의 문법적인 단어의미 내지 양식의 성격에 적합한지 아닌지"에 관하여 음미한다.[167] 어떤 것이 부적합하면, 더 적합한 것을 설정해야 한다. 결과적으로 전승된 텍스트가 원본인가 아닌가 하는 것이 논구된다. 그러므로 해석의 네 가지 방식에 상응하면서 각기 문법적 비판, 역사적 비판, 개별적 비판, 양식비판이 수행된다.[168]

문법적 비판(grammatische Kritik)이란 문법적 해석을 위하여 수행된다. 비판은 올바름의 척도를 전제한다. 문법적 비판의 경우 전승된 텍스트가 유래하는 것은 시대의 일반적인 언어사용이다. 문법적 비판은 저자가 일반적인 언어사용으로부터 빗나가는지 비판한다. 또한 단지 적절한 표현만을 만들어내는 것은 충분하지 않다. 오히려 더 적절한 표현이 더 근원적인지 아닌지 증명되어야 한다. 문법적 비판은 고전적 문헌학의 경우 경악할 수 없는 본래적인 텍스트(authentisches text)를 산출하는 데 사용된다.

역사적인 비판(historische Kritik)이란 역사적 해석을 위하여 수행된다. 전승된 텍스트가 여태까지 역사적인 인식들과 일치하는지 않는지를 음미한다. 그릇된 표기나 내용(연대, 이름, 장소 등)은 이런 방식으로 바른 것으로 대체된다.

167) Boeckh, op. cit., 1966, 171.
168) Hans Ineichen, op. cit., 135.

개별적 비판(Individualkritik)이란 작품의 특성이 상응하는 저자에게 적합한가 아닌가를 규정하는 과제를 지니고 있다. 작품의 어휘와 구성방식이 저자에 의존한다면, 이 세 가지 요소(어휘, 구성, 저자)들은 역시 개별적 비판의 기준을 형성한다. 개별적 비판이란 개별적 해석에 있어서 작품의 어휘, 작품의 구성 방식, 저자를 기준으로 비판을 수행한다.

양식비판(Gattungskritik)이란 비판에 대한 우리의 이해에 대하여 의미를 갖는다. 그것은 본래적 텍스트를 산출해 내는데 기여하는 여태까지 말해진 세 가지 비판의 양식과는 다르다. 양식비판은 전승된 것, 말하자면, 이해되고 해석된 텍스트에 대한 평가사상을 내포한다. 양식비판은 작품이 그것의 양식규칙(Gattungsregel)에 상응하는가 않는가를 논구하는 것이다. 여기서는 단순히 형식적 관점만이 고려되지 않고 해석의 내용, 말하자면, 해석된 작품 자체의 내용도 고려된다. 뵈크에 의하면, 예술품의 경우, 시적 진리, 즉 "그림과 미학적인 이념과의 일치"(Übereinstimmung des Bildes mit der künstlerischen Idee)가 판단기준이다.[169] 학문적 작품의 경우, 내용이 현실과 일치한다는 의미에 있어서 진리가 중요하다. 지나간 사건에 대한 보고(Bericht)로서 해석된 텍스트의 경우, 보고는 지나간 사건의 발생을 설명해야 한다. 참여한 자는 동일한 자여야 하며, 사건의 공간과 시간은 올바라야 하며, 사건의 시간적 과정은 변경되어서는 안된다. 따라서 뵈크는 해석학과 비판의 전개에 있어서 아주 높은 반성의 상태에 도달했다고 우리는 말할 수 있다. 뵈그는 네 가지 해석학적 방법과 네 가지 비판적 방법을 상호교차적으로 연결시킴으로써 문헌학에 대한 해석학적 이해에 중요한 기여를 하였다.

169) Boeckh, op. cit., 1966, 248.

4. 해석학적 이해의 순환구조 : 인식된 것의 인식

"인식된 것의 인식"이라는 뵈크의 공식은 해석학적 사고에 있어서 상호제약과 전제들의 얽힘과 원리에 있어서 불가피하게 확정되어 있는 인식과정의 순환구조성(Zirkularität)을 드러낸다. 순환구조성이란 인식된 것의 인식, 즉 재인식은 동시에 항상 지식으로서 전제되어야 한다는 것이다. 개별적 해석의 수행에 있어서 "해석학적 기술을 통해서 회피되어야 할 과제의 순환구조"가 있다. 해석학적 절차 자체는 우리가 단지 강압적으로만 빠져나올 수 있는 순환논증에 얽매어 있지 않다. 오히려 인식된 것의 인식과제는 그릇된 순환논증(das Gefahren einer schlechten Zirkelhaftigkeit)을 내포하고 있다. 뵈크는 명료히 "해석학적 순환구조"라고 명명되는"순환논증의 회피 가능성"을 논의하나 원리적인 회피가능성은 아닐지라도 이러한 회피 절차의 어려움에 관하여 여러 곳에서 말하고 있다.[170] 해석학적 이론은 순환논증의 절차를 주목하고 순환논증의 해결이라는 의미에서 해석의 실천은 이 절차를 극복해야 한다. 뵈크는 순환논증의 극복이라는 것이 이론적으로는 어려우나 실제적으로는 어렵지 않은 것으로 본다.

해석학의 과제란 뵈크에 의하면 "무한한 접근, 말하자면, 점차적인, 하나하나씩 준비하나, 결코 완성되지 않는 접근을 통해서만 해결될 수 있다."[171] 이러한 관점에서 지고한 해석학적 기준으로서의 감정에 대한 일면적으로 남아 있는 상(像)은 교정된다. 개별적 해석과제의 순환이란 저자의 개별성이 "개별성으로부터 비로소 설명될 수 있는" 언어작품으로부터 추정되는 데 놓여 있다.[172]

순환논증으로 빠짐은 단지 저자의 개별성으로부터 저자의 문법적인 독

170) Ibid., 85, 99, 102, 108 ff.
171) Ibid., 86.
172) Ibid., 139.

특성이 설명되어지고 거기서 다시 저자의 개별성이 설명되어야만 할 때에 야기된다. 그러나 실천에 있어서 이런 경우는 잘 일어나지 않는다. 전체 연관의 지식이 작품의 통일성과 구성방식을 적어도 여러 가지 관계에 따라서 개관적으로(überschaubar) 만들기 때문이다. 그리하여 오히려 객관적인 단어의미는 이미 개별적 설명 없이 다음 절차의 기초를 제시한다. 여기서 전체와 부분 사이의 상호규정이 점점 가능해진다. 그래서 순환구조는 초보적인 언어이해가 모든 해석방식을 위한 명료화기반(Artikulationsbasis)으로서 주어진다는 것을 통해서만 해결되어질 수 있다.[173]

5. 낭만주의자 뵈크: 정신의 예감적 능력

뵈크도 낭만주의자로서 쉴라이에르마허를 따라서 감정의 역할을 중요시한다. 오성보다는 감정에 우위를 부여한다. 감정(das Gefühl)은 단번에 타자가 인식한 것을 재인식한다. 뵈크는 피력한다: "감정이란 더 이상의 해명의 능력이 없으며," "그것의 능력으로 타자가 인식한 것이 단 한번에 재인식되며 그것 없이는 실재로 전달능력이 부재한다."[174] 뵈크는 감정을 "생동적인 직관"(die lebendige Anschauung)이라고 부른다. 생동적 직관은 천재적인 해석가로 하여금 낯선 개별성의 많은 표명을 완전히 파악하도록 허용한다. 이러한 맥락에서 뵈크에게도 쉴라이에르마허의 유명한 낭만주의적 해석의 공식이 그대로 적용된다: "해석자는 저자가 자신을 이해한 것처럼 저자를 단지 잘 이해할 뿐 아니라 심지어 더 잘 이해해야 한다."[175] 뵈크에 의하면 감정의 확실성(die Gefühlssicherheit)은 최종의 기준(letzte Instanz)으로서 해석학뿐만 아니라 비판에도 해당한다. 비판에 있어서도 최

173) Frithjof Rodi, op. cit., 75.
174) Boeckh, op. cit. 1966, 86.
175) Ibid., 87.

종의 결단이란 "역사적 진리에 대한 속일 수 없는 의미에서 나오는 직접적인 감정"[176]에 놓여 있다.

여기에 정신의 예감적 능력을 강조한 쉴라이에르마허의 영향이 있다.[177] 쉴라이에르마허는 1809년 해석학의 첫 기획[178]에 있어서 한편으로는 문법적 이해를 "저급한 해석학"(niedere Hermeneutik)으로 나타내기를 고려하다가 곧 제한하면서 "문법적 해석과 기술적 해석 사이의 다양한 진동"을 강조하고, 문법적 해석에 우위를 부여하였다. 왜냐하면 모든 전제되고 발견되는 것은 언어이기 때문이다. 그런데 해석학의 나중의 저술에서는 이러한 문법적 해석의 우위성이 다시 약해진다.[179] 뵈크도 이러한 쉴라이에르마허의 영향을 받아서 문법적 해석과 예감적 해석 사이를 오가고 있다.[180]

뵈크는 피력한다: "가장 가능한 내적 힘과 명료성을 가져오는 것은 비판가의 지고의 노력이어야 한다. 이 노력은 옛 사람들이 유스토키아(εύτοΧία)라고 명한 바른 것을 반성 없이 확실히 맞추는 예술적인 충동(künsterlischer Trieb)으로 형성된다."[181] 그리하여 비판가는 텍스트의 재구성과 수정에 있어서 아직도 파악되지 않은 것으로부터 결여된 것을 발견하고 결여된 것으로부터 아직도 파악되지 아니한 것을 파악하는 거의 해결되지 않는 과제에 서 있다. 여기서 비판가는 "정신의 예감적인 능력"(divinatorische Kraft des Geistes)에 지시된다. 예감적인 능력이란 제한을 꿰뚫고 "저자 자신이 잘못했다고 하더라도 저자가 의도한 것을 아는"[182] 능력이다. 뵈크 자신은 문헌적 이해에 있어서 쉴라이에르마허가 행했던

176) Ibid., 174.
177) Gadamer, *Wahrheit und Methode,* 175.
178) F. D. Schleiermacher, *Hermeneutik,* Hrsg. von H. Kimmerle, 2.Aufl. Heidelberg, 1974, 56.
179) F. D. Schleiermacher, *Hermeneutik und Kritik mit besonderer Beziehung auf das Neue Testament,* Hrsg. von M. Frank, Frankfurt 1977, 99.
180) Frithjof Rodi, op. cit., 72.
181) Boeckh, op. cit., 1966, 184.
182) Ibid., 184.

것과 같이 문법적 해석과 예감적 해석 사이를 오간다.[183] 해석학적 작업이란 예감적인 통찰과 원리의 반복이라는 닫힌 순환구조 사이에서 이루어진다.

6. 뵈크 해석학 이론의 새로운 점: 문헌학적 인식에 해석학적 이해를 적용

"인식된 것의 인식"이란 공식과 더불어 뵈크는 문헌학의 작업을 무한한 근접(unendliche Approximation)을 통해서 해결하고자 한다. 이것은 점진적이며, 한 걸음씩 나아가나, 결코 완성되지 않는 접근이다. 이해의 이러한 형식은 좁은 의미의 해석학에서 나와서 문헌학의 전 체계의 핵심명제로 만들어진다. 이것이 뵈크 통찰의 새로움이다. 뵈크는 문헌학적 인식이 이해와 동일하다는 것을 말한다.[184] 이해란 인식된 것의 인식, 즉 재인식이다. 이해란 모든 인간 정신과 행위가 인식되는 과정을 말한다. 여기에 이념을 중요시하는 그의 플라톤적 관점이 있다. 문헌학은 지식의 재구성만이 아니라 감성적으로 직관적인 삶의 층의 재구성도 시도한다. 여기에 음악, 건축술 같은 예술(kunst)이 들어간다.

뵈크는 4가지 해석방식과 4가지 비판방식의 상호제약 이론으로부터 문헌학과 해석학에 공헌을 하고 있다.[185] 뵈크는 두 분야의 이해이론을 제시하고 있다. 그는 형식적 부분에서 해석학과 비판이론을, 그래서 문헌학의 본래적 과제를 설명하고 있다. 내용적 부분에서는 학문에 의하여 형성된 자료를 포함해야 할 이해 이론을 제시한다.[186] 이해는 전 학문체계 안에서 중심적 처소를 갖는다. 여기서 이해는 비로소 해석학을 전체의 부분으로

183) Frithjof Rodi, op. cit., 72-73.
184) Ibid., 53, 75.
185) Frithjof Rodi, op. cit., 71.
186) Boeckh, op. cit., 1966, 53.

내포한다. 이 뵈크의 착상에서 새로운 것은 두 가지다.[187] 첫째는 이해에 마주하여 소박한 인식이 중심적인 위치를 갖게 된다는 것이다. 둘째는 이해문제가 좁은 의미의 해석이론으로부터 해소되어 나온다는 것이다. 해석학에 의해서만 더 이상 기술될 수 없는 일반적인 해석학적 구조는 문헌학 일반의 형식적 원리가 된다.

뵈크의 백과사전(百科辭典)-강의는 해석학의 테두리 안에서 발전되는 것 없이 해석학적 원리를 학문의 체계학의 핵심으로 만듦으로써 해석학 이론의 역사 속에서 이정표를 제시한다.[188] 뵈크가 제시한 해석학적 원리란 부분으로부터 전체, 전체로부터의 부분의 재구성의 상호제약성 그리고 일반적이고 특별한 인식과 형식적이고 내용적 인식의 관계에 있어서 지속적 전제성의 인정이다. 뵈크는 해석학적 원리의 비전과 수행에 있어서 방법론적 문제를 본 것이 아니라 "철학적 원리"(philosophisches Prinzip)를 보았다.[189] 그럼에도 불구하고 그가 중요시 한 것은 철학에 대항하는 문헌학의 논쟁적 수행이 아니라 철학과의 구분을 통해서 최선으로 전개되는 해석학적 원리의 결과적인 수행이었다. 뵈크에 의하면 문헌학적 인식에 있어서 재구성 되어지는 것은 현상 속으로 가라앉은 로고스(der in die Erscheinung versenkte Logos), 말하자면, "내적 질서"(innere Ordnung)다. 그렇다면, 문헌학과 철학의 경계는 유동적이 된다.[190] 문헌학과 철학은 불가분적인 관계에 들어간다. 문헌학은 개별적인 것에서 경험적으로 탐구한다. 문헌학은 개념에서 최종목적을 가진다. 문헌학이 끝나는 곳에서 철학은 시작한다. 그런 한에 있어서 문헌학과 철학은 형식적으로 서로 간에 융해된다. 철학이 시작하는 최종목적을 문헌학은 파악한다.[191] 모든 다른 학문들은 철학과 문

187) Frithjof Rodi, op. cit., 80.
188) Ibid., 81.
189) Boeckh, op. cit., 1966, 68.
190) Frithjof Rodi, op. cit., 82.
191) Boeckh, op. cit., 1966, 17f.

헌학에 근거하고 있다.[192)]

뵈크의 철학적 원리의 핵심이란 "논구의 목표여야 할 것이 전제된다"는 해석학적 원리이다.[193)] 이것은 학문의 개별 분과(分科)(Einzeldisziplin)의 뿌리이다. 그것은 고대적 고전에 대한 모든 개별적 탐구에 있어서 일반적 직관, 즉 "고전 자체의 이념"(die Idee des Antiken an sich)이 주도적이어야 한다는 것이다. 뵈크는 피력한다: "개별적인 것이 구체적인 직관 속에서 생동적으로 놓여 있어야 한다는 것이다. 일반적인 것과 특수한 것은 서로 전제하며 서로 근접하도록 형성한다."[194)] 문헌학적 탐구에는 고전에 대한 이념이 개별적 연구에 전제되며, 이 고전이념은 개별연구를 통해서 수정되거나 확정된다. 이것이 고전연구의 사고과정에서 수행되는 해석학적 순환구조이다.

7. 평가 : 문헌학과 철학의 상호관계성 주장 그리고 해석학적 원리를 학문 체계학의 핵심으로 만듬

첫째, 뵈크는 그의 해석학과 비판을 통하여 세련된 문헌학 이해를 제시했다. 쉴라이에르마허가 해석학과 비판을 텍스트 이해에 적용했다면, 뵈크는 해석학과 비판을 문헌학에 적용하였다. 드로이젠은 그것을 역사서술에 적용하고 있다. 뵈크가 말하는 해석의 이념적 객관성은 인간 너머로 진리가 있다는 플라톤적 경향을 띠고 있다. 모든 역사적 현상, 예술품, 국가의 삶이란 가족의 삶 현상이 이념에 의하여 규정된다는 것이다. 다시 말하면, 모든 역사적 전승이란 그것 속에 내재하는 이념의 구성이라는 것이다. 문

192) Ibid., 1966, 18.
193) Frithjof Rodi, op. cit. 83.
194) Boeckh, op. cit., 1966, 57.

헌학의 과제란 이러한 인간 정신에 의하여 구성된, 역사적으로 전승된 것을 다시 인식하는 것이다.

둘째, 뵈크는 문법적 해석에 우위적인 지위를 부여하였음에도 불구하고 이 우위성을 견지하지 않았다. 쉴라이에르마허의 착상처럼 해석학에 있어서 결국 모든 전제되고 발견되어지는 것은 언어이기 때문이다. 그는 쉴라이에르마허의 영향을 받으면서 심리주의적 해석을 우위로 둠으로써 문법적 해석의 우위성을 약화[195] 내지 주관화시켰다.[196] 전승의 언어적 매개성의 사실이 문법적 해석의 명료한 우위 설정을 의미하지 않는다는 사고는 뵈크에 있어서 체계적으로 수행되지 않았다. 이러한 어려움은 쉴라이에르마허처럼 뵈크 자신의 사유에서도 문법적 해석과 비문법적 해석 사이에 지속적인 진동(振動)이 있었음을 표현해준다.[197] 이해는 언어적 전승에서 착안해야 하지만, 처음부터 문법적 해석 방식과 비문법적 해석방식 사이의 진동으로 지시된다.

셋째, 뵈크의 통찰은 오늘날 자주 사용되는"해석학적 순환구조"라는 용어를 통해서 드러나기 보다는 가리워지고 있다.[198] 뵈크에 의하면 해석학적 순환구조는 해석학의 사실만이 아니라 전승과 관계하는 학문의 포괄적인 법칙을 설명하고 있다. 개별적 방법과 훈련의 상호근접의 법칙(das Gesetz wechselseitiger approximativer Formierung der einzelnen Methoden und Disziplinen)은 문헌학의 체계의 원리가 되고 있다. 이것이 바로 뵈크가 말하는 백과전서의 넓은 의미에서의 학문의 원리다. 그러나 이것을 문헌해석과 비판의 과정에 적용하면 해석학적 순환구조가 드러난다. 뵈크는 말한다: "각 해석방식과 비판 방식은 다시 다른 해석학적 및 비판적 과제의

---

195) F. Schleiermacher, *Hermeneutik und Kritik mit besonderer Beziehung auf das Neue Testament*, Hrsg. von M. Frank, Frankfurt 1977, 99.
196) Gadamer, *Wahrheit und Methode*, 181-2.
197) Frithjof Rodi, op. cit., 73.
198) 로디가 그의 논문에서 이 사실을 잘 해명해주고 있다. Ibid., 74.

완성을 전제로 하면서 거대한 순환 속에 항상 다시 새롭고 새로운 것이 놓여 있다."[199]

넷째, 뵈크는 철학과 문헌학의 긴밀한 관계를 드러내고 있다. 양자는 가장 높은 차원에서 상호제약하는 관계 속에 있을 뿐만 아니라 인식 전체의 재구성으로서 문헌학은 개별학문의 인식을 필요로 한다. 반대로 개별학문은 문헌학을 통하여 그것의 역사적 차원의 드러냄에 지시된다.[200] 문헌학의 두 주요부분인 형식적 부분과 내용적 부분은 서로 제약한다. 형식적 부분은 근간(Organon)으로서 해석학과 비판을 내포한다. 이 부분에서는 "산물보다 이념에 따라서 먼저 있는"[201] 문헌학적 행위가 관찰된다. 이해와 판단의 대부분 계기들에 대하여 이미 주어진 산물의 큰 분량이 전제된다. 학문에 의하여 형성된 모든 자료를 포함하는 내용적 부분은 다시 형식적 부분과의 상호성의 관계(das Verhältnis der Wechselseitigkeit)에 있다. 내용적 부분은 개별적인 것에 있어서 형식적 활동을 통해서 매개된 인식된 것의 인식을 내포한다. 이 내용적 부분 안에서도 일반적인 부분과 특수한 부분 사이의 상호적으로 근접하는 공식이 인식된다.

다섯째, 해석학과 비판의 상호관계를 말하고 있다. 해석학은 한편으로는 비판과의 상호관계 속에 있으며 다른 한편으로는 해석의 4가지 방식들이 비판의 4가지 방식과의 상호관계 속에 있다. 해석학과 비판은 상호적으로 서로 얽히는 관계(das Verhältnis des wechselseitigen Ineinandergreifens) 속에 있다. 해석학과 비판과의 관계에서 이루어지는 순환구조를 다음과 같이 피력한다: "각 방식의 설명과 비판은 다시 나머지의 해석학적 그리고 비판적 과제를 전제하면서, 크나큰 순환구조에 ... 다시 항상 새롭고 새로운 것이 놓여 있다."[202] 뵈크는 해석학적 순환구조가 단지 역사적 문헌학에서만

---

199) Boeckh, op. cit., 1966, 179.
200) Boeckh, op. cit., 1966, 19.
201) Ibid., 53.
202) Ibid., 179.

확대되는 것이 아니라 해석이론이 인식행위의 체계로 엮어지는 것을 말하고 있다.

여섯째, 뵈크가 말하는 해석학적 순환구조의 통찰은 단지 역사적 문헌학의 체계만이 아니라 철학적 인식론의 구조를 말해주고 있다. 그는 해석이론이 인식과정의 체계 안으로 엮여 있음을 보여주고 있다. 로디는 스타인탈(H. Steinthal)을 인용하면서 뵈크의 사고를 "변증법"(Dialektik)이라는 개념으로 표현하였다.[203] 이 개념은 헤겔이 말하는 개념이 제 3자로 지양되는 인식과정을 말하지 않는다. 이것은 다양한 측면에서 동시적으로 수행되고, 상호간에 오고 가는 지속적인 진동(振動, Oszillation)이 수행되는 인식과정을 말한다. 뵈크의 착상이 말하는 것은 해석과정의 변화(Umschlagen)가 아니라 "근접적으로 상호적인 형성"(das approximative wechselseitige Formieren)[204]이다.

맺음말

"인식된 것의 인식"이라는 뵈크의 이해 공식은 단지 좁은 의미에서의 해석학에서 벗어나 문헌학의 총체적 체계의 핵심명제가 되었다. 여기에 뵈크의 해석학 착상의 새로움이 있다. 인식된 것의 인식은 단순히 문헌학의 사고가 아니라 해석학적 인식 및 철학적 사고의 일반적인 구조라고 말하고 있다. 의미구조란 일회적으로 전제하고 전제되는 단순적인 구조가 아니라 여러 측면에서 동시에 접근하고 상호규정하는 착상이 순환구조적으로 진행하는 다면적인 구조다.

뵈크에 있어서 "인식된 것"이란 시, 예술, 정치사, 학문적 개념만이 아니

203) H. Steintahl, "Rezension von Boeckhs 'Encyklopädie'", in: *Zeitschrift für Völkerpsychologie und Sprachwissenschaft* 10, 1878, 235-255, F. Rodi, op. cit., 85에서 재인용.

204) Frithjof Rodi, op. cit., 86.

라 도덕적이고 정신적 활동의 총체를 말한다. 인간 전(全) 정신적 삶과 행위가 인식된 것의 영역이다. 개념적으로 인식된 것은 정신적 삶이라는 빙산의 일각이다. 여기서 우리는 드로이젠을 거쳐서 딜타이의 삶의 개념으로 넘어가는 뵈크 착상의 지속성을 찾아볼 수 있다.

참고문헌

A. Boeckh, *Enzyklopädie und Methodenlehre der philologischen Wissenschaften,* hrsg. von E. Bratuscheck, 1877, Leipzig, 2 Aufl. 1886 (Nachdr.: Darmstadt 1966, 1977).

H. G. Gadamer, *Wahrheit und Methode,* Tübingen 1960.

Jean Grondin, *Einführung in die philosophische Hermeneutik,* Darmstadt; wissenschaftliche Buchgesellschaft, 1991.

Hans Ineichen, *Philosophische Hermeneutik,* Freiburg/München: Verlag Karl Alber, 1991.

Kurt Mueller-Vollmer (edited,. with an Introduction and notes), *The Hermeneutical Reader. Texts of the German Tradition from the Enlightenment to the Present,* New York: Continuum, 1990.

Frithjof Rodi, "Erkenntnis des Erkannten. August Boeckhs Grundformel der hermeneutischen Wissenschaften", *Erkenntnis des Erkannten, Zur Hermeneutik des 19. und 20. Jahrhundets.* Frankfurt: Suhrkamp, 1. Aufl. 1990.

F. D. Schleiermacher, *Hermeneutik und Kritik mit besonderer Beziehung auf das Neue Testament,* Hrsg. von M. Frank, Frankfurt 1977.

__________________, *Hermeneutik,* Hrsg. von H. Kimmerle, 2.Aufl. Heidelberg, 1974.

H. Steintahl, Rezension von Boeckhs 'Encyklopädie' ,in: Zeitschrift für Völkerpsychologie und Sprachwissenschaft 10, 1878.

4장 드로이젠의 역사이해 해석학에 대한 비판적 성찰

머리말

요한 구스타브 드로이젠(Johann Gustav Droysen, 1808-1886)은 베를린대에서 아우구스트 뵈크(A. Boeckh)에게서 수학(修學)했다. 그는 베를린대를 졸업한 후 수년간 고등학교에서 가르치다가 1833년 베를린대에서 교수자격을 획득하고 전임강사(Privatdozent, instructor)로서 역사를 강의하기 시작하였다. 그의 중요관심은 고전분야로서 애쉴러스(Aeschlyus)와 아리스토파네스(Aristophanes)에 대한 번역본을 출판하였다. 1833년에는 드로이젠은 『알렉산더 대왕의 역사』(History of Alexander the Great)를 출판했다. 이 저서는 표준저서가 되어 드로이젠은 역사가로서 평판을 받기에 이른다. 후속의 저서 『헬레니즘의 역사』(History of Hellenism)(1836-1843)는 알렉산더 사후(死後)의 희랍문명의 운명에 관하여 다루었다. 1840년에 드로이젠은 킬(Kiel)대학 교수, 1848년에 예나(Jena)대 교수, 1859년에 최종적으로 베를린대 교수가 되어 종신토록 그곳에서 가르친다. 그의 주요 학문적인 관심은 프로시아 역사에 집중되었다. 드로이젠은 바르텐부르그(Wartenburg)의 백작 요크(Count Yorck)의 전기를 출판하였고, 7권으로 된 대작인 『프로시아 정치의 역사』(History of Prussian Politics)(1855-1884)에 착수하였다,

드로이젠은 그의 전 생(生)에 걸쳐서 당시 급속히 자라나는 자연과학의 영향에 직면하여 역사적인 학문의 이론적이고 방법론적 문제를 옹호하는 강한 입장을 보여주었다.[205] 그는 당시 테엔과 버클(Taine and Buckle)에 의하여 주도된 역사에 대한 실증주의적 접근(the positivist approach)에 대한 가장 대표적인 반대자였다. 드로이젠은 1857년부터 베를린대에서 역사학에 대한 강의를 규칙적으로 하기 시작하였다. 그는 별세하기까지 18번이나 거듭 이 강의를 하였다. 그의 고유한 방법론 강의 제목은 "백과사전과 역사의 방법론"(Enzyklopädie und Methodologie der Geschichte)이었다. 이것은 그의 스승 뵈크의 역사이해론 – 이해는 인식된 것의 재인식, 다시 말하면, 우리에게 미치는 전승 속에서 보존된 것으로 들어감이다[206] – 을 추종하는 것이었다. 드로이젠은 그의 역사방법론 강의를 생전에 출판하지 않았다. 1868년 『역사학의 개요』(Grundriss der Historik)[207]라는 중요한 개요양식의 소책자가 출판되었다. 그의 강의록은 1936년에야 비로소 그의 제자 뷔브너(R. Hübener)에 의하여 개요형식으로 출판되었다.

드로이젠은 그의 저서에서 "해석학"이란 단어를 거의 사용하지 않았다. 그의 저서 후반부에서 역사 이해를 위한 원전 해석을 대상으로 하는 방법론과 관련하여 "해석"(Interpretation)과 "이해"(Verstehen)라는 개념이 나

---

205) Kurt Mueller-Vollmer (ed. & intro. & not.), *The Hermeneutics Reader. Texts of the German Tradition from the Enlightenment to the Present, Continuum,* New York, 1990, 118.

206) 김영한, "아우구스트 뵈크의 해석학: '인식된 것의 인식' 으로서의 이해", 『철학논총』 제54집 제4권 별쇄, 새한철학회, 2008, 167-185.

207) J. G. Droysen, *Historik. Vorlesungen über Enzyklopädie und Methodologie der Geschichte,* hrsg. von R. Hübner, München 7. Aufl., 1937 (Nachdr.: Darmstadt 1977), 324.

타난다.[208] 드로이젠의 해석과 이해론은 보편사(Universalhistorie)의 이해론으로서 도덕세계의 탐구를 시도하고자 한다. 그의 해석과 이해론은 도덕세계의 이해론으로서 그 후 딜타이에 의하여 체계화된 정신세계의 이해론으로서 해석학의 기초를 마련해 주었다.

본 장의 목적은 아직도 한국의 해석학 연구에서 제대로 소개가 되지 아니한 드로이젠의 해석학을 소개하고 그의 학문적 공헌을 비판적으로 성찰해보는 것이다.

1. 역사과학의 고유한 방법 제시

드로이젠은 역사를 자연에 대립시킨다. 우리의 마음은 경험적 사실을 모으는데 만족하지 않고 그것을 개념과 범주 아래 가져간다. 자연의 공간에서는 항상 동일하고 감각적인 것이 지배한다. 역사에서는 변화하는 것이 지배한다. 이처럼 자연과 역사는 다른 대상이기 때문에 두 가지 다른 관찰방식이 필요하다. 자연과학적 방법은 관찰대상과 관련하여 법칙을 발견하여 설명하려고 하지만 역사과학의 방법은 탐구하면서 이해하고자 한다. 드로이젠은 그리하여 역사과학적 방법이 자연과학적 방법과는 다르다는 사실을 드러내었다.

역사학의 방법론을 설정하는데 있어서 드로이젠은 두 가지 방법론적 길을 거부한다. 하나는 실증주의적 길(der positivistischer Weg)이며 다른 하나는 서사(敍事)적인 비전문적인 길(der dilettantische Weg)이다. 전자는 역사를 자연과학의 수학적 방법아래 종속시켜, 역사의 법칙을 발견하고자 하는 시도이다. 후자는 역사를 단지 이야기하고, 즐기는 서투른 기술로서 파

---

208) J. Grondin, *Einfühurng in die philosophische Hermeneutik,* Darmstadt: Wiss. Buchges., 1991, 103-4.

악하고자 하는 시도이다. 드로이젠은 역사 이해의 과제를 해결함에 있어서 칸트의 태도에 의존하고자 한다: "역사적 자료들이 아니라 역사에 대한 그리고 역사에 있어서 이론적이고 실천적인 태도를 비판적으로 면밀히 검사한 칸트의 기술이 우리들에게 필요할 것이다."[209)]

드로이젠은 랑케(Leopold von Ranke)의 역사학파가 말하는 것처럼 역사가(歷史家)가 "객관적인 역사"(objective history)를 쓰고 실재로 일어난대로의 과거를 재창조할 수 있다고 보지 않았다.[210)] 인간 삶의 본성 때문에 과거는 항상 우리들에게 접근할 수 있는 것으로 머문다. 역사가는 과거에서 기원하는 사건들이나 힘들에 의하여 영향받거나 에워싸여 있다. 이 사건들이나 힘들은 역사가가 수행하는 논구의 적절한 대상을 구성한다. 간단히 말하자면, 우리로 하여금 역사적 질문을 제기하도록 하며, 역사가로서 우리 일을 추구하도록 하는 것은 현재 속의 과거이다. 과거의 자료들이 과거에 관하여 드러내는 것에 대한 이해를 얻기 위하여 우리는 문서, 책들, 기념비들, 법이나 경제 체계의 기록 등 과거의 유물들(remnants of the past)을 해석해야 한다.

그래서 드로이젠에게 역사가의 과제란 무엇보다도 해석학적 과제(hermeneutic task)이다. 여기서 이미 우리는 드로이젠에게서 정신세계에 대한 해석을 학문적으로 정초한 딜타이 해석학[211)]의 선구적인 작업을 본다. 결과적으로 드로이젠에게 해석학이란 "포괄적인 역사이론의 통합적 부분"(an integral part of a comprehensive historical theory)이다.[212)] 포괄적인

---

209) Droysen, *Historik*, 1937, Nachdr.: Darmstadt, 1977, 378.

210) Kurt Mueller-Vollmer (ed. & intro. & not.), "Introduction: Language of Hermeneutic Theory Since the Enlightenment," in: *The Hermeneutics Reader. Texts of the German Tradition from the Enlightenment to the Present*, Continuum, New York, 1990, 18.

211) 김영한, "딜타이의 삶 해석학", 『철학논총』, 제41집, 제3권 새한철학회, 2005, 3-26.

212) Kurt Mueller-Vollmer (ed. & intro. & not.), *The Hermeneutics Reader. Texts of the German Tradition from the Enlightenment to the Present, Continuum,* New York, 1990, 18.

역사이론이란 역사적 이해와 연구의 주관적이고 객관적인 조건, 역사적 대상의 성질, 그리고 역사가가 추구해야 하는 방법론을 다룬다.[213)]

학생 시절 드로이젠은 헤겔의 세계사 철학 강의를 들었다. 드로이젠은 의심할 여지없이 역사적 현실에 관한 헤겔의 개념을 배웠다. 그래서 헤겔이 말하는 사회적 정치적 문화적 체계를 기술하는 객관적 정신(objektiver Geist)과 드로이젠의 윤리적 힘들(sittliche Mächte) 사이에는 어떤 유사성이 있다. 그러나 드로이젠은 세계사를 정신의 자기 실현(die Selbst-Verwirklichung des Geistes)으로 보는 헤겔의 목적론적 도식을 거부하였다. 그대신 그는 앞서 해석학의 개척자인 훔볼트와 쉴라이에르마허의 아주 다른 착상들, 특히 그들의 이해개념에 자신의 생각을 개방하였다.

2. 이해는 정신과학의 방법

드로이젠은 1852년부터 1883년까지 여러 해 동안 역사학 착상을 발전시켰다. 그는 별세전 1882년-1883년 겨울학기에 마지막으로 베를린대학에서 역사학 강의를 하였다. 1858년에 수고(手稿)로 나온 『역사학 개요』(Grundriss der Historik)에서 드로이젠은 역사적 방법을 "탐구하는 이해"(forschendes Verstehen)로 규정하고 있다. "대상에 따라 그리고 인간사유의 성질에 따라서 세 가지 가능한 학문적 방법이 있다. 이 세 가지는 (철학적 및 신학적인) 사변적 방법, 물리적인 방법, 역사적인 방법이다. 그것들의 본질은 인식하고(erkennen), 설명하고(erklären), 이해하는 것

213) Johann Gustav Droysen, *Outline of the Principles of History*, Trans. and intro. E. Benjamin Andrews: Ginn & Co., partial translation of *Historik: Vorlesungen über Enzyklopädie und Methodologie der Geschichte*. Ed. R. Hübner, 8th ed., Munich: R. Oldenbourg, 1977, 3ff.

(verstehen)이다".[214] 이러한 방법들은 지식에 대하여 세 가지 다르고 독립적인 길을 대표한다. 어느 것도 우선적이라고 할 수 없다. 각기 다른 관점에서 보는 현실을 제시한다. 지식의 방법이란 각기 지식의 대상과 인간 마음의 본성에서 결과되는 인식의 고유한 방식에 따라서 특징되어진다. 드로이젠은 철학적이고 신학적인 방법은 인식하고, 물리적인 자연과학적 방법은 설명하고, 역사과학적 방법은 이해하는 것이라고 특징지운다.

드로이젠은 훔볼트의 유작인 "카위작품 입문"(Einleitung zum Kawiwerk)[215]에서 이해의 개념에 대한 새롭고 중요한 차원을 제시한다. 표명(Äußerung, utterance)의 이해에는 순수 문장적 내지 이성적 의미를 너머서 그것의 표현적 기능도 고려해야 한다는 것이다. 이 기능이란 심리학적, 정서적, 영적 내용을 말한다. 표명은 충분히 이해되기 위하여 역사가에 드러내는 내면적인 어떤 것의 표현(an expression of something internal)으로서 이해되어져야 한다. 이 내면적인 것이란 표명자의 태도, 의도, 그리고 마음의 상태이다. 드로이젠에 따르면 역사가는 그에게 낯선 것을 취급하는 것이 아니라 인간의 내면성과 내적 본성의 표현을 취급하기 때문에 이러한 모든 것을 이해할 수 있다. 그 자신의 방식으로 드로이젠은 1724년 그의 신학문에 있어서 비코(Vico)에 의해 처음 표현된 역사적 이해개념의 새 초석을 재진술하여 놓았다. 비코는 역사 속에서 인간이 그 자신이 만든 것을 이해할 수 있기 때문에 우리는 자연이 아니라 오로지 역사세계에 대한 바른 이해를 가질 수 있다고 주장하였다, 여기서 진리와 사실(verum et factum)은 서로 일치한다(coincide).[216] 여기서 문화와 역사 세계에 대한 이탤리 철

---

214) Droysen, *Grundriss der Historik,* 1858, 14.
215) Droysen, Einleitung zum Kawiwerk - Wilhelm von Humboldt, *Über die Verschiedenheit des menschlichen Sprachbaus und ihren Einfluss auf die Entwicklung des Menschengeschlechts. Gesammelte Schriften,* vol. VII, 1-349, Eng. trans.: Linguistic Variability and Intellectual Development. Introduction to the Kawi Work. 1971.
216) Kurt Mueller-Vollmer (ed. & intro. & not.), *The Hermeneutics Reader, 19.*

학자 비코와 독일의 역사학자 드로이젠 사이의 놀랄만한 유사성이 있다.[217)]

드로이젠은 “역사 쓰기”(Geschichtsschreibung)와 “역사 사변”(Geschichtsspekulation)을 구분하고 전자는 후자와 다르다는 것을 명료히 한다. 전자는 자료에 기초한 경험적 성찰이나, 후자는 자료에 기초하지 않는 관념적 성찰이다. 드로이젠에 의하면 역사이해에 있어서 중요한 것은 더 이상 현재하고 있지 아니한 과거 자체가 아니라 현재의 자료와 원전에 있어서 과거로부터 남아있는 것이다. 역사이해의 대상은 우리들에게 전승된 과거의 유물들이다. 과거의 정신을 재구성하기 위해서는 전승 속에 보존된 것 속으로 들어가야 한다. 역사 쓰기는 오히려 과거의 증언과 유물의 탐구를 위해서 과거에 접근해야 한다. 여기서 중요한 것은 경험과학적인 행위이다. 역사적인 재료들은 수집하여 그것이 과연 참인지 비판적으로 음미되고 정리되어야 한다. 그런 다음에 이해되어야 한다.

드로이젠은 역사 쓰기에 있어서 헤겔의 역사사변에 반대할 뿐 아니라 자연과학적 설명과도 다른 방식을 취하고자 하였다.[218)] 역사 이해론은 자연과학에 대한 역사과학의 독자성을 정초해야만 한다. 여기서 우리는 오늘날에 이르기까지 해석학의 역사에 결정적인 영향을 주는 이해의 독특한 모습을 발견한다. 그것은 이해(Verstehen)란 정신과학과 사회과학의 방법이라는 것이다. 드로이젠은 역사과학을 경험과학으로 간주하기 때문에 헤겔적인 사변이 아니라 구체적인 역사적으로 전승된 원전과 재료를 통해서 그것을 반성함으로써 정립하고자 한다.

그의 사후 51년 되는 해 1937년에 출판된 유작(遺作) 『역사학. 역사의 백과사전과 방법론에 관한 강의』(Historik. Vorlesungen über Enzyklopädie und Methodologie der Geschichte)에 의하면 드로이젠은 명료히 역사과학

---

217) Ibid., 50.
218) Ibid., 18.

과 관련하여 이해이론을 발전시켰다. 여기서 드로이젠은 해석학과 비판을 역사과학의 영역에 관계시키는 백과사전을 만든다. 역사적 이해란 근본에 있어서 "우리의 이해와 우리와 대화하는 자의 이해가 동일하다"는 전제에서 수행된다. 드로이젠은 그의 입장을 간결한 공식으로 표명한다. "우리의 방법은 탐구하면서 이해하는 것이다"(Unsere Methode ist forschend zu verstehen)[219). "이해란 우리 인간에게 도달될 수 있는 가장 완전한 인식(das vollkommenste Erkennen)이다."[220) 이해란 인간에게만 있는 고유한 지성적 특성이다. 표명(Äußerung)은 인간의 내면의 과정을 드러내는 인간의 본성이다: "이 이해의 가능성이란 우리 앞에 역사적 자료로서 놓여 있는 표명의 본성과 우리의 본성과의 유사성에서 나온다. 이 가능성의 부가조건이란 사람의 본성이 감성적이고 영적이라 하더라도 감각에 느껴지는 어떤 형식으로 모든 사람들에게 내면의 과정에 관하여 말하며, 모든 표명에 있어서 이들의 내면적 과정을 반영한다는 사실이다."[221) 이해란 "표현들에 있어서 표현되고자 한 것으로 되돌아가는 것이다."[222) 이해의 행위는 근저에 놓여 있는 논리적 메카니즘 없이 직접적 직관처럼 직접적으로 수행된다.[223) 생동성(Lebendigkeit), 직관성(Anschaulichkeit)은 이해의 중요한 계기가 된다.

이러한 유사한 형식화 배후로 우리는 언어의 표현적 측면에 대한 훔볼트의 기술(記述)을 추적할 수 있다.[224) 낭만주의 언어 패러다임이 드로이젠에게 살아있는 강도(剛度)는 이해의 역사적 양식(樣式)과 언어적 양식 사이 성립되는 등식(equation)에서 얻어질 수 있다. "우리의 역사적 이해는 우리

219) J. G. Droysen, *Historik. Vorlesungen ueber Enzyklopaedie und Methodologie der Geschichte*, hrsg. von R. Hübner, 3. Aufl. Darmstadt, 1958, 23.
220) Ibid., 26.
221) Droysen, *Outline of the Principles of History*, #9, Kurt Mueller-Vollmer (ed. & intro. & not.), *The Hermeneutics Reader*, 121.
222) Droysen, *Historik*, 1937, (Nachdr.: Darmstadt, 1977), 22.
223) J. G. Droysen, *Historik*. 26.
224) Kurt Mueller-Vollmer (ed. & intro. & not.), *The Hermeneutics Reader*, 19.

가 우리에게 말하는 누구를 이해할 때와 아주 동일하다."[225] 이러한 동일한 맥락에서 드로이젠은 이해의 어떤 과정 속에 작용하는 전체와 부분 사이의 연결을 언급한다. "부분은 그것이 유래한 전체 안에서 이해되어 진다. 전체는 그것이 표현을 갖는 부분으로부터 이해되어 진다."[226] 이러한 드로이젠의 공식화는 쉴라이에르마허에 의하여 제시된 "해석학적 순환"(hermeneutischer Zirkel) 개념을 수용하고 있다.[227]

드로이젠은 역사적 방법을 "논구를 수단으로 하는 이해"라고 부른다. 이해 그 자체는 그것을 실천하는 역사가의 기술(技術, craft)과 결부된다. 이 기술은 비판과 해석이라는 두 가지 절차에 기초한다. 비판적 절차란 진리의 상태와 역사가의 자료와 의도된 사실의 진정성(Authentizität)을 확정하는 의도를 지닌다. 해석적 절차란 자료들이 해석의 특별한 방식과 계열에 따른 역사적 사실로서 제시하는 것에 대한 평가와 설명과 관련된다.

3. 역사이해의 근거 - 인간정신의 표현으로서의 역사

드로이젠은 역사 이해와 관련해서 역사적 객관주의를 비판한다. "일어났거나 행해진 것, 과거 현실에 있어서 소위 사실들은 앞에 놓여 있지 않다. 우리는 그것들을 경험적으로 학문적으로 취급할 수 없고 단지 그것들로부터 지나가지 않고 현재적인 것, 유물들, 전승, 기념비들만을 관찰한다."[228] 역사적 사실들은 역사가에 의하여 수고로운 탐구작업에서 드러나야 한다. 그것들은 그냥 놓여 있지 않다. 우리가 객관적인 사실이라고 나타내는 것,

---

225) Droysen, *Historik*, 35.
226) Ibid., 35.
227) 김영한, "쉴라이어마허의 보편해석학 기획", 『칸트철학과 현대해석학』, 한국칸트학회편, 철학과 현실사, 2003년 12월, 219-252.
228) Droysen, op. cit., 1958, 98.

예컨데, 전투나 반란 등은 관찰자나 역사기자(歷史記者)의 요약이다. 드로이젠은 역사가가 소위 객관적으로 존재하는 과거의 유적을 취급해야 한다는 견해를 망상(妄想)이라고 본다. 역사과학이 객관적 사실을 취급한다고 생각하는 것은 사물의 성격을 오해하는 것이다. “객관적인 사실이란 우리 탐구의 실재에 있어서 앞에 놓여 있지 않다.”[229] 역사가들에게 놓여 있는 것은 과거에 대한 증언들이요 이미 이해하는 견해들이다. 견해들은 그 자체적으로 주어지지 아니하는 과거적인 것을 재구성할 뿐이다. 역사적 사실들은 수많은 개별사건들을 연관으로, 원인과 결과로서 관찰하는 역사가의 파악을 통해서만 비로소 발생한다.

개별적 사건들의 임의적인 파악은 역사 쓰기의 의미에 있어서 역사로서 나타낼 수 있는 것이 아니다. 오로지 개별적인 사건들의 요약, 즉 그것들의 의미와 연관과 진리에 따라 당시 있었던 것의 요약만이 역사로 나타낼 수 있다. 역사 쓰기는 “단지 전승된 것을 반복해서는 안되며 오히려 과거로부터 다시 발견되는 것이 정신 속에서 다시 살아나도록 하고 이해하는 것이다.”[230] 역사과학은 원전을 비판적으로 탐구하면서 단지 역사로서 전승된 것을 반복하지 않고 더 깊이 들어가 가능한 대로 과거로부터 다시 발견되는 것이 정신 속에서 다시 살아나도록 하고 새로운 원전을 만들려고 한다. 드로이젠이 강조하는 것은 우리가 역사탐구에서 얻는 것은 일어난 것 자체의 상(像)이 아니라 일어난 것에 대한 우리의 파악과 작업의 상이라는 것이다. 여기서 드로이젠은 역사적 객관주의 내지 역사적 사실주의를 거부하고 그의 스승 뵈크의 견해, 역사인식이란 인식된 것의 재인식(Wiedererkennen des Erkannten)이라는 관념론적 입장을 받아 들인다.

역사가가 역사적인 표명(Äußerung) 배후로 가서 그것의 내면적인 것을 탐구한다면 그는 개별적인 것을 전체로부터, 그리고 전체를 개별적인 것에

229) Droysen, *Historik,* 1937, 133, Grondin, op. cit., 106.
230) Droysen, *Historik,* 1958, 83.

서 추후적으로 구성한다. 여기서 역사학은 개별적인 것으로부터 일반적인 것을 드러내고자 한다. 이러한 일반적인 것은 진보하는 역사작업의 연속성이다. 드로이젠은 진보하는 역사적 연속성은 오로지 이념적이고 도덕적일 수 있다고 피력한다.

역사는 자연에 대립하는 것으로서 인간세계요 도덕적 세계이다. 우리는 역사를 단지 자연처럼 지각하지 않는다. 역사는 인간정신의 표현이며 인간정신에 이해되기 때문에 역사의 형성은 우리에게 가능하다. 역사는 진보하고 발전하는 도덕적 힘들의 이해이다. 개별자의 이해는 역사적이고 도덕적인 발전 전체에 소급되도록 나아간다. 이 전체는 개별자의 내면이요 의미이다. 드로이젠은 피력한다: "인류란 단지 이러한 모든 도덕적인 힘과 형성의 합계요 요약에 불과하며 각 개인은 이러한 도덕적 힘의 연속성과 공동체 속에만 있다."[231] 역사를 이해하는 자는 역사가 이해하는 다른 인간의 표현이기 때문에 역사를 이해할 수 있다. 역사를 이해하는 자는 이해의 기초로서 인간의 동류성(同類性, Gleichartigkeit)에 근거한다. "인간만이 인간을 전적으로 이해한다."[232] 이 말은 인간은 사실적이지는 않더라도 원리적으로 다른 인간을 이해할 수 있다는 것이다. 역사적 이해란 근본에 있어서 우리와 더불어 말하는 자의 이해와 동일한 것이다. 여기서 개별적인 단어는 내면적인 것의 표명(Äußerung eines Inneren)이다. 역사적 학문은 역사적 증언에서 표현되어지는 내면적인 것으로의 역추론을 통해서 세워진다.

4. 역사적 이해의 모델과 비판

드로이젠에 의하면 화자(話者)들 사이에 서로 간의 소통(die gegenseitige

231) Droysen, *Historik,* 1937, 203, Grondin, op. cit. , 108.
232) Ibid., 23.

Verständigung)은 역사적 이해의 모델이다. 역사 쓰기는 현재 주어진 유물로부터 출발해야 한다. 언어는 인간의 온전하고 가장 우선적인 표현방식이기 때문에 이해될 수 있다. 역사 탐구자와 역사적 유물 사이의 유사성은 역사로 하여금 현재의 관계를 단순히 과거로 옮겨가도록 해서는 안된다. 탐구자는 오히려 역사적인 간격을 주목해야 한다. 이해행위는 전 인간존재, 그의 영적이고 감성적인 본성(직관)을 활동화 시킨다. 그러나 역사과학과 관련해서는 직관은 결정적인 것이 못된다. 이해방식의 가설적 성격 그리고 그 위에서 건축되는 해석의 성격이 더 중요하다.

발견(Heuristik)과 해석과 더불어 비판(Kritik)도 자명하게 역사과학의 방법론에 속한다. 드로이젠에 의하면 역사는 오직 유물 속에서만 주어지고 접근될 수 있다. 발견이 과거의 증언이 되는 유물의 특수성으로 파악되고, 다양한 의지행위의 표현으로 파악된다면 비판은 재료를 음미하는 과제를 갖는다. 비판은 그 재료들이 옳은지, 전승이 그것들에게 인정하는 시간에서 유래하는지 또는 그것이 허위인지 물어야만 한다. 옳은 것의 비판은 전승 자체의 내용에 해당한다. 전승된 것이 "인간경험의 표준에 따라서" 과연 가능한지 그리고 적절한지 확정되어야만 한다.[233] 여기서는 주어진 상황에서 전승된 것이 과연 올바른가 하는 것이 중요하다. 이 질문은 바로 해석 자체의 비판을 의미한다. 전승은 이전에는 옳은 것으로 간주되었으나 나중에 비판에 의하여 그릇된 것으로 판명될 수도 있다.

비판은 보고(報告)하는 자의 관점이 가지는 특수성과 제한성을 가능한대로 넓게 파악하는 과제를 갖는다. 드로이젠은 이 연관 속에서 역사쓰기의 그릇된 객관성 이상(理想)(falsches Objektivitätideal)을 경고한다. 비판에서 역사적 표상들과 기재(記載)들(Angaben)이 단지 일정한 관점과 관계 속에서만 파악되고 보고된 것에 상응한다는 것이 밝혀진다. 드로이젠은 다음같이 피력한다. "기재들은 사실, 상태, 과거적인 것을 객관적으로 재생하기

233) Ibid., 129.

때문에 이러한 기재들이 옳은 것으로 타당한 것은 아니다."[234] 원전, 보고(報告), 역사 쓰기는 그것이 수행되는 관점과 목적을 전제한다. 드로이젠은 비판을 역사가의 인식노력의 확고한 구성부분으로 확정한다.[235] 그는 비판에 견디어 내고 비판을 통해서 정돈되는 재료만이 해석될 수 있다고 본다.

드로이젠은 역사적 해석이란 우리가 우리에게 말하는 누구를 이해하는 것처럼 단순하지 않다고 말한다. 그는 역사적 이해와 해석을 위하여 요청되는 네 가지 요소들을 제시한다.

첫째, 주제의 성격을 유지함에 있어서 우리는 먼저 역사적 기본적 자료에 주목해야 한다. 이 자료는 비판에 의하여 조직되어야 한다. 자료는 우리가 실용적 해석을 통해서 완성하는 사실적 맥락의 개요를 제시한다.

둘째, 자료가 증명으로 사용된 사실은 사건들이 그러한 시간과 그러한 처소에서 일어났다는 것이다. 그리고 이러한 사건들은 지역적, 경제적, 종교적 그리고 기술적 조건의 제약 아래 있다.[236] 역사적 자료에 현재한 이러한 영향들에 대한 추적은 그것들의 충격과 범위와 관련하여 발견되어야 하고 재건되어야 한다.

셋째, 우리의 자료는 관계되는 사람들의 의도적인 행위를 진술하도록 항상 구성되는 것이 아니다. 우리가 지도자들과 생산적 개인들을 인식할 수 있는 곳이라 하더라도 관객과 지도자 그룹은 우리의 조사에서 벗어나고자 한다. 따라서 우리는 이들의 의견과 지각, 이들의 경향, 행위, 목적 등을 이해하여야 한다.[237]

넷째, 우리의 이해는 아직도 불완전하다.[238] 물질적이고, 심리적인 요소들, 조건들 외에 더 복합적인 요소들이 고려되어야 한다. 그것은 도덕적이

234) Ibid., 130.
235) Hans Ineichen, *Philosophische Hermeneutik,* Freiburg/München: Karl Alber, 1991, 142-3.
236) Kurt Mueller-Vollmer (ed. & intro. & not.), *The Hermeneutics Reader,* 128.
237) Ibid., 128.
238) Ibid.

고 윤리적인 요소들이다. 윤리적 도덕적 요소들은 실용적 관점, 조건들의 관점, 심리학적 관점 아래 쉽사리 범주되지 않는다. 모든 개별적인 관심, 개인적 재능, 개인적 의도 너머로 모든 요소들보다 더 강력한 공통 요소들이 있다. 이것이 바로 이념의 해석(interpretation of ideas)이다.[239] 이러한 네 가지 관점을 고려함으로써 역사적 이해와 해석은 바르게 시행 될 수 있다.

5. 역사적 해석의 네 가지 방식

그리하여 드로이젠은 역사적 해석의 네 가지 방식을 구분한다. 그것은 "실용적 해석"(die pragmatische Interpretation), "조건들의 해석"(Die Interpretation der Bedingungen), "심리적 해석"(die psychologische Interpretation)과 "도덕적 힘과 이념에 따른 해석"(Die Interpretation nach den sittlichen Mächten oder Ideen)이다.[240] 과거의 유물은 그것의 해석과 해명으로부터 사실적인 역사적 사건을 경험하기 위해서 해석의 네 가지 조건이 고려되어야 한다.

첫째, "실용적 해석"이란 사태에 대한 비판적 상태, 말하자면, 비판적으로 검증된 유물을 가지고 사건의 본래적 과정에서 남겨진 해석을 주문한다.[241] 실용적 해석은 조상(彫象)의 복원(Restauration einer Statue)과 비교된다. 실용적 해석을 통해서 아직도 현존하는 파편으로부터 조각(彫刻)이 어떻게 원래적으로 보여져야 하는가에 대한 암시와 역추론이 나온다. 드로이젠은 비교에서 발생하는 실용적 해석의 수단인 가설과 근거를 통한 정당화에 관하여 말한다.

둘째, "조건들의 해석"에서는 역사적 재료에서 역사적 과정이 일어났어

239) Ibid.
240) Ineichen, ibid., 143-4.
241) Kurt Mueller-Vollmer (ed. & intro. & not.), *The Hermeneutics Reader*, 129.

야 했던 조건들, 예컨데 시간과 처소, 물질과 도덕 등이 드러난다. 공간의 조건들에는 지리학을 통하여 조명된다. 공간과 시간의 조건, 그리고 물질적이고 도덕적 조건들이 있다. 공간의 조건에는 전쟁터, 전쟁극장, 자연적 국경, 이집트에서 골짜기의 형성, 북해에서 습지의 형성들이다. 시간의 조건이란 상황이 사실의 전개로 나아가서 동일한 힘들을 다소간 결정하는 동반하는 사건으로 발전하는 시간들을 가리킨다. 물질적 조건이란 기술적 해석의 다양한 분야를 이루는 물질과 도구의 다양성을 말한다. 도덕적 조건이란 대중을 지배하는 열정, 분위기, 편견 그리고 의견 등을 말한다.[242)]

셋째, "심리적 해석"은 사건을 이끌어내는 의지의 행위를 결정하고자 시도한다. 이 방법은 행위를 의도하는 사람, 그 사람의 의지의 강도, 그의 지성이 이러한 일들이 사건에 영향을 미치는 정도에 관계한다.[243)] 심리적 해석은 유물로부터 해석하는 자의 인격과 성격을 드러낸다. 그러나 심리적 해석은 역사 쓰기의 주요과제는 아니다. 심리적 해석의 한계는 궁극적으로 개별적 행위만으로는 역사의 과정을 규정하지 못한다는 것이다. 오히려 드로이젠에 의하면 인간의 행위와 역사의 과정을 함께 규정하는 것은 거대한 도덕적 공동성(sittliche Gemeisamkeiten)이다. 따라서 드로이젠은 역사에 대한 심리적인 오해의 위험에 빠져들지 않는다.

넷째, "도덕적 이념에 따른 해석"은 인간창조와 행위의 이념적 내용을 파악하는데 공헌한다. 부모의 사랑에서 보는 것처럼 부모의 의무 이념 없는 아이 사랑은 원숭이 사랑에 불과하다. 역사적 과정 속에는 이념과 의무가 현존해 있다. 플라톤주의, 도덕적인 공동성(共同性)과 이념에 관한 언설(言說)은 적어도 부분적으로 해석의 진실을 확인시킨다. 그것은 역사를 도덕적인 공동성의 진보하는 발전으로 해석하는 한에 있어서 역사적 탐구의 표준을 제시한다. 각 개인이 참여하고 있는 초개인적인 역사형태는 "윤리적

242) Ibid., 130.
243) Ibid., 130.

힘”(sittliche Mächte)이다. 윤리적 힘은 가족, 민족, 국가, 종교 등의 윤리적 공동성에서 나타난다. “인간은 윤리적 공동성 속에서 타자를 이해하고, 타자에 의하여 이해됨으로써 비로소 자체에 있어서의 총체성이 된다.”[244] 역사적인 관찰은 어떤 실현의 단계에서 도덕적인 이념이 사건과 백성과 시대 속에서 보여지는가에 초점을 맞춘다. 여기서 역사는 도덕적인 힘의 상승으로 이해된다. 이념의 해석은 심리학적 해석에 남긴 틈을 채운다.

결과적으로 드로이젠은 해석이란 항상 명료성(explicitness)을 지향해야만 한다고 생각한다. 말하자면, 해석은 그의 발견물들에 대한 역사가의 설명 안에서 표현되어야 한다. 이런 이유에서 드로이젠은 그의 『역사학』에 아리스토텔레스의 전통에 따른 역사가가 따르는 특별한 해석지침과 제시규칙을 가진 항목(Topics)을 넣었다. 드로이젠은 역사적 해석의 네 가지 방식(mode)을 제시하였다: 그것은 분석적(analytic) 내지 논구적(investigative) 방식, 서사적 방식(narrative), 교훈적(didactic) 방식 그리고 추론적(discursive) 방식이다. 방법론적 개념으로서 적절하게 기능하기 위해서는 이해란 적절한 표현을 발견해야 한다는 것이다. 이것은 중대한 발견이다. 이러한 관점에서 딜타이의 이해 개념은 드로이젠의 이해 개념보다도 퇴각을 의미한다.[245] 드로이젠의 해석학에 나타나기 시작한 이해와 해석의 추론적인 관점은 딜타이에 와서 다시 사라지고 사실의 다른 관점에 의하여 대체된다.

6. 비판적 성찰: 공헌과 한계

첫째, 드로이젠은 역사가로서 프로시아 역사를 조명하는데 크게 공헌하였다. 하이던 하이트(Hayden White)는 오늘날 독일에서 드로이젠은 마르

244) Droysen, *Grundriss der Historik,* # 12.
245) Kurt Mueller-Vollmer (ed. & intro. & not.), *The Hermeneutics Reader,* 20.

크스와 딜타이 수준으로 알려져 있으며, 역사적 사상가로서의 이들의 중요성과 동일시된다고 평가하고 있다.[246] 드로이젠의 평판이 근거하고 있는 저서가 바로 『역사학 내지 백과전서와 역사 방법론』이다. 오늘날 전형적인 영미 사회에서 드로이젠은 주로 역사기술학(historiography)의 프로시아 학파의 주도적 학자로 알려져 있다.[247] 드로이젠의 이론적 저서는 그의 생전에 신대륙 미국에도 알려져 있었다. 그의 주저인 『역사학 개요』에 대한 영어 번역이 브라운 대학의 총장 벤자민 앤드류스(E. Benjamin Andrews)에 의하여 1897년에 보스턴에서 출판되었다.[248] 이 학파의 추종자들은 독일사를 독일의 통일을 가져온 프로시아 공관의 관점에서 독일사를 해석한다. 그리고 독일사에 대한 그의 저서 외에도 드로이젠은 고대사 분야에서 자신의 이론을 특징화 하였다. 이 분야에서 드로이젠은 알렉산더 대왕(Alexander the Great)과 후기 희랍문명에 대한 저서로서 가장 잘 알려져 있다. “헬레니즘”(Hellenism)이란 용어를 만든 자가 바로 드로이젠이다.[249] 역사가로서 그의 탁월한 정치적 참여는 랑케(Leopold van Ranke) 학파와는 근본적으로 다른 역사가의 과제에 대한 파악을 하도록 하였다.

둘째, 드로이젠은 역사학의 방법을 이해로서의 해석학으로 정립하는데 공헌하였다. 실증주의가 지배한 시대에서 드로이젠은 역사학을 자연과학적 물리적인 법칙에 종속시키지 않는 역사 고유한 이해로 발전시키고자 했다. 이것이 역사해석에 있어서의 드로이젠의 공헌이다. 당시의 지배적인

---

246) Hayden White, “Review Essay on Droysen' s Historik,” in: *History and Theory*, vol. XIX (1980), I, 73-93. 드로이젠의 역사학(Historik)에 대한 역사비판적인 편집에 대한 그의 해박한 비판적 논문(1977)에서 언급하고 있다. 특히 73.

247) G. P. Gooch, History and *Historians in the Nineteenth Century*(1959), 125-31.

248) Johann Gustav Droysen, *Outline of the Principles of History*, Trans. and intro. E. Benjamin Andrews: Ginn & Co., partial translation of *Historik: Vorlesungen über Enzyklopädie und Methodologie der Geschichte*. Ed. R. Hübner, 8th ed., Munich: R. Oldenbourg, 1977.

249) Kurt Mueller-Vollmer (ed. & intro. & not.), *The Hermeneutics Reader*. 18.

실증주의적 시대정신 속에서 그는 역사에 대한 엄격한 학문적 방법론이 가능하다고 보았다. 이것은 한편으로는 그의 시대정신에 대한 영합이었다.[250] 사실 역사에 대한 엄격한 학문이란 존재하지 않는다. 역사라는 대상은 자연과학적 대상과는 달리 전체로서 주어지지 않기 때문이다. 그러나 드로이젠은 "탐구하는 이해"를 제시함으로써 자연과학적 세계의 정확한 과학에 의존하는 실증주의적 방법에 대응하여 이해하는 학문의 해석학적 방법을 제시하고자 하였다. 자연과학의 방법으로서의 설명과 정신과학적 방법으로서의 이해의 구분은 그 후에 해석학을 정신학과의 방법으로 체계화한 딜타이의 기반이 되었다.

드로이젠은 자연과학이 성공을 거두고 있었던 19세기에 자연과학의 성공은 방법의식의 명료성에 있다고 보았다. 이러한 시기에서 드로이젠은 역사과학의 주요성을 환기시키고 역사과학의 영역에 들어오는 수학적 물리학적 방법의 침투에 저항하고 역사과학의 고유한 방법을 발전시키고자 했다. 역사학을 방법론적으로 정초하기 위해서 드로이젠은 두 가지 길을 거부했다. 하나는 실증주의 길이요 다른 하나는 시적(詩的)인 길이다. 전자는 역사를 자연과학의 수량적인 방법에 맡기는 것이며, 후자는 역사를 단지 이야기하고 즐기는 기술(技術)로서 이해하는 것이다. 역사는 자연과는 다르다. 역사는 법칙 정립적인 자연과는 달리 윤리적인 세계(sittliche Welt)를 의미하는 인간 세계(Menschenwelt)이다. 역사는 단순히 자연같이 지각하는 것이 아니라 인간 정신의 표현으로서 인간정신에 의하여 이해되기 때문에 우리는 역사형성에 접근할 수 있다.[251] "인간만이 인간을 전적으로 이해하는 것이다."[252] 1867년의 논문 "예술과 방법"(Kunst und Methode)에서 드로이젠은 역사학의 과제는 역사연구 영역에 적용되는 방법을 그것의 공

250) Grondin, op. cit., 110.
251) Droysen, *Historik,* 24.
252) Ibid., 23.

통적인 생각에 있어서 요약하고 그것의 체계와 이론을 발전시키는 것이라고 본다. 드로이젠은 역사의 과제가 역사의 법칙이 아니라 역사연구와 지식의 법칙을 확정하는 것에 있다고 본다.[253)]

셋째, 드로이젠은 역사이해의 완결성 아닌 근사치적 접근성을 제시하였다. 그는 역사에 대한 완전한 인식이라는 역사 사변이 아니라 경험과학에 입각한 역사탐구의 입장을 제시하였다. 이해란 소여된 상태나 표시로부터 직접적으로 주어지지 않은 것으로서 연구를 의미한다. 이 연구는 완결되는 일이 아니다. 전체로서의 역사 그 자체는 우리 이해에 들어오지 않기 때문이다. 우리의 역사 그 자체는 결코 우리들에게 주어지지 않는다는 그의 입장은 옳은 것이다. 역사는 역사가의 탐구와 파악에서 알 수 있는 것이지 역사 그 자체가 우리에게 들어오는 것은 아니다. 역사의 목적은 경험적으로 모사(模寫)될 수 있는 것이 아니기 때문이다. 이런 의미에서 드로이젠은 역사의 탐구에 관하여 말하고 있다. 역사가 아직도 완성되지 않았기 때문에 역사이해는 단지 탐구적인 것뿐이다. 그러므로 궁극적인 인식은 주어지지 않는다. "유한한 눈에게는 처음과 나중은 은폐되어 있다. 그러나 탐구하면서 그것은 흐르는 운동의 방향을 인식할 수 있다."[254)] "탐구하는 이해"(forschendes Verstehen) 라는 드로이젠의 개념은 그의 스승 뵈크의 "인식된 것의 인식"(Erkenntnis des Erkannten) 이념을 그대로 추종한 것이다. 그것은 우리의 이해는 끊임없이 이미 인식된 것 배후로 문자를 넘어선 의미를 길러내기 위해서 추구한다는 것을 의미한다.[255)] "유한한 인간의 눈에는 시작과 종말은 가리워져 있다. 그러나 탐구하면서 유한한 인간은 흐르는 운동의 방향을 인식할 수 있다."[256)] 탐구한다는 것은 추정하고 추측하는 인

---

253) Droysen, "Kunst und Methode" in: *Historik,* hrsg. von R. Hübner, München 1937 (Nachdr.: Darmstadt 1977), 424, Grondin, *Einführung in Philosophische Hermeneutik,* 105.
254) Droysen, *Historik,* 1937, 358.
255) Jean Grondin, ibid., 109.

간의 태도를 말한다. 그래서 가다머는 이러한 드로이젠의 "탐구하는 이해" 개념을 종교적인 신념같은 것으로 평가하고 있다.[257] 드로이젠이 그럼에도 불구하고 역사 이해의 방법론을 추구하는 것 자체가 그가 살았던 실증주의적 시대 정신에 대한 양보라고 말할 수 있다.

넷째, 드로이젠의 역사 이해는 낙관주의에 머물렀다. 드로이젠은 헤겔의 영향을 받아서 역사과정은 도덕적인 세계의 상승하는 연속성을 통해서 나타난다고 말한다. 역사의 과정은 도덕적인 세계의 상승하는 지속성을 통해서 표시되어진다고 보았다. 역사 목적을 향한 우리의 이해와 표현은 역사의 각 시기와 더불어 상승하고 깊어진다: "달려간 단계의 기준에 따라서 목적들의 목적, 목적에 대한 향수, 목적을 향한 길에 대한 인간적인 표현은 성장한다. 각 시기와 함께 표현은 확장되고, 상승하고, 깊어진다. 이것은 인류의 진보로서 타당할 수 있다."[258] 따라서 역사에 대한 우리의 이해도 확장되고 세련되어 진다. 여기서 드로이젠은 헤겔의 진보사관에 심취해 있다. 역사적 과정은 "퇴각할 수 있으나 두 배의 긴장의 힘으로 다시 비약하기 위해서 퇴각한다."[259] 드로이젠은 더구나 역사는 도덕적인 목적에 따른 진보(Fortschreiten nach sittlichen Zwecken)라고 보았다: "도덕적인 이념의 과정과 성장이 역사의 과정이요 역사의 삶이다."[260] 이러한 역사의 목적은 결단코 경험적으로 보여질 수는 없다. 유일한 증거는 역사의 각 시기에 역사의 이러한 목적인 도덕정신의 진보에 대한 이해와 표현이 확장되고 깊어진다는 사실에서 찾는다. 역사란 진보하면서 발전하는 도덕적 힘들의 이해이다. 여기서 도덕적 힘들이란 가족, 언어, 종교, 법, 그리고 학문 등이다. "인류는 단지 모든 이 도덕적인 힘, 형성의 합(合)이요 연관이다. 그리고 각

256) Droysen, *Historik,* 1937, 358.
257) Gadamer, *Wahrheit und Methode,* 1960, 204.
258) Droysen, *Historik,* 1937 (Nachdr.: Darmstadt 1977), 357.
259) Ibid,, 14, Grondin, op. cit., 107.
260) Droysen, *Historik,* 1958, 184.

개인은 단지 이 도덕적인 힘들의 지속성이요 연합 안에만 있다."[261] 드로이젠은 이해론을 보편역사와 도덕세계 탐구의 방법으로 제시하면서 보편사 해석의 길을 열었다. 이러한 드로이젠의 착상은 역사를 보편사로 파악하는 것을 가능케 했으며, 오늘날 헤겔의 역사 개념을 계승한 판넨베르그의 보편사 개념의 선구자로 그의 역할이 부각된다.[262]

다섯째, 드로이젠은 헤겔의 역사 사변에 반대하면서 역사적 사건에 대한 관찰자의 해석과 이해를 강조하였으나 여전히 역사적 관념론에서 벗어나지 못하고 있다. 드로이젠은 다음같이 피력한다: "일어난 것, 행해진 것, 소위 과거 현실에 있어서 사실이 놓여 있지 않다. 우리는 그것을 경험적으로 학문적으로 파악할 수 없다. 단지 우리는 그것들로부터 지나가지 않은 것 그리고 현재적인 것, 즉 유물, 전승 그리고 기념비만을 파악한다."[263] 드로이젠은 랑케 등 역사적 객관주의자들이 말하는 바 사실 그대로의 현실은 접근할 수 없다고 말함으로써 과거의 역사 구성이 단지 우리 인간의 재구성에 의존하는 것으로 보고 있다. 그리함으로써 우리 인간의 인식 밖에 독립적으로 존재하는 사실 그대로의 과정을 인정하지 않으려는 경향을 지니고 있다. 이것은 역사적 해석학적 관념론이며, 역사적 인식 자체가 인간 이성의 산물에 불과한 것으로 본다. 그리하여 역사적 사실 그대로의 현실 자체의 과정이 인정되고 있지 않다. 드로이젠에 의하면 우리가 역사 이해에서 얻는 것은 "사건 자체의 상(像)이 아니라 그것에 대한 우리의 파악과 정신적 파악의 상이다."[264] 그러나 해석학적 실재론의 입장에 의하면 우리는 있는 그대로 사실이 있다는 사실을 인정할 수는 있다. 단지 우리가 그것에 접근하지는 못하는 것이다. 그러나 우리는 여러 가지 자료와 해석의 비판

261) Ibid., 203.
262) 김영한, "11장 판넨베르그의 보편사 해석학적 사고", 『하이데거에서 리꾀르까지』, 박영사: 2003, 402-426.
263) Droysen, *Historik*, 1958, 98.
264) Droysen, *Historik*, 1937, (Nachdr.: Darmstadt, 1977), 316.

절차를 통하여 역사 이해의 편견과 오류를 거쳐서 자기 비판을 통하여 사실 그 자체에 근사치적으로 접근해 나갈 수는 있다. 우리는 랑케의 역사적 객관주의와 드로이젠의 역사적 관념론의 대립을 벤후저(Kevin Vanhoozer)가 제시하는 해석학적 실재론(hermeneutic realism)의 입장[265]에서 극복할 수 있다.

여섯째, 드로이젠은 헤겔의 진보사관에 영향받으면서 역사의 이면에 있는 인간의 탐욕과 권력욕에 따른 역사의 퇴각과 집단적인 불의의 차원을 보지 못했다. 그는 역사를 헤겔의 이성주의적인 관점에 따라서 지나치게 낙관적으로 보면서 보편사를 발전시켰다. 그리하여 드로이젠은 역사를 도덕적인 공통성의 진보하는 발전이라고 긍정적인 측면만을 봄으로써, 역사의 부정적인 측면을 보지 못했다. 역사적인 집단적인 퇴락성과 죄성이란 바로 20세기에 제1차 세계대전과 제2차 세계대전으로 객관적으로 나타났다. 1914년에 일어나 5년간 지속된 제1차 세계대전은 유럽의 문화기독교주의의 낙관론을 몰락시켰고, 그리고 1939년에 일어나 6년간 지속된 제2차 세계대전은 세계문명을 폐허로 만들어 버렸다. 그리고 독일 나치시대에 나치정권에 의하여 자행된 육백만 유대인의 가스실 학살은 인간의 역사가 지닌 악마성과 죄성을 드러내 보이고 있다. 드로이젠은 이러한 역사의 어두운 측면을 보지 못하고 이성을 표면적으로 이해함으로써 역사의 마성(魔性)을 제대로 간파하지 못한 것이다.

---

265) Kevin Vanhoozer, *Is there a meaning in this Text?* IVP, Zondervan, 1998, 김재영 역, 『이 텍스트에 의미가 있는가?』, IVP, 2003, 23-53.

맺음말

구스타브 드로이젠은 내면적인 정신을 이해함에 있어서 외면적으로 표출된 것으로부터 역추리하고자 하였다. 이러한 드로이젠의 이해론은 그 정신적인 바탕을 프리드리히 쉴라이에르마허와 아우구스트 뵈크의 해석학에서 얻어오고 있다. 드로이젠은 딜타이에 앞서 자연과학의 설명과 정신과학의 이해를 구별하여 역사과학의 방법적인 독특성을 정립하였다. 그의 방법적인 구분은 그를 계승한 딜타이에 이르러 꽃피게 된다. 딜타이가 1883년의 『정신과학 입문』에서 제시한 "우리는 자연을 설명하고 심적 생활을 이해한다"라는 유명한 해석학적 명제는 드로이젠에게서 영향을 받은 것이다. 드로이젠은 이해(Verstehen)를 윤리적 세계의 탐구(Erforschung der sittlichen Welt)로서 파악했으며, 자연적 세계의 탐구로서의 설명과 구별하였고, 이러한 정신세계를 구축하는 보편역사학(Universalhistorik)을 정초하는데 기여하였다. 그럼에도 불구하고 그의 보편사 이해는 헤겔의 낙관주의적 이성사관에 영향 받으면서 역사의 어두운 측면을 간과하는 한계를 지니고 있다. 이것이 드로이젠이 살았던 시대를 지배한 역사주의의 방법론적 자기오해를 극복할 수 없었던 한계다.

참고문헌

Mueller-Vollmer, Kurt(ed. & intro. & not.), *The Hermeneutics Reader. Texts of the German Tradition from the Enlightenment to the Present,* Continuum, New York, 1990.

Droysen, Johann Gustav, *Historik. Vorlesungen über Enzyklopädie und Methodologie der Geschichte,* hrsg. von R. Hübner, München 7. Aufl., 1937 (Nachdr.: Darmstadt 1977.

________, *Outline of the Principles of History,* Trans. and intro. E. Benjamin Andrews: Ginn & Co.,Partial translation of *Historik: Vorlesungen über Enzyklopädie und Methodologie der Geschichte.* Ed. R. Hübner, 8th ed., Munich: R. Oldenbourg, 1977.

________, Einleitung zum Kawiwerk - Wilhelm von Humboldt, *Über die Verschiedenheit des menschlichen Sprachbaus und ihren Einfluss auf die Entwicklung des Menschengeschlechts. Gesammelte Schriften,* vol. VII, 1-349, Eng. trans.: Linguistic Variability and Intellectual Development. Introduction to the Kawi Work. 1971.

Gadamer, Hans Georg, *Wahrheit und Methode,* Tübingen, 1960.

Gooch, G. P., *History and Historians in the Nineteenth Century*(1959), 125-31.

Grondin, J., *Einfühurng in die philosophische Hermeneutik,* Darmstadt: Wiss. Buchges., 1991.

Ineichen, Hans, *Philosophische Hermeneutik,* Freiburg/München: Karl Alber, 1991.

White, Hayden, Review Essay on Droysen' s Historik in: History and Theory, vol. XIX (1980), I, 73-93.

Vanhoozer, Kevin, *In there a meaning in this Text?* IVP, Zondervan, 1998, 김재영 역, 『이 텍스트에 의미가 있는가?』, IVP, 2003.

김영한, "딜타이의 삶 해석학", 『철학논총』, 제41집, 제3권 새한철학회, 2005, 3-26.

______, "아우구스트 뵈크의 해석학: '인식된 것의 인식' 으로서의 이해", 『철학논총』 제 54집 제 4권 별쇄, 새한철학회, 2008, 167-185.

______, "쉴라이에르마허의 보편해석학 기획", 『칸트철학과 현대해석학』, 한국칸트학

회편, 철학과 현실사, 2003년 12월, 219-252.
______, "11장 판넨베르그의 보편사 해석학적 사고", 『하이데거에서 리꾀르까지』, 박영사: 2003, 402-426.

5장
딜타이의 삶 해석학

머리말

딜타이(Wilhelm Dilthey, 1833-1911)는 역사주의의 방법론적 도전으로부터 출발한다. 그는 전 생애의 작업을 역사이성 비판의 동기 아래 수행하였다. 역사이성 비판의 과제란 정신과학의 학문적 우위를 인식론적으로 합법화 시키는 것으로서 그의 전 생애의 과제이었다.[266] 딜타이는 자신을 역사학파의 방법론자로 이해했다. 정신과학의 학문적 고유권리를 확보하고 그것을 자연과학적 방법의 도전으로부터 보호하기 위하여 딜타이는 정신과학의 보편적인 기초를 철학적으로 정당화하고자 했다. 이런 면에서 딜타이는 드로이젠(Johann Gustav Droysen)의 역사주의 사고를 이어받았다. 딜타이는 역사적 세계의 연관에 대한 지식의 가능성을 설명하는 정신과학을 방법론적으로 정초하고, 그것의 실현을 위한 철학적 도구로서 해석학을 사용하고자 했다. 그의 해석학은 "삶의 해석학"(die Hermeneutik des Lebens)이다.

---

266) W.Dilthey, *Der junge Dilthey: Ein Lebensbild in Briefen und Tagbüchern, 1852-1870,* Misch (hrg.), Leipzig 1960.

본 장에서는 딜타이의 삶의 해석학의 사상을 그의 철학의 중요한 과제인 정신과학의 방법론의 이념과의 연관 속에서 설명하고자 한다. 그리고 이해의 심리주의를 극복하는 정신과학의 방법론으로서 역사이성의 비판은 삶의 해석학에서 제대로 실현되지 못함을 밝히고자 한다. 해석학을 보편타당한 학으로 정초하고자 하는 그의 이념은 그의 철학적 체계 내에서 좌초했음을 밝히는 것이다.

1. 해석학과 정신과학의 정초

딜타이의 해석학은 철학적 해석학의 발전에 있어서 특별한 위치를 갖는다. 그는 청년시절에 해석학의 역사에 대하여 집중적인 연구를 한다. 딜타이는 비록 완성하지는 못했지만 쉴라이에르마허의 해석학(1860년)에 관한 연구논문을 썼다. 이때 딜타이는 이해를 "외부에서 감각적으로 주어지는 표시(Zeichen)로부터 내면적인 것을 인식하는 과정으로 이해한다."[267] 쉴라이에르마허가 제시한 이해의 기술론에 따라서 딜타이는 해석을 지속적으로 고정된 삶의 외화(外化)에 대한 기술적인 이해(ein kunstm ässiges Verstehen)로 보았다. 그리하여 해석학은 딜타이에 있어서 "문헌적으로 고정된 삶의 외화에 대한 이해의 기술론"(Kunstlehre des Verstehens schriftlich fixierter Lebensäusserungen)이 된다. 딜타이는 역사적 상대주의의 새로운 도전에 직면하여 해석학으로부터 보편적인 규칙의 질문에 대한 해결을 기대했다. 그리해야만 이해를 주관적인 임의성으로부터 지킬 수 있었다. 이해는 모든 정신과학에 기초를 놓는 방법으로 타당하며 이 정신과학의 방법론은 이해의 인식론적인 분석을 가져와야만 했다.

---

267) W. Dilthey, Gesammelte Schriften(이하 GS), *Die Entstehung der Hermeneutik* (1900), GS V, 1968, 318.

그는 체험(Erleben)과 이해(Verstehen)를 특히 전승된 내용에 대한 추후 체험(Nacherleben)으로서 정신과학과 사회과학의 특징으로 보았다. 일정한 의미를 갖추고 있는 인간 창작의 체험과 이해는 인간 인식의 근본범주가 된다. 체험과 이해는 정신과학을 나타낸다. 이러한 의미에서 해석학은 모든 정신과학의 기초가 된다. 그리하여 쉴라이에르마허에서 예기되고 드로이젠(Droysen)을 거쳐 온 해석학적 사고는 딜타이에 이르러 완전히 동트게 된다. 이러한 해석학적 사고란 이해와 해석(Auslegung)은 모든 정신과학의 특징적인 인식방식이라는 것이다.

딜타이는 일찍이 『정신과학의 입문』(Einleitung in die Geisteswissenschaften)에서 "역사 이성의 비판"(Kritik der historischen Vernunft)을 수행하고자 하였다.[268] 딜타이에 있어서 역사이성의 비판은 정신과학을 위한 논리적이고 방법론적이고, 인식론적인 정초를 하는 것이었다. 그것은 학문성을 요구할 수 있는 아르키메스적 고정점을 확보하는 것이었다. 그는 정신과학도 자연과학처럼 정초가 필요하다고 확신했다. 여기서 정신과학이란 철학, 역사학, 문학, 문헌학, 국가학 등을 말한다. 칸트가 자연과학의 정초를 위하여 "순수이성비판"(Kritik der reinen Vernunft)을 수행한 것과 같이 정신과학의 정초를 위하여 역사이성의 비판을 수행하고자 하였다. 딜타이는 칸트의 순수이성비판은 다만 자연과학의 근거설정에 지나지 않는다고 본다. 그러므로 자연과학적으로 설명될 수 없는 삶의 이해를 위해서는 역사이성비판이 필요하다. 딜타이는 피력한다: "칸트의 비판은 인간 인식의 심층부에까지 충분히 파고 들어가지 않았다. 초월과 내재의 대립은 가능한 인식의 한계선을 특징지어주지 못한다. 사실 그 자체는 결코 논리적으로 밝혀지지 않았으며 단지 이해될 뿐이다."[269]

---

268) W. Dilthey, *Einleitung in die Geisteswissenschaften, GS I*, 1962.
269) Dilthey, *"Der Fortgang über Kant", in: Einleitung in die Geisteswissenschaften, GS I*, 178f.

딜타이는 역사 속에서의 삶을 이해할 수 있기 위해서는 칸트적인 자기의식을 넘어선 헤겔적인 자기의식, 다시 말하면, 역사적으로 자기를 구성하는 삶을 전제해야 한다고 본다. 이러한 역사적 삶 속에서 자기이해와 타자이해는 분리될 수 없는 것으로 파악된다. 그리고 타자 삶의 이해는 외적으로 주어진 다른 삶의 표현들을 자신의 고유한 삶으로 전이(轉移)함으로써 가능하다.

딜타이는 드로이젠의 착상을 이어 받으면서 헤겔의 사변적 착상과 결별하고, 밀(J. St. Mill)의 경험과학을 수용하였다. 딜타이가 내세운 "정신과학"(Geisteswissenschaften)이란 개념은 밀이 제기한 "도덕과 정치학"(Moral and political science)을 번역한 것이었다. 밀은 모든 정신과학과 사회과학이 연역학문과 귀납학문의 체계 속으로 들어올 수 있는 것을 보여주었다. 그러나 밀과 딜타이의 논쟁은 항상 정신과학의 특수성의 전제 아래 서 있다. 딜타이는 정신과학의 특성에 대하여 다음과 같이 말한다. "그것(필자 주: 정신과학)에 있어서 행위 상태는 우리들에게 이해될 수 있다. 우리 자신의 상태에 대한 내적 지각의 근거 위에서 우리는 그것을 표상에 있어서 어떤 점에까지 추후형성(nachbilden)할 수 있다. 자연은 우리에게 말하지 않는다. 그러나 사회의 교호작용(Wechselwirkungen) 놀이에 있어서 모든 우리의 자극들(Affekte)은 현재적이고 생생하다. 우리는 우리 자신에 있어서 내면에서부터 생생한 불안 속에서 상태를 지각하기 때문이다."[270)]

2. 정신과학의 아르키메스점 – 내적 체험

딜타이는 정신과학의 확고한 토대를 내적 체험 또는 의식의 사실에서 찾고자 했다. 체험은 의식의 선천적 구조에서 정합성과 타당성을 얻는다.[271)]

270) Dilthey, *Die Entstehung der Hermeneutik* (1900), GS V, 1968, 61.
271) GS I, xvii.

그래서 칸트가 순수자연과학의 기초가 순수오성의 원리로부터 파생한다고 본 것처럼 딜타이는 정신과학의 타당성과 객관성의 조건이 내적 경험에서 발견된다고 보았다. 1880년 그리고 이에 따르는 몇 년간 딜타이는 정신과학의 타당성의 조건에 대한 연구에 들어가 모든 실재는 의식의 조건에 의하여 지배된다는 결론에 도달한다: "그것들의 관계들이 정초되는 심적 구조와의 관계 없이는 정신과학이란 뭉치이요 일들의 집합일뿐 하나의 체계가 아니다."[272] 이 사실에서 딜타이는 정신과학의 심리주의적 정초에 대한 반성만이 그들의 지식의 객관성을 정초할 수 있게 된다는 결론을 내린다.

1875년에 "인간, 사회, 국가, 과학의 역사 연구에 관하여"라는 논문에서 출발하면서 "정신과학 입문"에 관한 첫 저서를 거쳐 1895년 "기술하는 심리학과 해부하는 심리학에 관한 이념"에 관한 논문에 이르기까지 딜타이는 정신과학의 심리주의적 정초를 놓는 과제를 위하여 접근을 시도하였다. 여기서 딜타이는 설명보다는 이해의 방식으로 접근하는 새로운 심리학을 제안한다.

1895년의 논구는 특별한 의미를 갖는다. 그 이유는 처음이요 끝으로 딜타이는 쓰여지지 아니한 역사적 이성비판에 관한 저서인 그의 입문의 제2권으로부터 자료들을 출판하였다.[273] 입문의 첫째 권에서 정신과학의 역사적 고고학이 추적된 후에 제2권은 그가 항상 말했던 정신과학에 대한 인식론적이고 논리적이고 방법론적인 정초를 시도하고자 하였다. 그러나 이 논구는 정신과학의 정초를 위한 탁월한 기여를 하였음에도 불구하고[274] 정신

---

272) GS V, 148.

273) Diltheys Brief vom 9. März 1895 an Paul Natorp in: H.-U. Lessing, "Briefe an Dilthey anlässlich der Veröffentlichung seiner "Ideen über eine beschreibende und zergliedernde Psychologie," *Dilthey-Jahrbuch* 3(1985), 200.

274) 이 논구는 1982년 딜타이전집 19권으로 출판되었다. 이에 대한 훌륭한 재구성은 레싱의 단행본이 제시하고 있다. H.U. Lessings, *Die Idee einer Kritik der historischen Vernunft: Wilhelm Diltheys erkenntnistheoretisch-logisch-methodologische Grundlegung der Geisteswissenschaften.* Freiburg 1984.

과학을 위한 인식론, 논리학과 방법론이 만족할 만한 명료성으로 지시되고 있지 못하다.[275] 딜타이는 이 논문에서 높은 희망을 가지고 1895년의 '역사적 이성 비판 이념' 의 예비초고를 제시한다. 그러나 그의 초고는 강력한 비판에 직면하며 더욱이 에빙하우스(H. Ebbinghaus)로부터 통절한 비판을 받는다.[276] 그리하여 딜타이는 이 원고를 출판하지 못하고 쉴라이에르마허의 해석학 원고 그리고 다른 역사적 연구의 원고와 더불어 죽을 때까지 이에 대한 작업을 지속하기에 이른다.[277]

3. 이해하는 기술 심리학: 설명과 이해의 구분

1895년에 발표한 "기술하는 심리학과 해부하는 심리학의 이념에 관하여"(Ideen über beschreibende und zergliedernde Psychologie)라는 연구에 있어서 딜타이는 기술심리학을 발전시키면서 설명(Erklären)과 이해(Verstehen)의 용어를 구분하고 있다. 딜타이가 생생한 불안 속의 내적 상태의 지각을 말할 때 그는 "기술심리학"(beschreibende Psychologie)을 수용하고 있다. 딜타이는 정신과학적 이해의 독특성을 드러내기 위한 심리주의적 정초로서 "설명하는 심리학"(erklärnde Psychologie)이 아니라 "이해하는 새로운 방식의 심리학"(verstehende Psychologie neuerer Art)을 사용한다.

딜타이에 의하면 정신과학의 정초에 결정적인 역할을 부여하는 것은 기술 심리학이다. 정신과학의 근본통일체는 심리-물리존재인 개별인간이다. 심리학의 근본과제 중의 하나는 이러한 개별인간을 기술하고 분석하는 데

275) Grondin, *Einführung in die philosophische Hermeneutik*, 1993, Darmstadt, English translation, Yale University, 1994, 160.

276) H. Ebbinghaus, "Über erklärende und beschreibende Psychologie" (1896), in: *Materialien zur Philosophie Wilhelm Diltheys*, hrsg. von F. Rodi und H.-U. Lessings, 45-87.

277) J. Grondin, English translation, 85.

있다. 기술과 분석은 우리의 경험과 심리과정, 즉 체험(Erleben)에 관계한다. 모든 외적 사실인 물건이나 인격 등 전 현실은 의식의 조건 아래 서 있다. 딜타이에 의하면 체험은 구조연관(Strukturzusammenhang)을 형성한다. 구조연관은 체험되기 때문에 감각이나 영혼원자들처럼 어떤 가설적인 구성요소들로부터 구성될 필요가 없다. 경험은 우리 의식의 구조화하는 선천성(Apriori) 속에서 그 연관과 타당성을 갖는다.[278]

설명 심리학은 자연과학적 인식방식에 의존해서 심리적 요소들의 작은 수에 근거해서 심리적 사건들을 해명하고 가설형성을 통해서 인과적 인식을 기획한다. 설명 심리학은 심리현상(psychische Phaenomene)을 순수인과적으로 설명하고자 하는 시도로서 심적 삶을 명료하게 정의된 몇 가지 요소로 소급하여 설명하고자 한다. 그것은 마치 칸트가 순수오성의 원리로부터 순수자연과학의 기초를 연역해내고자 한 것과 같다. 딜타이에 의하면 가설적인 연관에서 그러한 요소들과 그것들을 결합하는 가정은 자연과학적인 인식방식인 설명의 방법을 나타낸다.

그러나 딜타이는 설명 심리학이 심리적 현상이 체험된다는 사실과 그리고 그것이 연관 속에 주어진다는 사실을 간과하고 있다고 비판한다. 화학과 마찬가지로 설명 심리학은 단순한 구성요소들의 상호작용들에 대한 가설을 통해서 심적 현상을 파악하고자 한다. 자연과학은 경험과 그 속에 포함된 규칙들 중에서 측정할 수 있고 계산할 수 있는 것을 통해서 모든 법칙적 인식을 한다. 자연과학에서 인식의 주체는 외부로부터 자극해오는 감각을 법칙적인 현상으로 규정하는 순수의식이다. 딜타이는 이처럼 자연과학에 고유한 구성적 가설은 설명 심리학의 영역에서는 결단코 구속력 있게 증명될 수 없다고 본다.

딜타이는 설명 심리학의 구성주의(Konstruktivismus)에 대항하여 이해 심리학의 이념을 도입한다. 딜타이는 내면화(Innewerden)와 체험(Erleben)

278) GS, I, S. XVII.

에 관하여 말한다. 이해 심리학은 체험에 주어진 삶의 연관의 전체에서 출발한다. 설명 심리학이 심적 현상을 심리적이고 생리적인 원요소들로 소급하는 반면에, 이해 심리학은 심적 삶(mental life, psychische Leben)을 그것의 근원적 구조연관에서 기술하거나 이해하고자 한다. 구조연관은 개체로부터 나온 정신적 삶 속에서의 생동적인 것이며 친숙한 것이다. 개체는 전체로부터 파악되어야 하기 때문이다. 딜타이는 타자의 삶을 이해하려면 언제나 자신의 고유한 삶을 먼저 이해해야 한다. 타자의 삶은 자신의 삶의 이해로부터 이해되어야 한다. 여기서 딜타이는 다음같이 말한다: "자연은 설명되는 것이나 심적 삶은 이해되는 것이다"(Die Natur erklären wir, das Seelenleben verstehen wir).[279]

딜타이는 이러한 고유한 체험연관(Erlebniszusammenhang)이 정신과학에 있어서 다른 사람들과 그들의 작품들에 대한 이해의 기초를 형성한다고 주장한다.[280] 이해는 먼저 우리 체험을 다른 사람에게로 "전이"(轉移, Transposition)하는 것으로서 수행된다. 딜타이는 다음같이 피력한다. "우리는 지성적 과정에 의하여 설명한다. 그러나 어떠한 것을 파악하려고 일체의 심정의 힘을 협력시켜 심정의 힘을 대상 속으로 몰입시킴으로써 우리는 이해한다."[281] 이해는 이런 방식으로 "추후체험"(Nacherleben)으로서 규정된다. 이해는 "정신적 삶이 감성적으로 주어진 삶의 외화로부터 인식에 이르는 과정"이다.[282] 이해의 주체는 체험 가운데서 그리고 내적으로 이해하는 삶에 대한 체험을 표현함으로써 비로소 파악될 수 있다. 딜타이는 내적 경험 속에서 정신과학의 객관적인 타당성의 기초를 발견하고자 한다.

딜타이는 이러한 심리주의적 기초반성이 정신과학적 인식의 객관성을 정초할 수 있다고 보았다. 기술 심리학이 가능한가라는 질문에 대하여 딜

279) GS, V, 144.
280) W. Dilthey, GS V, 263.
281) Dilthey, GS I, 328.
282) Dilthey, Die Entstehung der Hermeneutik (1900), GS V, 1968, 334 These 5.

타이는 가능하다고 대답한다. 그 이유는 심리적 현상이 외부적 현상보다 우위에 있기 때문이다. 심적 현상은 외부적 감각의 매개 없이 내적 체험을 통해서 직접적으로 파악될 수 있기 때문이다. 내적 체험의 직접적인 지각을 통해서 "확고한 구조가 직접적으로 객관적으로 주어진다." 확고한 구조와 함께 심리학에서 기술은 "의심할 수 없는 일반적으로 타당한 기초"를 가진다.[283] 이러한 내적 체험은 확고한 기초에 근거하기 때문에 심리학은 방법론적인 의미성을 얻는다. 딜타이는 수학이 자연과학의 기초인 것처럼 내적 체험에 근거하는 심리학은 정신과학의 기초가 된다고 말한다.[284]

4. 체험, 표현과 이해 : 정신과학을 위한 기본적인 기능

딜타이는 역사적 관찰방식의 중요성이 역사 이성의 비판을 수행하는 데 있다고 보았다. 인간은 자기의 과거만을 탐구하는 것이 아니다. 오히려 과거를 통하여 규정된다. 그리고 그가 현존하는 것도 현재적인 조건에 의하여 같이 규정된다. 인간 자신은 역사적인 과정을 통하여 규정된 존재이다. 역사의 취급은 개인을 넘어서는 연관들이 있다는 사실을 보여준다. 이 경우에 있어서도 하나의 체험에 관하여 말하는 것은 충분하지 않다. 이 연관들은 개별인간들의 체험을 넘어서기 때문이다. 역사적 삶의 체험이란 한 개인에 고립된 것이 아니라 역사적 삶 속에서 살고 있는 동시대인(同時代人)들과의 교호작용 속에서 형성된 것이기 때문이다.

그래서 딜타이는 체험을 특히 그의 후기작품에 있어서 인간창작물의 이해(das Verstehen von menschlichen Schöpfungen)를 통해서 보완한다. 어떤 것이 인간의 창작물로서 이해될 수 있다는 것은 그러한 창작품이 그

283) GS, V, 173.
284) GS, V, 193.

것을 창작한 자의 표현(Ausdruck ihres Schöpfers)이라는 것이다. 이러한 창작품은 그것 속에서 현실에 대한 그의 견해와 느낌과 갈등과 의도를 표현하고자 하는 창작자에 의하여 만들어진 것이다. 인간의 작품들은 인간 내면의 표현(Ausdruck des menschlichen Inneren)이기 때문에 이해될 수 있다.

역사인식을 가능케 하는 것은 드로이젠(Johann Gustav Droysen)이 선구적으로 주장한 바 같이 "주관과 객관의 동일성"(die Gleichheit von Subjekt und Objekt)이다. "나 자신이 역사적인 존재라는 것, 역사를 연구하는 자와 역사를 만드는 자가 동일한 자라는 것, 바로 이 점에 역사과학의 가능성을 위한 첫째 조건이 있다."[285] 딜타이는 체험을 이해와 표현을 통하여 보완함으로써 저자와 창작자의 심적 삶으로 심리주의적으로 정위된 체험과 이해 이론이 지닌 약점을 극복하고자 한다.

철학적 텍스트의 이해와 해석의 경우에 있어서 저자의 심리적 삶을 탐구하는 것은 중요하지 않다. 예컨데, 칸트의 저서 『순수이성 비판』을 읽는다는 것은 칸트의 심리적 삶을 파악하고자 하는 것이 아니라, 칸트가 제시한 논리의 구조를 이해하고 음미하고자 하는 것이다. 칸트가 비록 "순수이성 비판"을 생각하고 제시했으나 그의 심리적 과정이 아니라 그가 제시한 사고의 내용이 중요한 것이다.

체험으로부터 정신과학에 이르는 길은 초기 딜타이의 이해 개념보다 더 명료하게 보여진다. 딜타이에 의하면 정신과학은 대상을 통해서가 아니라, 대상에 대한 다른 방식의 태도에 의하여 자연과학으로부터 구분된다. 정신과학에서는 사건의 물리적 측면이 이해수단의 단순한 역할로 변모되는 경향이 있다. 정신과학적 이해의 의도는 외적 표현으로부터 내면으로 거슬러 가는 것이다. 딜타이는 이것을 "자기 반성"(die Selbstbesinnung)이라고 부

285) Dilthey, *Der Aufbau der geschichtlichen Welt in den Geisteswissenschaften*, GS VII, 278.

른다.[286] 정신과학적 이해는 자기반성에의 정위이며, 외부에서 내면으로 가는 과정이다. "이 경향은 그것이 유래하는 내면적인 것의 파악을 위한 모든 삶의 외화 (Lebensaeusserung)를 평가한다."[287]

정신과학적 이해는 표현 속에서 인식하고자 하는 자기반성이다. 모든 표현이란 이해가 추후적으로 체험하고자 하는 내면적 체험에서 나온다. 그러므로 이해는 심리학적인 것이 아니라 정신적인 형상(ein geistiges Gebilde)으로 되돌아가는 것이다.[288] 체험(Erlebnis)과 표현(Ausdruck)과 이해(Verstehen)라는 세 가지 개념은 정신과학을 위한 기본적인 기능을 수행한다. 문학이나 시학 같은 학문은 단어들의 의미연관이 갖는 표현 내용과의 관계만을 다룬다.[289] 표현 배후에 놓여 있는 내적 단어의 탐구는 이해하려는 정신과학의 중심과제가 된다.

5. 해석학 – 문헌적으로 고정된 삶의 기술학

딜타이의 삶의 철학에 있어서 "체험"(Erlebnis), "표현"(Ausdruck), "이해"(Verstehen) 사이의 관계는 인간 파악의 가능성을 위하여 그리고 철학일반의 전개를 위하여 중요한 의미를 갖는다. 심리적 개체성의 파악이란 표현의 이해에 묶여 있으며, 개체를 통해서 인간 자체의 본질의 이해에 접근할 수 있기 때문에, 이러한 체험, 표현과 이해를 통한 접근은 철학일반의 정초로 나아간다. 보다 엄격한 지식을 보장하기 위해서 딜타이에 의하면 표현은 학문적 파악에 적합한 처소에서 이해를 수행하고자 한다.

---

286) M. Riedel, "Das erkenntnistheorietische Motiv in Diltheys Theorie der Geisteswissenschaften," in: *Hermeneutik und Dialektik.* Hans Georg Gadamer zum 70 Geburstag, Bd. I, T?bingen 1970, 233-255.
287) GS, VII, 82.
288) GS, VII, 85.
289) GS, VII, 85.

딜타이는 일상적인 삶의 표현양식과 학문적인 삶의 표현양식을 구분한다. 일상적인 삶의 양식(Mienen, Gebärden)은 빨리 지나가고 변화하기 때문에 추후적인 이해가 그것 속에서 고정된 것을 파악할 수 없다. 이해는 여기서 순간의 직관에 지시된다. 그러므로 처음의 해석이 나중에 다시 한번 그것의 대상과 비교할 수 있는 가능성이 없다. 그러나 언어적인 표현형식은 보다 유리하다. 말해진 단어(das gesprochene Wort)는 지나가더라도 그것의 의미는 기억 속에 불변하게 보유하도록 한다. 그러나 이러한 언어표현 형식도 인간의 기억을 통해서 좁은 한계에 주어진다. 왜냐하면 이러한 언어적 표현형식은 더 큰 연관을 재생산하거나 이해하는 해석을 위한 자료로서 지시될 수 없다.

딜타이는 그래서 "고정된 삶의 외화(外化)"(die fixierten Lebensäusserungen)의 우위성을 말한다. 딜타이는 예컨대, 보이는 작품이나 행위는 더 넓은 연관에서 해석을 가능케 한다고 제안한다. 이것들은 지속성을 가지고, 주관적인 파악의 조건으로부터 독립적이기 때문이다. 그리고 이것들은 항상 되돌아가는 작업과 옛 체험들의 수정을 가능하도록 하기 때문이다. 여기서 삶의 파악을 위한 학문적 길이 제시된다: "삶의 외화가 고정되고 우리가 항상 그것으로 돌아갈 수 있다면, 규제될만한 객관성의 정도가 도달될 수 있는 기술적인 과정에 대해 지고의 노력을 들려서 주목할 수 있다."[290]

딜타이는 이러한 삶의 외화(外化)에 대한 주목이란 이해를 한 단계 높이는 것이라고 본다. 일상적인 이해란 외부에서 주어진 기호(Zeichen)로부터 그것의 내면을 아는 것이다. 그러나 이제 이해는 고정화의 계기(das Moment der Fixierung)를 통한 새로운 단계인 해석(Auslegung)이 나오게 된다: "이것(이해)은 이해되어야만 하는 것의 내용을 길러내는 것을 고려해서 그리고 주석이나 해석에 있어서 그 내용에 대한 지식의 일반성을 고려해

290) GS, V, 319.

서 지고한 완전성에 도달한다: 이러한 표현과 함께 우리는 지속적으로 고정된 삶의 외화에 대한 기술적인 이해를 나타낸다."[291]

지속적으로 고정된 외화(外化) 가운데서 딜타이는 언어(Sprache)에 특별한 위치를 부여한다. 언어는 그것의 형식에 있어서 "인간적인 내면적인 것이 가장 완전하고, 길러내지며, 객관적으로 이해하는 표현"을 가지기 때문이다.[292] 언어적인 작품들은 여기서 다른 예술 작품보다도 우위를 가진다. 그래서 다른 처소에서는 주석 내지 해석의 개념이 본래부터 "문서적으로 고정된 삶의 외화"에 제한되었다. 여기서 딜타이의 해석 개념은 쉴라이에르마허가 말하는 해석, 즉 개인적인 천재성(persönliche Genialität)에 근거하는 직관적인 해석이 아니라 확고한 규칙과 정해진 방법에 고정된 체계적인 해석이다.[293] 여기서 딜타이의 해석학이란 "문서적으로 고정된 삶의 외화(外化)에 대한 이해의 기술학"이다. 그러므로 해석학이란 딜타이에 있어서 해석과 이해의 학문적이고 방법적인 형식이다. 1900년대 저술한 『해석학의 발생』(die Entstehung der Hermeneutik)에서 딜타이는 문헌적 해석기술의 역사를 근거로 하여 동시에 문헌적 해석절차의 본질을 논구하고자 시도하였다.

해석과 해석학의 개념은 딜타이 사고에 있어서 정신과학의 방법질문에서 성장하였다. 그러나 이해 개념과 그것의 구체화인 표현의 이해 개념은 철학적 절차로 확대되면 될수록, 더욱 더 표현에 대한 방법적인 엄격한 해석은 철학 일반의 길이 된다. 해석에 있어서 근원적으로는 예술작품에 대한 언어적인 해석이 중요하다. 그래서 해석의 개념은 "정신의 모든 창작의 해석"(Deutung aller Schöpfungen des Geistes)으로 확대된다.[294] 그리하여 해

---

291) GS, VII, 309.
292) GS, V 319.
293) Otto Friedlich Bollow, *Dilthey*. Eine *Einführung in seine Philosophie,* Zweite Auflage, Stuttgart: Kohlhammer Verlag, 1955, 211.
294) Dilthey, GS, VII, 319.

석은 이제 개인성, 말하자면, 문서 작품의 특수성에 대한 해석이 아니라, 인간적 삶의 본성에 대한 해석으로 나아간다. 그리하여 정신적 세계에 협착된 것으로 보인 착상은 가장 근원적인 범위인 삶의 해석학으로 나아간다.

6. 삶의 해석학 – 해석학으로서 철학

딜타이는 삶에 관한 "체계적인 조직의 해석학"[295](Hermeneutik der systematischen Organization)을 말한다. 여기서 세계관은 이제 해석에 종속되며[296], 사실적 삶의 이해에 적용되는 개념과 범주도 그것들 속에 내포된 세계의 이해로서 논구된다.[297] 특히 언어는 삶의 표현으로서 논구된다. 여기서는 언어 속에 내포된 삶의 관계가 취급되지 않는다. 언어는 단지 세계해석과 삶의 해석의 수단(Mittel der Welt-und Lebensauslegung)으로서 취급된다. 이런 의미에서 딜타이는 확대된 언어사용에 있어서 직접적으로 세계와 삶의 해석에 관하여 말한다.[298] 여기서는 더 이상 개별적인 인간의 이해가 아니라 인간 일반에 관한 이해(Verständnis des Menschen überhaupt)가 논구된다. 따라서 해석학은 철학적 수행 자체가 된다.[299]

초기에 딜타이는 기술 심리학을 정신과학 건축을 위한 기초과학으로서 사용하고 이것을 통해서 확고한 일반적인 기초를 세우고자 하였다. 그러나 이제 딜타이는 체험(Erlebnis), 표현(Ausdruck)과 이해(Verstehen)에 관한 깊은 통찰을 통해서 다른 방향으로 나아간다. 정신과학에 대한 심리학적 정초는 해석학적 정초로서 대체된다.[300] 이제 딜타이는 정신적 삶을 중요

---

295) GS, VII 265.
296) GS, VII 24.
297) GS, VII 209 f.
298) GS, II, 353, V 379, VI 237, VII 71, 82.
299) Bollnow, op, cit., 212.
300) GS, VIII viii.

시 한다. 딜타이는 심리학적 정초에서 그것의 이해가 "모든 정신적인 형상"(alles geistige Gebilde)에 먼저 놓인 것으로 일차적인 것으로 보았다. 그러나 이제 정신적인 것은 단지 그것의 표현의 해석의 길을 통해서만 접근된다. "정신적인 삶의 구조의 파악은 정신적인 삶의 연관이 전적으로 표현되는 작품의 해석에 근거한다."[301)]

해석학에 관한 논구는 딜타이에 있어서 이미 쉴라이에르마허의 해석학(1860년)에 관한 수상작과 더불어 일찍이 시작되었다. 이 때는 체험에 대한 논구와 더불어 심리주의적 정초의 사고(der Gedanke der psychologischen Grundlegung)가 지배적이었다. 그러나 딜타이가 표현과 이해에 관한 논구를 하면서, 심리주의적 정초는 해석학적 정초 사고(der Gedanke der hermeneutischen Grundlegung) 배후로 점차 퇴각하였다.[302)] 딜타이의 사고의 전 과정을 볼 때 심리학의 길이 아니라 해석학의 길이 바로 그의 본래 의도하고자 했던 철학적 사고의 길이었다.

딜타이는 그의 대표작이며 최종작인 "역사세계의 건축"(Aufbau der geschichtlichen Welt)의 시작에서 정신과학이 외적인 것에 숨어 있는 내적인 것을 추구하는 것이라고 피력한 후에 이러한 그의 의도를 다음같이 피력한다: "여기에 이 내면적 차원에 대한 우리의 지식을 위하여 심리적인 삶의 과정, 심리학을 착안하는 것은 일반적인 오류이다."[303)] 딜타이는 여기서 정신과학의 대상을 "정신"(Geist)으로 나타내면서 정신을 마음(Seele)과 분리한다. 정신적인 것은 법이나 국가적인 질서 등 역사적인 세계의 형상의 다양성에서 나타난다. 이것은 마음의 객관화로서 마음으로부터 이해될 수 없는 고유한 영역이다. 심적 삶(Seelenleben)은 개별인간의 심리와 관련되는 반면, 정신의 세계는 인간을 연결하는 공동적인 세계이다. 정신적인

---

301) GS VII 322.

302) O. F. Bollnow, *Dilthey. Eine Einführung in seine Philosophie*, 2. Auflage, Stuttgart 1955, 212.

303) Dilthey, GS VII 84.

세계는 그 자체 고유한 법칙성과 그것들을 창작해낸 사람들의 심적 상태와는 독립적인 고유한 연관을 가진다. 그래서 정신적인 것의 산물은 창작자의 심적 과정을 둘러가는 우회전 없이 직접적으로 접근가능하다.

딜타이는 예컨대 로마법의 정신과 관련하여 다음같이 피력한다: "이 법(로마법)의 이해는 심리적인 인식이 아니다. 그것은 정신적인 산물로부터 그것의 고유한 구조와 법칙성으로 되돌아감이다."[304] 그리고 딜타이는 시와 시인의 마음과 관련하여 말한다. 시 작품은 시인의 마음과는 다르다. 시 작품에서 독자는 시인의 마음이 아니라 시인의 정신을 이해하기 때문이다: "그처럼 문학사나 시작(詩作)들이 관계하는 대상은 시인이나 독자의 심리적 과정과는 아주 다르다. 여기서는 정신적 과정이 실현된다." 이 정신적인 것은 "시인(詩人) 속의 심리적인 과정이 아니라 시인 속에 창작된, 그러나 그와는 분리되는 연관이다."[305] 여기서 딜타이는 그의 해석학을 심리학적인 정초와는 분리시킨다. 그런 의미에서 딜타이는 쉴라이에르마허의 낭만주의적 해석학적 사고를 극복하고자 한다.

7. 심리주의 극복과 역사적 세계상

딜타이는 정신적 세계의 법칙성과 객관성을 강조한다. 그리하여 그는 정신적 세계를 보편적인 해석학적 학문으로 정초하고자 한다: "심리주의의 동요(psychologische Raffinements) 대신에 정신적 산물의 이해가 들어서면서 역사적 회의주의는 극복된다."[306] 딜타이는 시나 예술 등 정신적 세계의 이해를 향한 심리주의적 길을 거부한다.

---

304) GS VII 85.
305) GS VII 85.
306) GS VII 260.

딜타이는 작품을 창작자의 정신의 표현으로 이해한다. 의미(Bedeutung)란 “작품이 청취자에게 심리적인 것에 관하여 말하는 것이다.”[307] “음악작품”이란 “음악이 예술가 속에 마음으로서 작용하는 것을 우리에게 대상적으로 만드는 것의 표현”이다. 여기서 심적인 것은 개인적인 예술가의 개인적인 심리적인 삶을 말하지 않고 시인이 그의 체험을 말하고자 하는 “이상적(理想的)인 인격”(ideale Person)에 관하여 말하고 있다: “심적인 것은 리듬, 멜로디, 화음으로서 표현되며, 소리의 과정, 올라감과 내려감의 형식으로 그리고 중단되지 않고 지속적인 것, 심리적 삶의 조화 속에 있는 깊은 차원으로서 표현되는 삶의 차원이다.”[308] 딜타이는 이러한 깊은 삶의 차원은 개체성을 넘어가는 일반적 연관으로서 개체적 주관들 대신에 명료히 들어선다고 본다. 딜타이는 삶 자체를 심리적 대상이 아닌 중단되지 않는 지속적인 연관에서 보고자 한다.

그러므로 이해하는 자는 창작자의 심리를 통해서 작품으로 가는 것이 아니라 매개 없이 직접적으로 작품으로 향한다. 작품 배후로 창작자의 마음을 추구한다면 예술가가 하는 수용의 직접성이 파괴된다고 본다. 그러면 이해와 표현의 통일성을 이루는 체험과 표현의 통일성이 깨뜨려진다. “체험과 음악이라는 이중적인 것이 있지 않다. 하나의 세계에서 다른 세계로 가는 두 가지 세계가 있지 않다. 천재(天才)는 오로지 거기에 있는 것처럼 음(音)의 영역 속의 삶이다. 이 음의 세계 속에서 각 숙명과 모든 고통은 잊어지고 모든 것이 그것 속에 있다.”[309] 여기서 심리주의를 극복하고자 하는 딜타이의 의도가 드러난다.

딜타이는 본래부터 삶의 철학을 시도함에 있어서 개별인간의 삶이 아니라 “전(全) 현실에 있어서 인간의 이해”[310] 즉 인류 삶의 이해를 파악하고

307) GS VII 222.
308) GS VII 223.
309) GS VII 222.
310) GS V 152.

자 하였다. 딜타이의 삶의 철학에 대한 심리주의 비난은 그의 전기의 저서에만 해당한다.[311] 딜타이가 말하는 상대주의란 모든 고정된 타당성의 상대화로서 심리적 주관의 상대화를 말하지 않고 역사적 삶 현실 자체의 상대화를 말한다. 이것은 심리주의적 상대화와는 다르다.

체험, 표현과 이해의 관계에 대한 통찰로부터 역사적 세계에 대한 딜타이의 파악과의 연관에 대한 깊은 안목이 주어진다. 그것은 역사적 의식과 표현으로부터의 삶에 대한 이해는 외적으로 연결되지 않고 필연적인 교호작용(交互作用)의 관계 속에 있다. 표현으로부터 체험의 이해는 개별적인 사람들에 대해서만 해당하지 않고 전 인류, 즉 인간 본질에 대한 파악에 해당한다. 인간의 본질은 근본적으로 그의 객관화에 대한 이해를 통한 길에서만 가능하다. 이러한 객관화로서 인류의 역사적 삶의 더 높은 통일성으로 도입된 종교, 예술, 학문, 정치, 경제, 사회, 교육, 법, 세계관, 철학 등 인류의 거대한 "문화체계"(die Kultursysteme)가 형성된다.[312]

이러한 거대한 문화체계는 그것들부터 인간의 본질을 이해하는 수단으로 기능한다. 딜타이가 삶의 형이상학 체계로부터 발전시킨 것, 삶의 객관화로부터 삶의 생동적인 내면성으로 되돌아가고자 한 선험적 착상은 바로 문화체계 일반의 논구에도 타당하다. 그러나 여기서도 이러한 삶의 생동성에 있어서 고정된 점이 발견되어서 거기로부터 삶의 관계 질문이 최종적으로 해결되는 것이 아니다. 여기도 여전히 딜타이는 삶 자체와 삶의 객관화 사이의 "교호적이고 순환적인 관계의 역동성"(die Dynamik des wechselseitig-zirkelhaften Verhältnisses)을 말한다. 삶의 본질은 삶의 객관

---

311) 딜타이 전문가 볼로브는 딜타이에 대한 심리주의 비난이 딜타이의 초기저서(1900년대)에 해당한다고 본다. 볼노브는 딜타이의 후기 저서들은 심리주의에서 자유할 뿐 아니라 심리주의를 철저히 극복하는 도움의 수단을 제공하고 있다고 본다. 볼로브의 해석에 의하면 후기 딜타이의 저서는 비역사적인 플라톤주의에 떨어지지 않고 역사적 세계상을 포기하지 않는다. 그래서 심리주의 대신에 오히려 심리주의를 극복하고 있다고 본다.(O. F. Bollnow, *Dilthey. Eine Einführung in seine Philosophie,* 2. Auflage, Stuttgart 1955, 215-216).

312) GS I 49 ff., VII 165 ff..

화, 즉 삶의 표현, 즉 문화적 영역에 나타난 고정된 형상의 이해로부터만 가능하게 된다. 그리하여 딜타이의 삶의 철학은 역사적 삶의 해석학으로 나아가게 된다: "우리 시대의 해석학은 역사 세계의 구조연관으로부터 지식의 가능성을 증명하고 이 가능성을 실현하는 길을 발견하는 보편적 인식론적 과제와의 관계를 결정해야 한다."[313)]

이러한 삶의 해석학으로서의 삶의 철학의 정초는 "역사적 세계상"(das geschichtliche Weltbild)에 대한 이해에서 수행된다. 인간 삶의 이해란 니체가 말하는 바 같이 내면적 자기 파악이라는 직관에서 가능한 것이 아니라 표현을 통한 우회로를 거쳐서만 가능하기 때문이다. 딜타이는 심리주의적 방법인 내성(Introspektion)에 대하여 거부를 표명한다: "인간은 내성(內省)을 통해서가 아니라 역사 속에서만 인식된다."[314)] "역사의 가치에 대한 모든 최종적 질문은 결론적으로 인간이 역사 속에서만 자기 자신을 인식한다는 사실 속에서만 해결을 갖는다. 내성을 통해서 우리는 인간본성을 파악하지 못한다. 이것은 니체의 거대한 착각이다."[315)] 그러므로 딜타이에게는 역사적 세계상이 삶의 해석학의 관건(Organ)으로 다가온다. 역사적 세계상은 인간을 거대한 역사적 기관 속에서 파악함으로써 인간을 통한 삶의 연관을 파악하고 단지 개별자의 체험이 아니라 역사적 삶의 체험연관을 통한 삶 자체를 파악하도록 한다: "인간의 총체성은 역사 속에서만 있다."[316)] "인간이 무엇인가는 역사만이 그에게 말한다. 인간이 무엇이며 그가 무엇을 원하는가 그는 수천 년을 통한 그의 본질의 발전 속에서만 비로소 경험한다. 인간의 본질은 일반적인 개념에서가 아니라 그의 전 본질의 깊이에서 나온 생동적 체험 속에서만 경험된다."[317)]

---

313) GS VII 217-218.
314) GS VII 279.
315) GS VII 250.
316) GS VIII 166.
317) GS VI 57.

그러나 이러한 역사적 세계상을 강조하는 딜타이에게 역사적 상대주의라는 문제가 봉착한다. 인간이 역사적 존재요, 인간이 만든 역사적 세계상이 모두 역사 과정 속에 있으면 역사 과정 속에서는 고정되고 보편적인 것은 없다는 것이다. 역사적 존재가 직면하는 결과는 "모든 역사적 삶의 형식의 상대성"(Relativität jeder geschichtlichen Lebensform)이라는 것이다.[318] 그러나 딜타이는 이러한 역사적 상대주의를 역사적 창조능력의 무한성(due Unendlichekit der geschichtlichen Schöpferlacht)을 통해서 극복하고자 한다.[319] 이 무한성이란 역사 과정의 다양성이며 미래에의 개방성이다. 역사적 삶의 다양성에서 인간은 역사적 삶의 과거, 그리고 열린 미래를 향한 삶 자체의 비천착성(Unerschöpflichkeit), 역사적 삶의 객관화된 삶의 객관화의 비천착(穿鑿)성을 말한다. 여기서 역사적 삶의 창조적 능력(Schöpfermacht)이 있다고 본다. "역사적 삶이 만들어 낸다"(Das geschichtliche Leben schafft)[320]라는 딜타이의 명제에는 역사적 상대주의를 극복하는 삶의 철학의 중심사상이 들어 있다. 이 명제는 인간이 역사적 존재이며 인간은 역사적 현실이 형성되는 근원점(der Quellpunkt)이며 이 근원점 자체가 역사적이어서 역사와 더불어 변화한다는 것을 말한다.

8. 이해와 비판

딜타이는 이해와 해석을 체험과 표현과 연합해서 모든 정신과학의 방법론으로 정초하고자 하였다. 이러한 딜타이의 시도는 크나큰 해석학의 역사에 있어서 그의 공헌이다. 그러나 딜타이는 삶의 체험연관을 기술적으로

318) GS VIII 77.
319) Otto Friedrich Bollonow, op. cit., 220-222.
320) GS VII 153.

직관하는 그의 기술적 심리학에 의존하고자 하였다. 이러한 그의 초기의 이해론은 심리주의에 빠질 위험을 지니고 있다. 후기에 딜타이 자신은 그의 삶의 해석학을 삶의 고정된 표현의 해석학으로 전개함으로써 심리주의적 정초를 극복하고자 했으나 이러한 그의 시도는 성공적이지 않다. 그는 이해와 설명을 두 가지 서로 다른 접근법으로서 이분법적으로 사용하였다. 전자는 정신과학의 방법이요 후자는 자연과학의 방법이라는 것이다. 그리하여 타자의 체험으로 들어가는 이해론에는 그것이 올바른 전이(轉移)인가에 대한 비판이 가능하지 않다. 그의 이해론은 설명의 방법에 의하여 보완되어야만 하는 것이다.[321] 설명의 방법에 의하여 이해는 그것이 올바른 것인지 아닌지 음미하게 되는 것이다.

딜타이의 정신과학적 인식은 이성비판에 들어와야만 한다. 딜타이가 제시하는 체험과 소여로의 되돌아감은 이러한 비판적인 요구를 충족시키지 못한다. 딜타이는 그의 이해가 옳은지 여부에 대하여 비판하지 않았다. 딜타이의 해석학적 사고에서는 인식의 정확성과 타당성을 묻는 인식비판이 수행되지 못했다. 딜타이에 있어서 체험과 이해는 "추후체험"(Nacherleben)으로서 심리적 과정의 직접적 소여와 확신과 관련하여 관찰되었고 그 내용과는 관련하여 관찰되지 않았다. 그리하여 해석학이 정신과학의 정초로서 기능하게 될 뿐 아니라 해석학적 비판의 과제도 텍스트의 이해와 해석의 보완으로서 사라지게 된다.

그리하여 딜타이의 해석학적 사고는 표현들의 이해를 선험철학의 관점에서 이해조건의 증명(Aufweis von Bedingungen des Verstehens)으로서 관찰하나 해석가설의 타당성의 요구(Forderung einer Geltungsprüfung von Auslegungshypothesen)로는 보지 않기에 이르게 된다. 진리와 방법을 분리시키는 가다머의 해석학은 이러한 딜타이적 해석학적 착상을 극대화 한 것이다.

321) Ineichen, op. cit., 150.

1900년부터 기술적 심리학이 사라지고 해석학이 딜타이의 사고지평 속에서 다시 메아리친다. 그 이유를 볼로브(Bollnow)와 리꾀르(Ricoeur)는 해석학이 모든 정신과학의 방법론적 기초로서 심리학을 배제했어야 하였기 때문이라고 본다.[322] 볼로브와 리꾀르는 이러한 심리학의 배제가 심리적 내지 정신적 삶에 대한 순수 심리학적인 접근이 수행할 수 없다는 필연성에서 나온 것이라고 본다. 이에 반해서 로디(F. Rodi)는 심리학이 딜타이에 있어서 정초하는 기능을 그대로 보유하였다고 주장한다.[323] 사실 딜타이는 심리학의 해석학적 해체에 관하여 말하지 아니하였다. 딜타이는 체험과 표현과 이해의 세 가지 개념을 강조함으로써 해석학을 새로운 방법론적인 기초분야로 만들지는 않았다. 후기작품에 있어서 딜타이는 해석학에 관하여 기회 있는대로 언급한다.

1900년의 "해석학의 발생"(Entsehung der Hermeneutik)에 대한 논문에 의하면 딜타이는 쉴라이에르마허 이래 계승된 고전적이고 규범적인 해석학 이해를 끝까지 보유하였다. 딜타이는 이러한 이해의 기술(技術)론이 정신과학의 인식론적인 방법론과 관계해야 한다는 것을 알았으나 그 프로그램을 수행하지 않았다. 그 이유는 딜타이는 후기에 이르러 점차 자기의 근원적인 방법론적인 문제설정이 협착하다는 사실을 간파하기에 이르렀기 때문이다.[324] 이해는 사실로 정신과학의 특수한 절차일뿐만 아니라 항상 이미 인간의 역사적 실존의 근본방식이다.

---

322) O. F. Bollnow, Dilthey. *Eine Einfuehrung in seine Philosophie,* Leipzig, 1.Auflage, 1936, 2.Auflage, Stuttgart 1955, Schaffhausen 41980 그리고 P. Ricoeur, *Du texte a l' action. Essai d' hermeneutique II,* Paris 1986, 81ff..

323) F. Rodi, "Diltheys Kritik der historischen Vernunft - Programm oder System?," in: *Dilthey-Jahrbuch* 3 (1985), 140-165.

324) J. Grondin, op. cit., 117.

9. 딜타이 해석학의 평가 : 심리주의적 한계

딜타이 해석학의 공헌은 우리의 체험과 우리 자신과 우리의 이웃사람들에 대한 이해가 정신과학적 인식의 출발점이 된다는 사실을 발견했다는 데 있다. 다시 말하면, 개체 사이에 존립하는 공동성(ein Gemeinsames)이 개별적 삶의 외화를 보편타당한 객관적 이해로 가져 갈 수 있도록 한다.[325] 여기서 개체 사이에 상호이해하는 공동성은 객관정신이다. 이 객관정신은 도덕, 법률, 국가, 종교, 예술 학문, 철학 등에서 외화된다. 여기서 이해되는 것은 개개의 인간이 아니라 인간을 둘러싸고 있는 삶과 세계이다. "개개의 삶의 외화로부터 삶의 연관전체로 귀납추리"가 수행된다.[326] 삶의 연관전체로 나아가는 것이 딜타이가 해석학을 통해서 정신과학의 정초로 나아가는 길이다. 그러나 딜타이는 상응하는 체험의 분석과 기술이 그릇될 수도 있기 때문에 단지 가설적인 성격을 갖는다는 것을 알지는 못했다. 체험에 대한 분석과 기술에 대한 비판적 성격의 결여가 딜타이 해석학의 한계이다.

우리는 딜타이의 삶의 해석학의 한계를 다음과 같이 말할 수 있다.

첫째, 딜타이는 심적 삶(Seelenleben)의 기술과 분석 역시 참 될 수도 그릇될 수도 있으며 따라서 가설적 성격을 가지고 있다는 사실을 간과했다. 체험에 친숙성과 확실성을 부여한다 하더라도 기술 심리학에 있어서 어떤 권한으로써 다른 사람의 심리적 상태에 대한 진술이 행해질 수 있는가라는 질문은 아직도 남아 있다. 심리적 체험의 기술과 분석은 아직도 그것의 정당성과 타당성의 증명을 보장할 수 없다는 사실이다. 딜타이는 체험의 직접적인 생동성에 의하여 너무나도 감동되었기 때문에 그것에 대한 인식비판적인 질문을 잊어버린 것 같이 보인다.[327] 여기서 의문은 기술심리학이 사실

325) Dilthey, GS VII, 146.
326) Dilthey, VII, 211.
327) Hans Ineichen, op. cit. , 148.

적으로 심적 구조연관의 직접적인 명증성을 보장할 수 있는가 하는 것이다. 기술심리학이 주장하는 내적 체험의 명증이란 훗설(Husserl)의 내적 경험론에서 보는 바 같이 기만과 왜곡의 가능성을 배제할 수 없다.

둘째, 딜타이의 이해 개념은 내적 체험으로 되돌아 가는 심리주의적 경향이 분명하다. 딜타이는 피력한다: "외부에서 내면으로 나아가는 것은 자각에 대한 정위이며 이해의 과정이다. 이 충동은 그것이 나온 내면을 표현하기 위한 삶의 모든 현시를 수용한다."[328] 이러한 그의 명제에서 이해란 체험 속에서 스스로 알도록 만드는 자각으로 파악된다. 그러나 여기서 이해가 내적 자각 속에서 이루어지는 것은 사실이나 내적 자각 속에서 수행되는 사상의 구조는 논리적인 구조를 갖는다. 이해란 이러한 사상의 구조를 바로 파악하는데 있다. 그러므로 훗설은 논리적 논구에서 심리주의를 비판하면서 지향적 체험 속에서 이루어지는 지향적 행위와 상관관계에 있는 지향적 대상은 심리현상이 아니라 그 자체 고유한 구조를 지닌 사상(事象)이라는 것을 강조하였다. 그러므로 딜타이 자신도 이해되어지는 것은 심리적인 것이 아니라 "정신의 형식"[329]이라는 것을 강조한다. 그러나 딜타이의 이해는 "자기 자각에의 정위"로서 쉴라이에르마허 이래로 전해 내려오는 이해의 심리주의적 성격에서 벗어나지 못하고 있다.

셋째, 딜타이는 기술하는 이해 심리학과 정신과학 사이에 가능한 연결을 시도하는데 성공하지 못했다. 딜타이는 정신과학의 방법론적 정초를 하고자 하였으나 이해 심리학이 내적 명증성을 가진다고 하더라도 그것이 정신과학적 명제의 객관성을 보장할 수 없는 것이다. 이해 심리학, 즉 해석학이 어떻게 정신과학적 명제의 객관성을 유효화 하는지에 관하여 어느 곳에서도 보여주지 않는다. 딜타이의 기획은 하나의 예비단계에 머물고 있을 뿐이다.[330]

---

328) GS VII 82.
329) GS VII 85.
330) J. Grondin, op. cit., 113.

딜타이의 삶의 철학에 있어서 해석학이란 주제는 상대적으로 부재하고 있다. 해석학이란 단어는 1895년의 저작에서 단 한 번도 나타나지 않는다. 해석학이란 단어는 제2권 정신과학 입문에 관한 4백 페이지에 달하는 예비 논총에서도 사실적으로 부재하다.[331] 따라서 해석학이란 딜타이의 정신과학의 방법론적 기초에 아무런 역할을 하지 않는 것 처럼 보인다.[332] 이러한 해석학의 포기는 청년 딜타이의 해석학 역사에 대한 집중적인 연구와는 대조를 이룬다. 그리고 후기 저작에서 나타나는 해석학의 역할과도 대조를 이룬다.

1895년의 논문 "기술하는 심리학과 해부하는 심리학의 이념에 관하여"(Ideen über beschreibende und zergliedernde Psychologie)에서 지배적이었던 심리주의의 체험이론은 1910년의 "정신과학에 있어서 역사세계의 건축"에서는 이해-인식론에 있어서 객관적인 전환이 보인다.[333] 『정신과학에 있어서 역사세계의 건축』(Der Aufbau der geschichtlichen Welt in den Geisteswissenschaften)이라는 제목 아래 그의 전집 제7권에 나타나는 저술은 딜타이를 해석학적 사상가로 보여준다. 후기사상이 강조하고 있는 체험-표현-이해의 연관은 그 자체가 하나의 작용연관으로서 심리적 사실의 분석과 기술로써는 파악될 수 없는 영역이며 해석학은 심리학을 대신하여 정신과학의 기초학의 위치를 갖게 된다.[334]

그러나 후기 저작의 착상점은 1895년 이래로 이미 적용된 체험과 이해라는 개념에 놓여 있다. 특히 체험(Erlebnis, lived experience) 개념은 열쇠개념이 된다. 이 개념 속에서 의식의 사실에 관한 옛 착상이 지속된다. 체험

---

331) 정신과학 입문은 딜타이 총서 제19권에 나타난다. 해석학은 여기서 일반적인 목록 속에서 "비판"(Kritik)과 함께 가끔 언급될 뿐이다(GS XIX, 265, 293, 336). 그러나 레싱이 시도한 역사적 이성의 비판의 기획의 재구성에서는 단 한번도 나오지 않는다(J. Grondin, op. cit., 87, 161에서 재인용).

332) J. Grondin, op. cit., 114.

333) 이상철, "이해", 『사회과학의 철학』, 한국사회과학연구소편, 민음사, 1980, 223.

334) Ibid., 223.

은 여전히 심적 삶의 연관을 위한 기초로서 타당하다.[335] 딜타이는 체험의 원리를 공식화 한다: "우리에 대하여 존재하는 모든 것은 그 자체 현재 속에서 주어진다. 이것을 실재로 현상의 원리를 대체한다."[336] "해석학은 현재적으로 일반적인 인식론적인 과제에 대한 관계를 추구하고 역사적 세계의 연관에 대한 지식의 기능성을 설명하고 그것의 실현을 위한 수단 발견하고자 한다"[337]라는 이 논총에서 피력한 딜타이의 명제는 딜타이 생전에 사실로 실현되지 못하고 하나의 약속으로 남는다.

넷째, 딜타이 자신이 주제로 내건 삶(生)의 개념과 방법론적 사고 사이에는 극복되지 않는 긴장이 유지된다. 1900년의 해석학의 생기에 관한 그의 후기 원고의 역사적 부분은 40년 전인 1860년의 쓰여진 『쉴라이에르마허의 해석학』에 관한 미발표된 수상(受賞)원고에서 파생하고 있다. 이 원고에서 그는 이해를 "감각에 외적으로 주어진 기호를 수단으로 하여 내적인 어떤 것을 구분하는 과정"으로 기술하고 있다.[338] 여기서 설명과 해석이 지속적인 삶의 과정에 대한 기교(技巧)적인 이해로서 파악되어야 한다는 딜타이의 착상은 쉴라이에르마허의 이해기술론을 연상시킨다. 이 원고에서 딜타이는 해석학이 역사적 상대주의의 위협 속에서 주관적인 임의로부터 이해를 보호하는 보편적으로 타당한 규칙을 제공하는 것을 기대한다. 그러나 이러한 규칙이 어떠한 것인지 그는 설명하지 않았다. 1900년대의 원고로부터 딜타이는 이해의 기술이 정신과학의 인식론적 방법론과 관계한다는 것은 알았으나 그는 이 프로그램의 함축성을 충분히 추적하지 않았다.[339]

335) GS, VII 80.
336) GS, VII 230.
337) GS, VII 217-8.
338) GS, V 318.
339) 그롱댕은 1900년대의 원고에 근거해서 추정하기를 딜타이가 해석학을 정신과학의 방법론으로 보았는지에 관해서 의심스럽다고 추정한다 (Grondin, op. cit., 89).

딜타이가 시도한 설명과 이해 방법의 대립설정은 리꾀르나 아펠 등이 주장하는 바 같이 바람직한 것이 못된다. 정신과학을 방법론적으로 정초하려는 딜타이의 학문적 추구는 그가 철학의 주제로 삼은 인간 삶의 역사성과는 결단코 연합될 수 없다. 딜타이는 점차 역사의 다양성과 무한성에 직면하면서 그의 초기의 방법론적 야심을 포기하기 시작한 것 같이 보인다. 그러므로 딜타이의 유산을 이어받은 하이데거와 가다머는 방법론적 사고를 버리고 역사성의 보편성을 인정하는 방향으로 그들의 해석학을 발전시켰다.

맺음말

딜타이의 해석학은 삶의 해석학이다. 삶의 해석학에 있어서 이해란 표현의 이해이다. 이 표현은 지나간 역사적 삶의 정신세계의 표현이다. 이 표현을 하나의 작용연관을 통하여 이해하는 것이 바로 삶의 해석이요 이것은 정신과학의 기초가 되는 것이다. 딜타이는 이러한 역사적 삶을 다루는 정신과학의 영역을 해석학의 고유한 영역으로 보고 해석학을 정신과학의 정초의 방법론으로 발전시키고자 하였다.

딜타이는 역사주의가 지배하는 시대에 있어서 해석학을 위한 새로운 과제를 역사적인 회의와 주관적인 자의에 대해서 이해의 확신을 보장하려는 데서 찾았다. 그는 정신과학의 보편적인 방법론으로서 해석학을 제시하였으나 이러한 방법론적 추구는 역사적 이성의 비판의 프로그램에서 실현되지 못한 하나의 약속으로 남았다. 딜타이는 역사적 이성을 비판하는 정신과학의 방법론적 정초를 기획했으나 그것을 실제로 수행하지 못했다. 그가 해석학으로 가능하다고 본 것은 그의 후계자들에 의하여 문제시 되었다. 하이데거나 가다머에 와서 해석학의 새로운 과제란 보편타당성을 추구하는 방법론적 이상에서 결별하는 것이다. 가다머는 해석학의 보편성의 착상을 방법에서가 아니라 언어에서 찾았다.

해석학은 딜타이가 방법론적으로 도달하고자 한 아르키메데스점 없이도 존재한다. 이 점에서 해석학은 정신과학 보다는 역사성에 보다 더 가깝다. 하이데거에 와서 해석학은 사실적 삶의 존재론으로서 존재론의 기초가 된다. 가다머에 와서 해석학은 철학적 해석학으로 전개되면서, 한편으로는 영향사를 통해서 지평융합을 하면서 다른 한편으로는 보편적인 이해의 매체인 언어를 통해서 언어존재론으로 보편성을 요구하기에 이른다. 리꾀르에 와서 해석학은 현상학적 방법을 전제하면서 현상학적 관념론의 한계를 수정하는 비판적인 철학으로 등장한다.

참고문헌

Dilthey, Wilhelm, Der junge Dilthey: *Ein Lebensbild in Briefen und Tagbüchern,* 1852-1870, Misch (hrg.), Leipzig 1960.

______, Gesammelte Schriften(이하 GS), *Die Entstehung der Hermeneutik* (1900), GS V, 1968.

______, Einleitung in die Geisteswissenschaften, GS I, 1962.

______, Der Aufbau der geschichtlichen Welt in den Geisteswissenschaften, GS VII.

Diltheys Brief vom 9. März 1895 an Paul Natorp in: H.-U. Lessing, "Briefe an Dilthey anlässlich der Veröffentlichung seiner "Ideen über eine beschreibende und zergliedernde Psychologie," *Dilthey-Jahrbuch* 3(1985).

Bollow, Otto Friedlich, *Dilthey. Eine Einführung in seine Philosophie,* Leipzig, 1.Auflage, 1936, 2.Auflage, Stuttgart; Kohlhammer Verlag, 1955, 4. Auflage 1980, Schaffhausen.

Ebbinghaus, H., "Über erklärende und beschreibende Psychologie" (1896), in: Materialien zur *Philosophie Wilhelm Diltheys,* hrsg. von F. Rodi und H.-U. Lessings, 45-87.

Grondin, J., *Einführung in die philosophische* Hermeneutik, 1993, Darmstadt, English translation, Yale University, 1994.

Lessings, H.-U., *Die Idee einer Kritik der historischen Vernunft: Wilhelm Diltheys erkenntnistheoretisch-logisch-methodologische Grundlegung der Geisteswissenschaften.* Freiburg 1984.

Ricoeur, P., *Du texte a l' action. Essai d' hermeneutique II,* Paris 1986.

Riedel, M., "Das erkenntnistheorietische Motiv in Diltheys Theorie der Geisteswissenschaften," in: *Hermeneutik und Dialektik.* Hans Georg Gadamer zum 70 Geburstag, Bd. I, Tübingen 1970, 233-255.

Rodi, F., "Diltheys Kritik der historischen Vernunft - Programm oder System?," in *Dilthey-Jahrbuch 3* (1985), 140-165.

6장 하이데거의 존재론적 해석학

머리말

하이데거(Martin Heidegger, 1889-1976)는 초기 저서 『존재와 시간』에서 해석학의 문제를 존재질문과 관련하여 언급했다. 하이데거는 존재질문(Seinsfrage)을 그의 사유의 주요 주제로 설정했다. 이 존재질문을 하는 인간 현존재를 이해하는데 하이데거는 딜타이로부터 인간이해를 빌려온다. 그리고 그는 딜타이의 역사적 존재로서의 인간이해를 극단화 시킨다.[340] 이 극단화의 근거는 존재 의미에 대한 하이데거의 질문의 방식에 있다. 그의 질문방식은 해석학을 존재론적으로 전환시킨다. 이해는 더 이상 텍스트의 이해가 아니라 인간 현존재에 대한 것이 된다. 하이데거는 쉴라이에르마허나 딜타이처럼 이해의 기술론이나 정신과학의 방법론으로 해석학 이론을 발전시킨 것이 아니다. 전기(前期) 하이데거는 인간 현존재의 방식으로 일어나는 이해의 사실을 현상학적으로 주제화 시킴으로써 해석학을 규

340) Martin Heidegger, *Sein und Zeit*, 1967, 397f

범적 이론이 아니라 현상학적으로 주제화 시킨다. 그러므로 하이데거의 해석학은 규범해석학이 아니라 사실 해석학이다. 이런 의미에서 그의 해석학은 인간 현존재가 존재방식으로 수행하는 사실성의 해석학이다. 그의 사실성의 해석학은 더 이상 해석의 이론이 아니라 존재론적 해석학이다. 후기 하이데거에 있어서 해석학의 초점은 현존재의 질문으로부터 존재의 진리로 옮겨간다. 이런 의미에서 그의 해석학 착상은 현대해석학의 전개에 있어서 중요한 전기를 이룬다. 그의 후기 사상을 통해서 해석학을 보편적 해석학으로 전개한 가다머의 해석학이 나온다.

본 장의 목적은 이러한 하이데거의 존재론적 해석학의 전개과정을 추적하고자 한다. 그가 한편으로는 훗설의 현상학적 사유를 수용하면서 그 자신의 존재론적 해석학적 사유를 정립하는 과정을 추적하는 것이다. 그리고 전기 하이데거와 후기 하이데거의 해석학적 사유의 차이를 논구하는 것이다.

1. 해석학과 존재질문

전기(前期) 하이데거의 해석학은 그의 일생의 과제인 존재론을 논구하기 위한 절차로서 주제화 된다. 하이데거는 1927년의 초기 저서 『존재와 시간』(Sein und Zeit)에서 다음같이 질문한다. "오늘 우리는 우리가 '있다' 는 단어가 본래적으로 무엇을 의미하는지에 대한 질문에 대한 해답을 가지고 있는가? 결코 아니다. 존재 의미의 질문을 새롭게 제기하는 것이 요청된다."[341] 하이데거가 제기하는 것은 존재 의미에 대한 질문이다. 그는 존재자는 무엇이며 존재자의 존재는 무엇인가를 묻는다. 이런 방식으로 그는 철학의 시작 이래로 철학사를 규정한 질문을 움켜잡는다. 하이데거는 존재질문에 대한 관심이 다시 주지되어야 한다고 주장한다. 존재 개념은 항상

341) Ibid., 1.

가장 모호한 것이며 동시에 이미 친숙한 것이다. 존재 질문은 이 존재 질문을 제기하는 인간 현존재의 이해방식과 불가분적으로 관련되어 있다. 여기에 그가 제기한 존재론은 현존재의 이해에서 출발하는 것으로서 해석학과 밀접하게 연관된다.

전기 하이데거 사유가 갖는 해석학적 의미성은 그가 존재질문을 설정했다는 데에 있지만 않고 존재질문을 하는 방식에 있다. 그는 존재질문을 현존재의 존재방식(Seinsweise des Daseins)의 논구로서 설정한다. 하이데거의 질문제시의 특이성은 이미 1923년의 강의의 주제 "존재론. 사실성의 해석학"(Ontologie. Hermeneutik der Faktizität)에서 눈에 띤다.[342] 여기서 그가 말하는 해석학이란 문헌적으로 고정된 텍스트가 아니라 현존재를 주제영역으로 다룬다. 해석학은 동시에 존재론과 가장 가까이 연결되어 있다. 이 사실성의 해석학 논구의 가장 중요한 부분은 1927년의 저서 『존재와 시간』에 나타나 있다. 1927년 여름학기 강의 『현상학의 근본문제들』(Die Grundprobleme der Phänomenologie)에서는 해석학이란 단어는 한번도 나타나지 않는다.

후기 저서 『언어에의 도상에』(Unterwegs zur Sprache)에서 하이데거는 "해석학"이란 용어는 딜타이와 쉴라이에르마허로부터 알게 되었으며, 학생시절 신학연구를 하면서 친숙해 있었다고 말한다.[343] 그때 이미 그에게 성경의 말씀과 신학적 사변적 사유 사이의 관계와 그 속에 은폐되어 있는 언어와 존재와의 관계에 대한 물음이 제기되었다. 하이데거는 피력한다: "이 신학적인 유래(theologische Herkunft) 없이 나는 사유의 도상에로 결코 도달하지 못했을 것이다. 그러나 유래는 항상 미래로 머문다."[344] 그러나 하이데거는 해석학이란 용어를 보다 "최초의 본질에서 나타나는" 넓고 근

342) Heidegger, *Gesamtausgabe*(=GA) LXIII, Überschrift, Frankfurt a. M. 1975.

343) F. Rodi, "Die Bedeutung Diltheys für die Konzeption von Sein und Zeit," *Dilthey-Jahrbuch* 4 (1986-1987), 161-176.

344) Heidegger, *Unterwegs zur Sprache* (Pfullingen 1960, zweite Auflage), 96.

원적인 의미에서 사용한다. 해석학이란 해석기술에 대한 이론도 아니고 해석자체도 아니고 "해석학적인 것으로부터 해석의 본질을 규정하는 시도"이다.[345]

하이데거는 세계와 역사 안에서 자신을 근원적으로 이해하고 해석하는 현존재의 본질에서 해석의 본질을 규명하고자 한다. 그러므로 해석학은 인간 현존재의 자기이해와 존재 이해의 해석이 된다.[346] 해석학에 대한 체계적인 처소규정은 『존재와 시간』(Sein und Zeit)에서 반쪽 정도로 할애되는 데서 나타날 뿐이다. 해석학은 존재의 근원적인 의미와 명료화에 대한 존재론적 질문과의 관계 속에서 나타난다.

하이데거는 후기 저서에서 외면적으로는 해석학적 질문과 결별하는 것으로 보인다. 하이데거의 본래적인 해석학은 그의 초기 강의들에서 나타나고 후기에서는 존재 자체에 집중하는 사유가 지배적이다. 이 후기의 사유에서 존재 자체를 텍스트의 사실로 발전시키는 가다머의 해석학이 시작된다.[347]

2. 전기(前期) 해석학 : 사실성의 해석학

하이데거는 해석 자체 내지 해석을 그것의 적용 조건, 수단 그리고 규칙론인 전통적인 의미에서 사용하는 해석학과는 다르게 사용한다. 쉴라이에르마허와 딜타이 이래로 해석학은 정신과학의 방법론적 정초와 관련하여 이해의 기술학(Kunstlehre des Verstehens)으로 이해되었으나 하이데거는 해석학이라는 단어를 존재론적으로 사용한다: "해석학은 자기 전유(專有)

345) Ibid., 97f.
346) E. Coreth, *Grundfragen der Hermeneutik,* Herder, Freiburg, Basel und Wien, 1969, 31, 신귀현 번역, 28.
347) Jean Grondin, *Einführung in die Philosophische Hermeneutik,* 120.

의 현존재를 그의 존재 성격에 있어서 이 현존재 자체에 접근하게 하고 알려주고, 현존재가 억압되는 자기소외로 되돌아 가는 과제를 갖는다. 해석학에서 현존재가 자기 자신에 대하여 이해하는 가능성이 형성된다."[348] 하이데거는 해석 이론이 아니라 현존재의 자기 투명화와 관련하여 해석 자체를 해석학의 과제로 삼는다. 여기서 해석학은 현존재가 자기 자신을 투명화 시킬 수 있도록 하는 사실성의 자기해석(Selbstauslegung der Faktizität)으로 나아간다.

하이데거는 그래서 자기(das Selbst)의 해석학적 파악을 이해와 연결한다. 존재이해는 자기의 본질규정의 하나로서 인간인 현존재에게 속하기 때문이다. 해석학은 이러한 이해, 자기이해를 전개해야 한다. 자기 자신의 현존재인 실존은 해석학의 주제여야 한다. 해석학은 현존재의 존재 성격을 드러내어야 한다. 그리고 현존재를 그것의 사실성에 있어서 파악해야 한다.

하이데거의 이러한 해석학적 의도는 1923년 여름학기 "존재론. 사실성의 해석학"(Ontologie. Hermeneutik der Faktizität)에 대한 강의로 구체화된다. 사실성의 해석학은 존재론으로 나타내어진다. 존재론이란 "존재 그 자체를 지향하는 질문과 규정"이다.[349] 존재론은 가장 탁월한 존재자인 현존재에 대하여 질문한다. 이 사실성의 해석학에 있어서 현존재에게 "그의 존재의 근본구조가 고지되어야"(kundgegeben) 한다.[350] 그것은 현존재의 관심구조의 해석이다. 현존재의 관심구조는 모든 판단 배후 그리고 이전에 표현되고 이해 안에서 가장 기본적으로 표현된다.

존재의 근본구조를 드러내기 위해서 사실성의 해석학은 자기 현존재에 대하여 비판적이다: "해석학은 파괴라는 길에서만 그 과제를 수행한다."[351] 왜냐하면 현존재는 이 세계 안에서 얽매여 자기오해 내지 자기 오류에

---

348) GA LXIII, 10.
349) GA LXIII, 1.
350) Heidegger, *Sein und Zeit*, 37.
351) GA LXIII, 105.

사로잡혀 있기 때문이다. 여기서 해석학은 비판적이어야 한다. 사실성의 해석학은 비판적인 태도를 가지고 현존재의 재래적인 설명을 제거하거나 파괴해야 한다. 해석학은 부정적인 차원에 있어서 전통이 실존을 그 자체에 대하여 은폐하는 한에 있어서 전통을 깨뜨린다. 긍정적인 빛에서 보면, 파괴는 전승된 전통 배후에 숨어 있는 현존재의 원초적 경험을 다시 드러내고자 한다.

하이데거는 사실성의 해석학이 현존재의 근원적 경험을 전유(專有, eignen, appropriate) 하는 작업을 "형식적인 지시"(formelles Indikatives)라는 개념으로 표현한다. "형식적인 지시"는 현재 있는 것에 대한 지시가 아니라 현존재의 특수한 해석의 행위를 부르는 "현존재를 이해되도록 함"이다.[352] "형식적 지시는 그러한 이해에 있어서 접근되는 현존재 구조를 이해하는 가능적 방식이며 파악하는 가능적 방식이다."[353] "해석한다"(hermeneuein)를 지시하는 진술로서 형식적 지시는 해석학적 지시의 성격을 갖는다.

3. 해석학 – 현존재의 현상학

전기(前期) 하이데거는 해석학을 현존재의 현상학으로 기술한다. "현상학적 기술의 방법적인 의미는 해석(Auslegung)이다. 현존재의 현상학이 지니는 로고스는 고지(告知, hermeneuein)의 성격을 갖는다. 이 고지(告知)를 통해서 현존재 자체에 속하는 존재이해에 존재의 본래적인 의미와 존재의 자기 고유한 근본구조가 드러난다. 현존재의 현상학은 해석의 일을 나타내는 단어의 원래적인 의미에 있어서 해석학이다."[354] 현존재의 현상학이란

352) GA XXI, 410.
353) GA LXIII, 80.
354) Heidegger, *Sein und Zeit*, 37.

이해구조를 기술적(記述的)으로 증시(證示)하는 것이다.

전기(前期) 하이데거는 사실성의 해석학으로서 "현상학적 길"을 가려고 한다.[355] 사실성의 해석학이란 바로 현상학이 가야 할 길을 제시한 것이다. 하이데거는 그의 스승 훗설로부터 현상학을 "탐구의 방식"(Weise der Forschung)[356], 다시 말하면, "보이는 대로 그리고 보여지는 한에 있어서 요구함"(etwas Ansprechen, wie es sich zeigt und nur soweit es sich zeigt)으로 받아들인다. 그럼에도 불구하고 탐구방식의 구체적인 실행은 훗설과는 다른 방식으로 나아간다.

하이데거는 훗설이 대상의 양식자체로부터 대상의 엄격성의 의미를 발전시키는 것이 요구되는 곳에서도 수학적 엄격성의 선입견에 의하여 지배되고 있다고 비난한다. 하이데거는 현상학적 방법을 사용하면서도 현상학을 존재질문을 위하여 사실성의 해석학으로 변형시키고 있다. 여기서 현상학은 "사상 자체로"(zur Sache selbst) 되돌아간다. 즉, 현상학은 존재의 현상을 형이상학적 전제로부터 자유스럽게 기술하는 요구를 따른다. 여기서 현상들은 "그것들이 그것들 자체에 있어서 보여지는 대로 받아 들여진다".[357] 하이데거의 해석학은 방법적으로는 드러나는 현상을 있는 그대로 드러내는 현상학이요, 내용적으로 존재자의 존재, 존재 의미를 탐구하고자 하는 존재론이다.[358] "존재론은 단지 현상학으로서만 가능하다."[359]

여기서 하이데거는 현상학의 이념만 취하고 환원의 절차를 수행하는 훗설의 선험적 현상학의 길을 따르지 않고 있다. 오히려 사실성의 해석학은 이해에 근거하고 있다. 그리하여 현상학은 하이데거에 있어서 해석학적 현상학(hermeneutische Phänomenologie)이 된다. 해석학적 현상학이란 사실

---

355) GS LXIII, 67.
356) GA LXIII, 67.
357) GA LXIII, 74.
358) 이남인, "하이데거의 실존론적 해석학", 『해석학은 무엇인가?』 한국해석학회, 1995, 42-43.
359) M. Heidegger, *Sein und Zeit*, 35.

적 삶의 기술이 되며, 더 이상 훗설이 행하는 형상적 의식분석(eidetische Bewusstseinsanalyse)이 아니다. 하이데거는 그것 자체에 있어서 보여지는 것에 대한 단순한 파악에 만족하지 않는다. 그렇게 보여지는 것은 "사상(事象) 자체"가 아니라 우연한 것일 수 있다. 그러므로 은폐에서 벗어난 사상(事象) 파악을 해야 한다. 이것을 위해 은폐 자체의 역사를 드러내는 것이 필요하다.[360] 하이데거는 이러한 연관에서 현상학의 역사 부재를 극복해야 하는 "근본적인 역사 비판"(grundsätzliche historische Kritik)을 수행한다.[361] 하이데거 사유의 길에 있어서 사실성의 해석학이란 기초존재론으로 전개되는 현존재 분석의 전단계(Vorstufen der Daseinsanalyse)이다. 사실성의 해석학이란 존재 자체의 질문에 앞서 수행된다.

4. 현존재 분석 – 기초존재론

전기(前期) 하이데거는 『존재와 시간』(Sein und Zeit)에서 서구 철학의 역사가 망각한 존재 질문을 다시 제기하고 그래서 형이상학의 전통을 새롭게 하고자 한다. 서구의 전통 형이상학에서는 시간을 존재분석의 배경으로 고려하지 아니하므로 존재는 플라톤 이후 초시간적인 것으로 관찰되었다. 하이데거의 분석에 있어서 이제 시간(Zeit)은 기본적인 요소를 이룬다. 현존재는 시간성(Zeitlichkeit)에 따라서 해석된다. 따라서 사실성의 해석학에 있어서 시간의 우위 설정은 자연스러운 것이다. 우리의 일상적 삶이 시간 성격을 통해서 규정되기 때문이다. 우리는 현재 속에 살면서 과거와 연관되고 미래를 기대하기 때문이다.

『존재와 시간』에서 하이데거는 현존재 분석에서 출발한다. 현존재의 특

---

360) 이정복, " 후설의 현상에 대한 하이데거의 비판", 『현대철학과 해석』1, 해석학연구회, 1994, 38-39.
361) GA LXIII, 75.

성은 "세계-내-존재"(In-der Welt-sein)로 규정되며 심려(Sorge)의 분석을 통해서 확정된다. "세계-내-존재"로서 현존재는 근원적으로 사물 곁에 있다는 것이 분명해진다. 그는 실천적으로 관심(Besorgen)의 방식으로 사물과 접촉한다. 학문의 이론적 태도는 현실 접근의 파생된 방식(abgeleitete Weise)으로 나타난다. 우리와 만나는 사물들은 실천적인 연관 속에 있으며 그래서 의미를 지닌다. 세계는 이러한 지시 연관의 전체이다. 현존재는 심려를 통해서 세계와의 지시 연관 속에 있다. 현존재가 심려를 통해서 갖는 사물과의 실천적인 연관이 바로 일차적인 "해석학적으로서"(Rermeneutisches)이다.

"세계-내-존재"는 사물과의 교제로서 관심을 갖는다. 현존재로서 "세계-내-존재"는 심려(Fürsorge)를 갖는다. 현존재는 그의 존재와 관여한다. 그러므로 현존재는 관심과 심려(心慮)로써 자기 자신의 존재에 대해 걱정(Besorgen)한다. "내-존재"(In-sein)에서 현존재는 세계에 기투(企投)되었음이 드러난다. 기획 속에서 현존재는 "기투성"(企投性, Geworfenheit)을 받아들인다. 이러한 기투성, 기획(Entwurf)과 명료화 (Artikulation)는 정조(情調, Gestimmtheit), 이해와 언설(言說, Rede) 속에서 드러난다.

5. 이해 – 실존성 또는 존재방식

전기(前期) 하이데거는 인간의 근본규정을 실존성(Existential)으로 본다. 우리가 산다는 것은 그냥 목석처럼 있는 것이 아니라 일정한 정조(情調, Stimmung)와 기분 속에 있는 것을 말한다. 정조는 근원적으로 드러내는 기능을 가지고 있다. 존재는 인식을 통해서가 아니라 정조를 통해서 드러난다. 이 정조는 현존재가 있는 방식이다. 현존재가 있는 방식이 이해이다.[362]

---

362) Heidegger, *Sein und Zeit*, # 31.

전기(前期) 하이데거는 이해란 이해방식이나 방법이 아니라 인간의 존재론적 규정이라고 본다. 인간의 존재가 이해 속에 있다는 것이다. 인간으로 산다는 것은 다른 인간과 사물과의 연관 속에서 자기 자신을 이해한다는 것이다. 인간은 현존재이다. 인간 존재는 존재가 드러나(da) 있는 존재이다.[363] 인간은 가능성의 존재이다. 이해가 실존성이라는 것은 이해 속에서 존재가 드러난다는 것이다. 이해는 드러냄(Erschliessung)이요 세계-내-존재의 근본규정(die Grundverfassung des In-der-Welt-sein)이다.[364] 세계 이해는 실존이해이다. "정황성(Befindlichkeit)과 이해는 실존성으로서 세계-내-존재의 근원적인 드러남(die urspruengliche Erschlossenheit)을 특징지운다."[365]

실존성으로서 수행되는 이해 분석의 연관에서 하이데거는 해석(Auslegung)에 관하여 말한다. 해석이란 이해 속에 내포된 가능성의 작업이다. 해석이란 명료한 이해(ausdrückliches Verstehen)이다. "단순한 봄"(schlichtes Sehen)도 이미 해석이다. 우리는 어떤 것을 꽃으로, 들로, 나무로 보기 때문이다. 어떤 것은 하나의 연관으로부터 이해된다.

그래서 해석은 소여에 대한 전제 있는 파악이다. 해석은 이해방식을 조건지우는 어느 선견류(先見類)에 근거한다. 하이데거는 진술 자체도 해석에 근거한다고 말한다. 연장(鍊匠) 사용에서 어떤 것은 망치로서 어떤 목적 연관에서 파악된다. 그러나 이것은 진술에 있어서는 이 실천연관으로부터 풀려나와 파악된다. 용도적인 것(Zuhandenes), 망치는 진술 속에서 단지 현존적인 것(Vorhandenes)이 되어 버린다. 언설은 현존성과 이해와 더불어 세 번째 실존성으로 주제화된다. 언설(Rede)은 이해된 것을 명료화한다. 언설을 통해서 세계의 이해성은 분절화 된다. 하이데거는 현존재의 기초분석

---

363) 홍성하, "지향성 개념에 대한 해석학적 현상학", 『해석학은 무엇인가?』, 한국해석학회, 1995, 35.
364) Heidegger, *Sein und Zeit*, 144.
365) Ibid., 148.

에서 현존성과 이해와 언설을 실존성의 세 가지 요소로서 증시한다.[366]

여기서 해석학은 존재론적으로 정위된다. 물론 해석학은 존재 질문이 제기되는 존재론의 영역에서 논구되고 있다. 첫째, 이해는 일차적으로 실존성으로서 현존재의 방식이다. 실존성으로서 이해는 기초지우는 역사성인 관심을 지시하며 최종적으로 시간성을 지시한다. 하이데거는 현존재 분석의 차원에서 야기되는 해석학적 순환구조(hermeneutischer Zirkel)를 드러낸다. 하이데거는 이해와 해석의 관계를 해석학적 순환으로 파악한다. 해석학적 순환은 순환논리(circulus vitiosus, vicious circle)가 아니라 존재론적 개념이다. 이해란 개별로부터 전체로의 선파악(先把握)이다. "이해에 도움을 주어야 하는 모든 해석은 이미 해석된 것을 이해해야만 했다."[367] 순환구조는 "순환논리"로 간주되어 제거해야 할 것이 아니라 의식적으로 해석의 과정 속에 가져와야 한다. 둘째로 이해는 실존성에 기초되는 파생된 방식에서의 텍스트 이해이다. 하이데거는 정신과학의 방법론인 해석학은 파생된 분야로서 현존재 분석에 뿌리박혀 있다고 본다. 텍스트 이해란 텍스트를 자기의 선이해로 읽는 것이 아니라 텍스트의 타자성(otherness)과 변화성(alterity)을 세밀히 파악하도록 우리의 상황을 투명화시키는 것으로 본다. 여기에는 텍스트에 대한 선이해와 해석 사이의 해석학적 순환관계가 이루어진다.

6. 전통적인 인식론의 극복 : 이해의 선구조

전기(前期) 하이데거는 현존재 이해의 선구조를 드러낸다. 그는 진술(Aussage)을 "해석의 파생적 양식"(abkuenftiger Modus der Auslegung)으로 규정한다. 이해의 선구조(Vorstruktur)란 인간 현존재가 모든 해석 앞에

366) Ineichen, *philosophische Hermeneutik*, Freibuerg/München: Verlag Karl Alber, 1991, 166-7.
367) Heidegger, *Sein und Zeit*, 152.

놓여있는 그의 고유한 해석성(解釋性, Ausgelegtheit)을 통해서 규정된다. 이 해석성이 갖는 근본적인 심려성격(Sorgecharakter)은 명제적인 판단의 평준화가 은폐하는 실존의 원초적인 해석성을 드러낸다. 여기서 우리는 하이데거의 해석학이 진술 이전에서 수행되는 사실성의 해석 구조를 드러내는 것을 알 수 있다. 전기 하이데거의 해석학은 모든 판단 이전에 표출되는 인간 현존재의 심려구조(Sorgestruktur)의 해석이다. 그리고 이해란 인간 현존재의 수행형식이다. 예컨대, 망치는 목수가 가장 잘 이해하고, 축구는 축구선수가 가장 잘 이해하고, 그림은 화가가, 음악은 음악가가 가장 잘 이해한다. 이러한 이해는 악기를 잘 다룬다거나 경기를 잘 하는 것과 같다.

이러한 이해는 전통적인 의미에서의 인식론적 성격을 제거한다. 이해의 인식론적 성격이란 의미적인 사실에 대한 이해적인 파악을 말한다. 하이데거는 드로이젠과 딜타이가 파악한 인식론적 이해를 이차적인 것으로 본다. 인식론적 이해의 근저에는 일차적인 이해과정이 놓여 있다. 이것이 바로 실천적인 이해이다. 이것은 바로 "실존적인 것"(Existential)으로서 우리가 일상적으로 이 세상에서 안주하는 존재방식(Seinsweise) 또는 근본양식(Grundmodus)이다. 이해란 인식의 방식이 아니라 세계 안에서 심려에 의하여 운반되는 "식별"(Sichauskennen)이다.[368] 이러한 일상적인 이해는 거의 항상 불명료하다(unausdrücklich). 그것은 존재방식으로 우리가 이미 그 속에서 살고 있기 때문에 주제화 되지 않는다. 실천적인 이해는 사물과 접촉하면서 사물을 무엇 "으로서"(als) 해석한다. 여기서 사물은 하나의 도구적이고 실천적인 연관 속에서 주어진다. "로서"는 세계 안에서 현존재의 표출되지 않은 접근방식(eine unausgesprochene Umgangsweise)이다. 하이데거는 "실천적인 것"을 "실존론적"이라고 부른다. 왜냐하면 실천적인 것은 실존의 방식이기 때문이다.

여기서 하이데거는 "해석학적 로서"(hermeneutisches Als, hermeneutic

368) Heidegger, *Gesamte Ausgabe*(=GA) 20, Frankfurt a. M. 286.

as)와 "진술적인 로서"(apophantisches Als, propositional as)의 구분을 통해서 이 실천적인 접근방식을 설명한다. 전자는 사물의 선이해의 차원이고 후자는 진술의 차원이다. 그러므로 전자는 후자보다 원초적이다. 예컨데, 우리는 잘 익은 대구 사과 또는 나주 배의 영양소를 알기 이전에 이미 사과의 맛과 색갈에 대한 지식을 가지고 있다. 우리가 해석학적으로 알고 있는 "로서-구조"(als-Struktur)는 아직도 주제화 되지 않으며 선(先)술어적이다. 해석학적 "로서"는 세계에 대해 일차적으로 해석학적인 선구조로서 현존재의 수준에서 작동한다. 그것은 우리의 행동에 속하는 것이다. 하이데거는 해석학적 "로서"는 일차적인 이해의 "로서-구조"이며 진술적인 "로서"는 "로서-구조"의 변양(Modifikation der Als-Struktur)이라고 규정한다.[369] 하이데거는 여기서 해석학을 실존의 선술어적 이해에 적용하고 있다.

이해의 선구조는 선술어적인 이해의 철학적 표현이다. 하이데거는 이러한 이해의 선구조의 분석을 통해서 대상으로서 세계에 대한 관심의 배후에는 현존재의 근본적인 심려가 있는 것을 밝힌다. 인간 현존재는 세계 속에서 자기의 존재가능, 즉 그의 존재에 있어서 존재 자체를 문제시한다. 이해의 존재방식은 현존재의 자기배려 속에 실존적인 뿌리를 가지고 있다. 인간의 현존재는 심려를 통해서 이미 존재론적으로 해석학적이다. 인간은 그의 심려를 통해서 이해 이전에 이미 자기 존재를 선이해하고 있기 때문이다.

인간이해의 다소 무의식적인 축(軸)이 심려이다. 여기서 이해의 기획성격(Entwurfcharakter)이 나온다. 이해는 백지창에 무엇을 칠하는 것이 아니라 이해하는 기획의 양식 속에서 우리는 세계와 관계하고 있다. 기획(企劃)은 우리의 선택이 아니라 이미 우리가 이 세계 속에 내 던져져 있음이다. 기획이란 나의 의지적인 결정이 아니라 나의 현존재의 역사성이며 숙명이다. 이해란 가능적으로 위협하는 세계에 대결하기 위하여 우리 자신의 가능성을 구체화하는 어떤 불명료한 기획에 정위되는 것이다. 이것이 바로

---

369) Heidegger, *Sein und Zeit*, 158, GA 21, 143-161.

이해의 선구조이다. 해석(Auslegung)이란 바로 이해의 선구조를 명료히 함, 즉 해명(Aufklärung)이다.

7. 해석에서 이해의 투명성: 선이해의 전개로서의 해석

여태까지 해석학에서는 해석(Auslegung)이란 이해를 위한 수단으로 기능해왔다. 베티(Betti)가 지적하는 바와 같이 재래의 해석학은 텍스트의 어느 부분이 이해되지 않을 때 해석에 의거해서 이해를 하고자 했다.[370] 그래서 전통해석학에서 해석의 목적은 이해였다. 해석이 이해를 산출한다. 먼저 해석이 오고 다음에 이해가 온다. 해석에 의해서만 이해는 수행된다. 해석 없는 이해는 없다.

그런데 하이데거의 해석학에 의하면 이해와 해석의 관계는 정반대가 된다. 먼저 이해가 오고 그리고 이해의 명료화에서 해석이 나온다. 이해는 상황 속에서 어느 정도의 해석성(Ausgelegtheit)에 근거하고 있다. 이해는 자기를 이해하는 가능성을 가지고 있다. 해석은 이해를 전개하고 끝까지 가져온다.[371] 해석은 실제로 선이해를 투명화(Durchsichtigkeit)하는 것을 돕는다. 올바른 해석의 과제란 이해의 고유한 선구조를 의식화하고 바르게 전개하는 것이다: "이해에서는 이해는 사려(思慮)적으로 이해에 의하여 이해되는 것을 전유(專有)한다. 해석에서는 이해는 다른 것이 되는 것이 아니라 바로 그 자신이 된다."[372]

해석에 있어서 우리는 하이데거의 의도를 해석자의 주관적인 선이해를

370) 김영한, "베티의 정신과학 해석학 – 가다머의 현상학적 해석과의 논쟁을 중심으로 –", 『인문학과 해석학』, 한국해석학회 편,『 해석학 연구』 제8집, 철학과 현실사, 2001. 225-244.

371) Heidegger, Sein und Zeit, 148.

372) Ibid. 영문판, Trans. John Macquarrie and Edward Robinson, New York, 1962, 148.

전개하는 것으로 오해해서는 안된다. 하이데거의 의도는 텍스트를 바로 이해하기 위하여는 먼저 고유한 해석학적 상황(die eigene hermeneutische Situation)을 투명화 해야만 한다는 것이다. 이러한 선이해에 대한 의식화 없이는 이해는 무비판적 착상과 통속적인 개념에 얽매이게 된다.[373] 그러므로 이해를 선구조하는 해석성의 제거가 중요한 것이 아니라 그것의 의식화가 중요하다. 그러므로 하이데거는 해석하면서 형성되는 선구조가 해석의 착상에 들어와야 한다고 본다. 여기서 하이데거는 쉴라이에르마허가 이미 발견한 해석학적 순환구조를 존재론적으로 전개하고 있다. 따라서 하이데거의 해석학은 이해에 내재하는 해석경향을 극단화하는 것으로 이해된다.

하이데거의 해석학은 지식에 대한 칸트의 선험적 비판을 실존론적 존재론적으로 심화(深化)시킨 것이다. 하이데거의 해석학은 이해 자체의 선(先)구조(Vor-Struktur)가 바른 지식의 가능성의 조건에 대한 질문이 제기될 수 있는 기초를 어떻게 제공하는가를 보여주고자 한다. 하이데거는 이해 자체가 가지는 선구조를 이해의 가능성의 조건으로 본다. 하이데거는 칸트가 주제화한 이해의 선험적 조건을 의식의 선천적 구조가 아니라 현존재로서의 인간이 갖는 이해사실의 구조로서 해석하고 있다.

8. 존재론적 진리 - 존재의 드러남

하이데거의 진리론은 해석학적 진리론으로서 여태까지의 형이상학적 진리론과는 다르다. 여태까지 고전적인 형이상학의 진리는 진술의 진리이다. 진술의 진리는 주장문장 내지 규범진술과의 연관에서만 진리 요구와 타당성 요구를 하게 된다. 그래서 진술의 진리는 술어적 진리이다. 여기서 진리는 일치(Adaequatio)이다. 그런데 하이데거는 술어적 진리개념을 존재론적

373) Ibid., 영문판, 153.

으로 근거지운다. 하이데거는 현존재 분석에서 진리개념에 접근한다. "세계-내-존재"는 현존재의 근본특성으로 보여진다. 현존재는 자기이해를 가졌기 때문에 존재진리 이해를 위한 실마리를 제공한다. 여기서 진리는 "드러남"(Erschlossenheit)이다. "드러남은 현존재의 근본양식이다." "드러남은 현존성, 이해와 언설을 통해서 규정된다."[374] 현존성과 이해와 언설은 드러남의 계기들이다.

여기서 하이데거는 진술의 존재론적 드러냄을 말한다. "진술은 그것 자체에 있어서 존재자를 드러낸다(entdeckt). 진술은 존재자를 그것의 드러남에 있어서 보도록 한다(lässt sehen, apophansis). 진술의 참됨은 드러냄(entdeckend-sein)으로서 이해되어야 한다."[375]

하이데거는 진술을 근원적인 해석학적 사건, 즉 선(先)술어적 실존수행의 파생적 계기로 본다. 술어는 현존재의 세계에 대한 근본적 해석학적 관계의 "변양"(Modifikation)이다. 하이데거는 그의 유명한 예로서 무거운 망치를 든다. 일꾼은 처음에는 아무런 말 없이 망치를 사용한다. 그러다가 점차 무거워지는 망치를 느낀다. 그래서 망치는 무거운 것으로 이해한다. 이 "로서"(als)는 그래서 처음에는 표현될 필요 없으나 해석과정으로 나아간다.

"비적합한 연장을 치우거나 바꾸면서 말하는 것 없이 해석은 본래적으로 이론적 진술에서가 아니라 신중한 관심의 행동에서 수행된다."[376] 망치를 다루는 행위에서 해석학적 "로서"는 세계를 해석함에 있어서 작동하고 있다. 이 해석학적 과정은 "이 망치는 무겁다"라는 진술로 나아간다. 여기서 "망치는 무겁다"라는 술어적인 진술에는 근원적인(primordial) 해석계기가 깔려 있다. 술어적인 진술은 이 근원적인 해석수행의 파생적인 성격을 갖는다. 술어적 진술에는 대상인 망치와 질인 무겁다가 연결되어 있다. 진술은 근원적인 해석학적 관계를 구체화한다.

---

374) Heidegger, *Sein und Zeit*, 220.
375) *Sein und Zeit*, 218f.
376) Ibid, 영문판, 157.

하이데거는 진술의 진리를 거부한 것이 아니다. 그는 단지 진술의 선술어적 차원이 도외시 되고 단지 논리적 차원에만 국한되는 언어의 객관화하는 관점을 피하고자 한다. 담화(Rede, discourse)는 현존재가 언어의 무의식적인 사용에서 표명되는 것처럼 현존재의 자기 이해이다. 현존재의 심려가 직접적으로 표명되는 친밀한 담화는 그 속에서 모든 의미사건이 일어나는 이해의 술어적 명료화로서 파악된 이해와 "동(同)원초적"(equiprimordial)이다.[377] 일상적인 담화는 현존재의 신중한 심려구조에 관한 어떤 것을 보여준다. 하이데거는 재래적인 논리적 진술이 대상과의 일치관계만을 주제화함으로써 도외시한 현존재가 가지는 대상과의 선(先)논리적 해석학적 관계를 주제화한다. 그리하여 하이데거는 진리의 존재론적 차원을 해석학의 주요반성으로 가져왔다. 누구든지 해석학적 방식으로 술어적인 어떤 것을 이해하고자 하는 자는 공개적으로 표현되지는 않으나 묵시적으로 의미하는 것에 지속적으로 주목해야 한다.

여기서 진리는 더 이상 인식과 대상 사이의 일치(Übereinstimmung)관계가 아니라 존재의 드러남이다. 하이데거는 재래적인 진리의 일치론(Adäquationstheorie)을 부인하고 진리가 드러남의 존재론을 주장한다. 진리는 인식과 대상과의 일치가 아니라 존재의 드러남이다. 이것을 하이데거는 희랍어 알레테이아(Aletheia)의 해석으로서 "드러남"(Erschlossenheit)이라고 달리 표현한다. 하이데거에 있어서 진술의 참됨과 드러남은 동일하다.[378] 전기 하이데거에서 기술되는 현존재에 의한 존재의 드러남은 후기 하이데거에 있어서는 존재 자체가 자신을 은폐에서 드러낸다. 그리하여 강조점이 존재의 질문을 하는 현존재에서 존재의 "비은폐성"(Unverborgenehit)을 드러내는 존재 자체로 옮겨간다.

---

377) Ibid, 영문판, 161.
378) Ernst Tugendhat, *Der Wahrheitsbegriff bei Husserl und Heidegger*, 1970, 331.

9. 후기 하이데거에 있어서 해석학 : 언어의 존재론적 성격 부각

1) 서구 존재론 전통과의 결별: 선험적 해석학적 사유와 결별

후기 하이데거에 있어서 해석학은 언어를 중심으로 전개된다. 하이데거는 횔더린(Ho˝lderlin), 릴케(Rilke), 게오르그(Georg)의 시를 주해한다. 텍스트의 주석이 후기 사유의 출발점이다. 하이데거는 텍스트와의 창조적 대화로서 텍스트 속에 은폐되어 있는 것을 탈은폐(脫隱蔽) 시킨다. 그의 후기 해석학의 특성은 "텍스트 속에서 말해지지 않은 것"(das Ungesagte), "생각되지 않은 것"(das Ungedachte)을 드러내고 밝히는 것이다. 이것은 존재 자체의 부름에 초점을 맞춘다는 것이다.[379] 언어는 "존재의 집"(Haus des Seins)으로서 더욱 단호하게 긍정된다. 언어는 존재의 원초적이고 초월할 수 없는 계시로서 현존재의 역할을 담당하기 때문이다.[380] 후기 하이데거가 가장 잠재의식에 있는(most subliminal) 존재의 역사(Seinsgeschichte)로 나아가는 것은 『존재와 시간』에서 요구된 우리의 역사적 이해상황의 반성적 전유(專有)라는 의미에 있어서 서구 존재론 전통과의 결별을 의미한다. 그것은 존재역사적인 사유를 위해서 해석학적 사고가 귀속하는 선험적 해석학적 사유로부터 결별하는 것이다.

후기 하이데거에 있어서 우리 이해의 선구조를 드러내는 해석학적인 것은 이제 결과적으로 존재역사를 근거로 한 해석으로 고양되어야 한다. 후기 하이데거는 인간 현존재의 기투성(企投性)을 온전히 의식해서 그의 사유는 거의 존재론적 전통의 해석과의 대결 속에서만 수행된다. 여기서는 자기 투명화는 존재 역사의 면전에서 인간 실존의 유한성 의식으로 이해되어진다. 후기 하이데거는 인간의 극복할 수 없는 기투성(Geworfenheit,

---

379) Richard Palmer, *Hermeneutics*, 이한우 역, 『해석학이란 무엇인가?』, 문예출판사, 1996, 219 강학순. "하이데거 후기사상의 해석학적 함의", 『한국개혁신학』 1권, 1995, 249-250.

380) 한상철, "존재물음과 해석학", 『현대철학과 해석』 1, 해석학연구회, 1994, 57.

thrownness)의 한계를 통찰하기에 이른다. 여기에 후기 하이데거에 있어서 전회(轉回, Kehre)[381] 사상의 핵심이 있다.

후기 하이데거 사고의 중심은 인간 현존재로부터 존재로 옮겨진다. 후기 사상에서는 전기에 강조되었던 "존재 의미의 물음"이 퇴각하고, "존재의 탈은폐에 대한 물음"이 전면에 부각된다. 존재는 역사적으로 인간에게 다가오면서 멀어지며, 개시하며 숨는다. 인간 현존재가 존재를 사유하는 것이 아니라 인간 현존재가 존재로부터 이해되어 진다. 후기 사고에서는 인간 현존재가 존재를 설계하는 것이 아니라 존재가 인간 현존재를 기획한다. 존재는 "던짐(Wurf)으로서 인간본질을 기획했다."[382] 세계는 더 이상 인간 현존재의 기획의 영역이 아니라 "존재의 개방성"(Offenheit des Seins)이며, "인간은 그의 기투된 본질로부터 그가 서 있는 존재의 비춤"(die Lichtung des Seins)이다.[383] 세계는 우리 인간에게 자신을 드러내고 감추는 존재의 사건 속에서 근원을 갖는다. 존재 자신은 스스로의 드러남을 통해서 은폐되고 망각된다. 이것이 존재의 역운(歷運, Geschick)이다. 존재 망각은 인간의 책임이기 보다는 존재 자체의 역운이다. 그러므로 인간 사유는 존재 자체의 도래(Ankunft)를 기다리는 수 밖에 없다. 인간 사유의 과제는 존재의 소리를 경청하며, 존재의 역운을 기다리는 것이다. "존재는 현-존재를 필요로 한다. 이런 전유(專有) 없이는 존재는 본질적으로 존재하지 않는다."[384] "현-존재(das Da-Sein)는 진리의 본질로서의 생기(Ereignis)의 사건 속에서 전유(專有)된 것이다. 그러나 오직 현-존재의 근

381) 전기와 후기의 분기점은 1930-1935년 사이에 수행된 전향이다. 1930년의 "진리의 본질에 관하여"(Vom Wesen der Wahrheit)의 강연의 초고, 그리고 1932년-1935년의 강의들과 원고에서 이러한 전향이 수행된 것으로 본다(강학순, "후기 하이데거의 해석학 고찰 -하이데거의 니체 해석을 중심으로-", 『철학과 현상학 연구』, vol.5, 1992, 278).

382) Heidegger, *Platons Lehre von der Wahrheit mit einem Brief über den Humanismus*, 100.

383) Ibid., 100.

384) Heidegger, *Beiträge zur Philosophie(Vom Ereignis)*, 『철학에의 기여』, 254.

거 위에서만 존재는 진리가 된다."[385] 존재 생기의 사건은 해석하는 사유를 근원적으로 하는 최종적 차원이다.

존재 사건은 존재 역사적으로 이해된 언어사건(ein seinsgeschichtlich gedachtes Sprachgeschehen)으로 이해되어 진다.[386] 이제 언어에 있어서 "존재의 비춤"이 일어나고, 언어 속에서 "존재 이해"가 일어나고, 언어 속에서 "존재의 소리"(die Stimme des Seins)가 말한다. "전회(轉回)"사상은 사실성 해석학에 의하여 작업된 현존재의 기투성(企投性)을 끝까지 사유함에서 성장한 것이다.[387] "전회" 이후에는 존재 의미(der Sinn des Seins)에 대한 물음에서 존재 진리(die Wahrheit des Seins)에 대한 물음으로 나아간다. 이제 현존재는 이해기획의 수행자로서 더 이상 타당하지 않다. 현존재는 존재의 역사로부터 이해기획을 단지 수납할 뿐이다. 따라서 후기 하이데거의 사고는 철저히 해석학에 의하여 침투되어 있다.[388]

그러나 해석학이라는 단어는 후기 사상에서 더 이상 사용되지 않는다. 그 이유는 후기 하이데거는 전기 사상이 수행되고 있는 인간 주체성의 탈권좌화를 시도하기 때문이다. 그리고 해석학적 사유는 아직도 이러한 인간의 주체성의 반성활동에 귀속하기 때문이다. 후기 하이데거는 기투성(Geworfenheit)과 유한성을 극단화한다. 이 극단화는 바로 주체성의 위기요 근대사상의 비판이다. 여기서 하이데거는 이미 오늘날 푸코와 데리다와 료타르를 통하여 수행된 포스트모더니즘의 사상가의 계열로 들어간다. 하이데거 자신이 『존재와 시간』에서 수행한 해석학적 사고는 바로 주체성에 사로잡힌 근대사고를 비판했으며 그리하여 존재론적 전통의 파괴를 수행했던 것이다. 따라서 후기사상은 전기사상에서 함축되고 있는 주체성 탈피

385) Ibid., 293.
386) O. Pöggeler, *Der Denkweg Martin Heideggers* (Pfullingen 1963), E. Coreth, op. cit, 53.
387) Grondin, op. dit., 135.
388) Ibid.

사고의 구체화요 극단화라고 말할 수 있다. 후기 하이데거는 근대적 주체성을 포기하고 언어에 대한 물음을 제기함으로써 존재 사유로 되돌아 오고자 한다. 언어는 원초적인 알림으로서 존재 진리의 사건에 대한 소식을 인간에게 알려 주는 역할을 한다.[389]

2) 언어 존재론적 사유

후기 사상에서 해석학에 대한 언급은 1959년의 작품『언어로의 도정』, 특히 이 저서의 대화 부분에서 나타난다.[390] 해석학의 의미에 대하여 질문을 받고 하이데거는 쉴라이에르마허의 해석학 정의를 주석 없이 "다른 사람의 말, 우선적으로 문서적인 말을 바로 이해하는 기술"이라고 인용한다. 여기서 하이데거는 1923년 여름학기의 "사실성의 해석학" 강의에서 명료히 거부하고, 1927년『존재와 시간』에서는 함축적으로 거부했던 쉴라이에르마허의 해석학의 과제설정을 이제는 인정하면서 수용하고 있다. 후기 하이데거는 다양한 형이상학의 텍스트 주석을 통하여 텍스트와의 사유하는, 진정한 대화를 시도한다. 텍스트와의 주석이란 텍스트 속에 깃들어 있는 존재의 언어와의 대화를 의미한다. 텍스트와의 대화란 존재의 언어가 인간에게 말을 건네오고 인간이 그것에 응답하는 것이다. 그런 가운데 존재의 역운(歷運)(Geschick des Seins)이 해석되고 밝혀진다. 텍스트의 말 건네는 사태에서 출발하는 후기 하이데거의 주석행위는 역사적 형이상학, 시작(詩作, Dichtung) 및 예술 작품의 해석에서 드러난다.[391] 형이상학은 존재자를 그 존재에 있어서 사유한다. 그것은 존재론일 뿐 아니라 신적인 것으로 존재의 정초, 즉 신학이다. 그래서 형이상학은 존재-신-론(Onto-Theologie)[392]으로 파악된다. 소크라테스 이전부터, 플라톤, 데카르트, 니체를

---

389) Otto Pöggeler, 이기상 역,『하이데거의 사유의 길』, 190.
390) Heidegger, *Unterwegs zur Sprache,* Pfullingen 1959.
391) 강학순. "하이데거 후기사상의 해석학적 함의",『한국개혁신학』1권, 1995, 251.
392) M. Heidegger, *Identität und Differenz,* 35 ff. *Nietzsche* II, 344 ff.

거쳐 기술(die Technik)에 이르기까지 형이상학의 텍스트는 각 시대에 나타난 존재의 역운을 드러내고 있다. 텍스트와의 대화란 존재의 언어가 인간에게 말 걸어 오고 인간이 이에 응답하는 것이다. 존재의 진리는 시작(詩作)에서 절정을 이루는 예술 작품의 해석 속에서 드러난다. 그러므로 후기 사상에 있어서 해석학이란 존재가 스스로를 드러내어 빛을 밝히는 탈은폐(Entbergung)의 신비적 과정이다.

『언어로의 도정』이 알려주는 자료에 따르면 하이데거는 해석학을 비밀에 싸인 것으로 거의 동의어 반복적으로 설명한다: 해석학은 "해석의 본질을 우선 해석학적인 것으로부터 규정하는 시도"이다.[393] 여기서 하이데거는 해석학적이라는 것이 무엇인가에 대해서는 크게 기대할 것이 없다고 응답한다. "왜냐하면 사실은 수수께기적이어서 전혀 사실을 논할 수 없기 때문이다."[394] 이 후기 사상에서 하이데거는 비진술성과 수수께기적인 것을 언급하면서 논리적인 차원에서 신비적 차원으로 이행하고 있다. 해석학적인 것이란 "소식을 들을 수 있는 한에 있어서 소식을 전달하는 설명"이다.[395] 모든 해석 이전(以前)에 해석학적인 것이 소식과 전갈(傳喝)을 가져옴(das Bringen von Botschaft und Kunde)으로 나타난다.[396] 소식의 전달은 언어를 통해서만 가능하다. 언어는 해석학적 특성을 가진 것이다. 그리하여 해석학적인 것에 대한 질문은 언어에 대한 질문과 융합된다.

후기 하이데거에 있어서 해석학적인 것은 언어에 대한 신비로운 성찰이 되어버린다. 여기서 언어란 이해하고 들으면서 상응하기 위해서 소식을 가져옴이다.[397] 여기서 언어의 존재론적 성격이 나타난다. 언어는 존재의 집이다. 비록 존재의 언어가 신화적이고 초기의 현상학적인 이해를 탈피하고

---

393) Heidegger, *Unterwegs zur Sprache*, Pfullingen 1959, 98.
394) Ibid.
395) Ibid., 121.
396) Ibid., 122.
397) Grondin, op. cit., 137.

있다고 하더라도 그것이 인간이 이해하고 사용하는 언어인 한에 있어서 그것은 해석학적 지평에 서 있다. 존재가 신비적으로 개시(開示)하고 말하는 세계라고 할지라도 여전히 그것은 언어로 매개된 세계다.[398] 인간 현존재는 여전히 이 언어로 매개된 세계 속에서 생활하고 사고하며 이해한다. 이러한 후기 하이데거의 언어사상을 수용하고 발전시킨 것이 바로 가다머의 언어존재론적 해석학이다.

10. 전기 해석학과 후기 해석학의 연관성 : 연속성과 불연속성

후기 하이데거의 사상은 존재를 시간에서 해명하려고 했던 것에서 돌이켜서 시간에서 존재의 소리 경청으로 되돌아간다. 이 "전회"에 전기와 후기 하이데거 사유의 차이점이 있다. 그럼에도 불구하고 전기와 후기 사이에 연속적인 주제는 존재의 진리이며, 존재에 대한 사유이다. 후기 사상은 전기 사상의 보완, 심화 및 철저화이다.[399] 전기는 존재의 진리를 현존재의 시간성에서 해명하고자 하며, 후기는 존재의 진리를 존재 자체의 생기에서 경청하고, 현-존재 안에서 존재의 진리 자체가 드러나고자 한다. 전기에는 "존재 의미의 물음"이 강조되는 반면, 후기에는 "존재의 탈은폐성에 대한 물음"이 강조된다.[400] 전기 하이데거에 있어서 해석학적 단초 및 발상은 후기 하이데거에 있어서 새로운 차원으로 구체화된다. 초기에서 인간 현존재의 존재방식 및 존재 이행 형태로서의 이해는, 후기에 와서 존재의 진리에 관련하여 전통 형이상학과 시(詩)라는 텍스트에 대한 독자적인 주석과 대

398) E. Coreth, op. cit., 53.
399) R. Palmer, 이한우역, 『해석학이란 무엇인가?』, 207; 전동진, "존재의 시간의 관계- 하이데거의 존재론적 차이에 대해-", 『현대철학과 해석 1』, 해석학 연구회, 서울; 지평문화사, 1994, 84.
400) 강학순, "후기 하이데거의 해석학 고찰", 『철학과 현상학 연구』, Vol 5, 1992, 278.

화로 구체화된다.

1) 연속성 : 존재 사유의 해석학

전기 하이데거는 현상학적 사고로써 현존재 중심의 해석학을 전개하였다. 그는 존재질문을 하는 우월한 존재인 현존재를 중심으로 전개하였다. 사실성의 해석학은 현존재 해석학의 전단계이다. 현존재 해석학은 기초존재론이다. 기초존재론은 존재론을 위한 기초가 된다. 존재이해를 현존재 해석학이라고 하였다. 이러한 존재론적 이해에는 훗설적인 의미에서 표상적 사고가 지배한다. 전통적 논리학을 거부하지만 아직도 인간 현존재 중심의 표상적 사고가 남아 있다. 하이데거는『존재론, 사실성의 해석학』에서 다음 같이 피력한다: "해석학은 각각의 고유한 현존재를 그것의 존재 성격 하에 이 현존재 자체에 접근 가능하게 하고, 알리고, 현존재가 무너뜨린 자기 소외를 추적할 과제를 지닌다. 해석학에서 현존재에 있어서 자기 자신을 이해하면서 형성하고 있게 할 수 있는 가능성을 형성한다."[401]

후기 하이데거 사유에서 인간 현존재 중심의 "존재 의미의 물음"이 퇴각하고, 존재가 인간 현존재를 향하여 소리를 경청한다. "존재의 탈은폐에 대한 물음"이 전면에 부각된다. 후기 하이데거는 존재의 역운(歷運, Geschick)을 말한다. 존재는 역사적으로 인간 현존재에게 다가오면서 인간과 멀어지며, 자신을 개시하면서 동시에 숨는다. 더 이상 인간 현존재가 존재를 사유하는 것이 아니다. 오히려 존재가 인간 현존재로 하여금 존재를 사유하도록 기다린다. 세계는 우리 인간에게 자신을 드러내고 감추는 존재의 사건 속에서 근원을 갖는다. 존재 자신은 스스로의 드러남을 통해서 은폐되고 망각된다. 이러한 존재의 역운(歷運, Geschick) 속에서 텍스트 이론이나 현상학적 사유로서의 해석학적 사고는 더 이상 중요하지 않다.

---

401) M. Heidegger, *Ontologie, Hermeneutik der Faktizität*, 15.

인간 사유는 존재가 드러나는 존재, 즉 현-존재의 역할을 한다. 인간 현존재는 존재를 기획하는 것이 아니라 존재가 자기를 드러내는 처소라는 의미에서 현-존재(Da- Sein)이다. 현-존재의 전유(專有)없이 존재의 언어는 말하지 않고, 소리를 발하지 않는다. 존재의 생기는 바로 인간의 현-존재 속에서 생기된다. 존재는 그 자체의 진리를 발하나, 그것을 드러내고 해석하는 자는 바로 인간 여전히 인간 현-존재다.

하이데거는 『사유의 사실』에서 다음같이 말한다: "존재의 개시가능성에 관한 사유는 우선 인간의 탁월성에 해당하는 사유이다. 『존재와 시간』에서부터 그 사유는 이해하는 사유라 일컬어 질 수 있다. 다른 한편으로 사유는 역시 존재하는 사유의 관계와 존재 물음 일반을 사유하는 해석하는 사유이다."[402] 전기의 해석학은 이해하는 사유이다. 그리고 이 사유는 존재와 사유의 관계와 존재물음 일반을 사용하는 해석하는 사유이다. 후기의 해석학은 해석학을 그것의 근원으로 질문하면서 밝히고자 한다. 우리는 팔머와 같이 다음같이 말할 수 있다: "『존재와 시간』은 후기 사상이 자라난 토양이다. 하이데거는 처음부터 끝까지 존재를 조명해 주는 방법인 해석학적 과정에 관심을 가졌다."[403]

2) 불연속성 : 현존재에서 존재로 해석의 관점이 옮겨감

후기 하이데거의 해석학은 현존재 중심의 존재이해에서 존재중심의 존재이해로 옮겨간다. 전기의 존재이해는 아직도 인간학적 차원에 머물고 있으며, 그것은 진정한 의미에서 존재에 대한 해명이라고 볼 수 없다. 전기의 진리 개념은 "드러남"(Erschlossenheit)이나 후기의 진리 개념은 "비은폐성"(Un-Verborgenheit)으로 특징지워진다.[404] 존재에 대한 진정한 이해란 인

---

402) M. Heidegger, *Zur Sache des Denkens*, 27.
403) R. Palmer, ibid., 207.
404) Ernst Tugenhat, *Der Wahrheitsbegriff bei Husserl und Heidegger*, Berlin: Walter de Gruyter & Co., 1970, 352, 387.

간 현존재 중심의 이해가 아니라 존재가 우리 인간에게 스스로 말하는 존재의 소리를 듣게 되는 명상적 사고로 나아가는 것이다. 그러므로 더 이상 존재사유의 방법은 전기에 사용한 현상학적기술의 방법이 아니라 형이상학적 문헌들을 읽고 그 문헌에서 말하는 존재의 소리를 경청하는 신비주의적 방법으로 나아간다. 존재중심의 해석학이다. 후기 하이데거는 인간의 극복할 수 없는 기투성(Geworfenheit, thrownness)의 한계를 통찰하기에 이른다. 여기에 전회(轉回, Kehre) 사상의 핵심이 있다.

후기에서 하이데거는 현상학, 해석학 및 형이상학의 용어를 일체 포기한다. 그의 사유는 논리적인 차원에서 신비적 차원으로 이행하고 있다. 표상적 사고에서 명상적 사고로 옮겨간다. 후기 사상에서 해석학적인 것이란 "소식을 들을 수 있는 한에 있어서 소식을 전달하는 설명"[405]이다. 그는 철학의 본령으로 진입해 가면서 해석학의 근원 지평을 열어 밝히고자 한다. 생기의 사건 안에서 해석학의 근원지평이 열린다. "해석학이란 『존재와 시간』에서 해석술도 아니고 해석 자체도 아니고, 오히려 해석학의 본질을 맨처음으로 해석학적인 것으로부터 규정하려는 시도를 의미한다."[406] 여기서 하이데거는 존재와 사유의 관계는 본질적으로 존재물음의 각 단계에 속한다는 사실을 밝힌다. 이런 존재와의 연관 속에 있는 사유만이 근원적인 의미에서 해석학의 근원을 밝히고, 본래적인 의미에서 해석학적 사유가 된다.

후기 하이데거는 형이상학적 문헌에서 나오는 존재의 언어를 명상한다. 존재의 사유는 그냥 마음 속에서 명상하는 데서 듣는 것이 아니라 횔더린, 릴케, 게오르그 등 위대한 형이상학의 존재 사상가들의 텍스트를 매개로 하고 있다는 점이다. 그러므로 존재를 향하여 탈존하는 신비적 사유는 단순히 사변적이라고만 볼 수 없다. 형이상학적 텍스트를 읽으면서 존재의 사유는 텍스트와의 대화 속에서 전개한다. 여기서 언어는 중요시된다. 언

405) Heidegger, *Unterwegs zur Sprache*, Pfullingen 1959,, 121.
406) M. Heidegger, *Unterwegs zur Sprache*, Pfullingen 1959,, 93.

어는 더 이상 하나의 문장적 전달 매체임을 넘어서서 존재가 말하는 존재의 집이다. 후기에서 오히려 전기에서 배제하였던 텍스트 해석을 중요시한다. 그러나 이 텍스트 해석이란 더 이상 전통적인 문법적 해석이 아니라 텍스트에서 말하는 존재 언어를 듣는 대화하는 신비적 해석이다. 텍스트와의 주석이란 텍스트 속에 깃들어 있는 존재의 언어와의 대화를 의미한다. 텍스트와의 대화란 존재의 언어가 인간에게 말 건네오고 인간이 존재 언어에 응답하는 것이다. 텍스트의 말 건네는 사태에서 출발하는 후기 하이데거의 주석행위는 역사적 형이상학, 시작(詩作, Dichtung) 및 예술 작품의 해석에서 드러난다. 여기서 존재는 인간의 차원을 넘어선 신성한 시적 존재로 우리에게 다가온다.

후기 사상의 정점과 목표는 모든 존재이해가 근거하고 있는 근원적 지평인 생기의 사건영역에 도달한다. 이 영역 안에서 시간, 공간, 세계, 사물, 언어, 가까움, 존재는 고유한 놀이 공간을 확보한다. 이것들은 동어반복적인 사건으로 현성한다. 이 현성(Wesen) 안에서 모든 존재자가 나타나며, 존재의 자기 해석의 다양한 측면이 드러난다. 존재 이해 및 해석학은 완결된 것도 아니고, 도상에 있다. 이해와 해석은 언제나 불완전하며 보완을 요구하며 열려 있다.

11. 평가 : 해석학의 존재론화 – 진리 기준의 부재

첫째, 하이데거는 이해와 진리개념을 인식론적 개념으로 보지 않고 존재론적 개념으로 변형시켰다. 이해는 더 이상 텍스트나 언설의 이해가 아니라 인간 현존재의 존재방식이다. 이해란 하이데거에 있어서 하나의 "존재가능"(Sein-Können)이다. 진리는 더 이상 주관이 대상과의 맞음(Angleichung)이라는 의미에서 인식과 대상의 일치구조를 가지지 않고, 드러난다는 존재론적 의미를 갖는다. 그리고 이러한 진리의 존재론적 개념은 진리를 드러내는 데 있어서 더 이상 후설적인 표상과 대상이 상응하는 일치이론이 아니라 감춰진 것을 드러나게 하는 해석학적 절차가 필요시된다.

그러나 여기서 전통적인 인식론에서 항상 수행된 진술 진리의 기준이 상실되고 있다. 그러므로 진리개념의 기초존재론적 정초의 성과는 불만족스럽고 불투명하게 된다.[407] 진리가 드러남으로 받아들여진다면 문장에 대한 참과 허위의 기준은 탈락된다. 참 문장과 거짓문장이 모두 드러남이기 때문이다.[408] 6백만 유대인을 학살한 나치에 대한 하이데거의 침묵 역시 존재의 진리 성격 때문이라는 비판이 제기될 수 있다.[409] 해석학은 더 이상 방법의 개념이 아니기 때문에 하나의 경험적 인식이나 역사적 사실이 참이냐 거짓이냐를 판별할 수 없게 된다. 이해는 실존성이며, 텍스트나 의미체의 이해나 해석은 실존성에 기초된 파생된 방식이다. 여기서 엄격한 의미에서 해석학적 훈련으로서 인식론적 내지 이해의 비판은 있을 수 없게 된다.

둘째, 하이데거는 방법론적 사고에서 벗어나 이해를 현존재의 유한성의 사실성에 근거지우고자 했다. 하이데거는 자기 스승 후설의 엄격한 현상학적 방법론적 사유로써는 세계내 존재인 인간 현존재를 제대로 이해할 수 없다는 사실을 알았다. 하이데거는 사실성의 토대에서 시작되는 해석학적 착상으로부터 정신과학의 이해를 파생적이고 이차적인 것으로 격하시켰다. 그에게는 이해를 정신과학의 방법론적 왕도로 고양하는 것은 역사주의가 빠져 들어간 미궁(迷宮) 이외 다른 것이 아니었다. 그래서 방법화되는 이해란 그에게 있어서 19세기의 역사적 상황 속에서 확고한 퇴각을 발견하고자 하는 절망적인 시도였다.

후설이 내걸었던 아르키메데스점의 이념은 초시간적이고 최후의 기반을 요구하는 근대적 형이상학적 착상을 말한다. 이 착상은 인간의 시간성으로

407) Ineichen, op. cit. 169.
408) Ineichen, op. cit., 177.
409) 모리스 블랑쇼, 정치평론, 1953-1993, 고재정 옮김, 그린비, 256;
이한수, "유태인의 학살에 침묵했던 하이데거", 조선일보, 2009년 6월 13일, A19.

부터 도피를 말하는 것이었다. 이 착상은 인간이 처한 시간성의 망각에서 나온 환상(幻像)이다. 그래서 하이데거는 최종적 정초의 환영(幻影)을 찾는 대신 인간 현존재의 유한성으로 되돌아와 그것의 선판단의 구조를 이해의 존재론적 표시로서 파악한다. 그리하여 하이데거는 역사주의의 인식론적 문제설정을 극복하고자 했다. 그럼으로써 하이데거는 근대철학이 망각한 인간 현존재의 유한성을 다시 주제화하였다. 여기서 하이데거는 자기 스승 훗설이 주제화하였던 순수의식에 주어지는 절대적 인식 이념 대신에 유한한 현존재가 존재방식으로 가지는 선이해의 구조를 실존론적으로 드러냄으로써 인간 이해의 진정한 가능성을 드러내었다.

셋째, 전기 하이데거의 존재론적 해석학은 전통적 해석학의 사고순서를 바꾸고 있다. 전통적 해석학은 해석(解釋)-이해(理解), 즉 해석을 통해서 이해가 오는 것을 말한다. 이해란 텍스트나 의사소통에 있어서 장애가 일어났을 때, 이 오해를 해석함으로써 장애가 치워지고 이해가 일어나는 것으로 본다. 해석 다음에 이해가 온다. 이에 반해서 하이데거의 해석학은 이해(理解)-해석(解釋), 즉 해석 이전의 이해, 선이해를 말하고 있다. 해석이란 선이해를 투명화 하는 것에 불과하다는 것이다. 이해 다음에 해석이 온다. 이러한 하이데거의 해석학은 전통적 해석학의 방법론적 사고를 무너뜨리면서 방법보다는 진리의 사건에 더 충실하고자 하는 사고의 전환을 가져오고 있다.

넷째, 하이데거에 있어서 해석학이란 단순히 이해와 해석에 관한 학문이 아니라 존재자와 인간의 연관을 고지하고 제시해주는 본원적인 소식이다. 이 연관은 해석학적 연관이다. 해석학적이란 소식을 가져옴을 의미하고, 인간은 그런 소용(所用) 속에서 현존한다는 것이다.[410] 이것이 인간 현존재의 존재방식이다. 해석학이란 해석의 기술이나 해석 자체도 아니다. 해석학이란 "해석의 본질을 맨 처음으로 해석학적인 것으로부터 규정하려는 시

410) M. Heidegger, *Holzwege,* 『숲길』, 119.

도를 의미한다."[411] 존재와 사유, 존재와 인간의 관계는 본질적으로 해석학적 연관 속에 있다. 해석학의 근원이란 인간 사유가 존재와의 근원적인 연관 속에 있다는 사실이다.[412] 그러므로 인간 존재 자체가 해석학적이다. 전기 사상의 해석학은 현존재의 존재이해 가능성을 밝히고자 한데 반해서, 후기 사상의 해석학은 인간 존재에 물음을 제기하는 존재 자체의 언어를 예술품이나 시작(詩作)을 통해서 드러내는 것이다.

다섯째, 후기 하이데거는 언어를 존재의 집으로 규정하면서 오늘날 컴퓨터공학이나 사이버시스템이 기호적으로 처리하는 과학기술주의에 대하여 언어의 본질과 사상의 중요성을 다시 발견하였다. 언어는 단순히 기술을 나타내는 부호나 기호를 넘어서서 존재의 진리가 드러나는 집이다. 이 언어를 사용하고 언어의 의미를 반성하는 것이 인간 사고의 특성이다. 오늘날 과학기술은 인간 사고를 단순히 표상적인 차원에서 오용하고 있다. 여기서 하이데거는 초연(超然)함(Gelassenheit)을 말한다. 초연함이란 사상의 실용적 차원에 얽매이지 않고 그것의 의미의 차원을 드러내는 사고를 말한다.[413]

여섯째, 이러한 후기 사상은 전기의 현존재의 해석학에서 멀어지고 존재의 역사로 돌아가 이 가운데 나타난 시(詩)나 신화(神話)의 언어를 해석한다. 그의 후기 사상은 현대적 기술문화에서 퇴각하여 자신을 드러내고 감추는 존재의 빛으로 되돌아가게 함으로써 역사적인 문화현실의 해석에서 도피하는 심오한 해석의 사고를 제시하고 있다. 전기 사상은 현대문명 속에 얽매인 인간으로 하여금 존재의 질문을 하도록 하고 인간 현존재를 해석학적으로 규명하도록 했다. 이에 반해서 후기 사상은 이러한 인간 현존재의 해석학에서 떠나서 존재 자체의 빛으로 탈존(脫存)해 들어감으로써

---

411) M. Heidegger, *Unterwegs zur Sprache,*『언어에의 도상에』, 93.
412) 강학순. "하이데거 후기사상의 해석학적 함의",『한국개혁신학』1권, 1995, 269.
413) 김영한,『하이데거에서 리꾀르까지』, 박영사, 1993, 전정판, 2003 , 58-63.

인간 현존재와 문화에서 탈피하는 신비주의로 떨어지고 있다. 인간 현존재와 문화에서 도피하여 시나 신화적 언어를 조명함으로써 드러나는 존재의 소리를 해석해 내는 것은 합리적인 해석학적 사고에서 떠나서 신비적 사고로 나아가는 것이다. 여기서 해석학적 사고는 전기의 존재론적 해석학이 아니라 신비적 언어의 해석학이다.

맺음말

전기 하이데거는 전통적 의미의 해석학을 존재론적으로 전향시켰다. 그는 해석이론이 아니라 해석의 성격을 이미 가지고 있는 인간 현존재의 해석학적 선이해 구조를 분석해 내었다. 그는 해석학의 과제로서 문헌의 해석이 아니라 인간 현존재의 해석학적 구조를 들추어내었다. 이해란 사실의 인식이 아니라 인간 존재의 방식이다. 하이데거는 인식론적 질문을 존재론적 질문으로 대체시켰다. 인식론적 타당성의 정초가 아니라 존재론적 정초를 문제시하였다. 그리고 인간 현존재의 해석은 궁극적으로 존재질문으로 나아가는 실마리로 삼았다.

후기 하이데거는 인간 현존재의 해석이 아니라 서양 형이상학자들의 텍스트를 주석하면서 존재의 역사로 나아가서 존재 자체의 소리를 듣고자 한다. 이것은 서구 존재론 전통의 파괴와 결별을 의미한다. 하이데거는 존재역사적인 사고를 위해서 해석학적 사고가 귀속하는 선험적 해석학적 사고로부터 결별한다. 여기서 해석학이란 존재가 스스로를 드러내는 탈은폐(Entbergung)의 신비로운 과정이다. 존재는 형이상학, 시작(詩作), 예술 작품을 통해서 말한다. 언어는 존재의 집이다. 여기서 하이데거는 언어의 존재론적 성격을 발견한다. 이러한 존재 진리를 드러내고자 하는 그의 후기 사상은 그의 제자인 가다머의 언어존재론적 해석학의 기반을 조성한다.

전기 하이데거의 해석학을 현존재 해석학이라고 한다면, 후기 하이데거의 해석학은 존재 해석학이다. 존재이해가 전기와 후기를 관통하는 해석학의 주제이나, 그 방법에 있어서 전기는 현존재를 중심으로 하는 현상학적 해석학이었고, 후기는 언어를 통한 존재의 소리를 해석하는 존재언어의 해석학이라고 말할 수 있다.

참고도서

Coreth, E., Grundfragen der Hermeneutik, Herder, Freiburg, Basel und Wien, 1969, 신귀현 번역, 해석학, 종로서적, 서울 1985.

Grondin,, Jean, Einführung in die Philosophische Hermeneutik. Darmstadt, Wissenschaftliche Buchgesellschaft, 1991.

________, Von Heidegger zu Gadamer. Unterwegs zur Hermeneutik, Stuttgart: Wissenschaftliche Gesellschaft, 2001.

Ineichen, Hans, philosophische Hermeneutik, Freibuerg/München: Verlag Karl Alber, 1991, Heidegger, Martin, Sein und Zeit(1927), Tübingen, 14. Aufl. 1967.

________, Unterwegs zur Sprache, Pfullingen 1959, zweite Auflage, 1960, 『언어에의 도상에』.

________, "Platons Lehre von der Wahrheit," in: Wegmarken, Frankfurt: Vittorip Klostermann, 1967, 109-144.

________, "Brief über den Humanismus," in: Wegmarken, Frankfurt: Vittorip Klostermann, 1967, 145-194.

________, Gesamtausgabe(=GA) LXIII, Überschrift, Frankfurt a. M. 1975, GA XXI, GA XXI, Rodi,, F. "Die Bedeutung Diltheys für die Konzeption von Sein und Zeit," Dilthey-Jahrbuch 4 (1986-1987), 161-176.

Pöggeler, O., Der Denkweg Martin Heideggers, Pfullingen: 1963 이기상 역, 『하이데거의 사유의 길』.

Palmer, Richard, Hermeneutics, 이한우 역, 『해석학이란 무엇인가?』, 문예출판사, 1996, Tugendhat, Ernst, Der Wahrheitsbegriff bei Husserl und Heidegger, Berlin, 2. Aufl. 1970.

강학순. "하이데거 후기사상의 해석학적 함의", 『한국개혁신학』 1권, 1995, 240-271

______, "후기 하이데거의 해석학 고찰 -하이데거의 니체 해석을 중심으로-", 『철학과 현상학 연구』, vol.5, 1992, 277-299.

김영한, 『하이데거에서 리쾨르까지』, 박영사, 2003 전정판.

______, "베티의 정신과학 해석학 – 가다머의 현상학적 해석과의 논쟁을 중심으로 –",

『인문학과 해석학』, 한국해석학회 편, 『해석학 연구』 제8집, 철학과 현실사, 2001. 225-244.

이남인, "발생적 현상학과 하이데거의 해석학적 현상학", 『철학』, 53권, 2005, 183-209.

______, "하이데거의 실존론적 해석학", 『해석학은 무엇인가?』 한국해석학회, 1995, 41-74.

이정복, "후설의 현상에 대한 하이데거의 비판", 『현대철학과 해석』1, 해석학연구회, 1994, 27-46.

최태연, "하이데거 후기사상의 해석학적 함의", 『한국개혁신학』1권, 1995, 276-370.

한상철, "존재물음과 해석학", 『현대철학과 해석』 1, 해석학연구회, 1994, 49-72.

홍성하, "지향성 개념에 대한 해석학적 현상학", 『해석학은 무엇인가?』 한국해석학회, 1995, 13-39.

7장 가다머의 해석학적 존재론

머리말

가다머(Hans Georg Gadamer, 1900-2002)는 그의 스승 하이데거의 이해 개념을 수용하면서 이해를 단지 인식주관의 관념적 행위가 아니라 인간 현존재의 근본특성으로 보았다. 가다머는 그의 『진리와 방법』의 서문에서 칸트가 "객관적으로 타당한 경험은 어떻게 가능한가"라고 물었듯이 "이해는 어떻게 가능한가"라고 묻고 있다. 가다머는 하이데거가 주제화한 현존재의 사실성(die Faktizität des menschlichen Daseins)에서 출발하면서 이 현존재를 역사의 전승 속에서 있는 존재, 다시 말하면, 영향사 속의 존재(Sein in der Wirkungsgeschichte)로서 파악하면서 영향사를 인간 이해의 지평으로 분석하고 있다. 칸트가 주관의 범주를 경험의 가능성의 조건으로 보았으나, 가다머는 이해의 가능성의 조건으로서 영향사를 제시하고 있다. 이해하는 실존은 역사적으로 존재하는 유한한 실존이다. 인간은 이해의 지평을 가지고 있는데 이것이 바로 영향사이다. 가다머는 후기 하이데거의 언어 개념을 수용하면서 해석학을 정신과학의 방법론적인 차원에서가 아니라 언어를 이해의 매체로서 사용하는 데서 "해석학의 보편성 요구"(Universalitätsanspruch der Hermeneutik)를 제시하고 있다.

1. 방법론적 사고와의 결별

가다머는 한편으로는 하이데거가 주제화한 현존재의 선이해를 수용하면서, 다른 한편으로는 하이데거에 의하여 미해결로 남겨진 정신과학의 이해를 다시 주제화하고자 한다. 그러나 가다머는 딜타이가 시도한 바 같이 정신과학의 방법론을 전개하고자 하지 않았다. 그 대신 가다머는 이해하는 학문의 예를 들면서 보편타당한 인식이념의 성립 불가능성을 증명함으로써 역사주의 문제설정을 비켜가고자 했다. 따라서 하이데거에 있어서 주변에 머문 역사주의와의 논의는 가다머에 와서 주요과제가 된다.

가다머는 『진리와 방법』 첫째 부분에서 인문과학으로 되돌아 오면서 해석학적 진리를 위한 방법론적 사고와의 결별을 선언한다. 1936년에서 1959년까지 가다머는 일곱번이나 "정신과학입문"이라는 주제로 강연을 했다. 이 강연에서 가다머는 정신과학에 정당화 될 수 있는 해석학을 작업하였다. 이 결과들이 1950년대에 정신과학에 있어서 진리질문에 관한 논문들과 역사의식에 관한 루벵강연(1957) 그리고 1960년에 명저 『진리와 방법』(Wahrheit und Methode)에서 발표되었다. 이 저작에서 가다머는 자연과학의 면전에서 정신과학의 올바른 자기 이해를 개진하고자 하였다. 가다머는 정신과학이 학문성을 가지기 위해서는 자기의 고유한 방법을 가져야 한다는 역사주의와 실증주의에 의하여 옹호된 주장에 반대한다. 정신과학에 대한 이러한 주장은 딜타이, 드로이젠과 신칸트주의자들이 요구한 방법론적 사고에서 나온 것이다. 가다머는 이 주장을 근본적으로 의심하면서 보편타당성을 보증하는 방법에 대한 요구가 정신과학에 있어서 사실로 자리잡을 수 있는지 묻는다.

가다머는 이 문제와 관련하여 그의 저서 『진리와 방법』에서 자연과학자 헬름홀츠(Helmholtz)가 1862년 하이델베르그에서 자연과학과 정신과학 사이의 관계에 관하여 행한 강연에서 방향을 잡는다.[414] 자연과학은 수집된 경험적 자료들로부터 규칙과 법칙을 도출해내는 논리적 귀납의 방법을 사용한다. 그러나 정신과학은 이와는 달리 심리학적 박자감(拍子感, Taktgefühl)을 통해서 인식에 이른다. 여기서 헬름홀츠는 정의할만한 규칙이 없는 본능적인 감정과 박자에서 나오는 예술적인 귀납(künsterische Induktion)에 관하여 언급한다.

가다머는 헬름홀츠가 제시한 정신과학에 대한 견해를 그의 저서 『진리와 방법』에서 정신과학에 대한 자신의 견해로서 수용한다. 헬름홀츠의 정신과학에 대한 견해는 『진리와 방법』에 근본적인 영향을 주었다. 『진리와 방법』 시작에 있어서 가다머는 다음같이 말한다. "정신과학의 유일한 방법이란 없다." "헬름홀츠는 정신과학을 정당화하기 위해서 기억과 권위를 내세우고 의식적인 추론 대신에 들어서는 심리학적 박자(拍子)에 관하여 말했다면 바로 본 것이다."[415] 가다머는 정신과학이 근본적으로 어떤 방법의 적용보다는 박자의 사용과 관계한다는데 헬름홀츠의 견해에 동의한다. 그는 이러한 헬름홀츠의 견해가 정신과학의 유일성을 바로 파악했다고 본다. 가다머는 여기서 자연과학과 정신과학의 방법이 다르다는 것을 밝힘으로써 정신과학이 자연과학처럼 방법론에 정위되어야 한다는 견해에 반대하고 있다. 그리하여 가다머는 19세기 말 그리고 20세기 초에 딜타이, 미쉬(Misch), 베버(Weber) 그리고 신칸트주의자들에 의하여 주장된 정신과학의 방법적 고유성에 대한 인식론적 논쟁을 비켜가고 있다. 이 점에서 가다머는 해석학을 추구한 딜타이보다는 해석학과는 상관 없는 헬름홀츠의 견해

---

414) Jean Grodin, *Einführung in die philosophische Hermeneutik,* 1991, 영문판, Yale University, 1994, 108.

415) Hans Georg Gadamer, Wahrheit und Methode, Grundzüge einer philosophischen Hermeneutik, J. C. B. Mohr, Tübingen 1960, 5.

를 따르고 있다.[416] 이러한 의미에서 『진리와 방법』은 정신과학의 학문성에 관계하는 방법 집착증에 대한 철저한 비판을 수행하고 있다.

그러므로 가다머는 정신과학의 학문성격이란 "현대과학의 이념에서 보다는 인격도야 개념(Bildungsbegriff)의 전통으로부터 나와야 한다"는 주장에서 출발하고 있다.[417] 따라서 가다머는 『진리와 방법』 시작에 있어서 인문주의 전통(humanistische Tradition)으로 복귀를 강조하고 있다. 정신과학에 고유한 인식요구의 정당한 평가를 가능하게 하는 개념이 형성되는 것은 전통을 통해서이다. 가다머는 어떻게 이러한 인문주의 전통이 쇠퇴하고 정신과학적 인식의 진리요구가 그것과는 생소한 기준, 즉 현대과학의 방법사고의 표준에 의하여 대체되었는지 그 과정을 추적하고 있다. [418]

가다머는 이 질문에 대하여 인문주의의 근본개념인 미학적 형상화(Ästhetisierung)를 통해서 대답한다. 구체적으로 인식기능을 가진 판단력(Urteilskraft), 맛(Geschmack)의 미학적 형상화를 통해서이다. 가다머는 칸트의 『판단력 비판』(Kritik der Urteilskraft)이 맛을 주관화시키고 미학적 형상화로써 맛으로부터 인식가치를 박탈한데서 인문주의 전통의 쇠퇴가 기인한다고 본다. 객관적이고 방법적인 자연과학의 표준에 충족되지 않는 것은 주관적이고 감성적인 것으로 간주되어 인식의 영역에서 분리되었다. 칸트가 맛 개념을 주관화 함으로써 자연과학의 인식과는 다른 모든 이론적 인식을 평가절하시킴으로써 정신과학은 자연과학의 방법의식에 의존하게 된 것이다.[419] 그리하여 인문주의 전통은 포기되고 판단력 비판의 미학적 형상화와 주관화를 향한 길이 열렸다.

그러므로 가다머는 『진리와 방법』에서 인문주의 전통의 지주(支柱)가 주관화되고 미학적 형상화되는 것을 발견함으로써 정신과학의 자리매김을

416) Jean Grodin, ibid., 109.
417) Gadamer, *Wahrheit und Methode*, 15.
418) Gadamer, *Wahrheit und Methode*,영문판 번역, 24.
419) Gadamer, *Wahrheit und Methode*, 38.

바르게 하고자 한다. 그것은 아주 새로운 미학적(美學的) 의식(ein ganz neues, spezifisch aesthetisches Bewusstsein)의 창안을 통해서 가능하다. 그것은 칸트가 초래한 미학적 의식의 추상화에 대한 비판을 통해서 일어난다. 근대미학(近代美學)은 미학을 순수형식 내지 체험의 표현에 기초시키려 했다. 근대미학은 예술품을 미학적 의식의 구성물로 이해함으로써 예술품이 지니고 있는 비(非)미학적인 연관인 우연적 요소와 치장적 요소를 간과했다. 그리하여 미학적 경험(아름답다는 경험)과 내용(색갈, 모양, 크기 등)을 구분했다. 가다머는 이것이 미학적 의식의 추상화라고 비판한다. 가다머는 예술품의 미학적 체험에 있어서 미학적 형식과 내용은 구분되지 않고 하나가 된다고 강조한다.[420)]

가다머는 여기서 주관화되고 감성화되는 미학적 의식(美意識)이 아니라 놀이(Spiel)를 통해서 놀이자체의 게임에 적응하는 존재론적 차원의 의식을 발전시킨다. "모든 놀이는 놀이 그 자체다"(Alles Spielen ist ein Gespieltwerden). 놀이에서 설명되는 것은 노는 자의 내적 주관행위가 아니라 경기자체의 흐름이다. 가다머는 놀이가 노는 자의 자유로운 행위라고 주장하는 근대미학의 주관주의를 철저히 논박한다. 근대미학이 놀이를 인간학적으로 이해하는 데 대하여 가다머는 노는 자의 의식에 대하여 놀이의 우위성(Primat des Spiels gegenüber dem Bewusstsein des Spielenden)을 강조한다. 이것이 놀이의 존재론적 이해이다. 그것은 바로 예술품의 존재론적 이해로 나아가며 예술품 이해에 있어서 미학적 의식의 초월성 강조로 나아간다.[421)]

이처럼 미학적(美學的) 의식(意識)을 존재론적으로 정초함으로써 가다머는 정신과학이 지니고 있는 인문주의 전통이 주관화 내지 미적 형상화되지 않는다는 사실을 밝히려 하고 있다. 가다머는 이러한 인문주의 전통은 영

---

420) 김영한, 『하이데거에서 리꾀르까지』, 박영사, 1993, 243.
421) Ibid., 247-251.

향사를 통하여 전개되며 해석학적 의식도 바로 이러한 영향사 의식에 근거하고 있다고 주장한다. 그래서 가다머는 『진리와 방법』 제2절에서 인문과학의 해석학적 특수성을 다시 획득하고자 한다. 여기서 가다머는 "인문과학적 해석학"(geistesgeschichtliche Hermeneutik)에 관하여 다룬다.[422)]

2. 인문과학의 해석학적 특수성 회복 : 역사주의 극복

가다머는 『진리와 방법』의 둘째 부분에서 인문과학의 해석학적 특수성을 회복하고자 한다. 가다머는 역사주의의 난관을 재검토하기 위하여 19세기 해석학의 역사를 추적한다. 역사주의의 근본오류는 역사주의가 인간지식의 역사성을 인정함에도 불구하고 절대지식(das absolute Wissen)과 같은 어떤 것을 목표로 하는데 있다. 딜타이는 특히 그가 발견한 "삶의 역사성"(die Geschichtlichkeit des Lebens)을 정신과학의 방법론적 정초에 대한 인식론적 추구(das erkenntnistheoretische Streben nach der methodologischen Begründung der Geisteswissenschaft)와 화해시킬 수 없었다. 가다머는 훗설이 발견한 생활세계(Lebenswelt)와 하이데거가 창안한 사실성의 해석학(Hermeneutik der Faktizität)과 더불어 비로소 역사주의의 인식론적 망상이 결별되었다고 본다.

가다머는 『진리와 방법』의 체계적 부분에서 "해석학적 경험이론의 요소들"에 관하여 체계적으로 논구한다. 가다머는 이제 하이데거가 발견한 해석학적 순환의 존재론적 구조(ontologische Struktur des hermeneutischen Zirkels)에서 출발하면서 역사주의의 한계를 해석학적으로 극복하고자 한다. 선입견 내지 선이해는 현존재의 존재방식에 존재론적으로 전제되는 보편적인 구조이므로 이해의 선험적 조건과 같다. 그러나 이것은 존재론적

---

422) Gadamer, *Wahrheit und Methode*, 245, 266, 293-297.

구조이지 주관이 지닌 선험성은 아니므로 이해의 준(準)선험적 조건(quasi-transzendentale Bedingung)이라고 말할 수 있다. 현존재의 역사성이란 이해의 제한이 아니라 이해의 원리이다. 그리하여 가다머는 이해의 역사성을 해석학적 원리로 고양시킨다. 역사주의의 망상이란 우리의 선입견을 방법으로 대체함으로써 인문과학에 있어서 확실성과 객관성과 같은 것을 가능케 하고자 하는 것이다. 역사주의가 설정한 투쟁대상이란 바로 19세기 방법론적 사고의 편견이었다. 이 19세기 학문의 편견이란 객관성이란 주관성의 작용을 무력화 시킴으로써만 도달될 수 있다는 것이다. 그러나 역사주의 자체가 계몽주의에서 유래한 19세기 학문의 편견이었다.

가다머는 하이데거의 도움으로써 역사주의 인식 이상(理想)이 지닌 형이상학적 성격을 들추어냄으로써 인문과학에 대한 적절한 이해를 얻기에 이른다. 그것은 이해의 존재론적 선구조를 인문과학의 객관성을 규정함에 있어서 타당화 시키는 것이다. 가다머는 하이데거가 제시한 이해의 선구조(die Vor-Struktur)를 받아들이면서 선입견의 제거가 아니라 선입견을 인정하고 해석하는 작업이 필요하다고 본다. 해석의 비판적인 과제란 해석의 선기획을 작업하는 것이 사실에 상응하도록 하는 것에 있다. 이해가 오도된 선(先)관념에 의하여 주도되도록 하지 않기 위해서는 사실에 적합한 이해 착상을 발전시키는 것이 필요하다. "기획으로서 선취되며 사실에 있어서 비로소 확증되어져야 하는 바르고 사실에 적합한 기획을 작업하는 것은 이해의 지속적인 과제이다."[423] 가다머는 선입견을 해석학의 중요한 요소로서 복권시키고자 한다. 가다머는 이해의 선구조를 이해의 역사성의 차원으로 확대한다.

선입견의 복권(die Rehabiltierung der Vorurteils)이란 자기의 편견을 인지하는 비판적 태도 속에서 텍스트 자체가 자기의 선입견에 대하여 사실적 진리를 말하도록 하는 가능성을 제시하는 것이다.[424] 사실이란 나의 이해

423) Gadamer, *Wahrheit und Methode*, 252.
424) Ibid., 261-269.

하는 기획을 통해서만 말해질 수 있다. 기획이란 사실에 적합해서 사실 자체(die Sache selbst)를 말하도록 해야 한다. 그러면 그릇된 선입견과 바른 선입견을 구분하는 기준이란 무엇인가? 이것은 바로 해석학의 비판적인 질문이다. 역사주의의 오류란 객관성을 단 한 번만에 확보할 수 있는 기준이 있다고 주장하는 것이다. 가다머는 객관성 확보에 확고한 기준이 있는 것은 아니라고 보나 이를 위한 지침을 제시한다. 그것은 "시간간격"(Zeitabstand)이다.

역사적인 시간간격을 힘 입어 어느 시대에는 전혀 평가받지 못한 예술작품에 대한 평가가 보다 확고해진다. 이것이 바로 시간간격이 갖는 해석학적 생산성이다. 1960년 판에서는 가다머는 시간간격의 생산성이 바른 선입견과 그릇된 선입견을 분리시킴으로써 해석학의 비판적인 과제를 해결해준다고 피력했다.[425] 올바른 선입견은 우리가 그 아래서 이해하는 선입견이며, 그릇된 선입견은 우리가 오해하는 선입견이라는 것이다. 그러나 이러한 해결은 일면적이다. 시간간격은 사실이나 원전에 대한 접근을 폐쇄시켜 역사적 사실을 은폐시키는 경우도 있기 때문이다. 그리하여 1986년 판(전집 5판) 에서는 "오로지"(nichts anderes als)를 "종종"(oft)으로 고치고 있다.[426]: "시간간격이 해석학의 진정한 비판적인 과제를 종종 해결해 줄 수 있다."

3. 영향사 의식: 지평융합의 사건으로서 이해

이해는 역사적 전승과의 지평융합(Horizontverschmelzung)의 사건이다. 지평이란 이해의 주체가 그 속에서 활동하는 터전과 상황을 뜻한다. 이러한

425) Ibid., 282.
426) Jean Grondin, Ibid. 영문판, 113.

지평은 이해하는 현존재의 역사적 존재와 더불어 변화하고 있다. 선입견을 가진 이해의 현존재가 서 있는 현재의 지평은 수많은 다른 이해의 지평들과의 융합되는 과정에 있다. 따라서 가다머에 있어서 이해란 칸트처럼 주관의 형식이 나가서 주어진 다양한 소여를 종합하는 것이 아니라 하나의 현존재의 방식(Daseinsweise)이다. 그러나 가다머가 발견한 현존재란 단순히 하이데거에서처럼 "세계-내-존재"만이 아니라 전승의 역사 속에 태어나서 살고 있는 전승사적 존재(ein überliefrungsgeschichtliches Sein)이다.

가다머는 정신과학에 있어서 사실에 입각한 이해를 수행하기 위해서 영향사(Wirkungsgeschichte) 개념을 발전시킨다. 영향사는 해석학적 상황을 의식화하는 것을 요구한다. 영향사 의식을 발전시킨다는 것은 해석자의 고유한 해석학적 상황과 시간 간격의 생산성을 의식화하는 것이다. 그리고 그것을 전통이나 텍스트와의 관계 속에서 규제하고자 한다. 이것은 하이데거에 의하여 요구된 고유한 선이해의 해석이다. 가다머는 선이해의 해석이란 전적으로 충족되지 않고 완성되지 않는다고 인정한다. 영향사란 우리의 힘이나 규제 아래 있지 않다. 오히려 우리가 영향사 아래 있다. 우리가 이해하는 곳이면 어디든지 영향사가 작용하고 있다. 이 영향사는 우리에게 의미있게 의문적으로 나타날 수 있는 것의 지평이며 궁극적으로 명료화 되지 않는다. 영향사는 모든 이해를 구성하는 심리(審理)의 기능을 갖는다. 영향사 의식이란 본래적으로 "의식이기 보다는 존재이다"(wirkungsgeschichtliches Bewusstsein ist mehr Sein als Bewusstsein).[427] 그것은 의식이기보다는 존재요, 헤겔식으로 말하자면 주체성이기 보다는 실체이다.

역사주의는 자기의 역사적 제약성으로부터 해방되며 역사의 객관적인 과정이 가능하다고 보았다. 이에 대하여 가다머는 영향사의 힘은 그것의 인정에 의존하지 않고 우리가 그것의 힘으로부터 벗어났다고 생각하는 곳

427) Gadamer, *Wahrheit und Methode*, S.XXI.

에서도 작용하고 있다고 비판한다.[428] 영향사란 우리의 가치설정과 인식, 우리의 비판적인 판단의 배경에 영향을 미치고 있다. 가다머는 다음같이 말한다. "개별자의 선판단이란 그 자신의 판단임을 넘어서서 그의 존재의 역사적 현실이다."[429]

가다머는 『진리와 방법』에서 피력한다: "니체가 말하듯이 그 자신이 옮겨지는 것을 가르치는 여러가지 변화하는 지평에 관하여 말한다는 것은 역사의식에 대한 올바른 기술이 아니다. 누구든지 그러한 방식으로 스스로에게 문을 닫는 자는 구체적으로 역사의식을 가질 수 없다. 삶에 대한 역사의 단점들에 관한 니체의 지적은 실제적으로 역사의식 자체에 해당하지 않고 자기 소외에 해당한다. 자기 소외란 역사의식이 현대 역사과학적 방법을 자기의 고유한 본질로 간주할 때 그것에게 야기되는 것이다. 우리는 그것을 이미 강조하였다: 진정한 역사의식은 그 자신의 현재를 항상 같이 보며, 그리하여 그것이 그 자신을 역사적인 타자처럼 바른 관계 속에서 본다."[430]

가다머에 있어서 영향사 의식의 개념은 두 가지 의미를 지닌다. 첫째, 우리의 오늘날 의식은 영향사에 의하여 규정되고 있다는 것이다. 우리의 의식은 역사에 의하여 영향을 받고 있다. 둘째, 우리의 의식은 이러한 영향을 받으면서 항상 다시 획득되는 의식이라는 것이다. 우리의 작용받는 의식은 다시 두 가지를 의미한다. 첫째, 영향사 의식은 우리의 해석학적 상황을 천착(穿鑿)하는 의미에 있어서 우리의 역사성에 대한 해명을 요구한다. 둘째, 이러한 해명에 주어지는 한계의 인정이다. 여기서 영향사 의식은 인간의 유한성 의식에 대한 가장 명료한 철학적 표현이다. 영향사 의식은 반성을 마비시키지 않고 오히려 반성을 활성화한다. 가다머는 형이상학적으로 제약된 인식 이상(理想)을 거부하고 인간 의식의 역사적 제약에 대한 반성을

428) Ibid., 285.
429) Ibid., 261.
430) Ibid., 289.

한다. 따라서 가다머의 해석학은 현존재의 역사성을 반성의 지평으로 하는 유한성의 해석학(Endlichkeitshermeneutik)이다.

4. 적용으로서의 이해

가다머는 이해란 항상 자기이해, 즉 자기만남을 내포하는 것으로 보는 하이데거의 직관을 따른다. 이해란 한 의미를 우리의 상황에 적용(適用)하는 것, 즉 우리의 질문에 적용하는 것이다. 먼저 순수 객관적인 의미이해가 있고 그 다음 우리의 질문에 대한 적용에 있어서 특별한 의미성을 요구하는 것이 아니다. 우리는 우리 자신을 이해 안으로 가지고 들어가기 때문에 이해와 적용(Anwendung)은 같이 속한다. 각자의 질문에 의하여 유발된 이해는 단지 재생산적인 행위가 아니다. 그것은 적용을 내포하기 때문에 항상 생산적인 행위이다. 이해에서 적용이란 추후적인 것과는 다르다. 이해란 하나의 의미를 우리의 상황에 적용하는 것이다. 먼저 순수한 객관적인 의미이해가 있고 그 다음 우리 질문에로의 적용에서 새로운 의미를 찾는 것이 아니다. 가다머는 말하기를 우리는 이미 모든 이해 속에 들어가 있어서 "이해와 적용은 상호결합 된다"(Verstehen und Anwendung zusammenfallen). 이해는 어떤 질문에 의하여 동기화되어서 단지 재생산된 것이 아니다. 이해는 적용을 함축한다. 그래서 이해는 항상 생산적인 이해다.[431] 이해는 개인이 처해 있는 영향사적인 상황에 의하여 규정받는다. 그러므로 역사의 과정 속에서 이해의 진보를 말하는 것은 부적절하다.

가다머는 말한다. "사람이 이해한다면 그는 항상 다르게 이해한다."[432] 적용은 여기서 의식적으로 이루어질 필요는 없다. 적용은 역시 영향사의

431) Ibid., 280.
432) Ibid., 280.

작용 아래 있다. 적용 또는 이해란 지배하는 주체성의 태도가 아니라 과거와 현재가 항상 매개되는 "전승사건 속으로 들어감"(Ein Rücken in ein Überlieferungsgeschehen)이다.[433] 과거의 텍스트를 이해한다는 것은 그것을 우리의 상황으로 번역하는 것이고, 텍스트 안에서 우리 시대의 질문에 대해 말하는 대답을 듣는 것이다. 가다머는 역사주의의 오류란 객관성의 보장을 해석하는 주체성의 말소에 의존하고자 하는 것이라고 지적한다. 그러나 진리란 영향사적 적용의 연관 속에서만 일어나기 때문에 주체성의 해소란 불가능하다.

가다머는 여기서 주관을 이해의 주인으로 간주하는 근대적 주관이해와 결별하고자 한다. 우리는 습관이나 관습으로 주어지는 우리 시대의 해석성(Ausgelegtheit unserer Zeit) 속으로 들어와 살고 있다. 적용의 역사성이란 이해의 영점(零點) 표상을 배제한다. 이해는 이미 우리 앞에 시작된 대화의 지속이다.[434] 우리는 이미 일정한 해석된 상황으로 우리의 대화를 지속한다. 우리는 새로운 의미 만남을 통하여 전통과 현재로부터 우리에게 전승된 의미관점을 받아들이고 변형한다. 모든 이해 행위는 미리 이해의 가시적 선(善)을 결정하는 질문에 의하여 고무된다. 그리고 특수한 방향을 처방하는 특수한 질문에 대답하지 않는 이해나 해석은 없다. 적용의 해석학(Hermeneutik der Anwendung)은 질문과 대답의 변증법(Dialektik von Frage und Antwort)의 방식으로 진행한다. 어떤 것을 이해한다는 것은 우리가 그것 속에서 우리 질문에 대한 대답을 발견하도록 어떤 것을 우리에게 적용한다는 것을 의미한다. 한 텍스트는 우리가 그것에 대하여 오늘날 정위하는 질문에 따라서만 말한다. 일정한 질문에 대답하지 않는 이해나 해석이란 없다. 그러므로 질문하는 의미 기대를 제거해야 할 것이 아니라

433) Ibid., 275.

434) 여기서 가다머의 영향사 의식 분석은 리꾀르가 그의 저서『시간과 이야기』(Temp et recit) 제3권에서 전개한 역사의식의 서술적 해석학과 동일하다. Grondin, op. cit., 150.

텍스트가 그것에 더 분명하게 대답하기 위해서는 오히려 의미 기대를 드러내어야 한다. 영향사적 실현(wirkungsgeschichtliche Verwirklichung)으로서 이해란 질문과 대답의 변증법을 따른다. 가다머는 다음같이 피력한다: "질문과 대답의 변증법은.. 영향사 의식이 어떤 종류의 의식인지 더욱 정확하게 서술하도록 한다. 우리가 증시하는 질문과 대답의 변증법은 이해의 관계를 대화방식의 상호관계로 나타나게 한다."435) 이해란 더 이상 주관적인 기획이 아니라 존재론적 사건이며, 주어진 상황에 대한 질문에 대한 대답으로서 대화이며 적용이다.

5. 대화의 해석학: 질문과 대답의 변증법

여기서 이해는 관계로서 그리고 대화로서 규정되어 진다. 이해란 내용에 대한 의식작용적인 파악이라기보다는 대화의 수행이다. "대화란 바로 우리이다." 영향사 의식은 바로 대화(das Gespräch)이다. 영향사 의식은 관념주의 전통이 주장한 자기소유라는 자율성의 이념을 거부한다. 대화의 수행형식이란 선험의식의 자기독백이 아니라 반성하는 의식의 질문과 전승이 건내주는 대답의 변증법이다.

가다머는 그의 『진리와 방법』의 마지막 부분에서 대화를 우리들의 언어적인 세계경험의 보편적 특징으로 증시하고자 한다. 가다머는 하이데거를 따라서 언어를 이론적으로 진술된 것으로 협착화시키려는 서구 문화의 진술논리(Aussagenlogik)의 추상화를 비판한다. 그리고 그는 이것에 대해 대화의 해석학을 제시한다. "언어는 진술에서가 아니라 대화로서 수행된다." 진술(Aussage)이란 생동적 언어의 삶에서 만나지지 않는 추상화이다. 진술이란 그것이 의미를 갖는 대화 또는 동기연관에서 떨어져 나가기 때문이

435) Gadamer, *Wahrheit und Methode*, 359.

다. 진술문장은 "명료히 말하지 않는 모든 것을 배제시키기 때문이다." 언어를 이론적으로 진술된 것에 고정시키려고 하는 것은 언어의 협착화이다.

가다머는 하이데거를 따라서 "진술 위에 논리를 세우는 것"은 "서구문화의 가장 중대한 결단"이라고 간주한다. 문장이 스스로 충족하는 의미통일체를 이루는 진술논리에 대하여, 대화의 해석학은 진술이 그 속에 수행되는 대화로부터 떨어져 나올 수 없다는 사실을 알려준다. 진술이란 언어의 삶 속에서 결코 만날 수 없는 추상화일 뿐이다. 방법의 이념은 진술의 우위성과 연관되어 실험에 있어서 어떤 영역을 고립시킨다. 이러한 고립은 언어에 폭력을 가하는 것이다. 그러나 언어 이해는 객관화 될 수 있는 사실내용의 지적 파악으로 환원되지 않고 진술된 것이 우리에게 의미를 갖는 대화에서 도출된다. 언어고찰에 있어서 가다머는 인문과학의 맥락에 있어서 그가 의문을 제기한 근대적 방법우위 사고를 신랄하게 비판한다.

이해를 우리의 처분(Verfügung, disposal)으로 파악하는 진술논리의 우월성에 대하여 가다머는 이해를 "참여"(Teilhabe)로 파악하는 질문과 대답의 해석학적 논리(hermeneutische Logik von Frage und Antwort)를 발전시킨다. 여기서 이해는 의미, 전통에의 참여이며, 대화에의 참여이다. 대화에서는 어떤 진술이 있는 것이 아니라 질문과 새로운 질문을 야기시키는 대답이 있다. 모든 명제는 그것이 표현하지 아니한 전제를 가지고 있다. 이 전제를 함께 생각하는 자만이 명제의 진리를 사실적으로 측정할 수 있다. 가다머는 다음같이 피력한다: "누가 그것들의 진리에 있어서 명제들을 이해하기를 원한다면, 그것들이 제시하는 내용과 관련해서만 이해될 수 있는 명제들은 없다. 모든 진술들은 그것들이 표현하지 못하는 전제들을 가진다. 그렇다면 나는 모든 진술을 동기화 하는 전제의 궁극적 논리 형식은 질문이라고 천명한다."[436] 여기서 가다머는 진술이 선술어적으로 가지는 생활세계에서의 선이해와 영향사적 전제를 주제화시킨다.

---

436) Gadamer, *Gesamtwerke II*, 52.

그래서 가다머는 해석학적 철학의 핵심으로서 "해석학적 원현상" (hermeneutische Urphänomen)에 관하여 언급한다. "해석학적 원현상이란 질문에 대한 대답으로서 이해될 수 없는 가능한 진술이란 없으며, 진술이란 그렇게만 이해될 수 있다는 것이다."[437] 우리가 사용하는 단어들은 우리가 정신 속에 가진 것을 다 길러 낼 수 없다. 가다머는 진술 배후에서 진술되지 않으나 말해지는 모든 것 속에서 반향(反響)하는 내적 단어(verbum interius, das innere Wort)가 해석학의 혼(魂)이라고 본다. 내적 단어란 어떤 진술이 다시 말할 수 없는 대화요, 질문하는 우리의 실존 속에 언어가 뿌리 박혀 있다는 사실을 말한다. 가다머는 피력한다: "진술되는 것이 전부가 아니다. 말해지지 아니한 것은 비로소 우리에게 도달할 수 있는 단어로 말해지도록 한다."[438] 언어적 진술은 내면적으로 의도된 것은 부분일 뿐이다. 내면적으로 의도되는 전체가 진술되는 것은 아니다. 외적 언어는 내적 언어의 부분일 뿐이다. 여기서 가다머는 언어의 해석학(Hermeneutik der Sprache)을 제시한다.

언어 해석학이란 말해질 수 없는 것의 신비주의(mysticism of ineffability)는 아니다. 해석학적으로 언어를 바로 논구한다는 것은 진술되지 아니한 것, 내적 언어를 인정하는 것이다. 언어 해석학은 언어의 한계인 진술에서 출발한다. 가다머는 피력한다: "이해가 원리적으로 언어적이라는 관념은 우리의 세계 경험이 언어로서만 언어 속에서만 일어나는 것을 의미하지 않는다."[439] 내적 언어는 진술되지 않는 것이다. 이러한 내적 언어는 존재하기 위하여 명제적인 형식으로 표현되어야 한다. 존재하는 모든 것은 명제적 형식 안에서 표현되어야 한다. 우리 이해가 원리적으로 언어적이라는 관념은 언어가 내적 대화의 유일한 방편이라는 것을 말해준

437) Ibid., 226.
438) Ibid., 504.
439) Ibid., 496.

다. 이러한 원리적 언어성은 "이해될 수 있는 존재는 언어"(Sein, das verstanden werden kann, ist die Sprache)라는 가다머의 유명한 경구(警句)의 가능성을 허용한다.

언어 형식을 지니는 이해는 언어가 표현하고자 하는 존재에 도달하기 위해서 언어의 전(全) 내용을 사용할 수 있어야 한다. 이해의 본질적인 언어성은 진술에서보다는 우리가 마음 속에 가지고 말하려고 하는 것에 대한 언어 추구 속에서 표출된다. 가다머에 의하면 이해의 해석학적 차원이란 단어를 부름과 나눌 수 있는 언어 추구의 끊임없는 과정이다. 이해는 이러한 과정으로서 파악되어진다. 이해의 본질적인 언어성이란 우리의 진술 속에서보다는 언어에 대한 우리의 추구 속에서 표현된다. 다시 말하면, 내적 언어의 상응하는 실현이 해석학의 보편성을 정초한다.[440]

6. 언어의 보편적 성격

가다머는 언어를 해석학적 경험의 매체(Medium der hermeneutischen Erfahrung)로 파악한다. 이것은 가다머가 전개시키는 철학적 해석학의 특징 가운데 하나다.[441] 가다머는 프레게(G. Frege)가 정초한 현대 언어철학과 그 전통을 단지 도구주의적인 파악으로 보고, 이를 거부하고 일상언어를 해석학적으로 풍부한 언어로서 파악한다.

가다머는 해석학적 경험의 매체인 언어에 관한 세 가지 논제를 제시한다. 첫째, 해석학적 대상은 언어로 규정된다(sprachbestimmt). 이것이 언어성(Sprachlichkeit)이다. 둘째, 해석학적 수행은 언어로 이루어진다. 언어는 해석학적 수행, 즉 이해의 매체이다. 셋째, 언어는 해석학적 존재론의 지평

440) Gadamer, *Gesamtwerke II*, 497-498.
441) Gadamer, *Wahrheit und Methode*, 1965, 361.

(Horizont einer hermeneutischen Ontologie)을 형성한다. 사람이 말하거나 쓰거나, 또는 언어적 고정화를 고려하고자 한다면 소통을 위한 것이다. 소통은 이해를 통하여 이루어진다. 이해란 가다머에 있어서 저자에게로 이입해서 그의 체험을 추후적으로 수행하는 것이 아니라 "사실에 있어서 소통하는 것이다"(ein sich in der Sache Verständigen).[442]

언어적 전승이 특별한 역할을 할 수 있다고 하더라도 문헌적으로 고정화된 언어는 해석학의 특별한 대상을 형성한다. 문헌적인 고정화에 있어서 언어는 말의 생동적인 연관으로부터 떨어져 나온다. 동일한 말들이 임의적으로 반복될 수 있다. 이해를 수반한 읽기는 죽은 기호의 의미를 되살리고 말의 사태연관을 다시 회복한다. 전승의 사실적 내용을 파악하기 위하여 이 내용은 우리의 언어로 변역되어야 한다.

여기에서 텍스트와 그것의 사실 내용이 실제로 표현되기 위하여 우리의 선(先)개념과 의견이 작용되어진다. 우리는 해석의 사실로 되돌아온다. 여기서 중요한 것은 해석학적 대상과 이해와 해석의 언어성이다. 해석과 이해는 언어를 매체로 하여 이루어진다. 이 언어성은 해석학적 현상의 포괄적 성격, 즉 그것의 보편성을 이룬다. 이해와 언어가 인식과 행위의 대상이 될 수 있는 모든 것을 포괄하기 때문이다. 그래서 이해와 언어는 보편적 의미를 지닌다.

7. 해석학적 존재론

언어가 해석학적 이해의 보편적 매체이기 때문에 가다머가 전개하는 철학적 해석학은 해석학적 존재론(hermeneutische Ontologie)이라고 규정할 수 있다. 가다머의 해석학은 하이데거의 현존재 분석(Daseinsanalyse)으로부터

442) Ibid., 361.

인간의 역사성과 유한성에 대한 그의 통찰, 즉 해석학적 존재론을 이끌어 내고자 하였다. 이러한 관점으로부터 언어는 해석학적 존재론의 지평으로 나타난다. 가다머는 "언어는 세계관"이라는 훔볼트(Humboldt)의 사상을 변형시키면서 "인간은 세계를 가지고 있다"고 말한다. "세계는 단지 언어를 통해서만 존재한다"고 말한다.443)

"세계 내 존재"인 인간 자체는 언어로 파악된다. "세계 내 존재"는 우리의 모든 인식가능성을 포괄한다. 언어성은 제한이 아니라 우리의 통찰이 확장될 수 있는 모든 것을 포괄한다. 언어 연관성은 서로 다른 세계의 개방성을 가능케 한다. 가다머에게는 진리가 하이데거를 따라서 하나의 사건인 것처럼 언어 개념은 하나의 사건이다. 가다머가 말하는 언어란 문법이나 사전이 아니라 전승에서 말해진 것의 표현됨(Zursprachkommen des in der Überlieferung Gesagten)을 말한다. 이 표현됨은 전유(專有, Aneignen)이며 동시에 해석(Auslegung)이다.

해석은 고정되어 주어진 것의 복사(複寫)가 아니라 의미 전체가 말해지는 표현(ein Zur-Sprache-Kommen, in dem ein Ganzes von Sinn sich ansagt)이다.444) 언어성이란 이해될 수 있는 모든 것에 대한 근본 성격을 나타낸다. 그러므로 가다머는 "이해되어 질 수 있는 존재는 언어다"(das Sein, das verstanden werden kann, ist die Sprache)라고 말한다. 이해의 본질적인 언어성은 우리의 진술에서보다는 우리의 마음 속에 가지고 있는 것에 대한 언어의 추구에서 표현된다. 이해란 단어로 가는 끊임없는 과정이다. 이 과정은 내적 단어의 상응하는 함께 수행함이다. 이러한 이해의 언어성이 해석학적 존재론을 정초한다. 언어는 해석학적 존재론의 중요한 매체이다. 해석학적 존재론은 절대적 이성의 사유가 존재로 불러오는 사변철학의 존재론이 아니라 유한한 이성의 사유가 언어를 통해서 존재를 이해한다는 의

443) Ibid., 419.
444) Ibid., 450.

미론적 존재론(semantische Ontologie)이다. 모든 존재는 그것이 인간 이성에 의해 이해되어지는 한에 있어서는 언어의 모습을 가진다는 것이다. 이것은 인간이 세상을 이해하는 근본 방식이다. 그러므로 해석학적 존재론은 언어의 존재론(die Ontologie der Sprache)이라고 말할 수 있다. 가다머는 해석학적 존재론을 통하여 헤겔의 사변적 존재론을 극복하고, 칸트주의적 비판철학의 지평 속에 서 있다. 해석학적 사유는 인간 이성의 역사 제약성과 유한성을 인정할 뿐 아니라 이해의 절대적 확실성을 포기하기 때문에 이성의 절대적인 자기 매개를 주장하는 헤겔적인 사변적 존재론을 거부하고, 인간 이성의 한계를 인정하는 칸트의 비판주의의 전통 속에 있다.

8. 해석학의 보편성

가다머는 "해석학의 보편성 측면"에 관하여 언급한다. 여기서 보편성이란 "이해의 언어성의 보편성"[445]을 말한다. 그는 세계에 대한 인간의 일반적 관계에 해당하는 "보편적 해석학"[446] 그리고 "보편적인 질문제기"[447]로의 해석학의 확대에 관하여 말한다. 여기서 가다머는 전통적 인문과학적 해석학을 철학적 해석학으로 확대시킨다. 여기서 가다머는 "이해의 언어성의 보편성"을 말함으로써 "해석학적 문제의 보편성", "해석학적 차원의 보편성"에 관해 말한다.[448] 그러나 가다머는 하버마스가 비판하는 것처럼 해석학적 철학의 절대성에 관하여 말하지 않는다: "해석학적 철학은.. 그 자체를 절대적 입장으로 이해하지 않는다."[449] 가다머는 현존재의 역사성,

445) Gadamer, *Gesamtwerke II,* 186, 233.
446) Gadamer, *Wahrheit und Methode,* 영문판, 476.
447) Ibid., 483.
448) Gadamer, *Gesamtwerke II,* 111.
449) Ibid., 505.

즉 유한성의 이름으로 훗설처럼 "절대적이고자 하는 선험철학이란 철학의 자기오해"라고 천명한다.[450]

가다머는 "해석학의 보편성"이라는 근거에서 전통적 해석학이 철학적 해석학에 의하여 대체되어야 할 것을 제시한다. 여기서 "해석학의 보편성"이란 해석학적 논구가 인문과학을 위한 방법론을 수정하는 부차적 문제에 제한 될 수 없다는 것을 의미한다. 가다머에 의하면 이해와 언어에 대한 논구란 단지 방법론적 문제가 아니라 인간 사실성(human facticity)의 근본특징이다. 그러므로 해석학의 보편적 측면을 강조하는 것은 해석학을 인문과학에 국한시키는 것을 반대한다. 가다머는 피력한다: "해석학이란 이런 방식으로 철학의 보편적 측면이지 소위 말하는 인문과학의 방법론적 기반만은 아니다."[451] 가다머는 해석학의 지평이 인문과학의 좁은 테두리를 넘어서서 철학의 중심적 과업이 되어야 한다고 본다. 가다머가 "해석학의 존재론적 전환"이라는 단어에서 의도하는 것은 바로 이러한 의미이다. 그래서 가다머는 해석학이 인문과학의 해석학을 넘어서서 존재론적 철학적 차원으로 나아가야 한다고 주장한다.

가다머는 "해석학적 경험의 보편성"이란 개념에서 보편성을 훗설처럼 절대적 경험의 요구로서 이해하지 않고 의미론적 영역인 "우주"(Universum)로서 이해한다. 언어와 이해는 유한한 존재로서 우리가 사는 우주를 구성하기 때문이다. 해석학적 경험의 보편성이란 의미론적 보편성이다.[452] 이것은 언어의 보편성에 기인한다. 인간의 모든 이해와 소통이 언어 안에서 일어나기 때문에, 언어의 차원은 보편적이고 우주를 형성한다. 유한한 인간이 언어를 통해서 형성하는 우주는 의미론적 보편성을 형성한다. 여기서 가다머가 말하는 의미론적 보편성이란 언어의 의미가 모든 사람들에게 동

---

450) Ibid., 70.
451) Gadamer, *Wahrheit und Methode*, 1965, 451.
452) Jean Crondin, op. cit., 영문판, 122.

일하다는 것을 말하는 것이 아니라 언어는 인간이 생각하는 모든 것을 표현한다는 의미이다. 우리가 사는 세계는 언어가 다르기 때문에 우리의 이해는 제한되어 있다. 그러나 인간은 언어를 통해서 모든 사고를 표현할 수 있다는 것이다. 언어의 보편성은 이성의 무한성(the boundlessness of reason)과 보조를 맞춘다.[453] 이것은 이성의 절대적 인식을 의미하지 않고 이성이 끊임없이 언어를 추구한다는 뜻이다. 또한 이것은 모든 것에 대한 표현이 이미 언어 속에 존재한다는 것을 의미하지는 않는다. 오히려 현실적인 언어는 내적 언어를 다 길러 내지 않는다. 언어는 의미론적으로 끊임없이 추구된다. 언어의 보편성은 언어추구의 보편성이다. 언어의 보편성이란 말해지는 것을 창조하는 것에 있지 않고 오히려 언어가 항상 추구되는 것에 있다.

가다머가 주장하는 "해석학의 보편적 측면"은 내적 언어, 대화의 보편적 측면이다. 우리가 대화에서 발견하는 아주 적합하고 전달되는 단어들이 있다. 그러나 가다머에 의하면 이러한 단어들은 언어나 이해를 향한 끊임없는 추구의 가시적 단어에 지나지 않는다. 이러한 추구에 있어서 인간의 유한성이 고지된다. 우리 인간은 언어나 단어들을 최종적으로 소유하지 못한다. 이러한 관점에서 언어에 관하여 해석학적으로 중요한 것은 내적 대화의 차원이다. 그것은 우리가 말하는 것은 항상 실제로 표현된 것 보다 더 많은 것을 의미한다는 것이다: "의미, 의도는 항상 다른 사람들에게 도달하는 언어, 단어 속에 실제로 잡히는 것 이상으로 넘어선다. 바른 단어에 대해 만족할 줄 모르는 추구 - 그것은 언어의 바른 삶과 성질을 구성하는 것이다."[454]

우리 인간은 끊임없는 대화 속에서 산다. 내적 대화의 차원이란 우리의 말함은 항상 그것이 사실적으로 말한 것보다 더 많은 것을 의미한다는 것

---

453) Gadamer, *Wahrheit und Methode,* 영문판, 401.
454) Gadamer, "Grenzen der Sprache," in: *Evolution und Sprache: Übe Entsethung und Wesen der Sprache, Herrenalber Texte 66* (1985), 99.

이다. 어떠한 단어들도 우리의 현실과 우리가 이해하고자 함에 맞지 않기 때문이다. 이러한 유한성을 통하여 인간의 죽음의식이 고지된다. 가다머는 바른 단어에 대한 우리의 추구의 비종료성(interminality)과 "우리의 실존이 시간과 죽음 안에서 주어진다는 사실"455) 사이에 긴밀한 결합이 있다고 본다. 우리는 결코 끝나지 않는 대화 속에서 산다. 인간 유한성의 보편성을 구성하는 이해와 언어에 대한 추구, 바로 내적 단어 속에 해석학적 철학의 보편성은 뿌리 박고 있다.456) 가다머에 의하면 철학적 해석학이란 의미를 추구하는 유한한 인간 사실성의 자기 해석이다.

9. 가다머 해석학 평가: 해석학적 철학의 정초 공헌: 이해 개념의 복권 및 해석학의 보편성 제시, 한계: 전통의 이데올로기적 왜곡 위험성

가다머는 해석학적 이해가 딜타이가 시도한바 같이 자연과학적 설명과는 다르며 동시에 사회과학적 탐구에 불가피한 구성요소라는 사실을 정당화하는데 기여했다. 그리하여 해석학적 이해는 하버마스가 지적한바 같이 457) 모든 형태의 지식을 자연과학적 설명의 모델에 환원시키고자 하는 실증주의적 통일과학의 시도를 효과적으로 비판하고 저지했다. 가다머는 실증주의자들이 평가절하했던 이해의 개념을 복원함으로서 해석학적 이해가 언어행위에 대한 인과적 설명만으로 완전히 대체될 수 없음을 보여주었다. 이것이 가다머 해석학의 공헌이다.

그러나 가다머의 해석학적 이해는 이미 하버마스와 아펠이 지적한 것처럼 "권위의 복권"과 같이 전통의 권위를 강조함으로써 이데올로기적으로

---

455) Ibid.
456) Jean Grondin, Ibid., 영문판, 123.
457) J. Habermas, *Zur Logik der Sozialwissenschaften,* Frankfurt 1970, 9f. 72, 289.

왜곡될 수 있는 가능성을 지니고 있다. 그리하여 해석학적 이해가 단지 보수적인 권위의 전승에 정위되고 계몽주의적 비판을 등한시함으로써 독단적 이해에 지나지 않게 될 위험성을 지니고 있다.[458] 그러므로 비판사회학자 하버마스와 아펠은 해석학적 이해에 내포될 수 있는 이데올로기적으로 왜곡된 요소들을 지적하면서 이것들은 이데올로기 비판을 통해서 해소될 수 있다고 본다. 이데올로기 비판에는 정신분석적 인과적 설명의 방법이 도입되고 있다. 가다머가 제시하는 해석학적 이해가 근거하는 전통의 왜곡적 요소를 지적하면서, 하버마스는 "이상적 담화상황"(ideale Sprechsituation), 아펠은 "무제한적으로 타당한 의사소통 공동체"(unbegrenzt gültige Kommnunikationsgemeinschaft)라는 개념을 제시한다.[459] 이 두 가지 이성적인 비판사회학적 개념은 해석학적 대화에서 왜곡된 영역, 말하자면, 권력과 강제력에 의하여 왜곡적으로 수행된 지평융합과 합의를 비판적으로 들추어낸다.[460]

이에 대하여 가다머는 하버마스와 아펠이 지적하는 일체의 선입견과 왜곡의 결과들로부터 해방된 이성적 합의의 이상이란 "충격적일만큼 비현실적"이라고 응수한다.[461] 하버마스와 아펠이 내세우는 이성과 의도의 투명성은 전적으로 하나의 환상에 불과하다. 인간의 존재는 역사성으로 인하여 통제범위를 넘어서 있는 선입견이나 전통의 요소들에 의하여 제약받고 있다. 하나의 선입견을 해소하기 위하여 제시되는 비판의 근거는 의식적으로 무의식적으로 또 다른 선입견들에 의존하고 있다. 계몽의 과정이란 이성적

458) Karl-Otto Apel. *Transformation der Philosophie I, Sprachanalytik, Semiothik, Hermeneutik,* Suhrkamp Verlag: Frankfurt am Main, 1973, 47f.

459) 김영한, "하버마스의 비판해석학", in: 『철학논총』, 제45집 제3권, 새한철학회, 2006. 7, 69-88; "아펠의 인식-인간학적 해석학: 칸트를 통한 철학의 변형", 『철학논총』, 제48집, 새한철학회 논문집, 2007년 4월, 제2권, 83-108.

460) Habermas, "Der Universalitätsanspruch der Hermeneutik", in: *Hermeneutik und Ideologiekritik,* Frankfurt 1971, 153.

461) Gadamer, "Replik", in: *Hermeneutik und Ideologiekritik,* Frankfurt 1971, 314.

으로 투명한 것이 아니라 합리성에 있어서 어둡고 모호한 과정이다. 그러므로 가다머는 인간의 삶과 문화는 "드러남과 숨김의 팽팽한 긴장"이라고 묘사한다.[462] 가다머는 아펠이 주장하는 바 하나의 행동이나 표현의 의미를 완벽하고 정확하게 분석하는 것은 불가능하다고 응답한다.

그러므로 가다머에 의하면 정신분석이나 이데올로기 비판에서 이루어지는 분석이란 어떤 의미는 드러난 반면에 다른 의미는 숨어 있는 하나의 해석에 불과하다. 따라서 가다머는 정신분석에서 준(準)설명적 방법이 타당성을 갖기 위해서는 해석학적 전제들이 인정되어야 한다고 주장한다.[463] 가다머는 다음같이 하버마스와 아펠의 비판에 대하여 반박한다. "역사영역에서 우리는 해석이라는 사건의 결과를 부분적인 측면으로만 존재하는 과정에서가 아니라 지식의 몰락에 대립되는 과정에서 보아야 한다. 말하자면, 언어의 복권과 전통 속에서, 그리고 전통을 통해서 말해진 의미의 재획득에서 보아야 한다. 이는 우리 자신의 것이 아닌 절대 지식의 기준으로만 볼 때 위험한 상대주이다."[464]

가다머는 선입견이 지니는 부정적인 왜곡의 요소들을 헤겔의 변증법이 말하는 지양(Aufhebung)의 개념에 의존해서 시간 간격의 생산성(Produktivität des Zeitabstandes)을 통해서 해결하려고 한다. 시간 간격은 전통 자체의 지속적인 경과 속에서 선입견들이 극복되고 왜곡된 이데올로기들을 들추어낸다. 따라서 해석학적 이해란 인간 지식의 완전한 획득을 주장하지 않고 오히려 지식은 역사적 산물이며, 한 부분이 드러나면 동시에 다른 부분은 은폐되면서 시간적 과정을 통해서 점차 진리의 모습이 형성되어 간다는 지식의 유한성과 가류성(可謬性)의 입장을 갖기에 이른다.

---

462) Gadamer, "Hermeneutik als Praktische Philosophie", in: *Vernunft im Zeitalter der Wissenschaft,* Frankfurt 1976, 99.

463) 김진, "철학의 변형과 선험해석학의 과제", 『해석과 이해』, 한국해석학회, 지평문화사, 1996, 206-207.

464) Gadamer, "Replik", in: *Hermeneutik und Ideologiekritik,* Frankfurt 1971, 304.

가다머에 있어서 이성과 권위가 상호모순적인 것은 결코 아니다. 하버마스는 가다머에 있어서 전통의 복권(復權)이 시도하는 것 같이 보이는 계몽의 소위 평가절하에 대하여 이의를 제기한다. 가다머는 권위에 대하여 인식의 우월성(優越性)을 부여하고 있기 때문이다.[465] 그러나 가다머는 권위가 타당하기 위해서는 인정(認定)행위와 그리고 이성의 행위에 근거해야만 한다고 주장한다. 가다머는 권위와 전통에 결코 이성에의 우위를 인정하지 않고 상호소통적으로 작용하는 이성의 상황성을 강조한다.

가다머는 해석학적 성찰에 있어서 언어가 해석학적 이해의 보편적 매체라는 것을 드러내었다. 그리고 모든 이해는 언어라는 매체로 수행되는 것을 드러내면서 "이해되어질 수 있는 존재는 언어"(das Sein, das verstanden werden kann, ist die Sprache)라는 언어 존재론을 해석학적 존재론의 특성으로 드러내었다. 여기서 그는 해석학을 딜타이가 시도한 단순히 인문과학을 정초하는 방법론 망상에 결별을 고하고 언어가 지니는 이해의 매체라는 성격이 모든 해석학적 성찰에 있어서 보편적이라는 점을 드러내었다. 그러면서 가다머는 해석학을 하나의 학문적 분과로서 인간 이해의 방식을 현상학적으로 드러내는 하나의 해석학적 철학으로 정초하고자 하였다.

가다머에 의하면 해석학적 철학은 결코 "절대적 입장"을 갖지 않는다. 가다머는 지양할 수 없는 역사성의 이름으로 선험철학의 절대성 요구를 철학의 자기오해라고 규정한다. 가다머는 철학은 유한성의 사실로서 고유한 유한성을 생각해야 한다고 주장한다. 해석학적 철학이 가지는 궁극적인 지식이란 인간의 보편적인 유한성에 대한 것이다. 따라서 가다머의 해석학은 무한한 과정을 말하는 점에 있어서 역사 속에서 인간지식의 자기완결을 주장하는 헤겔적인 관념론적인 인식론과 결별하고 있다. 그러나 가다머는 이해지평이 역사적 전승의 과정 속에서 끊임없이 확장되어 가는 것을 말할 뿐 진리의 목표와 기준에 대하여는 말하지 않는다. 따라서 가다머의 지평

---

465) Gadamer, *Wahrheit und Methode*, 1960, 264.

융합적 해석학에서는 진리와 의미의 기준을 제시하는데 제한성을 가지고 있다.[466] 이것이 가다머 해석학의 한계이다.

10. 현대 해석학에 있어서 가다머 해석학의 의의(意義)

우리는 현대 해석학에 있어서 가다머 해석학의 중요성을 다음과 같이 규정할 수 있다.

첫째, 가다머는 해석학적 이해의 고유성을 드러내었다. 해석학적 이해는 자연과학적 설명과는 다르며 사회과학적 탐구에 필요불가결한 구성요소이다. 가다머는 실증주의자들이 모든 형태의 지식을 자연과학적 인과론적 설명의 모델에 환원시키고자 하는 시도를 저지했다. 가다머는 해석학적 이해가 언어행위에 대한 인과적 설명만으로 완전히 대체될 수 없음을 보여주었다. 이해는 주관과 객관의 상호소통이며 대화이지 일반적인 설명이나 진술이 아니다. 이해란 주관적인 관념을 대상에 투영시키는 것이 아니라 오히려 놀이처럼 주어진 게임에 들어가는 것이다.

둘째, 가다머는 현상학과 이해이론을 상호결합시킴으로써 하이데거가 착안한 현상학적 해석학을 심화시켜 해석학적 존재론으로 발전시켰다. 가다머는 하이데거가 드러낸 이해의 선구조에 대한 현상학적 해명을 이해지평의 역사성으로 발전시키면서 영향사 해석학을 창안하였다. 그리하여 이해란 방법론적 내지 원리적 사고가 아니라 이해하는 서로 다른 지평 사이의 지평융합이라는 해석학적 존재론을 제시하였다. 이러한 영향사 의식은 해석학적 이해의 존재론적 구조로서 준 이해가 가능케 되는 존재론적 구조로서 준(準)선험성을 지니고 있다. 가다머는 이러한 해석학적 이해의 존재론적 구조를 현상학적으로 분석함으로써 해석학을 하나의 이해에 대한 해

466) 김진, Ibid., 208.

석학적 철학으로 전개하였다.

셋째, 가다머는 여태까지 인문과학의 방법론에 머물고 있었던 해석학을 철학적 사고의 보편적 측면으로 확장하였다. "해석학이란 철학의 보편적 측면이지 소위 정신과학의 방법론적 기반이 아니다."[467] 그리하여 철학적 해석학은 현대철학의 주요한 흐름이 되었을 뿐만 아니라 모든 철학적 반성에 있어서 보편적으로 수행되는 진리이해의 학(學)으로 파악되기에 이른다. 텍스트의 사실을 강조하는 가다머의 철학적 해석학은 프랑스의 해석학자 리꾀르의 "텍스트 세계"(text world)를 강조하는 해석학적 사상에 결정적 영향을 주었다. 그리고 영향사를 강조하는 그의 사상은 독일 신학자 판넨베르그의 보편사 해석학에 영향을 주었고 현대 가톨릭신학에도 영향을 주고 있다.[468]

맺음말

가다머는 역사주의가 제시한 방법론적 사고와 결별하고 이해를 현상학적으로 분석함으로써 이해의 사실에 접근하고자 하였다. 진리란 방법에 의하여 드러나는 것이 아니라 오히려 방법론적 사고와 결별하고 사상(事象)을 현상학적으로 추구할 때 드러난다. 이런 의미에서 가다머는 현상학의 지평 속에 있다. 가다머의 현상이란 의식의 전승이 아니라 문헌적 전승이며, 이것은 언어로서 다가온다.

가다머의 해석학은 하이데거의 존재론적 해석학을 언어적 존재론으로 발전시켰다. 인간이 지닌 이해의 지평으로서의 영향사 의식(Wirkungsgeschichtliches

467) Wahrheit und Methode, S.451.
468) 김영한, "가다머의 영향사 해석학", "판넨베르그의 해석학으로서의 보편사신학", "리꾀르의 비판적 해석학", 『하이데거에서 리꾀르까지』, 박영사, 1992.

Bewusstsein als Verstehenshorizont)은 칸트 이래로 제시된 선험적 의식의 새로운 규정방식이다. 영향사 의식은 그것을 통해서 모든 이해가 가능케 되는 조건의 역할을 함으로써 하나의 준(準) 선험의식의 역할을 한다. 가다머는 해석학적 이해의 보편적 구조(universale Struktur des hermeneutischen Verstehens)를 이해의 매체인 언어(Sprache als Medium des Verstehens)의 역할을 밝힘으로써 주제화하였다. 그리하여 가다머는 해석학을 단순히 텍스트 해석이론의 차원에서 벗어나 독자적 철학적 영역으로 발전시켰다,

가다머는 특히 신칸트주의에서 중단된 독일의 선험철학을 해석학적 철학으로 고양시켰다. 해석학의 보편적 측면을 강조함으로써 해석학을 인문과학적 반성에 국한시키는 것을 반대한다. 해석학이란 철학의 보편적 측면이지 소위 말하는 인문과학의 방법론적 기반만은 아니다. 이해와 언어에 대한 논구란 단지 방법론적 문제가 아니라 인간 사실성(human facticity)의 근본특징이다. 그리하여 언어적 존재론을 통하여 해석학적 존재론을 제시함으로써 해석학의 보편성 요구를 하면서 해석학을 하나의 독자적인 철학적 영역으로 정착시켰다. 해석학적 철학의 보편성은 이해와 언어에 대한 추구, 바로 내적 단어 속에 뿌리 박고 있다. 철학적 해석학이란 의미를 추구하는 유한한 인간 사실성의 자기 해석(eine Selbstauslegung der Faktizität der endlichen Menschen)이다. 해석학은 가다머에 이르러 인문과학의 해석학을 넘어서서 존재론적 철학의 차원으로 나아간다. 그리하여 하나의 해석학적 철학의 분과를 형성한다.

참고문헌

Apel. Karl-Otto, *Transformation der Philosophie I, Sprachanaytik,* Semiothik, Hermeneutik, Suhrkamp Verlag: Frankfurt am Main, 1973.

Grodin, Jean, *Einführung in die philosophische Hermeneutik,* 1991, 영문판, Yale University, 1994.

Gadamer, Hans Georg, Wahrheit und Methode, *Grundzüge einer philosophischen Hermeneutik,* J. C. B. Mohr, Tübingen 1960.

________, *Gesammelte Werke,* Vol 2: Hermeneutik II: Wahrheit und Methode. Ergänzungen, Register, Tübingen 1986.

________, "Grenzen der Sprache," in: *Evolution und Sprache: Übe Entstehung und Wesen der Sprache, Herrenalber Texte 66* (1985).

________, "Replik", in: *Hermeneutik und Ideologiekritik,* Frankfurt 1971.

________, "Hermeneutik als Praktische Philosophie", in: *Vernunft im Zeitalter der Wissenschaft,* Frankfurt 1976.

J. Habermas, *Zur Logik der Sozialwissenschaften,* Frankfurt 1970.

__________, "Der Universalitaetsanspruch der Hermeneutik", in: *Hermeneutik und Ideologiekritik,* Frankfurt 1971.

김영한, 『하이데거에서 리꾀르까지』, 박영사, 1993, 전정판, 2003.

______, "가다머의 영향사 해석학", "판넨베르그의 해석학으로서의 보편사신학", "리꾀르의 비판적 해석학", 『하이데거에서 리꾀르까지』, 박영사, 1992.

김 진, "철학의 변형과 선험해석학의 과제", 『해석과 이해』, 한국해석학회, 지평문화사, 1996.

8장
베티의 정신과학 해석학
-가다머의 현상학적 해석학과의 논쟁을 중심으로-

머리말 : 정신과학의 일반적 방법론

베티(Emilo Betti, 1890-1968)는 이탈리아 학자로서 법학에서 해석학으로 넘어 온 자로서 인문과학을 정초하는 규범적 해석학을 정립하고자 하였다. 베티는 독일어로 쓴 두 개의 논쟁적인 선언서로써 그의 해석학적 착상을 발표했다. 하나는 1954년에 출판된 『일반적 해석론의 정초를 위하여』(Zur Grundlegung einer allgemeinen Auslegungslehre)이고 또 하나는 1955년에 출판된 천 페이지 분량의 거대한 『일반적 해석이론』(Allgemeine Theorie der Auslegung)이라는 해석학적 걸작이었다.[469] 이 책은 1967년 가다머의 권유로 조금 축소된 독일어판으로 출판되었다.[470] 그러나 그의 해석학은

469) E. Betti, *Teoria generale della interpretazione*, 2 Bde, Milano 1955.
470) E. Betti, *Allgemeine Auslegungslehre als Methodik der Geisteswissenschaften*, Tüebingen, 1967 ; *Zur Grundlegung einer allgemeinen Auslegungslehre.* Festschrift füer E. Rabel, Bd.II, Tuebingen 1954, 79-168 ; *Die Hermeneutik als allgemeine Methodik der Geisteswissenschaften*, Tüebingen 1962.

하이데거 철학의 영향으로 존재론적 정향을 하고 있는 독일 해석학의 추세 속에서 별다른 주목을 끌지 못했다. 이러한 독일 해석학의 존재론적 전개는 해석의 일반적인 방법론을 정립하고자 하는 쉴라이에르마허에서 딜타이로 이어지는 해석학의 본래의 전통과는 다르게 나아갔다. 일반적으로 베티의 해석학은 가다머적이라고 일반적으로 잘못 인식되어 왔다. 그러나 베티는 가다머에 의한 해석학의 존재론적 정향을 반대하면서 정신과학의 일반적 방법론으로서 해석학의 본래의 전통을 고수하려고 한 자이다. 1960년대 초에 가다머와 베티 사이에 논쟁이 시작되면서 비로소 그의 해석학적 착상은 현대해석학의 무대에 등장하게 된다. 정신과학의 방법론으로서 규범적 해석학을 추구하는 베티의 접근은 하이데거 이전의 입장(a pre-Heideggerian position), 즉 해석의 규범을 문제시하는 해석학으로 나아간다.

1. 베티와 가다머의 논쟁

1962년에 출판된 그의 저서 『정신과학의 일반적 방법론으로서의 해석학』(Die Hermeneutik als allgemeine Methodik der Geisteswissenschaften)에서 베티는 1960년 가다머의 주저 『진리와 방법』(Wahrheit und Methode)이 출판된 직후 해석학에 대한 가다머의 착상을 가장 명쾌하게 비판하였다. 그의 비판은 다음과 같다. 첫째, 가다머의 저작은 정신과학의 방법론으로서 아무런 도움이 되지 않는다. 둘째, 가다머의 저작은 해석 대상의 객관적 타당성을 흔들어 놓을 뿐 아니라 해석의 객관성 자체를 의문시한다. 베티는 진리와 방법을 분리시키는 가다머의 해석학적 사고에 대하여 비판하면서 해석학을 엄격한 정신과학의 방법론 위에서 정초하고자 했다. 베티는 해석학이란 객관적 해석을 위한 원리를 제공하는 기능을 해야 한다고 본다. 그의 입장에서 보면 하이데거와 가다머의 착상은 해석학을 아무런 기

준도 없는 상대성의 혼란 속으로 가져 놓는다고 비판한다.471)

베티의 관심은 하이데거에서처럼 존재를 이해하는 것이거나 또는 가다머처럼 예술작품의 진리를 적절하게 설명하는 것이거나 불트만, 푹스나 에벨링처럼 성경에서 말씀의 사건을 경험하자는 것이 아니다. 베티의 관심은 법률사가로서 인문과학의 분야에서 다양한 해석 양식들을 분류하여 인간 행위와 대상들을 해석할 수 있는 기초적인 원리들을 정식화하는 데 있었다. 그래서 베티의 관심은 객관적 해석의 본성을 규명하고자 하는 것이었다. 베티는 해석에 있어서 주관의 역할이 어떠하든지 간에 대상은 객관적으로 타당한 해석을 통해서 합리적으로 추구될 수 있다고 주장한다. 대상은 그 자체의 자율성으로 관찰자의 주관적 계기의 임의성을 넘어서 스스로 말한다. 대상 속에는 객관적으로 검증 가능한 의미가 들어 있기 때문에 올바를 수도 있고 틀릴 수도 있다.472)

베티는 독일의 해석학이 대상에 의미를 부여하는 주관의 기능에 일차적인 관심을 가졌기 때문에 의미부여(Sinngebung)와 해석(Auslegung) 사이의 본질적 차이를 무시하고 양자를 동일시함으로써 관념론적 차원에 머물고 있다고 비판한다. 베티는 이러한 차이가 무시되었기 때문에 객관적으로 타당한 해석의 객관성이 도전받아왔다고 본다. 베티는 그의 저서 『정신과학의 일반적 방법론으로서의 해석학』(1962)의 머리말에서 그의 해석학의 주된 목적은 해석과 의미부여 사이의 본질적 차이를 규명하는 것이라고 피력하고 있다. 베티는 가다머의 해석학에서 양자의 차이가 무시되어 왔기 때문에 객관적으로 타당한 해석, 즉 해석의 객관성이 무시되어 온 것으로 본다. 의미부여는 주관적 계기라면 해석은 대상적 계기이다. 주관이 수행하는 의미부여 계기는 해석의 객관성이라는 의미의 동일성(저자의 의도)의

---

471) Niels Thulstrup, "An Observation Concerning Past and Present Hermeneutics", [OL], XXII(1967), pp. 24-44.

472) Betti, Die *Hermeneutik als allgemeine Methodik der Geisteswissenschaften,* 35.

근거 위에서 수행되는 것이다.

베티는 가다머가 주장하는 이해하는 주관이 갖는 선이해(Vorverständnis)와 이해의 역사성에 대하여 다음같이 비판한다. "선이해에 의해 의미를 부여받는 텍스트는 단순히 우리가 이전에 갖고 있던 생각을 강화시켜주지 않는다. 오히려 우리는 텍스트란 우리의 이해행위와 독립해서 아직 알려져 있지 않던 어떤 것을 우리에게 말해준다고 가정해야 한다. 바로 여기에서 주관적 측면, 즉 현대의 실존철학에 의해 큰 영향을 받고 있는 측면과 해석과 이해(의미부여)를 결합시키려는 측면이 지니는 한계가 드러난다. 그 결과 정신과학 전체에서의 해석과정의 제 결과가 지니는 객관성은 의문시 된다."[473] 베티에 의하면 이해의 선구조와 역사성을 주제화하는 가다머의 해석학은 이해를 '영향사로의 진입'(Einrücken in die Wirkungsgeschichte)으로 봄으로써 올바른 해석과 그릇된 해석을 구분할 수 있는 규범적인 방법을 제공하지 못하며 매우 상이한 해석양태를 단순히 하나의 존재의 사건으로 총괄해 버린다.[474] 베티는 모든 해석이란 현재의 적용(Applikatio, Anwendung)이라고 보는 가다머의 주장은 역사적 해석이 아니라 법률적 해석에 대해서만 타당하다고 본다.[475]

이에 대해 가다머는 베티에게 보낸 한 편지에서 이러한 반론에 대하여 답하기를 그 자신은 하나의 방법을 제안하는 것이 아니라 "존재를 기술하고 있다"고 피력한다: "나는 근대과학의 방법개념을 넘어서서 모든 생기(生起)를 명백한 보편성에서 사유하고자 노력하고 있다."[476] 가다머는 해석학이란 방법론이 아니라 존재에 대한 기술, 즉 모든 이해행위를 기술하

473) Betti, *Hermeneutik als allgemeine Methodik der Geisteswissenschaften*, 35.
474) Ibid., 43-4.
475) Ibid., 45-9.
476) Ibid., 51 각주. 베티는 가다머를 비판한 바로 그 논문의 각주에서 가다머 편지를 인용하고 있다.

는 존재론이라고 대응했다.[477] 1965년 판 『진리와 방법』(Wahrheit und Methode) 서문에서 가다머는 다시 베티에게 응답한다. 여기서 가다머는 자기가 추구하는 것이 "일반적인 해석이론"을 제시하거나 대상에 대한 "주관적 절차"를 제시하는 것이 아니라 존재론적 사건의 해명이라는 사실을 밝힌다. "여하튼 나의 논구의 의미는 전문적인 분야들의 상이한 방법들을 설명하는 일반적인 해석이론을 제시 – 이것은 베티가 가장 탁월하게 보여준 바가 있다 – 하는 데 있는 것이 아니라, 모든 방식의 이해에 공통된 것을 찾아내어 이해란 주어진 대상에 대한 주관적인 절차가 아니라 이해되는 대상의 영향사적 의식에 – 이리하여 존재에 – 속한다는 사실을 보여주는 데 있다."[478] 여기서 가다머는 인식론적 관점으로부터 존재론적 전향을 함으로써 자기가 해석학의 열쇠개념으로 간주하는 "영향사 의식"(wirkungsgeschichtliches Bewußtsein)이 주관적 과정이 아니라 존재론적 과정이라고 피력하고 있다.

베티는 가다머의 응답에 만족하지 않는다. 그가 볼 때 "가다머는 아무런 해석의 객관적 기준이 없는 실존적 주관성에 함몰되어 있다."[479] 베티는 해석이론을 철두철미 방법론으로서 이해하며 이 방법론을 규범적인 해석이론으로서 정신과학적 이해의 모든 영역, 다시 말하면, 역사적, 언어학적, 법학적, 신학적 해석학으로 확대하고자 한다. 그리하여 세부적인 방법론으로서 이해이론은 가다머의 철학적 기초 해명의 범위를 훨씬 능가하고자 한다.[480] 따라서 베티의 해석학을 가다머적이라고 보는 것은 잘못된 것이다. 오히려 베티는 쉴라이에르마허, 훔볼트, 딜타이, 짐멜, 릿트, 특히 하르트만(N. Hartmann)의 사상의 영향 아래 있다. 베티는 해석자에게 실제적이고

477) Gadamer, "*Hermeneutik und Historismus*", [PhR], IX (1962), pp. 248-49.
478) Gadamer, *Wahrheit und Methode*, 2. Auflage 1965, Tübingen, Vorwort xvii.
479) Richard E. Palmer, *Hermeneutics*, 1968, 97.
480) H. G. Gadamer, *Wahrheit und Methode. Grundzuege einer philosophischen Hermeneutik* (Tüebingen 1961, 2 Auflage 1965), 482ff.

유용한 것을 추구한다. 그는 올바른 해석과 그릇된 해석 그리고 여러가지 다양한 해석유형을 구분할 수 있는 규범을 찾고자 한다. 이에 대해서 가다머는 이해의 존재론적 성격을 묻는다. 그리고 해석학적 과정 속에 존재와의 만남이 있는가 그리고 역사적 텍스트를 이해하는 영향 속에 전수된 과거는 어떻게 개입되고 형성되는가 라는 질문을 한다. 따라서 베티의 입장은 정신과학을 위한 정초적 분야로서 해석학을 탐구하였던 딜타이의 입장을 따르는 것으로서 하이데거의 존재론을 따르는 가다머의 입장과는 해석학을 이해하는 사고에 있어서 본질적으로 서로 다르다.

2. 학문적 해석학의 복권

베티는 해석의 일반이론에 관하여 말한다. 그러나 여기서 "일반적"이라는 말은 순수 인식론적인 의미를 갖는다. 베티는 문헌학, 역사, 신학, 법학에서 수행하는 학문적인 해석의 모든 형식에는 인식론적인 구조(gnoseologische Struktur)가 깔려 있다고 본다. 인식론적 구조란 하르트만(N. Hartmann)에게서 차용한 것이다. 그것은 대상파악에 있어서 인간 주관이 밖으로 나가 실재적으로 있는 대상을 파악하는 존재론적인 인식구조를 말한다. 베티에 의하면 해석학의 과제는 모든 정신과학의 방법론적인 기초로서 이 인식론적 구조의 객관성의 기준을 밝혀내는 것이다.

베티 해석학의 성격은 논쟁적이고 반동적(reaktiv, reaktinär)이라고 말할 수 있다.[481] 그의 해석학은 단순히 관념론적 해석학이 아니다. 그의 해석학은 하이데거와 불트만의 해석학에서 시도된 주관주의적이고 상대주의적인 실존해석학에 대하여 결정적으로 저항한다. 하이데거에서 출발한 가다머의 해석학도 마찬가지로 해석학의 규범을 제시하지 않았다. 가다머의 해석

481) Jean Grondin, *Einführung in die philosophische Hermeneutik*, 1991, 162.

학은 역사적인 이해에 있어서 무엇이 사실적으로 일어나며 역사적 이해에 있어서 어떤 규칙과 지침이 있으며 해석에 있어서 무엇이 일어나는가를 기술하는 현상학적 해석학(phänomenologische Hermeneutik)에 머물었다. 따라서 가다머는 해석학의 규범을 묻지 않았다. 이에 반해서 베티는 규범 해석학(normative Hermeneutik)을 정초하고자 한다.[482] 해석학은 베티에 의하면 철저히 규범 해석학이다. 해석이론은 하나의 방법론이며 이 방법론은 정신과학의 모든 영역, 다시 말하면, 역사적, 언어학적, 법학적, 신학적 모든 영역에 확대되어야 한다. 그러므로 베티는 하이데거에 영향받은 존재론적 해석학을 거부한다. 그것은 엄격한 학문적 표준에 맞는 해석학을 복권시키는 것이다. 베티는 이러한 규범적 해석학만이 정신과학적 해석의 객관성을 보증할 수 있다고 보았다.

베티는 그의 해석론을 하이데거의 현존재분석의 기초에서도 아니고 딜타이의 생의 개념의 기초에서도 아니고 해석자와 의미함유(含有)적 형식을 마주세움(Gegenüberstellung eines Interpreten und einer sinnhaltigen Form)으로부터 전개한다.[483] 해석자는 해석주관이요 의미함유적인 형식은 해석객관이다. 주관과 객관은 모든 인식과정에 깔려 있다. 여기서 베티는 하르트만(N. Hartmann)의 존재론에 기초하고 있다. 하르트만의 존재론에 의하면 "의미함유적인 형식이란 정신의 객관화"(Sinnhaltige Formen sind Objektivationen des Geistes)라는 것이다.[484] 이 객관화에 있어서 실재적인 객관성과 이념적인 객관성이 상호침투한다. 여기서 베티는 하르트만의 객관화된 정신이론을 수용하고 있다.[485] 두 가지 객관성은 지각될만한 구체

482) E. Coreth, *Grundfragen der Hermeneutik,* 1969, 34, 신귀현역, 31.
483) Betti, *Zur Grundlegung einer allgemeinen Auslegungslehre.* Mit einem Nachwort von H. G. Gadamer, 1988, Tübingen, 14.
484) H. Ineichen, *philosophische Hermeneutik,* 207.
485) Erwin Hufnagel, *Einführung in die Hermeneutik,* 1976, 128, 강학순역, 해석학이해, 190.

적인 모습을 지시하면서 나타난다. 의미함유적인 형식은 직관을 통해서가 아니라 지각에 주어지는 형식의 해석을 통해서 얻어진다.[486] 해석 과정은 의미함유적인 형식을 통해서 수행된다. 여기서 중요한 것은 인식자, 즉 해석자에 대한 요구이다. "해석과정에서는 해석자와 객관화된 정신이 서로 마주 서 있다"(Im Auslegunsprozeß stehen sich der Interpret und der objektivierte Geist gegenüber).[487] 의미함유적인 형식은 매개를 형성한다. 해석과정은 창조적 과정의 전회(轉回)(Umkehrung des schöpferischen Prozesses)이다. 해석자는 객관화 속에서 생동적인 창조자 사고를 다시 인식해야 한다.[488] 베티는 저자를 의미체의 창조자로서 해석과정으로 끌어들이고자 하나 심리주의에 빠지지 않고자 한다. 베티는 인식론적으로 내면적 정신으로 되돌아 가고자 한다. 심리주의 극복을 위하여 베티는 저자가 생동적으로 생각했으나 생각된 것은 해석과정의 목표라고 본다. 여기서 베티는 하르트만의 객관화된 정신론을 수용함으로써 "주관의 존재론화에 빠질 위험성"을 안고 있다.[489]

3. 이해는 적용 아닌 순수의미론적 객관성: "상대주의적" 해석학 비판

베티에 의하면 이해의 인식론적 과제는 모든 학문들에 공통적이다. 여기서 이해(Verstehen)는 해석되어지는 의미함유적인 형식에서 표현되어지는 낯선 정신을 파악하고자 하는 정신과정이다. 그리고 해석(Auslegung)은 이해의 인식론적인 문제를 해결하기 위한 수단이다.[490] 우리는 타자, 즉 낯선

486) Betti, op. cit. 1967, 38-41.
487) H. Ineichen, op. cit. 208.
488) Betti, op. cit. 1988, 15.
489) E. Hufnagel, op. cit. 130.
490) E. Betti, op. cit. 1962, 11.

정신과 직접적으로 의사소통할 수 없다. 낯선 정신은 직접적으로 파악되는 것이 아니라 매개를 필요로 한다. 낯선 정신은 의미함유적인 형식(sinnhaltige Formen)이나 객관화의 우회로를 통하여서만 파악된다. 해석되어지는 객관화(언어, 몸짓, 기념물, 자국, 음정(音程) 등)는 이해되어지는 내적 정신을 표상한다. 의미함유적인 형식들의 소여를 통하여 우리는 보편적이고 상호적인 의사소통을 하게 된다. 베티는 이러한 관점을 정당화 하기 위하여 전(全)해석학적 전통, 특히 이해가 내면에서 바깥으로 향하는 창조적 행위의 전회(die Umkehrung des schöpferischen Aktes)를 수행해야만 하는 낭만주의 해석학을 소환(召喚)하고 있다.

베티는 관념론적-낭만주의적 표현방식(idealistisch-romantische Ausdruckweise)을 사용하고 있다. 우리의 이해는 사실적으로 단어가 의미하는 것, 즉 표현 배후에 표현과 더불어 말해지고자 하는 것을 경험하고자 한다. 베티에 따르면 중요한 것은 저자에 의하여 의도되는 의미, 즉 저자의 정신(mens auctoris)을 이해하는 인식이다. 해석자는 가능한대로 자기의 관심과 기획을 규제하고 저자에 의하여 의도된 의미의 자율성을 존중해야 한다. 그러므로 베티는 하이데거나 가다머의 해석학 이론, 즉 선입견을 이해의 조건으로 보는 것은 "상대주의적인 해석학"(relativistische Hermeneutik)의 위험한 오류론이라고 본다. 그러므로 베티는 특별히 가다머의 적용이론(Lehre von der Anwendung)에 반대한다. 해석학적 과정의 객관성과 가규제성(die Objektivität und Kontrollierbarkeit des interpretatorischen Prozeßes)을 보존하고자 하면 이해는 적용과는 거리가 멀어지기 때문이다. 베티는 적용이란 그것의 기초가 인식론적 이해를 형성해야만 하는 신학이나 판결과 같은 특별한 해석의 형식에서 야기한다고 본다. 성경귀절이나 법이 구체적인 상황에 적용되기 전에 그것의 의미가 먼저 순수 의미론적으로 이해되어야 한다. 확실히 우리는 하나의 의미를 활성화 하고 우리의 시간 기대에 적용할 수 있다. 그러나 베티는 이러한 현대화된 의미는 텍스트의 본래적인 의미로부터 분리된다고 본다.

4. 의미와 의미성

베티는 해석(Auslegung)과 이해(Verstehen)를 구분한다. 해석은 이해를 목표로 설정한 행위이다.

"해석은...... 이해를 불러 일으킨다."[491] 해석은 이해의 문제를 해결하기 위하여 있다. 해석은 "정신이 객관화된 의미함유적인 형식에서 출발하여" 이해를 추구한다.[492] 의미함유적인 형식은 정신의 객관화를 통하여 이해를 매개한다. 함유된 의미에 적합한 추후구성(Nachkonstruktion)은 객관성을 보유하면서도 주관에 종속한다. 여기서 함유된 의미는 그 자체 객관성으로서 주관과는 독립적이면서 주관에 상응한다. 해석은 주관과는 독립적인 대상에 관한 것이나 의미부여는 주관의 순수한 자발성이기 때문이다.

베티는 텍스트의 의미(Bedeutung)와 동일한 의미가 서로 다른 해석 속에서 갖는 의미성(Bedeutsamkeit)에 대해서도 해석학적 구분을 시도한다. 의미는 대상의 가치이며 의미성은 대상의 가치가 갖는 다양한 "원격작용과 결과작용"이다.[493] 이러한 베티의 구분은 프레게(G. Frege)가 시도한 "의미 동일성"(Sinn)과 "의미 지시"(Bedeutung)의 구분과도 동일하다. 양자는 가다머의 적용이해가 가까이 놓은 것처럼 서로 뒤섞이지 않는다. 베티의 구분은 해석학적으로 타당하다. 실천에 있어서 우리는 너무 강하게 현대화하는 의미성을 인식하고 그것을 텍스트의 원래적인 의미로부터 구분하지 않을 수 없다. 그렇지 않으면 해석이란 아주 자의적인 시도가 되고 말 것이다. 의미성 그 자체가 알려지면 질수록 원래적인 의미가 결정적으로 확보되었는가 물어진다. 예를 들면, 플라톤적인 이념의 본래적인 의미를 파악하는 것 없이는 플라톤의 이념이 칸트의 순수이성 개념이나 또는 신칸트주

491) E. Betti, op. cit. 1972, 11.
492) Ibid, 11.
493) Ibid, 28.

의의 방법으로 환원되어질 수 없다.

의미는 단어배후로 도달하고자 하는 이해의 무한히 접근하는 목표(ein asymptotischer Telos des Verstehens)이다. 원래적인 의미에 도달했는지는 우리의 유한성의 관점에서 결단코 최종의 명료성으로 말해질 수 없다. 더욱이 우리는 의미성과 다른 의미에 관하여 그것이 우리에게 의미하는 바로부터만 말할 수 있다. 베티는 해석과정 성취의 불확실성을 말한다. 객관성은 항상 부분적으로만 인식적으로 되찾아질 수 있다. 가다머가 의미와 의미성의 상호침투(Ineinanderfließen von Bedeutung und Bedeutsamkeit)에 관하여 말했다면 의미에 대한 이해의 무한한 접근을 뜻한다. 의미는 현대화하는 의미성(적용)에 해소되지 않는다. 베티에 의하면 가다머의 해석학은 적용개념에 있어서 오로지 우리의 열려진 문제설정과 기대의 결실있는 기반으로부터 의미함유적인 형식 배후에 있는 의미와 내적 정신으로 나아간다는 사실을 적절하게 보여주고 있다.[494]

5. 베티의 입장을 추종하는 허쉬: 타당화의 논리로서의 해석학

베티와 가다머 사이에 해석학 논쟁이 진행되고 있는 즈음 1967년 허쉬(E. D. Hirsch)는 저서『해석의 타당성』(Validity in Interpretation)에서 베티의 입장을 따르는 해석이론을 제시하였다.[495] 허쉬의 입장에 따르면 해석학이란 가다머가 말하는 이해이론이 아니라 타당화 논리라는 것이다. 허쉬에 따르면 해석학이란 이해자체가 어떻게 일어나는가에 관한 이론을 제공하는 것이 아니라 이해이론을 미리 전제한다. 허쉬는 이해가 오히려 해석학

494) Jean Grondin, op. cit. 166.
495) E. D. Hirsch, Jr. *Validity in Interpretation*, New Haven: Yale University Press, 1967, 274 pp.

이론에 선행한다고 본다. "이해의 작용이란 처음에는 단순히 어떤 생각(이것은 잘못된 생각일 수도 있다)을 품는 것이다. 이런 생각을 품는 데는 일정한 방법이 없으며, 또한 통찰을 함에 있어서도 일정한 규칙이 없다. 해석이라고 하는 방법론적 활동은 우리가 우리의 생각을 검증하고 비판하려 할 때 시작된다."[496] 허쉬는 베티와 마찬가지로 딜타이가 주장한 바 같이 객관적으로 타당한 해석이 가능하다고 보았다.

허쉬는 방법을 통해서 객관적으로 검증 가능한 의미에 도달할 수 있다고 주장한다. 첫째, 의미의 규범을 확정한다. 의미가 결정될 수 있는 규범이란 저자의 의도이다. 둘째, 의미(meaning)와 의의(意義, significance)는 분리되어야 한다. 의미란 재생가능하고 불변하고 객관적이고 영원히 동일한 것이나, 의의란 동일한 의미가 가지는 함축성으로서 다양하며 다른 지향점에 따라서 변한다. 그래서 허쉬는 훗설을 따라서 하나의 동일한 지향의 대상이 서로 다른 지향작용의 초점이 될 수 있다고 본다.[497] 그래서 허쉬는 의미를 객관적으로 확정할 수 있다고 본다. 허쉬는 현대해석학에서의 혼란이란 가다머, 불트만, 에벨링, 푹스 등 신(新)해석학자들이 언어적 의미와 의의를 구별하지 않고 혼동한 데서 비롯된 것으로 본다.[498] 베티에 따라서도 의미와 의의는 분리되어야 한다.[499] 그렇지 않으면, 문헌학이란 힘을 잃고 객관적이고 타당한 해석을 얻을 수 있는 가능성을 상실하게 된다. 허쉬는 해석학이란 구절의 언어적 의미를 타당하게 결정할 수 있는 규칙들을 설명하는 문헌학의 분야라고 본다.

허쉬는 한 구절의 의미는 변화될 수 없다고 본다. 예컨데, 요한계시록에 나오는 "천년왕국"이라는 언어적 의미(verbal meaning)는 불변하다. 이것이 변한다면 이 구절이 바르게 판단되었는지에 대하여 판단할 수 있는 규

496) Ibid., 207.
497) Hirsch, op. cit., 265-74.
498) Palmer, op. cit., p. 246.
499) Betti, *Hermeneutik als Allgemeine Methodik der Geisteswissenschaften,* pp. 28-9.

범이 없다는 것이다. 가다머는 한 구절의 의미를 타당하게 결정할 수 있는 안정된 규범적 원리를 제공하지 못한다고 주장한다. 그러나 허쉬는 베티와 마찬가지로 저자가 의도했던 언어적 의미를 규범으로 삼는다. 그것은 다양하게 해석(의의)되면서도 어느 순간에나 변함없이 남아있는 "자기동일적 실체"라고 주장한다.[500]

허쉬는 따라서 베티와 마찬가지로 하이데거와 가다머의 해석학이 타당성의 문제를 도외시했다고 비판한다. 타당성에 대한 고려가 없으면 해석학은 존재할 수 없다고 본다. 타당화의 논리로서의 해석학은 한편으로는 이해를 배제하고, 다른 한편으로는 비평을 배제한다. 허쉬의 해석학은 따라서 텍스트의 언어적 의미를 타당하게 확정하는 논리 내지 과학이다.[501] 해석학이란 "저자가 의도했던 바를 찾아내기 위한 세심한 문헌학적 노력"이다. 허쉬는 해석학이 "비평을 위한 적절한 기초"이지 비평은 아니라고 본다. 해석학이란 본질적으로 문헌학이다.[502] 해석학이란 베티가 말하는 바같이 여러 가지의 문헌 – 법률문헌이나 종교문헌이나 문학문헌을 포함하여 – 을 위한 해석의 일반원리를 설명하는 분야이다. 해석학이란 번역의 문제가 아니라 저자가 의도한 언어적 의미를 객관적으로 확정하는 문헌학적 작업이다. 그러므로 해석학은 하이데거나 가다머가 주장하는 것처럼 이해의 주관적 과정에 관심을 가지지 않고 텍스트 의미의 확정에 관심을 가진다. 허쉬에 의하면 해석학이란 가다머가 주장하는 바 이해된 의미를 해석자의 현재와 관련시키는 지평융합에 관심이 없다. 해석학이란 갈등하고 있는 여러 가능한 해석들 중에서 올바른 해석을 찾기 위하여 가장 타당한 의미를 결정하는 문헌학적 반성이다. 허쉬는 텍스트의 의미가 현재 우리에 대하여 가지는 의의를 다루는 것은 해석학의 영역이 아니라 문학비평이라

500) Palmer, op. cit., p. 46.
501) Hirsch, op. cit., chapter 4.
502) Richard E. Palmer, op. cit., p. 102.

고 본다.[503] 문학비평은 타당성의 문제를 취급하지 않는다. 이처럼 허쉬는 베티의 규범해석학의 입장을 따라서 해석학을 타당화의 규범을 확립하기 위한 논리요 과학으로 본다. 베티와 허쉬의 규범해석학은 따라서 해석학을 이해사건으로 보고 이해의 역사성을 해명하고자 하는 하이데거, 가다머의 현상학적 해석학에 대립하고 있다.

6. 해석의 표준

해석하는 재구성 과정이 임의적이지 않기 위해 베티의 해석학은 해석의 객관성을 증명하도록 하는 해석의 표준(Kanon der Interpretation)을 확정하고자 한다. 베티의 이러한 시도는 해석을 방법론적 사고에서가 아니라 선이해의 구조에서 발전시키려는 가다머의 영향사 해석학의 사고와는 다르다. 베티는 네 가지 표준을 해석의 지침으로 발전시킨다. 그것은 해석학적 자율성의 표준, 전체의 표준, 활동성의 표준, 이해의 의미적합성의 표준이다.

첫째, 해석학적 자율성의 표준(der Kanon der hermeneutischen Autonomie)이다.[504] 이것은 해석대상의 자율성을 인정하는 것을 말한다. 해석대상의 내용적 형식이 고유법칙에 있어서 파악되어야 한다는 것이다. 내용적 형식은 고유한 역사, 내재적 판단의미가 야기하는 고유한 구조를 가지고 있다. 이것은 해석되는 의미가 근원적이고 내면적인 의미여야 하고 해석자의 투영이어서는 안된다는 것을 말한다. 이것은 해석학적 기준이 내재성의 표준에 따르는 것을 말한다.

둘째, 전체의 표준(der Kanon der Ganzheit)이다. 이것은 언설(言說)이나 예술작품의 개별적 구성요소들은 전체작품과의 관계 속에서 이해되어진다

503) Ibid., 101.
504) Betti, *Hermeneutik als allgemeine Methodik der Geisteswissenschaften*, p. 14.

는 것이다. 개별적인 부분들은 서로 내적 정합관계에 있다. 왜냐하면 각 부분들은 총체성을 이루기 때문이다.[505] 이것은 해석학의 역사에서 항상 다시 만나는 통찰이다. 이것은 텍스트를 그 자체 속에서 일치되고 동질적인 의미로서 받아들이게 하는 해석학적 관찰의 내재적 의미연관을 말한다.

셋째, 이해 활동성의 표준(der Kanon der Aktualität des Verstehens)이다. 의미의 생동성을 말한다. 이것은 해석자 자신의 입장에 대한 관련성을 인정한다는 것이다. 해석자는 모든 이해에 개입되기 마련인 현재에 대해 관심을 가진다. 고대의 사건을 해석하는 자는 필연적으로 그 자신의 경험에 비추어 해석할 것이다. 해석자는 그 자신의 이해와 경험에서 벗어날 수 없다. 해석자는 그의 사고에 있어서 창조과정을 따라가야 한다는 것이다. 그렇게 해야만 해석자는 낯선 표현의 의미를 알 수 있다. 왜냐하면 낯선 표현은 완성된 것이 아니라 재구성되어야 하기 때문이다. 이것은 주관주의적 표준(der subjektivistische Kanon)으로서 이해의 활동성을 부여하는 것이다. 베티는 이해를 결코 수용성의 문제라고 생각하지 않는다. 오히려 해석은 항상 세계에 대한 해석자 자신의 경험을 포함하는 재구성의 과정이다.[506] 이것은 가다머의 적용(Anwendung)을 기억하게 한다. 베티에 의하면 해석자는 "그의 내면성에 있어서 창조과정을 소급적으로 추적하고 이 과정을 내면으로부터 추후구성 해서, 낯선 사고, 과거적인 한 부분, 기억된 체험을 내면으로부터 고유한 삶의 활동성으로 다시 번역하는 것이다."[507]

넷째, 이해의 의미일치성의 표준(der Kanon der Sinnadäquanz des Verstehens)이다. 이것은 해석자와 해석은 가능한 대로 널리 일치해야 한다는 것이다. 이것은 해석학적 의미일치(hermeneutische Sinnentsprechung)의 표준이다. 이것의 결과로서 해석자는 그의 고유한 생동적인 활동성을 대상으로 받는 자극과 가장 내적인 일치와 조화로 가져오고자 한다.[508] 그

505) Ibid., 15.
506) Ibid., 19-22.
507) E. Betti, Ibid, 1962, 19.

래서 하나의 자극과 다른 자극이 일치된 방식으로 상호 일치되고 뒤엉키게 되도록 한다.

7. 베티의 해석학 평가

베티는 그의 해석론(Auslegungslehre)을 그가 본래 추구했던 법 해석학(juristische Hermeneutik)으로부터 얻고자 했다. 그는 인식적이고 모상하는 기능과 규범적인 기능 사이의 차이에 근거하는 해석의 포괄적인 유형을 발전시켰다. 그는 역사적이고, 법적이고 신학적인 해석 등 다양한 해석에 있어서 각기 하나의 기능이 지배한다고 보았다.

베티 해석학의 공헌은 해석학을 정신과학의 방법론으로 정초하고자 시도한 방법론적 작업에 있다. "새로운 논박에 직면하여 해석과정의 객관성을 지키는 것"이 베티의 관심사였다.[509] 철학적 해석학은 순수방법론적인 해석학의 제한된 권리를 정신과학에 대하여 인정한다. 그러한 철학적 해석학은 해석학적 표준의 동기에 있어서 어떤 것을 빠뜨려서는 안된다. 원리에 있어서 모든 해석은 해석 대상의 자율성과 정합성(整合性, Kohärenz)이 존중된다는 데서 출발한다. 그러나 베티가 제시하는 이러한 표준이 과연 정신과학적 해석의 객관성을 보장하여 참 해석과 거짓 해석을 구분해내는가 하는 점은 의문점으로 남는다. 각 해석은 사실에 일치해야 하고 그것의 대상에 상응해야 한다. 문제는 해석이 그것의 대상에 적합해야 하는가가 아니다. 문제는 베티가 제시한 문제설정으로부터 언제 해석이 그것의 대상에 적합하다는 사실을 야기하며 그것이 검증되어지는가이다. 그것에 대하여는 규칙적용 자체를 위한 어떤 표준이나 규칙도 없다. 여기서 베티는 그

508) E. Betti, Ibid, 1962, 53-4 ; Ibid, 1988, 41-2.
509) E. Betti, Ibid, Tüebingen, 1972, 7.

의 표준을 공식화함에 있어서 순수술어적 해결에 만족하고 있는 인상을 지울 수 없다.[510)]

가다머에게 대답하면서 베티는 오직 소극적인 기능이 그의 해석규칙에 해당한다고 인정했다. "해석학적 표준에는 적극적인 역할보다는 그릇된 길로 나아갈 수 있는 선입견과 조급함에 대한 방지라는 소극적이고 비판적인 기능이 적절하다."[511)] 베티의 이러한 시인(是認)은 그가 시도하려고 한 정신과학적 객관성에 대한 방법론이라는 적극적인 해석학을 의문시하도록 한다. 만일 해석이 그것의 대상과 대상의 정합성(整合性)에 바르지 못한다면 그 해석은 비판되어야 한다. 그러나 해석이 단지 수사학적으로 작용할 뿐 아니라 객관적으로 타당한지에 대한 질문에 대한 해답은 어떤 방법론에 있어서도 주어지지 않는다.[512)]

베티의 해석학은 "역사주의의 막둥이"(ein Spätling des Historismus)로 보여진다. 역사적 상대화의 위험에 저항하기 위하여 그의 해석학은 엄격한 규칙과 절차에 따르는 정신과학의 최후정초를 위한 방법론의 기초를 구축하고자 했다. 그러나 베티의 해석학은 결국은 그가 약속한 것, 즉 적극적이고 객관성을 보증하는 해석학을 수행하지 못했다. 역사성이란 베티가 시도한 것처럼 그것을 과학적으로 제거한다고 없어지지 않는다. 역사성은 이런 방식으로는 우리 이해의 조건으로서의 기능에 있어서 오해되어진다. 베티는 규범해석학을 정초하고자 했기 때문에 하이데거가 근원적으로 해명하고 가다머가 발전시킨 해석학적 근원에 대한 철학적분석을 시도하지는 않았다. 규범을 사용하는 해석학적조차도 가다머가 말하는 것처럼 언어 속에서 이루어지고 이해지평은 언어에서 해석되기 때문이다. 베티와 허쉬가 주장한 객관성의 기준조차도 현재의 역사성의 구조로부터 만들어 질 수 밖에

510) Jean Grondin, *Einführung in die philosophische Hermeneutik,* Darmstadt, 1991, 165.
511) E. Betti, 1967, 217.
512) Jean Grondin, op. cit. 166.

없다. 베티와 허쉬는 하이데거와 가다머가 밝힌 이해이론과 언어 철학이 갖는 함축성을 무시했다. 베티와 허쉬는 해석학의 문제를 타당성의 논리로 너무 단순화 시킨것이 아닌가? "해석학의 대상은 언어사건 그 자체다"라고 에벨링(G. Ebeling)이 말하는 바와 같이, 해석자로서 우리는 이미 선이해를 가지고 언어사건에 참여하고 있고 그 속에서 해석하면서 이해하고 있기 때문이다. 하이데거와 가다머의 현상학적 해석학이 이룩한 공헌은 베티의 규범해석학이 수행하지 못한 이해와 해석의 근원현상을 밝히는, 해석학의 사실에 대한 보다 근원적인 분석이라고 말할 수 있다. 베티의 해석학이 이룩한 제한된 공헌이란 해석은 일반적이고 부정적인 기준을 견디어내기 때문에 다른 해석보다는 덜 경박하고 규제적인 해석이 있다는 사실을 기억하게 해주는 데 있다.

맺음말

베티는 하이데거, 불트만과 가다머 등 실존해석학의 선이해 해석학에 반대하면서 해석학적 이해의 객관성을 확보하며 규범 해석학을 정립하고자 했다. 그는 해석(Auslegung)과 의미부여(Sinngebung) 사이에 엄격한 구분을 통하여 해석 성과(成果)의 객관성을 확보하고자 했다. 베티 해석학의 특징은 다음과 같다. 첫째, 가다머와는 달리 베티는 적용계기(Applikationsmoment)가 모든 이해방식에 기초가 되는 것으로 보지는 않는다. 베티는 이해와 해석의 활동적인 과정을 중요시하지 않고 유형(Typik)을 중요시한다.[513] 가다머는 해석에 있어서 저자의 이해지평이 과거의 이해지평으로 들어가는 적용이 중요하다. 둘째, 베티의 모든 해석론

513) H. Ineichen, *Philosophische Hermeneutik*, 209.

은 관념론적인 전제에 기초한다. 그의 해석론은 특히 니콜라이 하르트만이 기획한 정신론에 근거한다. 이러한 관념론적인 전제는 인간의 역사성을 고려에 넣지 않기 때문에 가다머의 영향사적 입장과는 너무나 다르다. 그러나 베티는 모든 종류의 방법적 인식을 배격한다는 점에 있어서 방법을 배격하고 진리를 추구하는 가다머와 일치점을 갖는다. 그러나 관념론에 대한 강한 집착은 베티의 해석론으로 하여금 가다머나 하이데거의 방법이전의 해석학적 경험에 기초하도록 하지 못하게 했다. 베티는 방법이전의 영역에 대한 인식을 해석학적 이해에 끌어 넣지 못했다. 그리하여 베티는 관념론적인 차원에 머물고 말았다. 베티가 정립하고자 한 문헌해석의 규범학으로서의 해석학도 존재론적 사건으로 일어나는 우리들의 역사적 삶의 해석학적 경험의 기반 위에서만 가능하다. 베티가 제시하고자 했던 해석의 객관성과 규범 조차도 역사성으로부터 나오기 때문이다.

참고도서

Betti, E., *Teoria generale della interpretazione, 2 Bde,* Milano 1955.

_______, *Allgemeine Auslegungslehre als Methodik der Geisteswissenschaften,* Tübingen, 1967.

_______, *Zur Grundlegung einer allgemeinen Auslegungslehre. Festschrift für E. Rabel, Bd.II,* Tübingen 1954, 79-168.

_______, *Die Hermeneutik als allgemeine Methodik der Geisteswissenschaften,* Tübingen 1962.

Coreth, E., *Grundfragen der Hermeneutik,* 1969, 34, 신귀현역, 『해석학』 31.

Gadamer, Hans Georg, "Hermeneutik und Historismus", *[PhR],* IX (1962), pp. 248-49.

________, *Wahrheit und Methode. Grundzüge einer philosophischen Hermeneutik* Tübingen 1961, 2 Auflage 1965.

Grondin, Jean, *Einführung in die philosophische Hermeneutik,* Darmstadt, 1991.

Ineichen H., *Philosophische Hermeneutik,* Freiburg. München, 1991.

Hirsch, E. D., Jr. *Validity in Interpretation,* New Haven: Yale University Press, 1967.

Hufnagel, Erwin, *Einführung in die Hermeneutik,* 1976, 128, 강학순역, 『해석학 이해』.

Palmer, Richard E., *Hermeneutics,* 1968, 『해석학이란 무엇인가?』 이한우역, 문예출판사.

Thulstrup Niels, " An Observation Concerning Past and Present Hermeneutics", *[OL],* XXII(1967), 24-44.

9장 하버마스의 비판해석학

머리말

하버마스(Jürgen Habermas, 1929-)는 철학을 사회과학과 연결시키는 비판적 사회철학을 정립하였다. 그는 칸트, 피히테, 헤겔과 마르크스의 철학적 전통을 "인식을 주도하는 관심"(erkenntnisleitende Interesse)[514] 아래서 보는 사회과학의 성찰과 연결시키고 있다. 하버마스에 의하면 선험적 주체성으로 소급하면서 기획하는 선험철학은 "일종의 인식 인간학"(eine Art Erkenntnisanthropologie)으로 대체되어야 한다. 인식 인간학은 "인식을 주도하는 관심"을 드러내고 선험적 테두리로서 인식의 의미와 타당성을 확정하기 때문이다.

하버마스는 두 가지 유형의 해석학을 제시한다. 그 하나는 일상적인 이해소통의 해석학이다. 일상적인 이해소통(Verständigung)의 해석학은 사회과학과 행동과학의 연결점을 형성한다. 사회과학과 행동과학도 언어적으

514) J. Habermas, Erkenntnis und Interesse, Frankfurt 1968, 1973.

로 이루어진 사회현실의 파악 그리고 해석과 관계하기 때문이다. 다른 하나는 "심층해석학"(Tiefenhermeneutik)이다. 심층해석학은 개인과 사회현실의 의사소통에 있어서 왜곡된 의미현실을 들추어내는 비판적으로 성찰하는 해석학이다. 심층해석학은 프로이드의 심리분석을 적용함으로써 일상적인 의사소통의 해석학이 간과하고 있는 개인의식 속에 있는 의미의 체계적 왜곡을 밝혀내는 깊은 차원의 해석학이다. 그래서 프로이드의 심층심리분석을 적용함으로써 해석학은 사회에 대하여 이데올로기 비판을 적용하는 비판해석학이 된다.

본 장에서는 하버마스의 비판해석학의 성격을 논구함에 있어서 가다머 해석학의 비판적 수용, 사회과학에서 해석의 이해 의미, 실증주의 비판, 해석학과 이데올로기 비판 사이의 논쟁, 정신분석학과의 관계를 논구하고자 한다. 그리하여 비판해석학의 공헌과 한계를 드러내고자 한다.

1. 가다머 해석학의 비판적 수용

1967년 가다머와 헬무트 쿤이 편집인인 『철학적 개관』(Philosophische Rundschau)이라는 잡지에 해석학 문헌의 연구서로서 발표한 『사회과학의 논리』(Zur Logik der Sozialwissenschaften)라는 저서에서[515] 하버마스는 해석학과 처음으로 만난다. 그는 거기서 철학적 해석학을 집중적으로 논의한다. 여기서 그는 쉴라이에르마허, 뵈크, 드로이젠과 특히 딜타이에 이르는 전통을 이어받는다. 이들은 정신과학의 테두리 안에서 해석학에 관한 기여를 했다. 딜타이는 해석학적 문제를 직접 정신과학의 정초로 연결시켰다. 표현들에 관한 체험과 이해는 정신과학과 자연과학 사이의 차이를 드러낸

515) Habermas, Zur Logik der Sozialwissenschaften, Tübingen 1967, Frankfurt, 1970.

다. 가다머는 이 발전을 설명하고 하이데거의 현존재 분석을 수용함으로써 해석학을 존재론적으로 고양시켰다. 가다머는 이해가 "해석과정이 아니라 삶의 수행"(kein Interpretationsvorgang, sondern einebensvollzug)이라고 보았다.[516] 하버마스는 그러나 가다머가 이 발전을 더 이상 추적하지는 않았다고 평가한다.

하버마스는 이것을 다시 추적하여 사회과학의 의미에 있어서 철학적 해석학을 논구하고자 한다. 여기서 논구되는 것은 이해가 현존재의 실존성이라는 존재론적 차원이 아니다. 중요한 것은 사회적 세계로의 접근이란 의미연관에 대한 우리의 일상적인 이해를 통해서 매개된다는 사실이다. 우리의 일상세계는 현실의 의미해석, 즉 현실이해를 내포하고 있다.

가다머는 전승에 대한 이해의 기초가 되는 전통연관을 제시하면서 이해의 역사성을 통한 현실이해를 과제로 제시하였다. 그러나 가다머는 그의 이해의 역사성을 정신과학적 통찰로서 문제시하였고 사회학적 통찰과 연결시키지는 않았다. 하버마스는 비로소 이 통찰을 사회학적 언어로 공식화한다. 그리하여 하버마스는 가다머의 시도에서 나타나는 이해의 존재론적 실체화의 위험에서 벗어나고자 한다.

하버마스는 해석학적 이해가 "행위정위적 자기이해"(handlungsorientierendes Selbstverständnis)의 명료화에 관계한다는 사실을 강조한다.[517] 하버마스는 행위정위적 자기이해라는 개념을 "적용"(Applikation)이라는 가다머의 개념과 같은 의미로 사용한다. 해석학적 이해는 행동과 관련된다. 그것은 행위정위적이고 전승된 의미에 대한 고립된 명상이 아니다. 해석학적 이해는 개인의 이해뿐만 아니라 사회그룹의 자기 이해도 설명해야 한다.

하버마스는 가다머가 제시한 "이해의 선입견 구조"(Vorurteilstruktur des

---

516) IIbid., 152.
517) Ibid., 169.

Verstehens)를 분석한다. 우리의 이해는 선입견에서 출발한다. 선입견은 해석에서 검증되나 결단코 극복되지 못한다. 반대로 선입견은 교정되어지나 새로운 선입견에 의하여 대체된다. 하버마스의 비판은 가다머가 선입견 구조에 대한 통찰을 부당하게 "선입견 자체의 복권"(eine Rehabilitierung des Vorurteils als solchem)으로 전환시켰다는 것이다.[518] 그리하여 선입견은 절대화되고 전승의 권위는 비판에서 벗어났다. 하버마스는 다음같이 피력한다: "가다머는 진정한 권위는 권위적으로 나타날 필요가 없다는 확신 속에서... 첫 세대의 보수주의에 의하여 주도된다."[519] 따라서 하버마스는 가다머가 "반성의 힘"(die Kraft der Reflexion) 이해 속에서 전개되는 반성의 비판적인 잠재력을 오해하며, 삶의 실천을 약화시킨다고 비판한다. 전승사에 대한 통찰을 통해서 인식된 선입견은 그릇된 타당성 요구 속에서 투명화되기 때문에 더 이상 선입견으로 남지 않는다.

하버마스는 가다머의 해석학적 사고가 반성의 힘을 간과하는 사실을 다음같이 지적한다: "해석학적 학문에서 영리함의 방법적인 형성은 권위와 이성 사이의 무게를 편중시킨다. 가다머는 이해 속에서 전개되는 반성의 힘을 잘못보고 있다. 반성의 힘은 자기정초를 통해서 획득되어야만 하는 절대화의 외양에 의하여 눈이 멀지 않는다. 반성의 힘은 그것이 들어 있는 우연적인 것의 토대로부터 벗어나지 않는다. 그러나 반성의 힘이 거기로부터 반성이 나오고 거기로 되돌아가는 전승의 발생을 되돌아보면서 삶의 실천의 교의학은 흔들린다."[520]

하버마스는 전승 속에서 왜곡되는 이해의 한계를 지적하면서 전승은 맹목적으로 수용할 것이 아니라 비판적으로 수용되어야 함을 강조한다. 따라서 하버마스는 전승을 넘어서는 비판적 반성의 힘을 강조한다: "반성의 권리는 해석학적 착상의 자기 제한을 요구한다. 반성의 권리는 전통 자체의 연관을

518) Ibid., 174.
519) Ibid., 174.
520) Ibid., 174.

넘어서는 연관체계를 요구한다. 그래야만 전승도 비판되어질 수 있다."[521)]

하버마스는 가다머가 말하는 언어를 사회학적 연관에서 파악한다. "언어를 모든 사회적 기구가 의존하는 메타 기구류(eine Art Metainstitution)로서 파악하는 것은 좋은 착상이다. 왜냐하면 사회적 행위는 일상언어적 의사소통 속에서만 규정되기 때문이다. 그러나 전통으로서의 언어의 이 메타기구는 그 자체로는 규범적인 연관 속으로 들어가지 않는 사회과정에 의존하기 때문이다." 하버마스는 언어를 "지배와 사회적 힘의 매개"(ein Medium von Herrschaft und sozialer Macht)로 본다. 하버마스는 언어의 이데올로기 성격을 밝힌다: "언어는 조직화된 권력관계의 합법화를 위하여 봉사한다." "합법화가 권력관계를 표현하지 않는 한, 권력관계가 합법화 속에서 단지 표명되는 한, 언어는 역시 이데올로기적이다."[522)]

하버마스는 가다머가 해석학적 경험과 방법론적 인식을 대립시키는 것을 불충분한 것으로 본다. 그는 양자의 대립화를 거절한다. 하버마스는 정신과학과 사회과학의 방법을 인정한다. 두 학문은 방법론적 인식을 필요로 한다. 오히려 사회과학은 경험적 분석적 절차방식을 해석학적 방법과 연결해야 한다. 여기서 하버마스가 제시하는 해석학적 진행방식은 음미 되어야만 하는 가설형성으로 관찰되는 "기술적으로 연습한 이해"(kunstmässig geübtes Verstehen)이다.[523)]

2. 사회과학에 있어서 의미 이해 : 해석학의 첫 번째 과제

해석학의 첫 번째 과제는 사회과학에서의 의미이해이다. 하버마스는 이해란 사회적 사실에 대한 접근을 비로소 가능하게 한다고 주장한다. 하버

521) Ibid., 176.
522) Ibid., 178.
523) Hans Ineichen, *philosophiscle Hermenmeuilk,* 215.

마스는 언어적 표현과 텍스트 그리고 행위에 대한 이해와 해석이 우리의 일상적 삶의 구성요소라는 사실에서 출발한다.

하버마스는 세 가지 차원의 이해를 언급한다.

첫째, 생활세계의 일상적인 이해이다. 우리는 일상적인 생활세계 속에서 다른 사람이 말하는 것을 이해하고 또 우리는 자주 오해하기도 한다. 그리고 오해를 다시 해명한다. 이해와 해석은 인간적인 삶에 있어서 공동 삶의 방식에 속한다. 이것은 이해의 가장 근원적인 차원이다. 해석학적 의미이해나 사회과학적 의미이해도 모두 이러한 생활세계에서 수행되는 일상적인 의사소통의 차원을 전제하고 있다.

둘째, 해석학적 이해와 의미해석이다. 그것은 다소간 체계적인 논구의 방식에서 동일한 일상적인 이해를 말한다. 해석학의 주요과제의 하나는 매일 실행되는 현실의 파악 방식을 명료히 하는 것이다. 해석학적 이해는 일상적인 삶의 세계를 전제로 한다. 일상적인 의사소통이 이해나 오해에 대하여 철학적 반성을 하지 않는데 반하여, 해석학적 이해는 이해와 오해의 경우에 대하여 철학적인 반성을 한다. 더욱이 가다머의 경우에는 이해가 지닌 선구조를 중요시하며 이해의 사건이 지니는 지평융합의 사건을 주제화한다.

셋째, 사회과학에 있어서 의미이해이다. 사회과학의 의미이해는 일상적인 생활세계의 이해와 해석학적 의미이해를 수용하면서 의미이해를 다시 사회적 연관으로 확대한다. 사회과학에서 의미이해를 설명함에 있어서 하버마스는 먼저 현상학적 착상, 언어학적 착상과 해석학적 착상을 구분하면서 설명한다. 현상학적 착상에서는 슈츠(A. Schütz)의 저서를 통해서 행동이해에 대한 베버(M. Weber)의 기여가 수용되고 깊어진다.[524] 하버마스는 슈츠가 제시한 행위자의 이해작용을 수용한다. 슈츠는 사회현실이 행위자의 이해작용으로 이해되도록 기술된다고 본다. 언어학적 착상에서는 비트겐슈타인 (L. Wittgenstein)과 페터 윈치(Peter Winch)를 통한 이해의 언어분

---

524) Habermas, Zur Logik der Sozialwissenschaften, 1967, 98-124.

석적인 성격이 논의된다.[525] 해석학적 착상에서 하버마스는 가다머(H. G. Gadamer)의 이해의 선구조를 받아들인다.

하버마스는 사회과학에서의 의미이해를 설명한다. 행위는 다른 사람과의 언어적으로 규정된 연관에서 수행된다. 의미이해(Sinnverstehen)는 사회과학자들이 비로소 일상세계로 접근하는 특권적인 양식(der previlegierte Modus)이다. 의미이해만이 자료에 대한 접근을 허용한다. 그러나 사회과학자의 이론적 개념들은 행위자들 자신이 그들의 상황과 행위를 파악하는 선이론적 개념에 연결되어야 한다.

이러한 진행방식은 다음같은 질문으로 나아간다: 사회과학자의 이해와 개념형성이 일상세계로 연결된다는 것은 사회과학적 이론형성을 제한하고 그것을 장소적으로 시간적으로 제한된 생활세계에 의존시키는 것이 아닌가? 사회과학자의 이해하는 해석은 설명되어야 하는 맥락에 의존하는 것이 아닌가?

이에 대하여 하버마스는 우리 행위의 비판능력(Kritikfähigkeit unseres Handelns)으로써 대답한다. 하버마스는 이러한 비판능력에 근거하여 의사소통 행위론(Theorie des kommunikativen Handelns)을 전개하고자 한다. 하버마스의 주요생각은 의사소통 행위가 성공하기 위해서는 행위자는 연관체계 속에서 이해과정을 통해서 공동적인 상황이해로 나아가야 한다는 것이다. 그리고 행위자는 관찰자와 동일한 해석 가능성을 행사해야 한다. 모든 참여자들이 표명에 내포된 타당성요구에 비판이성적으로 다가선다면 합의는 이루어진다는 것이다. 하버마스가 이해하는 사회적 행위는 언어, 노동과 권력으로써 이루어진다: "사회적 행동이 파악되어 질 수 있는 객관적인 연관은 언어, 노동과 권력의 지배에서 이루어진다."[526] 비판적 이성은 사회적 행위를 지배하는 언어, 노동과 권력의 지배를 들추어 내고 인간

525) Ibid., 124-149.
526) Ibid., 179.

을 이러한 굴레에서 해방하고자 한다. 여기서 진정한 사회과학은 단지 해석학적 학문에 그치지 않고 이데올로기 비판으로 나아간다.

3. 실증주의 비판 – 해석학적 착상

하버마스는 객관주의적 실증주의를 성공적으로 비판할 수 있는 의사소통이론을 고안하는 첫 단계로서 사회과학을 언어이론 속에서 정초하고자 한다.[527] 외면적으로 가치중립을 표방하는 실증주의적 사회학은 사회행위를 인과적으로 서로 영향을 주는 힘의 원자적 중심모델에 따라서 이해한다. 그래서 사회행위를 언어적으로 매개된 행위자의 생활세계로부터 분리시킨다. 하버마스는 행위를 동기와 분리시키는 이러한 실증주의적 시도를 비판한다: "나는 기관상태, 필요 내지 당위가치를 설명하는 체계상태들 그리고 동기들이 사회적 행동의 차원에서 전승된 의미와는 관계없이 기술될 수 있는지 알지 못한다. 동기된 행동 자체가 이러한 의미를 함축하기 때문에 이 기술(記述)은 동기와 독립적으로 주어질 수 없다."[528] 그러므로 하버마스는 "행동 동기와 동기된 행동 자체의 분리"를 요구하는 실증주의적 시도란 "의심스러운 것"으로 본다. 하버마스는 실증주의적 시도를 다음같이 비판한다: "행동연관을 인과적으로 설명하고자 하는 이론은 환원적으로(reduktionistisch) 진행한다. 이 이론은 행동을 행동 자체를 미리 보지 않는 예컨대, 생리학(Physiologie)의 표현처럼 분석적인 테두리 안에서 기술한다. 규칙주도적 행동 개념은 사회과학적인 인과분석에 사용될 수 없다."[529]

이러한 실증주의적 시도에 대항하여 하버마스는 사회과학을 규범적(normativ)이고 언어이론적으로 정초하고자 한다. 이를 위하여 하버마스는

527) Habermas, *Zur Logik der Sozialwissenschaften*, 1970, Vorwort 7.
528) Habermas, *Zur Logik der Sozialwissenschaften*, 1967, 184.
529) Habermas, *Zur Logik der Sozialwissenschaften*, 1967, 184.

언어이론과 삶의 형식(Lebensform)을 나타내는 비트겐슈타인의 언어놀이(Sprachspiel)론으로부터 착상을 얻는다. 하버마스는 모든 행위자가 단자적(monadisch, 單子的)으로 그의 언어세계 속에 갇혀 있다고 보는 비트겐슈타인의 주장에도 실증주의 잔재가 있다고 진단한다. 비트겐슈타인은 언어적으로 구성된 삶의 형식의 폐쇄성을 주장하기 때문이다.

이러한 언어적 장벽의 한계를 극복하기 위해서 하버마스는 해석학적 착상을 도입한다. 하버마스는 가다머로부터 언어는 자기 자신을 초월할 수 있으며 이 초월 속에서 이성의 잠재력을 전시(展示)한다는 것을 배운다.[530] 하버마스에 의하면 해석학은 비트겐슈타인의 주장처럼 언어권이 단자적으로 닫혀 있지 않고 안과 밖으로 열려 있다는 사실을 보여준다.[531] 언어는 말해지고 이해될 수 있는 모든 것을 향하여 원리적으로 열려 있다. 언어의 지평은 지속적으로 확장된다. 이것은 언어의 외면성이다. 언어적으로 행위하는 자는 표현들을 해석하고 반성하기 위해서 그 자신의 고유한 표현으로부터 간격을 둘 수 있다. 이것은 언어의 내면성이다. 가다머가 주장하는 "해석학의 보편성요구"(der Universalitätsanspruch der Hermeneutik)가 여기서 명료하게 감지되어 진다. 그래서 하버마스는 해석적이고 해방적 사회과학을 언어이론적인 기초에서 건축함에 있어서 가다머가 수행한 "정신과학의 객관주의적 자기이해에 대한 가다머의 절묘한 비판"을 열광적으로 수용한다.[532]

4. 해석학과 이데올로기 비판 : 논쟁과 접근

1) 양자 사이의 논쟁

1960년대에 있었던 해석학자 가다머와 이데올로기 비판가 하버마스 사

530) Habermas, *Zur Logik der Sozialwissenschaften*, 1970, 253.
531) Habermas, Ibid., 258.
532) Ibid., 265.

이의 격렬한 논쟁은 이러한 기본적인 유대성에서 보면 이차적인 것이다. 일차적인 오해는 그 사이에 풀렸다. 그것은 전통개념에 관한 것이다. 하버마스는 가다머의 전통복권이 함축하는 계몽주의에 대한 평가절하를 분명히 지적하였다. 가다머의 많은 표현방식이 이러한 비난을 받기에 충분하였다. "전통이 지식에 관한 우선권을 부여받는다."[533]는 가다머의 표현은 중세의 몽매에서 깨어난 이성의 비판을 가져온 계몽주의의 성과를 공격하는 것이었다. 그러나 가다머가 『진리와 방법』에서 주장하는 핵심은 오로지 권위가 지식과 이성에 근거한다면 적법하게 인정될 수 있다는 것이다. 가다머는 결단코 전통이나 권위가 이성에 우선한다고 주장하지는 않는다. 단지 가다머는 전통이나 권위가 의사소통에 역할을 하는 상황적인 이성에 의존한다는 것을 주지할 뿐이다. 그러나 『진리와 방법』에서 가다머가 야스퍼스(Karl Jaspers)와 크뤼거(Gerhard Krüger)의 전통개념을 인용하고 이성에 대한 권위의 우선을 주장함[534]으로써 이들을 오해한 것은 역설적이다. 하버마스의 가다머 비판은 이 점에서 그들 선배들에 대한 가다머 자신의 비판을 되풀이할 뿐이다.[535]

하버마스는 가다머의 해석학을 언어의 사실적 한계를 간과하는 "언어성의 관념론"(Idealismus der Sprachlichkeit)이라고 비난하였다.[536] 하버마스는 가다머의 해석학이 보편적 소통의 매체로서의 언어의 특징만을 주장하고 언어가 갖는 사실적 한계를 간과하였다고 지적한다. 언어는 개인적으로는 개인의 왜곡된 정신병리를 반영하며 사회적으로는 노동과 권력이라는 사회적 지배관계를 반영한다. 이러한 왜곡된 개인이나 사회의 체험은 일반

---

533) Gadamer, *Gesammelte Werke,* Vol 2: Hermeneutik II: *Wahrheit und Methode.* Ergänzungen, Register, Tübingen 1986, 244.
534) Gadamer, *Truth and Method,* trans. Joel Weinsheimer and Donald G. Marshall, 280.
535) Jean Grondin, Introduction to Philosophical Hermeneutics, New Haven and London: Yale University Press, 1994, 131 (영문판).
536) J. Habermas, *Zur Logik der Sozialwissenschaften*, Frankfurt 1970, 289.

적인 해석학적 의미이해로써는 이해될 수 없다. 하버마스는 가다머 해석학의 언어이해가 본래부터 이 한계의 경험에 도달했다고 본다.

정신분석과 이데올로기 비판은 방법화하고 객관화하는 학문이 사회영역에서 있을 수 있다는 증거를 제시한다. 개인적인 의식이나 사회적인 의식에 있어서 의식의 표면에 나타나지 않으면서 의식의 근저에서 동기를 부여하는 무의식적인 동기들에 의하여 조종되는 표현들이 있다. 이러한 표현들은 한계표현들로서 정상적인 해석학적 이해로서는 드러나지 않는 왜곡된 표현들이다. 이러한 한계표현들에 대하여서는 가다머적인 의미해석은 그 한계를 가진다. 그러므로 가다머가 요구하는 해석학의 보편성 요구는 한계에 부딪친다. 이러한 하버마스의 주장은 가다머가 주장하는 해석학의 보편성에 대하여 제동을 걸었다.

그러나 가다머에 의하면 해석학의 언어개념은 처음부터 이러한 한계 경험을 고려하고 있다. 언어와 이해를 향하여 항상 다시 시도되는 노력은 언어적 이해의 불충분성에 대한 경험을 전제한다. 언어의 보편성은 모든 것이 마찰 없이 말해지고 이해되는 것 처럼 보여지는 특정한 언어상태의 보편성이 아니다. 가다머에 의하면 언어의 보편성이란 바로 언어추구(Sprachsuche)의 보편성이다. 언어와 이해가 우리들에게 결여되기 때문에 우리는 해석학적으로 언어와 이해를 추구한다. 언어의 보편성은 해석학의 보편성을 추구한다: "해석학의 보편성이란 어떤 입장이기보다는 어떤 류의 구분에 대한 요구이다. 보편성이란 도전을 제시한다. 그것은 철학적 입장보다는 철학적 과제를 지시한다."[537]

가다머가 요구하는 해석학적인 보편성요구에 대항하여 하버마스는 "특별히 이해되지 않는 삶의 표현"(spezifisch unverständliche Lebensäusserungen)

537) H. G. Gadamer, his forward to English Translation of Grondin, *Introduction to Philosophical Hermeneutics,* New Haven and London: Yale University Press, 1994, ix.

이 있다는 사실을 강조한다.[538] 그것을 위해서 정신분석이나 이데올로기 비판을 시도할 필요가 있다. 정신분석이나 이데올로기 비판은 개인적 삶이나 사회적 삶에 있어서 이해되지 않은 삶의 표현, 즉 무의식적인 동기로서 의식의 근저에 깔려 있는 "상징적인 내용의 층"(die Schicht symbolischer Gehalte)을 의식으로 드러낸다: "무의식적으로 동기된 행동들은 한편으로는 객관적으로 의미 있다. 그것들은 해석될 수 있다. 다른 한편으로 이 행동들은 주관의 배후에서 작용하기 때문에 동기들은 원인의 정립가치를 가진다."[539] 정신분석은 표출된 행동 속에 함축되어 나타나는 "무의식적인 동기들을 행동에 동기를 부여하는 힘"으로서 들추어낸다. 그리고 그 행동들을 "근저에 놓여 있는 동기에 소급하여 기술(記述)"해낸다.

하버마스가 제시한 정신분석과 이데올로기 비판은 가다머가 제시하는 해석학의 보편성 요구와 논쟁을 일으킨다. 하버마스는 가다머가 주장하는 정신과학적이고 생활세계적인 진리와 과학적인 방법 사이의 대립을 상대화한다. 그리고 진리는 방법론적 사고를 통해서 드러나는 것이 아니라 오히려 은폐된다고 피력하는 가다머의 주장에 대립하여, 하버마스는 "방법적으로 설명할 수 있는 이해"(ein methodisch explanatorisches Verstehen)가 있을 수 있다고 주장한다. 이러한 설명적인 이해는 정신분석을 통해서 개인의 허위의식을, 이데올로기 비판을 통해서 사회의 허위의식을 대상으로 다루면서 "왜곡되지 않는 의사소통관계"(ungestörte Kommunikationsverhaeltnisse)를 상정하면서 비판한다.

가다머는 그 자신이 진리와 방법을 예리하게 대립시키는 것이 아니며, 진리는 방법을 통해서 도달할 수 있다고 반박한다. "이해는 방법이 아니라 오

---

538) J. Habermas, "Der Universalitätsanspruch der Hermeneutik," in: Hermeneutik und Ideologiekritik,"" in: *Hermeneutik und Ideologiekritik,* mit Beiträgen von Apel, Bornmann, Bubner, Gadamer, Giegel und Habermas, *Theorie-Diskussion*, Frankfurt a. M. 1971, 133.
539) Habermas, *Zur Logik der Sozialwissenschaften,* 1967, 185-186.

히려 상호 이해하는 자들 가운데 있는 공동체 형식이다. 그리하여 논구의 다른 분야 가운데 하나가 아니라 오히려 삶의 실천 자체를 구성하는 차원이 열린다."[540] 가다머가 의심스럽게 생각하는 것은 학문이 내건 "방법의식의 근대적인 배타성 요구"(der neuzeitliche Ausschliesslichkeitsanspruch des Methodenbewusstseins)이다. 가다머는 방법 외에는 진리는 없다고 주장하는 방법론자들의 독단적인 주장을 배격한다: 방법에 대한 회의는 "학문이 그들의 길을 가고 그들 논구의 대상을 객관화하는 데 존재하는 그들 자신의 방법을 갖는 가능성을 배제하지 않는다."[541] 그러나 가다머는 방법론적 사고가 갖는 위험을 지적한다: "그러나 우리 자신을 학문이론에 제한시키는 위험이 있다. 이 위험은 방법론적 엄격의 이름으로 다른 사람의 어떤 경험, 다른 표현, 다른 텍스트와 그것들의 타당성 주장을 빼앗는 것이다."[542]

가다머는 정신분석의 설명적인 작용을 의문시하지는 않는다. 그러나 가다머는 정신분석은 과학주의적 오해를 가지고 있으며 정신분석의 구성은 해석학적인 기초를 가지고 있다는 것을 지적한다.

무엇보다도 가다머가 의문시하는 것은 정신분석적 방법을 곧 바로 사회에 적용하는 것이다. 정신분석적 대화에서는 사실로 도움을 구하는 환자에 대하여 능력을 갖추고 책임을 지는 의사가 도움을 준다. 그러나 대조적으로 가다머는 사회에서 특별히 병들어 있다고 느끼지 않는 그룹에게 해방의식의 이름으로 허위의식을 전가하는 것은 적절하지 않다고 지적한다. 그룹은 개인처럼 자기의 정신질환적 증세를 표현하지 않는다. 가다머는 하버마스가 이데올로기 비판에서 말하는 "좋은 삶의 예기"란 모든 사람에게 공통적인 것이지 단지 이데올로기 비판의 특권이 아니라고 본다. 그러므로 가다머는 이데올로

540) H. G. Gadamer, his forward to English Translation of Grondin, *Introduction to Philosophical Hermeneutics*, New Haven and London: Yale University Press, 1994, x.
541) Ibid. x.
542) Ibid. x.

기 비판을 사용하는 비판사회학자들이 자기들만이 왜곡된 사회의식을 들추어 낼 수 있다고 하는 자기들만의 특권의식에 빠져 있다고 비판한다. 하버마스를 비롯한 비판사회학자들은 집단적 사회의식(독일 나치 등 전체주의)이 가진 한계의식을 보편화하는 경향이 있다.

2) 양자 사이의 접근

가다머와 하버마스는 논쟁을 통해서 서로 간에 접근했다. 하버마스에 자극되어 가다머는 그의 해석학의 비판적인 힘에 관하여 전보다도 더 결정적으로 작업한다. 가다머의 해석학은 유한성의 영역 안에서만 그치지 않고 "비판적 반성지식"(kritisches Reflexionswissen)을 추구한다.[543] 가다머는 객관주의적인 자기오해의 수정이란 개인의 자유가 증대하는 곳에서 비판적 반성지식의 작용으로서 가장 분명히 나타난다고 본다.

하버마스가 전통과 반성의 소격화, 다시 말하면, 전승과 비판 사이의 분리를 주장하는 데 반해서 가다머는 양자의 연결에 관하여 작업한다. 가다머에 의하면 우리는 일정한 전통에서 반성하나, 전통은 비판적인 질문과 의미기대의 근거 위에서만 비로소 이해된다. 의미기대는 그 전체성 속에서 결단코 반성에 의하여 투명하게(transparent) 되지 않는다. 해석학의 측면에서 비판적인 반성지식이란 "논리의 오류요구"(Fehlansprüche der Logik)가 그 한계에 직면하게 될 때 요청된다.[544] 그래서 해석학은 언어를 진술계산의 표준에 따라서 재는 진술논리를 반박하면서 "이해되는 언설(言說)"(verständliches Sprechen)을 변호한다.

여기서 해석학은 모든 인간적인 언어가 대화 속에 근거한다는 사실을 주지시킨다. 해석학은 대화론적인 이해소통의 구조를 주지시킨다. 진술이 전

543) Gadamer, Replik zu Hermeneutik und Ideologiekritik, in: *Gesammelte Werke. II*, 254.
544) Gadamer, Replik zu Hermeneutik und Ideologiekritik, in: *Gesammelte Werke. II*, 254.

부가 아니다. 비판적 반성으로서 "해석학은 무엇이 주어진 진술의 넓이(scopus)이며, 진실에 대한 주장은 무슨 해석학적 노력을 요구하는지를 비판적으로 의식하도록 한다."[545] 많은 진술들에 자기규제적인 논리의 기준을 이용하는 것을 인정하지 않는다. 그러나 언설자의 정신이 역시 고려되었는지 질문한다. 가다머에 의하면 진술 배후에 있는 내적 대화를 기억하도록 함으로써 해석학은 그 가치를 비판적 반성지식으로 증명한다.[546]

하버마스도 역시 이 토론에서 가다머의 입장에서 배우면서 1970년 이래 정신분석을 비판적인 사회과학의 모델로서 제시하는 것을 점차 중지하기에 이른다. 하버마스는 그 후로 사회학적으로 확장된 정신분석의 범례를 거의 사용하지 않는다.[547] 이 사회학적으로 확장된 정신분석을 위해서 하버마스는 더욱 결정적으로 비판사회이론의 언어이론적인 기초를 파 들어간다. 이러한 언어이론적인 기초에서 하버마스는 "보편화용론"(Universalpragmatik)과 최종적으로는 "의사소통행위론"(Theorie des kommunikativen Handlens)을 전개한다. 하버마스의 근본직관이란 사회이론과 담론 윤리의 규범적인 기초는 의사소통과 이해를 목표로 하는 언어사용의 실용적인 함축 또는 타당성 요구에서 찾아진다는 것이다.

비판철학의 과제는 언어사용과 관련된 직관적으로 만들어진 전제들의 합리적 추후구성을 완성하는 것이다. 하버마스는 여기서 언어 사용은 원리적으로 합의에 이르는 이해소통과정(Verständigungsvorgang)으로서 개념화되어진다는 가다머의 해석학적 착상에 주도된다. 하버마스는 다음같이 말한다. "나는 언어와 이해소통은 동일근원적으로 상호교차적으로 설명되는 개념이라는 비트겐슈타인의 견해에 동의한다."[548] 이러한 하버마스의

545) Ibid., 254.
546) Grondin, op. cit. 133(영문판).
547) Grondin, op. cit., 171.
548) Habermas, *Vorstudien und Ergänzungen zur Theorie des kommunikativen Handelns*, Frankfurt a. M. 1984, 497.

해석학적 견해는 비트겐슈타인보다는 가다머의 영향에서 비롯된 것이다. 언어가 근본적으로 개방적이고 반성적이라는 해석학적 통찰에 호소함을 통해서 하버마스가 사회과학의 논리에서 비트겐슈타인의 개념, 단자적으로 폐쇄된 언어놀이론을 수정했다는 사실에서 우리는 하버마스가 가다머에게 받은 영향을 찾아 볼 수 있다.

가다머는 대화에 있어서 원리적으로 보편적인 이해는 성취될 수 있다고 주장한다. 하버마스는 이 사실을 가다머로부터 배운다. 그러나 후기 하버마스는 자기 견해의 수정에 있어서 비트겐슈타인을 소환한다. 그 이유는 하버마스가 후기작업에 있어서 해석학을 점차 문화적 전승의 보존 작업과 연결시킴으로써 해석학을 하찮게 생각했으며 해석학이 언어를 보편화 하는 방식에 대한 통찰을 상실했기 때문이다.[549] 그러나 후기 하버마스는 이해소통의 해석학적 근본범주, "이상적 언어상황"(ideale Sprachsituation)을 상정하면서 해석학의 새로운 류(類)의 보편성을 인정하기에 이른다. 그러나 그 의미는 가다머와는 다르다. 가다머의 보편성이 이해지평의 융합이라는 과거와 현재 사이의 관계에서 이루어진다면, 하버마스의 보편성은 미래적 이상적 상황의 예기 속에서 이루어진다는 것이다. 새로운 류(類)의 보편성이란 언어사용이 지배와 종속에서 벗어난 이상적 상황 속에서 이루어진다는 암암리의 목표요 공동적인 명명자를 가진다는 사실이다.[550]

언어가 이해소통을 오용(誤用)하는 곳에서조차 의사소통행위는 합의에 이르는 이상적 이해소통의 이념에 기생해서 산다. 의사소통 행위는 이상적 언어의 이해소통 착상에 적대(敵對)적인 목적일지라도 절대적으로 그것의 타당성에 의존한다는 사실이다. 이러한 합의에 이르는 이상적 이해소통의 기대로부터 하버마스는 담론윤리(Diskursethik)에 의하여 합리적으로 추후 구성되어지는 윤리적 함축성을 고안한다.

549) Grondin, op. cit., 172.
550) Grondin, op. cit., 172.

해석학의 보편성 요구에 대한 하버마스의 이러한 자기 수정에서 중요한 것은 언어의 목표와 동일시되는 이상적 의사소통의 이념이 윤리적 결론을 함축한다는 사실이다. 가다머에게도 이러한 윤리적 계기가 전혀 낯설지 않다. 가다머는 하이데거와 만난 이후로 희랍철학에 대한 그의 연구의 주요 관심거리는 사실성 해석학(Hermeneutik der Faktizität)의 윤리적 차원을 작업하는 것이었다.[551] 아리스토텔레스의 상황윤리에 의존하면서 가다머는 역사적으로 형성되고 언어적으로 구체화 되는 공동체 배경에 대하여 실천지혜, 즉 프로네시스(phronesis)의 실행이 항상 일어난다는 사실을 보여주었다.

그러나 하버마스는 해석학적 합의와 이해소통의 보편성과 관련하여 칸트적 요소를 더 많이 수용한다.[552] 대화에 들어오는 누구나 이미 이해의 보편적이고 비사실적인 원리를 수용했기 때문이라고 본다. 이것은 이상적 대화의 상황이라는 규제적 원리를 전제로 하는 것이다. 그리하여 같은 비판해석학자 아펠의 용어를 빌리면 후기 하버마스는 이상적 언어상황과 이상적 의사소통 공동체를 설정함으로써 "선험적 해석학"(Transzendentale Hermeneutik)을 수용하였다.[553]

5. 심층해석학: 해석학의 두 번째 과제

심층해석학은 해석학의 두 번째 과제이다. 하버마스는 심층해석학(Tiefenhermeneutik) 개념을 가다머에 의해 제기된 해석학의 보편성요구(der Universalitätsanspruch der Hermeneutik)에 대한 이의제기로서 발전시

551) Gadamer, *Platons dialektische Ethik*(1928), Habilitationsschrift, in: GW vol. 5.
552) Grodin, op. cit., 134(영문판).
553) K.O. Apel, "Szientismus oder transzendentale Hermeneutik" in: *Transformation der Philosophie*, Frankfurt: Suhrkamp, Band 2, 1973, 178-219.

킨다.[554] 가다머가 요구하는 해석학의 보편성이란, 언어성이라는 언어적 전승뿐 아니라 우리의 전 문화가 언어에 연관되어 있을 만큼 포괄적이라는 것이다. 해석학의 보편성을 가능케 하는 것은 이해의 매체인 언어의 보편성(die Universalität der Sprache)이다. 가다머는 우리의 일상세계에서 다소간에 특징적인 학문 이전의 언어파악에서 출발한다. 이해는 단지 언어로 규정될 뿐만 아니라 선이해 구조로서 나타내어진다. 이해란 선이해 구조로부터 전승과 텍스트와 행동의 의미를 파악하는 것이다. 특히 이해란 일상적인 이해로부터 임의적인 대상의 의미를 해석하는 것이다. 하버마스는 일상언어적인 이해에 매여 있지는 않는 상징연관에 대한 의미이해는 일반 해석학적 이해로써는 불가능하다는 것을 피력한다. 그러므로 이러한 상징연관은 가다머의 보편성 주장을 제한한다.

상징연관의 의미를 이해하기 위해서 하버마스는 정신분석의 영역으로 되돌아간다. “정신분석은 언어분석적인 관점에서 무의식적으로 동기된 행동의 해석학적 논구로서 나타난다.”[555] 정신분석은 경험과학보다는 더 많이 텍스트의 비판적 해석과 관계한다. 하버마스는 심층적 자기반성의 예로서 정신분석의 범례를 제시한다. 분석상황 속에서 정신분석가는 환자의 병리적인 행동에 대한 원인이 되는 유아시절의 사건들을 탐구한다. 분석적인 대화는 중요한 두 가지 절차를 내포한다. 그것은 병리적인 행동의 분석과 자기 반성이다. 정신분석을 통해서 환자는 그의 표명을 근거로 하여 어떤 은폐된 연관이 그의 병리적인 행동과 그가 알지 못하는 강박된 유아시절의 사건들 사이에 존재하는가를 알기에 이른다. 자기반성이란 이 사건들과 증상들을 그의 말로써 표현하고 그것들을 공적인 언어로 가져오고 자기의 생육사(生育事)의 사건들로서 해석하는 것이다: “의사는 환자가 우선 설명할

554) Habermas, "Der Universalitätsanspruch der Hermeneutik," in: *Hermeneutik und Ideologiekritik,* Frankfurt a. M. 1971, 120-159.
555) Habermas, *Zur Logik der Sozialwissenschaften,* 1967, 187.

수 없으나, 환자가 그것을 자기의 고유한 역사로서 이야기하면 비로소 확인될 수 있는 역사에 대한 해석의 제안을 한다."[556]

환자는 정신분석가가 그에게 해석의 열쇠를 제공하면 단지 사건들을 그 열쇠를 가지고 확인할 수 있다. 이 해석의 열쇠는 일상언어로부터가 아니라 정신분석이론 자체로부터 나온다. 그리하여 정신분석적 상징이해는 일상언어적 의사소통에 근거하지 않는 의미이해의 예를 제공한다. 그리고 오히려 상응하는 상징들과 정신병리적인 증상들은 일상언어들로부터는 해석될 수 없다. 이들 증상들은 해석의 범례인 일상적인 이해를 능가하는 "메타심리학적 발전 범례"(das metapsychologis Entwicklungsmuster)이다. 메타심리학적 범례는 의사로 하여금 분석적인 대화로부터 얻어진 파편적인 정보들을 결합하여 환자가 할 수 없는 반성경험을 사실적으로 선취할 수 있도록 한다."[557]

하버마스는 이러한 증세들을 이해하기 위하여 심층해석학적 이해의 의미에서 "설명적인 이해"(explanatorisches Verstehen)를 제시한다. 설명적인 이해는 특정한 정신병리적인 메카니즘의 지식인 "체계적으로 왜곡된 의사소통 조건의 지식"(Kenntnis der Bedingungen systematisch verzerrter Kommunikation)을 전제한다.[558] 여기서는 특별한 의미이해가 중요하다. 그것은 의미는 설명모델(Erklärungsmuster)로써 착안되는 이론구성을 통해서 도달될 수 있다.

해석학적 반성에서 정상적으로 주제화되는 해석학적 이해와 상호 이해소통은 비판적 이해를 통해서 이해될 수 없는 모순적 증상의 설명으로 나아가는 회의적 태도의 소용돌이 속으로 빠져 들어간다. 전승과 해석 자체에 대한 비판적 반성은 정상적 반성이 회의적 모순 속에서 깨뜨려질 정도

---

556) Ibid., 189.
557) Ibid., 189.
558) Habermas, "Der Universalitätsanspruch der Hermeneutik," in: *Hermeneutik und Ideologiekritik*, 151.

로 상승한다. 하버마스는 이러한 위험을 인식하고 있다. 왜냐하면 의사소통적 행위이론이 최종적으로 설명하고자 하는 것은 의사소통 행위의 근저에 놓여 있는 증상적인 상징(symptomatische Symbol)으로 되돌아가서 비판철학의 계몽주의적 충동을 드러내고 전승에 대한 비판까지도 합법화시키고자 시도하기 때문이다.[559] 하버마스는 해석학적 경험이 심층적으로 들어가 "체계적으로 왜곡된 의식"이 표현하는 증상에 대한 설명을 통해서 그것을 의식으로 드러내는 이데올로기 비판으로 나아가야 함을 피력한다: "사실적 관계의 상징적 연관의 의존성에 부딪히는 해석학적 경험은 이데올로기 비판으로 나아간다."[560]

6. 평가: 상호소통의 합의 해석학 제시
공헌: 이데올로기 비판
한계: 비판적인 이성의 힘 과신

첫째, 하버마스는 가다머의 선입견을 비판하는 데 있어서 전승이 가지고 있는 체계적 왜곡을 드러내었다. 이 점에 있어서 영향사 해석학이 미쳐 보지 못한 한계를 보완해 준 하버마스의 공헌이 있다. 그러나 반대로 모든 선입견을 비판적인 눈초리로 보면서 이성의 힘을 과신한 것은 하버마스의 새로운 선입견이 아닌가 하는 것이다. 선입견 가운데는 왜곡만 있는 것이 아니라 권위 있고 합리성을 지닌 전승도 있는 것이다. "고전"(Klassik)이 그 좋은 예다. 공자의 논어 등 사서삼경은 동양의 고전이며 성경은 기독교의 고전이다. 플라톤이나 아리스토텔레스의 저서도 철학의 고전에 속한다. 이러한 고전이 하버마스가 주장하는 것처럼 체계적으로 왜곡된 지식이라고

559) Ineichen, op. cit., 220.
560) Habermas., *Zur Logik der Sozialwissenscahften*, 1967, 178.

말할 수 없다. 헤겔은 자기 자신에 이르는 절대지식에 대하여 말하고 훗설은 절대적인 지식의 원천에서 출발하고자 했으나 그것은 이성주의적 계몽주의적 잔재가 아닌가? 하버마스의 전통에 대한 비판은 헤겔과 훗설에서 보는 것처럼 인간의 이성의 비판적인 반성의 힘을 과신하는 계몽주의적 잔재라고 볼 수 있다.

둘째, 하버마스는 심층해석학을 창안함으로써 가다머의 해석학이 지니고 있는 체계적으로 왜곡된 이해라는 한계를 극복해주는 길을 열었다. 심층해석학을 통해서 전통이 단지 합의의 처소(Ort des Einverständnisses)만이 아니라 의사소통이 왜곡될 수도 있다는 가능성을 보여주었다. 따라서 의사소통은 이해나 통찰에 근거하지 않고 권력이나 억압에 근거할 수 있는 가능성을 보여주었다. 그리하여 하버마스는 니체와 프로이드의 전통을 이어 받으면서 회의의 해석학(Verdachtshermeneutik)을 제시하였다. 하버마스가 이들과 다른 점은 단순한 왜곡이 아니라 사회적 권력관계에서 오는 왜곡을 말하고 있다. 이것은 바로 이데올로기 회의(Ideologieverdacht)라는 것이다. 그것을 들추어내는 것이 이데올로기 비판(Ideologiekritik)이다.

셋째, 하버마스는 1980년대에 이르러 상호소통행위론과 거기로부터 언어이해의 보편적인 이념으로부터 타당성을 획득하는 담론윤리(Diskursethik, an ethics of discourse)를 기획하였다. 그의 담론윤리는 전기의 이데올로기 비판과는 다른 그의 사고의 전환이라고 볼 수 있다. 하버마스는 상호 이해와 합의의 개념을 해석학에 일치하는 담론윤리로 확대한다. 이러한 후기의 전환 또는 강조점 전이는 하버마스가 1960년대 가다머와의 논쟁에서 이의를 제기한 해석학적 보편성 요구의 유산을 설명하고 있다.[561] 하버마스는 담론의 윤리를 생활세계의 도덕성(Sittlichkeit) 차원의 기초 위에서 정초하고자 한다.[562] 그러나 담론의 윤리에 있어서 어떤 수준에서 이

561) Grondin, op. cit., 167.
562) Habermas, *Moralbewusstsein und kommunikatives Handeln*, Frankfurt, 1983.

담론이 상황화 될 수 있는가? 그리고 단지 도덕적 관점을 분명히 하는 이 윤리에 의하여 무엇이 얻어질 수 있는가라는 열린 질문이 남아 있다. 상호소통의 담론에도 불구하고 규범이 과연 하버마스가 말하는 데로 의사소통의 조정의 대상이 될 수 있는가? 인간의 갈등이 조정에 참여하는 자들의 관심에 의하여 지배될 때 규범을 정초하는 어떤 구체적인 절차가 일어나는가? 그뿐 아니라 상호소통 행위의 전제를 위한 이성적 재구성이 성공하는가라는 질문들에 대하여 우리는 미리 대답할 수 없다. 이러한 전제들은 직관적으로 전제되는 것이지 반성에 의하여 긍정되거나 취소될 수 없는 것이기 때문이다.

맺음말

1967년에서 1970년대까지 하버마스는 심리분석 같은 객관주의 학문의 모델에서 태동되는 이데올로기 비판을 합법화하려고 시도하였다. 그리고 하버마스는 이데올로기 비판을 이해의 해석학적 개념의 보편화에 반대하는 대안으로 제시하였다. 그러나 1980년대에 하버마스는 의사소통행위이론 그리고 이와 상관적으로 언어 속에서 전제되는 합의의 보편적 착상으로부터 그것의 합법성을 끌어내는 담론의 윤리를 제시하였다. 이러한 그의 후기의 발전 내지 그의 강조점의 전환은 가다머의 해석학 보편성의 요구에 암암리의 영향을 받았다는 사실을 증명하고 있다.

하버마스는 포스트모던주의자들이 철학의 위기와 이성의 몰락을 선언하는 가운데서 이성의 공공적 담론의 성격을 강조하면서 이성의 의사소통 능력과 이상적 담론상황을 주장하였다. 그럼으로써 하버마스는 비판사회학자로서 이성의 공공적 담론의 성격을 부정하는 데리다의 해체주의에 대하여 가다머의 해석학의 입장을 지지하고 있다. 사회비판학자로서 하버마스는 한편으로는 생활세계의 해석학을 주장하면서도 다른 한편으로는 이러한 생활세계의 해석학적 소통체계가 이데올로기적으로 체계적으로 왜곡될 수 있다는 사실을 지적하였다. 그리하여 그는 전통적인 해석학의 보충으로서 정신분석학적 심층해석학을 제안하였다. 이러한 그의 심층해석학은 그의 사회비판적 인식이념인 해방적 관심에 의하여 주도된다.

하버마스는 가다머의 전통정위적 이해개념에 대하여 전통비판적 해방적 인식개념을 대립시킨다. 그러나 리꾀르가 주장하는 바 같이 전통과 비판이란 서로 대립적인 개념이기보다는 상호보충적인 개념이다. 비판이란 전통의 기초 위에서 비로소 가능하기 때문이다. 담론의 윤리가 어떤 수준에서 상황화 될 수 있는가? 그리고 단지 도덕적 관점을 분명히 하는 이 윤리에 의하여 무엇이 얻어질 수 있는가라는 열린 질문이 남아 있다.

참고도서

Apel, K. O., " Szientismus oder transzendentale Hermeneutik? in: *Transformation der Philosophie,* Band 2, Frankfurt: Suhrkamp.

Habermas, J., *Erkenntnis und Interesse,* Frankfurt 1968.

________, *Zur Logik der Sozialwissenschaften,* Tübingen 1967, Frankfurt, 1970.

________, *Moralbewusstsein und kommunikatives* Handeln, Frankfurt, 1983.

________, "Der Universalitätsanspruch der Hermeneutik," in: Hermeneutik und Ideologiekritik," in: *Hermeneutik und Ideologiekritik,* mit Beiträgen von Apel, Bornmann, Bubner, Gadamer, Giegel und Habermas, Theorie-Diskussion, Frankfurt a. M. 1971.

________, *Vorstudien und Ergänzungen zur Theorie des kommunikativen Handelns,* Frankfurt a. M. 1984.

Gadamer, H. G., *Gesammelte Werke,* Vol 2: Hermeneutik II: Wahrheit und Methode. Ergänzungen, Register, Tübingen 1986.

________, *Truth and Method,* trans. Joel Weinsheimer and Donald G. Marshall.

________, His forward to English Translation of Grondin, *Introduction to Philosophical Hermeneutics,* New Haven and London: Yale University Press, 1994.

________, "Replik zu Hermeneutik und Ideologiekritik", in: *Gesammelte Werke I*

________, "Replik zu Hermeneutik und Ideologiekritik", in: *Gesammelte Werke II.*

________, Platons dialektische Ethik(1928), Habilitationsschrift, in: GW vol. 5

Grondin, Jean, *Ergänzungen in die Philosophische Hermeneutik,* 1991.

________, *Introduction to Philosophical Hermeneutics,* New Haven and London: Yale University Press, 1994.

Ineichen, Hans, *Philosophische Hermeneutik,* Verlag Karl Alber 1991.

정기철, 『해석학과 학문과의 대화』, 문예출판사, 1996.

10장

아펠의 인식-인간학적 해석학: 칸트를 통한 철학의 변형

머리말

칼 오토 아펠(Karl-Otto Apel, 1922-)은 포스트모던 사상가들에 의하여 제기되는 "철학의 몰락"(Verfall der Philosophie)[563] 또는 "철학의 죽음"(Absterben der Philosophie)[564]의 선언으로부터 철학을 구출하기 위하여 철학적 기획을 시도한다. 이것이 아펠이 바로 1976년에 출판한 그의 저서[565] 제목을 통해서 말하는 바는 "철학의 변형"(Transformation der

563) Claus Grossner, *Verfall der Philosophie,* Hamburg 1971.

564) Friedrich O. Wolf, "Philosophie, Wissenschaftsorganization, Gesellschaftsform. Zum Problem der konkreteren Aufhebung der Philosophie als institutionalisierter Wissenschaft," in: J. Klüver und Fr. O. Wolf (Hrsg.), *Wissenschaftskritik und sozialistische Praxis,* Stuttgart-Bad Canstatt 1972.

565) Karl Otto Apel, *Transformation der Philosophie Band I, Sprachanaytik, Semiothik, Hermeneutik, Band II, Das Apriori der Kommunikationsgemeinschaft,* Suhrkamp Verlag: Frankfurt am Main, 1973.

Philosophie)이다. 그가 말하는 변형이란 경험의 객관적 타당성과 그 가능성의 조건에 대하여 물었던 칸트적인 선험철학의 변형이다. 철학의 변형이란 포스트모던주의자들이 객관적 진리의 존재를 거부함으로써 선언하는 "철학의 몰락"과 "철학의 죽음"으로부터 철학을 구출하기 위하여 칸트의 선험철학으로 되돌아 가고자 하는 시도이다.

철학의 위기는 보편적인 학문의 정초가 불가능하다는 데서 나온 것이다. 그러므로 아펠은 철학의 흔들리지 않는 최후정초를 수행하고자 한다. 흔들리지 않는 토대근거로서의 마지막 근거설정이야말로 철학을 위기와 해체로부터 구하는 길이다. 이러한 최후정초는 칸트가 경험의 가능성의 조건을 물음으로써 가장 고전적으로 시도한 작업이다. 그러므로 아펠에 의하면 철학의 위기를 극복하기 위한 길은 "칸트로 되돌아 감"(Zurück zu Kant)이다.[566] 이 요구는 아펠의 과학주의(Szientismus) 비판에 근거한다. 과학주의는 인식주관 없는 학문이론이요 우리의 인식방식에 대한 반성 없는 학문이론이기 때문이다. 그리하여 과학주의는 모든 세계존재의 사태들을 실증적 학문논리에 환원하려고 한다. 그리하여 과학주의는 몰가치(沒價値)적인 과학기술적 합리성을 지지하는 데 몰두하고 있고,[567] 인식가능성과 타당성의 조건들에 대한 선험적 반성의 차원을 도외시하고 있다.

아펠은 과학주의를 비판하는 데 있어서 인식주관과 인식방식에 대한 반성에 입각해 있는 칸트의 선험철학을 유용화 한다. 칸트철학은 대상 인식에 있어서 인식 가능성의 조건을 물음으로써 인식하는 주체에 대한 반성을 주제화하였기 때문이다. 그러나 아펠은 칸트적 선험철학은 변형되어야 한다고 말한다. 칸트는 경험의 가능성의 조건을 묻는 선험철학의 전통에 서 있으나 유아론(唯我論, Solipsismus)의 위험에 처해 있다. 칸트철학은 언어차원을 선험철학적 고려에 넣지 않기 때문이다.

566) Ibid. I, 35.
567) Ibid. I, 14.

아펠은 이러한 선험철학의 변형에 언어비판과 해석학적 사고와 이데올로기 비판을 동원한다. 아펠은 철학을 비판주의적으로 그리고 인간지식과 행동을 선험철학적으로 기초 놓음과 최후정초로서 이해하고, 그리고 해석학적으로 변형된 선험적 화용론(transzendentale Pragmatik)을 통해서 철학을 보편적 학문으로서 복권시키고자 한다. 그리하여 철학이 유아론적 처소에 머물지 않고 상호주관적 의사소통 속에서 들어오도록 한다. 그리하여 아펠은 인간사회 속으로 이론과 실천의 매개(Vermittlung von Theorie und Praxis in der menschlichen Gesellschaft)로서 철학을 복권시키고자 한다.[568]

본 장에서는 오늘날 철학의 위기에 직면하여 그 극복의 길로서 칸트의 선험철학을 수용함을 통해서 철학을 변형하고자 하는 아펠의 인식-인간학적 해석학의 기획을 설명하고 이 기획이 과연 실현가능한지에 관하여 비판적으로 논구하고자 한다.

1. 선험적 착상과 그 한계와 극복: 방법적 합리성을 통한 변형

아펠은 칸트로부터 선험적 착상을 수용한다. 선험적 인식(transzendentale Erkenntnis)이란 경험적 사실에 대한 인식이 아니라 사실에 관한 우리의 인식방식에 관계한다. 우리의 인식방식은 인식을 가능케 하는 조건에 관계한다. 인식의 가능적 조건이 바로 선험성(Transzendentalität)이다. 이 조건이 우리 인식의 근저에 깔려 있기 때문이다. 이 조건의 파악은 경험적 인식이 아니라 선천적 인식(apriorische Erkenntnis)이다. 이 대상인식의 조건들은 우리 인식의 형식요소들이다. 칸트가 인식에 대한 주관의 가능적 조건을 밝힘으로써 객관적으로 타당한 인식을 보장하고자 하는 이 선험철학은 오늘날 포스트모던주의에 대한 객관적 진리를 보장하는 방법

568) Ibid. I, 12.

론적 길이다.

아펠은 선험철학의 핵심과 문제를 다음같이 제시한다. 선험철학의 핵심은 선천적 요소들을 제시할 뿐만 아니라 그것을 넘어서서 이 선천적 요소들이 객관적 타당성을 가진다면 경험인식이 가능하다는 것을 보여주는 데 있다. 선험철학의 문제는 칸트 해석이 아주 어렵다는 사실뿐만 아니라 칸트가 형식논리적으로 타당한 논증의 의미에 있어서 논증방식을 투명화하는 데 성공치 못한 데 있다. 칸트는 경험적-심리적인 자아와 구분되는 순수자아로 되돌아감으로 선험철학을 전개했다. 이 순수자아는 바로 객관적 인식을 가능케 하는 선천적 범주를 가지기 때문에 지식을 가능케 하는 선험성의 원천이다. 칸트가 제시한 선험적 문제설정과 심리학적인 문제설정 사이의 차이는 항상 오해를 가져왔다. 아펠은 칸트의 선험철학이 갖는 유아론적 한계를 극복하기 위하여 "방법적 합리성"(methodische Rationalität)에 의한 철학의 변형을 시도한다. 아펠은 언어분석철학을 도입한다. 언어분석철학은 의미비판적인 착상을 통하여 해석학적 발상을 가지고 있다.

아펠은 퍼어스(Charles S. Peirce)를 통해서 논의된 합의 형성의 공동체 개념을 가져온다. 퍼어스(Peirce)는 "실험공동체"(Experimentiergemeinschaft), "해석공동체"(Interpretationsgemeinschaft), "과학자공동체" 안에서 통용되는 합의형성(Konsensbildung)개념을 말하고 있다.[569] 이러한 공동체는 상호주관적이고 의사소통적 구조에 의하여 지배되고 있다. 퍼어스는 이러한 합의 형성개념을 통하여 칸트의 선험철학이 가지고 있는 유아론적인 명증적 선험주의의 한계를 탈피하고자 한다.[570] 실험 및 해석공동체는 합의 개념을 통해서 칸트적인 유아론적 명증 선험주의를 극복하고 진리의 합의를 형성한다. 아펠은 방법적인 유아론의 극복이란 "언어적인 의미소통과 가능적인 진리의 합의론"(eine Konsens-Theorie der sprachlichen

569) Charles S. Peirce, Schriften I, Frankfurt 1967, 293 ff..
570) Apel, op. cit.,I, 12.

Sinn-Verständigung unter möglicher Wahrheit)에 있다고 본다.[571] 과학자 공동체의 상호주관적이고 의사소통적 구조는 선험적 유아론적 경험구조를 대체할 수 있다고 본다.

퍼어스는 칸트의 윤리학을 기호론적-실용주의적(semiologisch-pragmatistisch)으로 변형하기를 시도한다. 여기서 퍼어스는 규범적인 학문 논리, 윤리학의 정초를 위하여는 "도덕적으로 타당한 인간행위의 합리화"(die moralisch relevante Rationalisierung)가 전제되어야 한다는 사실을 알게 된다.[572] 실험적 경험과 이와 연결되는 기술적으로 타당한 자연과학의 영역에서는 가치중립적 합리성이 성공하지만, 사회기구의 영역, 전통을 통해서 규범적으로 타당한 전승(傳承)의 영역은 이에 상응하는 합리화가 방해된다. 따라서 자연과학적인 합리화의 기술적인 방법이 규범적으로 타당한 문화전승이나 교육 등에도 바로 적용된다는 것은 잘못된 결론이다.[573] 그러므로 자연과학적이고 기술적인 합리성은 가치중립적이 아니고 반대로 규범적인 문제를 포함하고 있다. 퍼어스는 객관적 학문적 논리가 성립되기 위해서는 담론의 윤리학(Ethik des Diskurs)과 같은 당위론이 전제되어야 한다고 주장한다. 도덕적으로 타당한 인간행의의 합리화는 규범적인 학문 논리의 정초를 위하여 전제되어야 한다. 학문 논리가 성립될 수 있기 위해서는 담론의 윤리학이 전제되어야 한다는 것이다.

아펠은 담론의 윤리학이 말하는 당위의 문제는 "과학시대에서 철학의 변형의 핵심문제"라고 본다.[574] 아펠은 과학주의가 자연과학의 경험적 분석적 설명의 방법을 열린 사회의 사회정책의 비판적 합리성의 기초로 삼은 것을 "과학주의적-기술주의적 오류"(szientistisch-technizistischer Fehlschluss)라고 비판한다.[575] 또한 과학주의가 모든 세계의 존재를 실증학문적 논리로

571) Ibid. I,. 60.
572) Ibid. I, 13.
573) Ibid. I, 20.
574) Ibid. I, 13.
575) Ibid. I, 14.

환원시키고자 하는 것도 과학주의적 오류라고 비판한다. 모든 사회공학적 방책의 의미와 한계는 경험 분석적 설명에 의해서가 아니라 상호주관적 논의에 의해서만 규정될 수 있다고 본다. 아펠은 과학주의가 추구하는 통일과학(Einheitswissenschaft, unified science)의 방법론이 성립되기 위해서는 인식가능성 및 타당성의 조건들에 대한 선험적 반성이 제시되어야 한다고 주장한다.[576] 아펠은 자연과학적 환원적인 방법적 합리성 대신에 학문 이전의 삶과 세계경험을 중시하는 "현상학적 사고방식"(eine phänomenologische Denkweise)을 철학변형을 위한 표준적인 길로 간주한다.[577] 이해과정에 있어서 윤리적 필연성은 선험해석학적 이해의 선구조로부터 "선험적 의미비판"을 요청하게 된다. 이것은 "철학의 변형의 근본모습"이다.[578] 선험철학의 해석학적 선구조는 인식의 상호주관적 타당성의 형이상학적 보증인 의식일반에서 출발하지 않는다. 그것은 선험적 관념론이다. 이 해석학적 선구조는 "상호주관적인 의사소통의 선험성"에서 출발한다.

아펠은 모든 학문적 주장을 설명가능한 과학주의적 기술적 차원으로 환원하려는 통일과학의 시도를 반대하고 윤리학적 당위의 문제를 학문논리에 도입하고 있다. 아펠은 해석공동체를 통한 담론의 윤리학이 규범학문을 정초시킨다는 퍼어스의 견해를 수용하면서 담론의 윤리학이 학문의 보편성의 주장과 최후정초의 문제에 적용이 될 수 있다고 본다.[579]

2. 해석학적 이해의 선험철학적 지평: 가다머와 하이데거에 대한 평가

아펠은 해석학을 두 가지 차원에서 수용한다. 하나는 해석의 차원이고,

576) Ibid. I, 18f.
577) Ibid. I, 22.
578) Ibid. I, 59.
579) Ibid. II, 423-435.

다른 하나는 의미의 차원이다. 전자는 신학이나 정신과학에서 논의해온 해석과정이요, 후자는 언어분석에서 논의하는 의미비판이다. 전자는 전통이라는 기반 위에서 의미를 상호주관적으로 매개시키는 해석학적 이해의 과정이요, 후자는 의미의 가능조건을 확정하는 언어분석적 의미비판이다. 전자는 쉴라이에르마허, 딜타이, 하이데거, 가다머 등을 통하여 철학적 해석학으로 발전했으며, 후자는 프레게, 퍼어스, 비트겐슈타인, 모리스 등을 통하여 언어분석, 논리적 구문론이나 의미론으로 전개되었다.

아펠은 해석학이 가진 이 두 가지 차원을 수용할 뿐만 아니라 이 두 가지 차원에 함축된 선험철학적 지평을 확보하면서 두 가지 차원을 상호적으로 매개하고자 한다. 아펠은 다음같이 질문한다. 해석학적 이해는 과학적 객관적 의미타당성을 확보해 줄 수 있는가? 그것은 철학의 최후정초 문제와 관련되어 있다. 이 최후정초의 가능성은 이론과학의 가능성의 조건이 된다.

아펠은 해석학의 역사를 거슬러 올라간다. 해석학의 역사에 있어서 가장 원초적인 문제는 전달, 해석, 이해의 객관성과 타당성이 어떻게 확보될 수 있는가라는 물음이었다. 구체적으로는 전언자, 시인, 통역자, 주석가, 주해자 등이 텍스트를 바르게 독해(讀解)했으며 바르게 전달했는가? 그리고 듣는 자들은 그 전언(傳言)을 바르게 해석했는가라는 물음이다. 아펠은 이러한 물음이 해석학적 이해의 선험철학적 지평에서 제기될 수 있다고 해석한다.

쉴라이에르마허, 딜타이, 하이데거, 가다머는 고전주의 작가들, 인문주의자와 종교개혁자들에게 문제되었던 "이해"를 철학적으로 철저화 하여 "이해 일반은 어떻게 가능한가?"(wie ist Verstehen überhaupt möglich?)라는 물음으로 정식화 하였다. 그리하여 이들은 칸트가 물었던 선험적 물음, 즉 "객관적 인식의 가능성과 타당성의 조건"에 대한 물음을 해석학적 차원으로, 다시 말하면, 이해의 가능성과 타당성과 보편성에 대한 물음으로 변형하였다.580) 그리하여 칸트적인 의미에서의 선험철학은 선험적 해석학의 의미에서보다

580) Ibid. I, 281.

더 심화되고 확장되었다고 해석한다.

아펠은 하이데거의 해석학적 사고는 현상의 제 구성문제를 "이해의 선구조 또는 현존재의 개시성(開始性, Erschlossenheit des Daseins)과 동일한 진리문제의 선구조로 확장"시킴으로써 해석학을 철학적으로 철저화 하였다고 높게 평가한다.[581] 하이데거가 발견한 이해의 실존적인 구조는 세계-내-존재의 구조로서 "같이 있음의 구조"(Struktur des Mitseins)를 가지고 방법적인 유아론을 극복한다. 아펠은 하이데거가 제시한 "이해의 실존론적 선구조"(existentiale Vorstruktur des Verstehens)는 이미 언어적으로 그리고 언어와 함께 역사적으로 각인된 선이해(Vorverständnis)의 구조로서 "준(準)선험적 구조"(quasi-transzendentale Struktur)라고 본다. 아펠은 하이데거가 제시한 "현존재의 심려를 가능적인 의미성의 조건으로서"(Daseins-Sorge als Bedingung möglicher Bedeutsamkeit) 해석한다.[582] 이러한 해석학적 현상학의 기획은 진리문제를 자연과학적으로 방법론적으로 협착화시키는 것에 대한 교정작업을 수행한다.

그러나 아펠은 해석학적 이해의 선구조는 그 자체이해를 위해 최후 정초되지 못하고 또 다른 선이해를 요구하게 되는 순환논리에 빠지게 되는 위험성을 가지고 있다고 비판한다.[583] 그리하여 선험철학적 기획은 다르게 취급되었다. 예컨대, 가다머는 칸트가 시도한 것처럼 연역(Deduktion)이나 선험적 자아에 관하여 말하지 않는다. 가다머는 단지 "이해가 어떻게 가능한가?"(wie ist Verstehen möglich?)라고 묻고, 예술과 역사의 경험방식을 규정하려고 한다. 가다머는 하이데거의 역사성 개념을 계승하면서 역사적 이해의 지평을 절대화 함으로써 진리사건의 의미비판적인 기능을 간과하게 되었다. 아펠은 하버마스를 따르면서 사회과학적 인식의 테두리(Rahmen sozialwissenschaftlicher Erkenntnis)를 인식과 이해의 선천적 형

581) Ibid., I, 282.
582) Ibid., I, 30.
583) Ibid., I, 26.

식요소(apriorischer Formbestandteil des Erkennens und des Verstehens)로서 규정하려고 한다.[584)]

1) 가다머 해석학 평가

아펠은 가다머의 해석학적 이해에 대하여 세 가지 측면에서 평가한다.

첫째, 가다머는 "이해가 어떻게 가능한가?"라는 물음을 제기함으로써 칸트의 선험철학에 근거를 두고 있으나 사실 인식의 정당화와 타당성을 요구하는 선험성(Transzendentalität)을 부정하고 있다. 가다머의 해석학적 질문은 이해의 정당성과 권리에 대한 규범적 관심이 아니라 단지 이해 사실의 구조에 대하여 현상학적인 관심에 의하여 주도되기 때문이다. 그러므로 가다머는 처음부터 방법적 사고를 배격하고 진리의 사실구조를 밝히고자 하는 현상학적 관심에 의하여 주도된다. 가다머에 의해서 수행되는 "선험적 해석학"은 "해석학적 순환의 도움으로 선이해가 어떻게 검증되고 교정되는가를 밝힐 뿐 모든 이해의 가능성의 조건에 대한 질문에 대해 대답할 수 없다."[585)]

둘째, 가다머의 해석학적 이해는 이해의 선구조를 밝히고 있다. 이해의 선구조는 "이미 앞서 있음"(das je schon sich worweg Sein)으로서 인간이해의 존재론적 준(準)선험성을 보여주고 있다. 여기서 가다머는 하이데거의 근본통찰 – 이해는 주관의 행동방식이 아니라 현존재 자체의 존재방식(die Seinsweise des Daseins selber) – 에 기초하고 있다. "언어의 선천성 등 이해의 선구조의 준(俊)선험성이 수행되는 '앞서 있음'의 근본상황은 사실상 더 이상 배후 질문을 할 수 없다(nichthinterfragbar)."[586)] 아펠은 이 선구조를 이해의 가능성과 타당성의 조건으로 받아들인다. 그러나 아펠은 여기서 질문한다: "앞서 있음"(das sich-vorweg-Sein)의 선험성은 이해의 타당성의

584) Hans Ineichen, *Philosophische Hermeneutik*, Freiburg,/München, 1991, 223-4.
585) Apel, *Transformation der Philosophie*, I, 36-38.
586) Ibid., I, 39.

조건으로서 아직 정당화되어야 하지 않는가?[587] 아펠에 의하면 이해의 선구조는 아직도 받아들이거나 버려야 하는 인간의 자기이해의 동일성의 문제로서 이해되어야 한다.

셋째, 가다머의 이해는 이해의 가능성, 즉 이해의 지평을 보여주는 데 그치고 의미비판적 기능을 간과했다. 아펠은 다음같이 가다머의 시도를 비판한다: "규범적-방법론적 타당성의 입론은 자기이해를 포함하여 인간적 인식의 모든 형식에 대한 철학적 이해와 관계한다. 따라서 해석학적 이해와 의미에 관한 철학적 의사소통의 가다머적 시도는 규범론적-방법론적으로 타당할 수 없다."[588] 가다머의 지평융합의 사건에는 이해의 지평을 선험해석학적으로 확장하고 있으나 경험적 방법론적 타당성의 문제를 제기하지 않고 있다. 이해의 선구조로서의 지평융합은 과거지평과 현재지평의 교차적 융합으로서 이해의 가능성 조건을 제공하나 이러한 지평융합의 사건으로서 일어나는 이해가 진리의 타당성을 지닌다는 보장에 대하여는 무관심하다. 여기서 아펠은 의미사건의 왜곡을 예로 들면서 해석학적 이해에 대한 이데올로기 비판을 수행한다.

가다머 기획의 진정한 가치는 역사, 언어, 문화 속에서의 차이들이 이해과정의 부분이 되며, 그리고 차이에의 개방을 허용함으로써 이해과정에 공헌할 수 있는가를 보여주는 데 있다. 따라서 이상적 의사소통의 공동체가 진리 인식의 규범으로서 진리의 파악에 필요하다는 아펠의 견해는 가다머가 아리스토텔레스로부터 발전시키고 해석학을 위하여 전개시키는 상황적 프로네시스(phronesis), 즉 실천적 지혜의 연습(exercise of practical wisdom)의 특성을 간과하고 있다.[589] 아펠은 베티를 따르면서 가다머를

587) Ibid., I, 39.
588) Ibid., 34.
589) David Couzens Hoy, *The Critical Circle. Litgerature, History, and Philosophical Hermeneutics,* University of California Press, Berkeley, Los Angeles and London, 1978, 111.

주관주의자와 실존주의자로 만든다. 그런 점에 있어서 아펠은 가다머를 바르게 다루고 있지 않다. 가다머가 말하는 상황적 프로네시스의 개념은 실천적 지혜의 연습으로서 이해의 역사성을 통해서 상호주관적으로 도달하는 진리를 파악하고자 하기 때문이다.

2) 하이데거 해석학 평가

아펠은 또한 하이데거의 해석학에 대하여 다음같이 평가한다.

하이데거 역시 이해를 현존재의 존재방식(전기)이나 진리사건(후기)으로 보면서 의미타당성의 문제와 결별하고 있다.[590] 하이데거는 훗설의 인식론적 의미에서의 진술진리 – 하나의 진술은 그것이 있는 그대로 존재를 보여주면 진리다 – 를 현존재의 개시성(開示性)(Erschlossenheit des Daseins) 내지 존재의 비춤(Lichtung des Seins)이라는 존재론적 의미로 수용했다. 이러한 하이데거에 의한 현존재의 개시성으로서의 이해의 선구조의 발견은 가다머에 의하여 주체성의 모든 이해하고자 하는 행동에 이미 앞서 있다고 말하면서 해석학을 철학적으로 극단화하였다.[591] 그러나 하이데거의 개념인 “현존재의 개시성”은 이미 그 자체가 진리가 아니라 진리와 비진리가 동시에 드러나는 놀이공간일 뿐이다. 하이데거가 말하는 현존재의 개시성은 진리 물음의 규범성의 처소가 아니라 단지 진리의 비춤이 드러나는 처소이기 때문이다. 때문에 하이데거의 개념은 칸트적인 선험철학의 극복이 아니라 오히려 선험철학을 “선험해석학의 의미로 확장 내지 심화시킬 뿐”이다.[592]

그리하여 하이데거의 해석학에서는 이해가능성의 조건에 대한 규정(規整)의 문제와 의미이해의 결과에 대한 정당성, 말하자면, 타당성의 문제 사이에

590) Apel, *Transformation der Philosophie I*, 41.
591) Ibid., I, 43.
592) Ibid., I, 43.

가다머적인 분리조차도 전혀 고려되고 있지 않다. 가다머에 있어서 이해가능성에 대한 질문은 암암리에 그 이해가 올바른 이해(adäquates Verstehen)라는 전제에서 출발한다.[593] 그래서 그 이해가 사실로 올바른 이해인가라는 이해의 타당성에 대한 질문은 고려되고 있지 않다. 아펠은 가다머에 대하여 다음 같이 피력한다: "이해가능성에 대한 물음을 오해나 적절한 이해 가운데서 사건구조로서 현실화되어야 하는 존재사건의 구조를 제시함으로써 대답하는 것은 선험적으로 충분하지 않다."[594] 가다머가 말하는 지평융합은 이해사건의 구조이지 이해 타당성의 선험적 조건은 아니다. 이 지평융합은 이해의 사건에 있어서 과거의 지평과 현재의 지평이 만나는 사건의 영역이지 이해의 타당성을 보장하는 조건이 아니다. 이해의 가능성에 대한 물음에는 그 이해가 참이냐 거짓이냐를 구분할 수 있는 이해의 타당성(Geltung)의 질문이 선행되어야 한다. 이것이 바로 이해에 대한 선험적인 물음이다.[595] 아펠은 이러한 타당성을 사회인식론적인 차원에서 의사소통 공동체의 합의에서 찾고자 한다. 이해의 타당성은 의사소통에 의한 합의형성(Konsensbildung)에 근거한다.

3. 해석학의 보편성과 이데올로기 비판: 설명의 방법을 통한 이해방법의 보완

아펠은 하버마스를 따르면서 실증주의를 비판하는 해석학의 공헌을 인정한다. 해석학은 모든 형태의 지식을 자연과학의 모델로 환원시키려는 실증주의적 통일과학의 시도를 효과적으로 저지하고 있다. 가다머에서 보는 것처럼 해석학적 이해는 언어존재론적 행위로서 인과적 설명으로 완전히

593) Ibid., I, 46.
594) Ibid., I, 44.
595) Ibid., I, 44.

해소될 수 없다. 해석학적 이해는 자연과학적 설명과는 다르며 사회과학적 탐구에서는 불가피하다. 해석학적 이해는 인과적 관계가 아니라 상호주관적인 의사소통의 행위에서 성립하기 때문이다. 상호주관적 이해는 사회과학의 학문성의 정립을 위하여 요청되어진다. 사회과학이 객관적 과학으로 성립하기 위해서는 가설검증을 위한 기준이나 용어들의 의미가 이해되어야 하고 이를 위해서는 상호주관적 이해의 영역이 요청된다.

그러나 아펠은 해석학적 이해개념에는 의미비판적 요소가 결여되어 있다고 지적한다. 해석학적 이해는 이데올로기적으로 왜곡될 수 있기 때문이다. 전체주의 사회에서는 개인이 전체의 부속품이 되는 가치판단에서 상호주관적 이해가 성립되며, 자본주의 사회에서는 물신적으로 왜곡된 가치판단에 기반한 상호이해가 형성될 수 있기 때문이다. 하이데거가 제시한 이해의 선구조는 가다머에 의하여 "권위의 복권"(Rehabilitation der Autorität) 같은 전통의 매개로 전개되었다. 그러나 이러한 준선험적인 구조는 선입견을 가지고 이해를 수행하는 수많은 주체의 이해지평의 융합과정으로서 이해의 가능성을 제시하나 이해의 타당성을 제시해 주지는 못한다. 지평융합의 이해 사건이 바로 올바른 이해가 수행되었다는 진리의 타당성을 보장하지는 않는다. 의미비판이 여기서는 고려되지 않기 때문이다. 이것이 바로 해석학의 보편성 문제이다. 아펠은 해석학적 이해과정에서 계몽주의적 비판의 원리가 무시된다면 해석학은 독단적 견해에 지나지 않게 될 것이라고 비판한다.[596)]

해석학적 이해에 담긴 왜곡적 요소는 준(準)객관적인 방법으로써 보완함으로서 해소될 수 있다고 본다. 여기에 개인적 차원에서 정신분석과 사회적 차원에서 이데올로기 비판이 사용될 수 있다. 아펠은 해석학적 이해를 보완하기 위하여 정신분석과 이데올로기비판의 인과적 설명을 도입하고 있다. 정신분석은 인간의 심층의식적인 정신현상을 준(準)-자연 현상

596) Ibid., I, 47f.

(quasi-naturhaftes Phänomen)으로 보면서 이것은 "준(準)–설명"(Quasi-Erklärung)모델을 통하여 다루고자 한다.597) 준–설명적 방법은 원초적인 이해상황으로부터 낯설게 되어 버린 왜곡된 심리를 준(準)–자연으로 간주하면서 경험적으로 대상화하면서 설명한다. 정신분석은 "장면이해"를 통하여 개인의 비밀로 감추어져 있는 의사소통의 형식을 해독할 수 있게 하기 때문에 준(準)객관적인 설명과학이라 할 수 있다.

그리고 아펠은 인간의 사회적 행동을 이해하는 데 있어서 그의 행동 근저에 깔려 있는 원인으로서 무의식적 행동을 드러내고자 한다. 원인으로서 이러한 무의식적 동기들은 개인과 종(種)의 역사 속에서 "준(準) 자연적 요소"를 나타낸다. 그리고 이 동기들은 사회 속에서 성취된 자연과 인간의 상호작용의 수준과 함께 변양하는 요소를 나타낸다.598) 그리고 이 동기들은 사회의 경제적인 발전, 시간의 주어진 초점에 작용하는 정치적인 지배의 형식을 나타낸다. 결핍의 조건 속에서 무의식적 동기들은 사람들로 하여금 자기 충족의 욕구보다는 경제적 명령을 따르기를 요구하면서 자유를 억압하도록 한다. "준–설명의 실천연관은 우선적으로 사회공학적인 진단형성에 있지 않고 인간종(種) 자연의 이성주도적 전개에 방해가 되는 준–자연의 강요들(Zwängen der Quasi-Natur)로부터 개인, 말하자면, 사회의 해방(Emanzipation)에 놓여 있다."599) 인간의 사회적 행위의 준(準) 자연적 측면은 인류종의 역사의 테두리 내에서 개인의 삶의 역사에 있어서 다양한 방식으로 부분적으로 명료하게, 부분적으로는 병리적으로 왜곡되어 표현된다. 그리하여 이 준–자연은 인간의 선(先) 역사(pre-history), 말하자면, 현재를 아직도 특징지우는 사건들의 상태에서 지배하고 있다.

이데올로기 비판은 사회적 영역에서 체계적으로 왜곡된 의사소통을 들추어냄으로써 왜곡되지 않는 합리적 의사소통을 도출해내는 점에서 준(準)객

---

597) Ibid., I, 54.
598) Ibid., I, 54.
599) Ibid., I, 54-55.

관적 설명과학이다. 문제가 된 행위나 표현들은 인과적으로 설명되어야 하나 그 핵심적인 문제들에 대해서 해석학적인 의미가 부여되어야 한다. 정신분석과 이데올로기 비판 사이의 평행선은 양자의 경우 모두 개인적 실천 내지 사회적인 실천의 "준(準)자연적 인과과정"(quasi-naturhafte Kausalprozesse)을 꿰뚫어 봄으로써 새로운 자기이해에 기여하는 데 있다.[600] 정신분석과 이데올로기 비판은 왜곡된 개인의 심리와 사회적 행위들에 관련하여 그것의 무의식적 왜곡과정을 들추어 냄으로써 해석학적 이해가 간과하고 있는 왜곡된 의사소통을 치료하고 올바른 자기이해를 갖도록 한다.

이와같이 하여 아펠은 정신분석과 이데올로기 비판을 통하여 해석학의 한계를 보완하고자 한다. 아펠은 딜타이가 시도한 설명과 이해의 구분에 동의하면서도 딜타이처럼 이해과정에서 해석학적 순환구조를 전제하는 데 머물지 않는다. 아펠은 "이해는 자연과학적 인식보다 더 고차원적 반성단계를 향하여 움직이고 있다"고 지적한다.[601] 해석학적 이해는 정신분석적 의미비판을 통해서 이해의 근저에 깔려 있는 무의식적인 전제를 들추어내는 이데올로기 비판으로 나아가야 한다.

아펠은 해석학적 이해와 자연과학적 설명의 상호보완을 주장한다. 양자는 딜타이가 주장하는 것처럼 상호 대립하는 것이 아니라 상호 작용하며 상호 보완한다. 아펠에 의하면 자연과학에서 몰(沒)가치적이라고 말하는 객관적 타당성은 가치중립적인 지식이 아니고 생활세계 안에서 가치부여와 목표설정을 이미 전제하고 있다. 정신과학적 지식이란 실천이성의 지평에서 가치를 부여하고 판단하는 이해에서의 상호주관적 타당성의 지식이다. 해석학적 의미는 자연과학적 인과적 설명의 도움을 받음으로써 보다

---

600) Apel, "Szientistik, Hermeneutik, Ideologiekritik. Entwurf einer Wissenchaftslehre in erkenntninisanthropologischer Sicht," (1968) in: *Transformation der Philosophie II,* Suhrkamp, 1973, 126.

601) K.O. Apel, "Diltheys Unterscheidung von Erklären und Verstehen im Lichte der Problematik der modernen Wissenschaften", in: E. W. Orth (Hrsg.), *Dilthey und die Philosophie der Gegenwart,* Muenchen 1985, 301f.

객관적인 지식에 이를 수 있다. 그러므로 자연과학적 설명은 정신과학적인 이해와 상호작용해야 한다. 아펠은 절충적인 보충입장(eclectric complementarity thesis)을 회피하기 때문에 변증법적 종합을 시도한다.[602] 변증법적 종합이란 사회적 실존의 총체성 내에서 인간을 부자유의 현재적 상태에 제한시키려는 힘들과 더 좋은 것을 추구하는 힘들 사이의 근본적인 긴장 안에서 구체적인 상관자를 갖는 것이다. 변증법적 종합이란 해석학적 이해에 깔려 있는 무의식적인 억압과 강제력의 요소를 드러내는 의미비판적인 해석과 자연과학적 인과적 설명을 상호보완적으로 사용하는 이데올로기 비판이다: "이해와 설명의 이러한 변증법적 매개의 기술적인 용어(terminus technicus)가 바로 이데올로기 비판이다."[603]

아펠은 양자의 상호작용을 다음같이 피력하고 있다.[604]

첫째, 인간행위는 가치부여하는 이해 없이 결단코 그 자체로서 기술될 수 없다. 실증과학이 주장하는 가치중립성이란 신화에 불과하다. 순수한 기술이란 있을 수 없다. 인간행위 기술에는 성공과 실패를 규정하는 가치판단이 반드시 따른다. 따라서 개별적 행위 설명에는 가치부여하는 이해가 동반되고 있다.

둘째, 사회적 규범에 입각한 가치부여에 의하여 확정되는 사실진리는 확정된 사실에 대한 가치부여와 분리될 수 있다. 확정된 사실과 가치부여는 인위적으로 방법론적으로 분리될 수 있다. 그러나 사실확정의 진리는 적극적 가치부여 없이 결단코 사실로서 확정될 수 없다.

셋째, 가치부여와 규범적인 주장은 생활세계 안에서 인간 삶의 표현에

---

602) Ibid., 149.

603) Apel, "Szientistik, Hermeenutik, Dialektik," in: *Transformation der Philosophie, Band II,* 127.

604) K.O. Apel, "Diltheys Unterscheidung von Erklären und Verstehen im Lichte der Problematik der moderen Wissenschaftstheorie," in: E. W. Orth (Hrsg.), *Dilthey und die Philosophie der Gegenwart,* München 1985, 300-301.

대한 이해와 얽혀 있다. 아펠은 이와같이 설명과 이해의 상호보완적이고 변증법적 관계를 밝힘으로써 딜타이가 제시한 설명과 이해 관계에 대한 이분법적 도식을 극복하고 있다. 설명과 이해는 딜타이가 주장하는 것처럼 서로 다른 범주에 속하고 서로 상충되는 것이 아니다. 설명과 이해는 생활세계의 이해 속에서 서로 연결되어 있다.

4. 선험철학의 해석학적 변형

아펠은 "방법론적으로 타당한 선험철학"(methodologisch relevante Transzendentalphilosophie)을 요구한다. 그것은 선험철학의 지평 속에서 언어분석적 의미비판과 해석학적 이해를 매개하는 것이다. 자연과학적 설명에 이해가 들어갈 수 있는가? 그리고 이해가 주도된 영역에 설명의 방법이 들어설 수 있는가? 아펠은 초기 비트겐슈타인의 논리실증주의에 의하여 시작된 분석철학이 모리스(Morris)의 기호론이나 후기 비트겐슈타인 학파에 의하여 언어 화용론적인 전회를 시도하였다고 본다. 아펠은 여기서 나타나는 의미비판적 발상을 해석학적 발상과 연결시킨다.[605]

아펠은 해석학적 이해가 준(準)설명적 방법의 매개에 의하여 보완되는 것으로 본다. 이것이 해석학적 이해와 준설명적 모델의 변증법이다. 여기서 아펠은 언어차원을 수용한다. 그리고 칸트의 착상 "나는 생각한다"(Ich denke)를 의사소통 공동체의 선천성(das Apriori der Verständigungsgemeinschaft)으로 대체한다.[606] "진리의 선험적 자기확신은.. 우리들 각자가 모든 실체적으로 내용적인 인식에 대하여 경험의 의미와 진리의 타당성에 대해 다른 사람들과의 실험적인 경험과 무제한적인 의사소통에 지시되는 한에 있어

---

605) 김준, "철학의 변형과 선험해석학적 이해", 『해석과 이해』, 한국해석학회, 지평문화사, 1996, 210.

606) Apel, *Transformation der Philosophie I*, 61.

서만 선천적으로 타당할 수 있다."[607] 철학적 논의에 참여하는 자는 "논의적 상호이해의 선천성"(Das Apriori der argumentativen Verständigung)을 인정해야 한다. 무제한적으로 실재적인 의사소통공동체 속에서 논의적 상호이해의 선험성은 이해의 선구조 내에서 탁월한 위치를 갖는다. 인류(die menschliche Gattung)는 "진리의 준(準)선험적 주관"(quasi-transzendentales Subjekt der Wahrheit)이므로 칸트적인 자아의 실체화(Hypostasierung des Ichs)를 대체해야 한다.

해석학적 선구조는 칸트의 선험적 관념론처럼 인식의 간주관적인 타당성의 형이상학적 보증인 주관의 실체화에서 출발하는 것이 아니라 "우리의 선험적으로 주관적인 의사소통으로 정해진다"는 전제에서 출발한다.[608] 언어적인 의미-이해소통의 합의이론은 데카르트와 훗설의 방법적인 유아론을 극복할 수 있다: "의사소통 공동체의 선천성 속에서 진리의 준-선험적 주관으로서의 인간적인 종(種)은 존재역사의 의미사건에 대면하여 연대적인 책임의 자기 정립을 되찾는다."[609] 이런 방식으로 아펠은 의식이 언어와 연관된 사실을 계산에 넣는다. 아펠은 선험적으로 질문한다. 어떻게 인식의 선천적 요소들이 증명되며 타당성에 있어서 증시될 수 있는가? 이러한 인식의 형식 요소의 타당성 도출과 정당화는 칸트 선험철학의 핵심이다.

여기서 아펠은 모든 논의에 있어서 일정한 조건들이 전제되며 암암리에 인정되어 있다는 사실을 보여주고자 한다. 논의자는 무한제한적인 실재적 의사소통공동체(unbegrenzte, reale Kommunikationsgemeinschaft)속에서 논의적인 상호이해의 선천성(das Apriori der argumentativen Verständigung)을 이미 암암리에 인정하고 있다: "우리의 세계-선이해를 규정하는 소위 암묵적인 규약들(Konventionen)도 명백히 무제한적인 의사소통의 선천성의 선험해석학적인 전제 아래서만 규약들로서 의식화되고 책임

607) Ibid., I, 61.
608) Ibid., I, 60.
609) Ibid., I, 61.

지게 될 수 있다."[610]

비판적 해석학의 관점이 어떻게 정당화 될 수 있는가? 비판적 이해의 가능성에 대한 조건을 요청하는 것은 칸트가 자연과학의 가능성에 대하여 제시한 것 같은 근본적인 대답을 필요로 한다. 그것은 "선험철학의 해석학적 선구조를 밝히는 것이다. 이것은 지식의 상호주관적인 타당성의 형이상학적 보증자로서 주관 내지 의식의 실체화로부터 시작하지 않는다. 해석학적 선구조는 우리가 상호주관적인 상호이해에 아프리오리하게 정해진다는 전제에서 출발한다. 어느 한 사람만 그리고 단지 한번 규칙을 따르지 않는다(비트겐슈타인)."[611] 이러한 통찰은 "언어적인 의미-상호이해와 가능적인 진리의 합의이론"(eine Konsens-Theorie der sprachlichen Sinn-Verständigung und der möglichen Wahrheit)을 함축한다. 이러한 합의이론은 칸트와 훗설의 선험철학이 가졌던 "방법적인 유아론"(methodischer Solipsismus)을 극복한다.[612] "이러한 의미에서 해석학적으로 변형된 선험적 철학은 실재적인 의사소통적인 공동체의 선천성으로부터 출발한다. 이 공동체는 우리들에 대하여 실천적으로 인간 종(種) 내지 사회와 동일하다."[613]

해석학적으로 변형된 선험철학은 "실재 의사소통의 공동체의 선천성"에서 출발한다. 모든 성숙한 인간은 언어습득과 더불어 사회화 과정 속에서 의사소통의 능력을 얻으면서 실재적 의사소통공동체 속에 살고 있다. 그리고 이러한 실재적 의사소통공동체는 의사소통이 왜곡이나 강요 없이 가장 이상적으로 실현되는 공동체를 함축하고 있다. 이상적 의사소통의 공동체(ideale Kommunikationsgemeinschaft)는 현실적으로 실현되는 것은 아니나 항상 실재적 의사소통공동체가 지향해야 하는 "규제적 원리"[614](regulative Prinzipien)이다. 하버마스를 따라서 아펠은 이상적 의사소통

610) Ibid., I, 61.
611) Ibid., I, 59-60.
612) Ibid., I, 60.
613) Ibid., I, 60.
614) Ibid., I, 73.

공동체를 구성하는 그의 윤리적 기획을 “선험적 해석학”(transzendentale Hermeneutik)이라고 부르고 있다.[615] 하버마스와 아펠은 상호이해와 합의 개념을 해석학과 일치하는 담론의 윤리로 확장하고자 한다.[616]

아펠이 설정하는 “이상적 의사소통공동체”는 이데올로기 비판적 요소를 함축하고 있다. 왜냐하면 그것은 사회라는 실재적 의사소통공동체 안에서 잠복하고 있을 수 있는 왜곡된 요소들을 비판할 수 있는 기준과 척도를 지니고 있기 때문이다. 아펠은 여기에 논의의 선천적인 형식요소들이 놓여 있으며 이것은 모든 논의에 있어서 타당성을 갖는다는 사실을 증명하고자 한다. 여기서 아펠은 “이상적 의사소통공동체”를 인식주장의 가능성 및 타당성에 대한 선험해석학적 조건으로 확정하고 있다. 아펠은 이데올로기 비판에 의한 해석학의 방법적 매개자체를 “선험해석학의 요청”(Postulat einer transzendentalen Hermeneutik)으로 파악하고 있다.[617] 아펠은 이처럼 하이데거가 발견하고 가다머가 이해의 지평으로 주제화 한 이해의 선구조인 “항상 이미(immer schon)에 함축된 내적인 인식관심의 체계적인 전개로부터”[618] 칸트적인 선험철학에 호소하면서 철학의 최후정초를 시도하고자 한다.

5. 선험화용론: 논의 공동체의 선천성

아펠은 철학적 논의가 성립하기 위해서 필연적으로 전제되지 않으면 안되며, 더 이상 물러 설 수 없는 조건에 대하여 논구한다. 이것이 바로 “논의

---

615) K.O. Apel, “Szientismus oder transzendentale Hermeneutik? in: *Transformation der Philosophie*, Frankfurt: Suhrkamp, Band 2, 1973, 178-219.

616) K.-O. Apel, "Normative Begründung der 'Kritischen Theorie' durch Rekurs auf lebebsweltche Sittlichkeit? Ein transzendentalpragmatisch orientierter Versuch, mit Habermas gegen Habermas zu denken," in: *Zwischenbetrachtungen - Im Prozess der Aufklärung* (Frankfurt, 1989).

617) Apel, *Transformation der philosophie I*, 67-68.

618) Ibid., 68.

공동체의 선천성"(das Apriori der Argumentationsgemeinschaft)이다. 아펠은 선험화용론(Transzendentalpragmatik)을 전개한다. 그의 선험화용론은 인식관심의 선험성과 타당성의 가능조건에 대해 반성의 선험성을 요구하고 있다. 따라서 그의 철학은 선험철학의 인식-인간학적 정위로 특징지워진다.[619)]

아펠이 시도하고자 하는 것은 칸트적인 선험철학이 아니라 "인식 인간학"(Erkenntnisanthropologie)이다.[620)] 인식 인간학이란 개념은 칸트의 선험적 물음을 사회역사적인 의미로 확장한다. 칸트의 질문이 의식일반에 있어서 인식의 가능성의 조건에 대하여 묻고 있는 데 반해서, 사회역사적인 물음은 의식일반을 위하여 객관적으로 타당하고 통일적인 세계표상의 조건으로 주어질 뿐만 아니라 의미있는 물음으로서 학문적 물음을 가능하게 하는 모든 조건에 대한 물음이라는 넓은 의미이다. 아펠은 칸트의 선험적 질문 뿐만 아니라 이해의 가능성과 관련하여 하이데거가 제시한 이해의 선구조, 그리고 가다머가 제시한 이해의 지평도 인식론적 세계정위를 위해서는 불충분하다고 본다.[621)] 이처럼 아펠은 선험철학을 인식-인간학적으로 확장하기를 시도한다. 그것은 의미-구성(Sinn-Konstitution)과 의미-타당성(Sinn-Geltung)을 가능하게 하는 조건에 대한 선험적 물음이다.[622)] 이러한 인식-인간학적 확장이란 하이데거에 있어서 존재역사의 사건을 통해서 의미개통의 선에서 극단화되었던 훗설적인 의미규정이 "의미규정과 의미 타당성의 가능성의 조건에 대한 선험적 질문의 인식인간학적 근본정위"이다.

선험철학의 인식-인간학적 변형을 위한 해석학적 이해구조로서 아펠은 실재적 의사소통공동체, 그리고 이상적 의사소통공동체(ideale Kommunikationsgemeinschaft)와 그것의 선천성, 즉 선험성을 인정한다.

---

619) Ibid., 68f.
620) Ibid., 71.
621) Ibid., 72.
622) Ibid., 71.

의사소통의 공동체가 전제되어야만 비로소 상호이해(Verständigung)가 가능하기 때문이다. 우리는 공통적인 언어 속에서 상호이해한다. 그러므로 우리가 사용하는 언어를 통한 상호이해의 실재적 의사소통공동체가 있다. 이것은 특정한 상황 속에서 존재할 수 있는 의사소통공동체이다. 이것은 모든 의미 있는 논의에 상호주관적으로 전제하지 않으면 안되며 수행적 자체모순 없이는 반박될 수 없는 의사공동체이다.

이를 넘어서 실재적 의사소통공동체 안에서 이해의 명증성을 확보해주는 "이상적 의사소통공동체"가 있다. 이 공동체는 우리는 상호 이해해야 하는 의사소통의 당위성에서 요청된다. 그러므로 이상적인 의사소통의 공동체가 있어야 한다. 이것은 모든 시간규정과 지역적 한계를 초월하여 무한하게 확장해 나가는 의사소통공동체이다. 이것은 실재적 의사소통을 가능케 하기 때문에 선험적인 성격을 갖는다.

이상적(理想的) 의사공동체는 실재적 의사소통공동체의 구체적인 경험에 대해 규범을 제시하는 규제적인 원리(regulative Prinzipien)로서 기능한다. 이상적 의사소통 공동체의 예기(Antizipation)는 인식주장의 가능성과 타당성에 대한 선험해석학적 조건이다. 이처럼 아펠은 이해가능성 및 타당성의 조건에 대한 선험적 반성에 의하여 "논의공동체의 선천성"(das Apriori der Argumentationsgemeinschaft) 이라는 최후정초적 명제에 도달하게 된다. "논의 공동체는 더 이상 물을 수 없으나 재구성할 수 있는 일상언어(die nichthinterfragbare, wohl aber rekonstrierbare Umgangssprache)에 원리적으로 의존한다. 이 원리적 의존성 속에서 무제한적인 논의 공동체는 철학의 선험적 자기이해의 핵심과 전제를 설명한다."[623]

아펠에 있어서 상호이해의 선험해석학적 선구조는 논의 공동체의 선험성이다. 이것을 전제로 할 때 비로소 의미 있는 논의를 시작할 수 있게 된다: "윤리적 규범의 정초 가능성에 대한 진지한 물음은 이미 담론

623) Ibid., 76.

에 참여하였다는 사실을 전제하기 때문에 담론에 참여하지 아니함(das Sichnichteinlassen auf den Diskurs)이란 윤리적 규범의 타당성의 최후정초에 대하여 무관하다. 여기에 바로 담론선천성의 선험화용적으로 배후로 갈 수 없음(die transzendentalpragmatische Nichthintergehbarkeit des Diskursaprioris)이 존재한다."[624] 철학적 논의에 참여하는 자들은 자체모순 없이는 결단코 "논의의 선험성"을 반박할 수 없다. 논의공동체는 일상언어 속에서 철학의 선험해석학적인 자기이해의 핵심과 전제를 설명한다. 이러한 해석학적 선구조는 이해의 가능성만을 충족시키는 주체나 실존의 유아론적 구조가 아니라 사회적인 관계 속에서 타자와의 상호주관적인 이해에 도달하므로 이해의 타당성에 도달하는 상호주관적 이해구조이다.[625]

이러한 논의의 선험성으로부터 비로소 나에게만 타당한 명증성은 유아론적 진리에서 벗어나 상호인격적인 합의의 테두리 안에서 진리로 인정된다. 아펠은 이처럼 선험적인 논의 공동체의 설정을 통해서 하이데거가 제시한 해석학적 이해의 선구조와 가다머가 제시한 해석학적 지평융합의 무한설정에서 도외시되고 있는 이해가능성과 타당성조건에 대한 비판적 기준을 제시하고자 했다. 아펠은 이러한 실재적 의사소통공동체의 선험성을 전제로 하여 이상적 의사소통의 공동체에 도달하고 그리하여 "해석학적으로 변형된 선험철학"(hermeneutisch transformierte Transzendnetalphilosophie)을 정초하게 된다.[626]

---

624) K. O. Apel, *Auseinandersetzungren in Erprobung des transzendentalpragmatischen Ansatzes*, Frankfurt 1998, 13.
625) Apel, *Transformation der Philosophie I*, 59.
626) Ibid., 60.

6. 아펠의 선험적 해석학의 공헌과 한계

1) 공헌 : 선험화용학을 통한 칸트의 유아론 극복

아펠은 철학의 변형에 있어서 선험해석학이 철학의 변형의 종착점이 아니라고 본다. 선험해석학은 다만 선험화용론에로의 길을 위한 숙고 단계에 불과하다. 아펠은 해석학을 통하여 선험철학을 변형시키고 선험해석학은 선험화용론으로서 철학의 최후정초의 길을 연다. 아펠은 칸트 선험철학의 유아론적 경험구조를 퍼어스가 제시한 과학자 공동체의 상호주관적, 의사소통적인 인식-인간학적 구조로 대체하였다. 아펠에게서 이상적 의사소통공동체는 선험화용학의 최후정초하는 기준(letztbegründendeInstanz der Transzendentalpragmatik)이다.

아펠의 철학적 관심은 보편적 학문의 정초가 불가능하다고 보는 칼 포퍼(Karl Popper)와 한스 알버트(Hans Albert) 등의 가오류주의자(可誤謬主義者)들과 보편적인 과학과 규범 윤리학에 극도의 회의를 제기하는 푸코와 데리다 등의 후기 구조주의자들에 대하여 선험철학이 추구하는 학문의 최후정초가 가능하다고 보는 이성주의적 낙관론에 근거하고 있다. 그래서 아펠은 선험철학의 변형을 위한 철학적 반성을 보편적 학문의 정초가능성에 대한 물음에 집중한다. 아펠은 모든 것은 이해할 수 있다고 보는 해석학적 관념론을 거부한다. 해석학적 관념론은 이해의 타당성을 묻는 선험적 해석학과 그리고 이것이 의미비판적으로 적용되며 선험적인 정당성을 묻는 선험화용론으로 비로소 극복된다고 본다. 이러한 아펠의 시도는 보편성 확보의 위기에 더불어 한계에 직면한 선험철학을 구원해내고 해석학과 언어철학과 이데올로기비판을 수용함으로써 사회철학적 차원으로 나아가는 새로운 선험철학의 가능성을 보여 주었다고 보아야 할 것이다.

아펠에 있어서 타당성을 정초하고 타당성을 합법화하는 기준으로서 이상적 의사소통공동체는 "논의의 더 이상 물을 수 없는 근거규범"(nichthintergehbare Grundnorm der Argumentation)으로 증시된다. "해석의 상호주관적 통일성"(intersubjektive Einheit der Interpretation)으로 칸트적 이성의 사실을 변형을 통해서 아펠은 칸트적 이성 개념에 의하여 초래되는 방법적 유아론을 극복하고자 의도한다.

2) 한계 : 선험적 주관(이상적 의사소통공동체)을 경험적 주관(경험적 의사소통공동체)으로 변형

그러나 이러한 아펠의 선험해석학적 변형의 시도는 다음과 같은 한계에 봉착하고 있다.

첫째, 아펠의 선험적 해석학은 이상적 의사소통공동체를 진리의 최후정초의 기준으로 암암리에 전제하고 있다. 이상적 의사공동체의 예기는 선험적 관계를 의미한다. 모든 실재적 의사소통공동체에서 이상적 의사공동체는 이미 주어진 것으로 그리고 실현된 것으로 제시되어야 하기 때문이다. 이러한 이상적 의사소통공동체 개념은 단지 예기적 이성 속에서 미래적인 선취 양식에서만 주어짐으로써 진정한 타당성을 보장하는 최후정초의 원리의 역할을 할 수 있느냐는 질문이 제기된다. 예기적 이성은 이미 그 속에 시간적 계기를 내포함으로써 경험적이 되며 이러한 경험적 이성이 인식 타당성의 근거가 될 수는 없기 때문이다.

둘째, 아펠은 최후정초 개념에 있어서 의사소통공동체의 필연성의 증시에 있어서 타당성(Geltung)과 결과조건(Folgebedingung) 사이를 구분하지 못함으로써[627] 아펠의 논의과정은 단지 논리적 차원에서 상대화된다. 연역의 방법은 두 가지의 한계를 지닌다: 한편으로는 증명할 수 없는 근본명제로의 지시됨이며, 다른 한편으로는 사고 오류의 가능성이다.[628] 아펠은

627) Vittorio Hösle, "Die Transzendentalpragmatik als Fichteanismus der Intersubjektivität," in: *Zeitschrift für philsophische Forschung 2*, 1986, 235-251.

628) Vittorio Hösle, *Die Krisis der Gegenwart und die Verantwortung der Philosophie. Transzendentalpragmatik, Letztbegrünung, Ethik,* München 1990, 242.

"원리의 요청(petitio principii), 그리고 모순률(Selbstwiderspruch)의 기준으로써 최후정초에 관하여 말하지 않고 명증의 실존인 논의상황의 필연적 구성부분"에 관하여 말한다. 이러한 아펠의 논의는 최후정초된 명제가 있다는 주장으로부터의 결론에 불과하다.[629] 선험철학의 대가인 디터 헨리(Dieter Henrich)는 다음같이 말한다: "나의 의미있는 사용(der sinnvolle Gebrauch von Ich)이란 어느 사람이 자신에 관하여 생각하며, 그가 그의 동일성이 나의 사용 그 자체 속에서가 아니라 동일화(Identifikation)를 통해서만 확정될 수 있는 그러한 자라는 사실을 포함한다. 이 동일화는 나-사용(ich-Gebrauch) 자체에 이미 놓여 있는 관점보다는 다른 관점에서 나와야 한다. 그가 그러한 것을 생각하는 한에 있어서, 그는 동시에 그 자신에 대한 지식을 갖는다. 그 의미는 그가 의미있는 나-사용에 있어서 그러한 사용을 할 수 있다는 자로서 그 자신을 이해한다는 것이다."[630] 여기서 헨리는 자아가 유아론을 벗어나기 위해서는 다른 사람의 관점을 통한 자기 동일화를 통해서만 가능하다는 것을 말하고 있다.

셋째, 칸트의 유아론적 착상 "나는 생각한다"를 "선험적으로 우리가 생각한다"로 변형시키는 아펠의 시도는 칸트적인 선험적 주관을 경험적 주관으로 만들어 버린다. 아펠은 의사소통의 근본 원리에 대하여 최후정초하는 논의와 관련하여 합의와 논의의 가능성의 조건을 이성의 사실 속에서 찾아내지 않기 때문에 아펠의 정초모델은 의무화하는 일반성이나 이성적 필연성에도 도달하지 못한다.[631] 아펠의 정초 모델인 이상적 의사소통공동체란

629) Ferdinand Rohrhirsch, *Letztbegründung und Transzendentalpragmatik. Eine Kritik an der Kommunikationsgemeinschaft als normbegründender Instanz bei Karl-Otto Apel*, Bonn: Bouvier Verlag, 1993, 124.

630) Dieter Henrich, "Noch einmal in Zirkeln. Eine Kritik von Ernst Tugenthats semantischer Erklärung von Selbstbewusstsein," in: C. Bellut, U. Müller-Scholl, *Mensch und Moderne. Beiträge zur philosophischen Anthropologie und Gesellschaftskritik,* Würzburg 1989, 93-132, 특히 120.

631) F. Rohrhirsch, op. cit. 138-143.

오류와 갈등에서 벗어나지 못하는 실재적 의사소통공동체의 이상화에 불과하기 때문이다.

넷째, "예기를 통한 타당성"(Geltung durch Antizipation)이라는 경험적 조건의 이상화는 선험적 반성에 적합하다고 할 수 없다. 인식에의 의지는 이성의 자기규정이며 이성의 사실성의 수행에 속한다. 지식의 타당성에 대한 선험철학적 질문은 미래에 대한 화용적으로 정위된 예기를 통해서 대답되어 질 수 없다.[632] 타당성 요구의 진리에 대한 부분조건이란 이상적 의사소통의 공동체가 이러한 타당성 요구에 합의 할 수 있다는 것이다. 이것은 다시금 이상적 의사소통공동체에 대하여 그 편에서 의사소통의 선험적 조건이 타당하다는 것을 의미한다.

다섯째, 스스로 의무를 부과하는 유한한 이성의 가능성의 증명을 통해서 "타당성을 보장하고 타당성을 합법화 하는 최후정초기준"(Geltung sichernde und Geltung legitimierende Letztbegründungsinstanz)으로서의 이상적 의사소통공동체로의 소급은 평준화된다. 이 유한한 이성은 유아론적 종속없이 논의공동체 형성에의 능력을 내포한다는 가능성을 증명하려고 한다. 그러나 하이데거나 가다머 그리고 리꾀르가 피력하는 바 같이 인간 이성은 유한하기 때문에 오류에 내던져 있다.

맺음말

해석학적 질문이란 언어적인 표현의 일상적인 이해와 해석에 관한 질문

632) H. M. Baumgartner, "Geltung durch Antizipation? Eine kritische Anfrage zur Möglichkeit einer hermeneutisch orientierten und pragmatisch unterlegten Transformation der Kantischen Transzendentalphilosophie," in: W. Kuhlmann, D. Böhler (Hg), *Kommunikation und Reflexion. Zur Diskussion der Transzendtentalpragmatik. Antwort auf Karl-Otto Apel*, Frankfurt am Main 1982, 51.

이다. 아펠은 하버마스를 따르면서 해석학적 이해가 이데올로기적으로 왜곡될 수 있는 사실을 인정하면서 이를 피하기 위해서는 해석학적 이해도 인과적으로 설명되어야 한다고 주장한다. 아펠은 해석학은 이데올로기 비판과 과학주의와 나란히 학문이론의 구성부분이어야 한다고 본다. 해석학적 질문은 단순히 자연과학적인 인식방식에 대립되지 않는다. 오히려 양자는 상호보충된다. 이미 가다머와 하버마스에 있어서와 같이 일상언어적 상호이해는 모든 학문의 출발점을 이룬다. 아펠은 정신분석의 테두리 안에서 설명적 이해(erklärendes Verstehen)를 요청한다. 설명적 이해는 환자로 하여금 억압된 내용을 말하도록 하고 따라서 공적인 언어소통에 들어오도록 한다. 아펠은 하버마스의 착상을 따르면서 사회의 정신분석을 요구한다. 이것은 바로 이데올로기 비판이다. 이것은 허위 사회의식(falsches gesellschaftliches Bewusstsein)을 들추어내는 것이다. 아펠은 역사 속에서 이성 없는 계기들의 지양에 관하여 말한다.

해석학은 언어비판과 정신분석과 이데올로기 비판을 수용함으로써 보다 객관적으로 타당한 진리의 이해에 도달할 수 있다. 정신분석학과 이데올로기 비판이 사용하는 준(準)객관적인 설명의 방법은 해석학적 이해에 담겨 있는 왜곡적 요소를 해소할 수 있다. 그러므로 가다머의 해석학적 이해는 정신분석과 이데올로기 비판을 수용함으로써 유아론적 의미 왜곡에서 벗어나 간주관적인 사회의 실재적 의사소통공동체의 타당성으로 나아갈 수 있다. 이상적 의사소통공동체는 타당성을 정초하고 타당성을 합법화하는 기준으로서 논의의 더 이상 배후로 나아갈 수 없는 근본규범(nichthinter gehbare Grundnorm der Argumenation)이다.

그러나 이러한 아펠의 전제는 인간 이성의 사실에 대한 낙관주의를 전제하고 있다. 유한한 이성의 가능성의 증명을 통해서 "타당성을 보장하고 타당성을 합법화 하는 최후정초기준"(Geltung sichernde und Geltung legitimierende Letztbegründungsinstanz)으로서의 이상적 의사소통공동체로의 소급은 인간 이성의 유한성으로 말미암아 오류가능에 내던져 있다.

인간 이성은 그의 유한한 역사성을 통해서 제한적으로 그 자신에 대하여 책임지며 단지 구체적인 상황 속에서 구체적인 행동방식에 대한 규범만을 정초할 수 있을 뿐이다. 그러나 최후정초는 불가능하다.

참고문헌

Apel, Karl Otto, *Transformation der Philosophie Band I: Sprachanaytik, Semiothik, Hermeneutik, Band II: Das Apriori der Kommunikationsgemeinschaft,* Suhrkamp Verlag: Frankfurt am Main, 1973.

_____, "Szientistik, Hermeneutik, Ideologiekritik. Entwurf einer Wissenchaftslehre in erkenntninisanthropologischer Sicht," (1968) in: *Transformation der Philosophie II, Suhrkamp,* 1973.

_____, "Diltheys Unterscheidung von Erklären und Verstehen im Lichte der Problematik der modernen Wissenschaften", in: E. W. Orth (Hrsg.), *Dilthey und die Philosophie de Gegenwart,* Muenchen 1985.

_____, *Auseinandersetzungren in Erprobung des transzendentalpragmatischen Ansatzes,* Frankfurt 1998.

Baumgartner, H. M., "Geltung durch Antizipation Eine kritische Anfrage zur Möglichkeit einer hermeneutisch orientierten und pragmatisch unterlegten Transformation der Kantischen Transzendental-philosophie," in: W. Kuhlmann, D. Böhler (Hg), *Kommunikation und Reflexion. Zur Diskussion der Transzendtentalpragmatik. Antwort auf Karl-Otto Apel,* Frankfurt am Main 1982.

Bleicher, Josef, *Contemporary hermeneutics. Hermeneutics as method, philosophy and critique,* London, Boston and Henley: Routledge & Kegan Paul, 1980.

Hoy, David Couzens, *The Critical Circle. Litgerature, History, and Philosophical Hermeneutics,* University of California Press, Berkeley, Los Angeles and London, 1978, 111.

Grossner, Claus, *Verfall der Philosophie,* Hamburg 1971.

Henrich, Dieter, "Noch einmal in Zirkeln. Eine Kritik von Ernst Tugenthats semantischer Erklärung von Selbstbewusstsein," in: C. Bellut, U. Müller-Scholl, *Mensch und Moderne. Beiträge zur philosophischen Anthropologie und Gesellschaftskritik,* Würzburg 1989, 93-132.

Hösle, Vittorio, "Die Transzendentalpragmatik als Fichteanismus der

Intersubjektivität," in: *Zeitschrift für philsophische Forschung 2*, 1986, 235-251.

_______________, *Die Krisis der Gegenwart und die Verantwortung der Philosophie. Transzendentalpragmatik, Letztbegrünung, Ethik, München* 1990.

Ineichen, Hans, *Philosophische Hermeneutik*, Freiburg,/München, 1991.

Rohrhirsch, Ferdinand, *Letztbegründung und Transzendentalpragmatik. Eine Kritik an der Kommunikationsgemeinschaft als normbegründender Instanz bei Karl-Otto Apel*, Bonn: Bouvier Verlag, 1993.

Peirce, Charles S., *Schriften I*, Frankfurt 1967.

Wolf, Friedrich O., "Philosophie, Wissenschaftsorganization, Gesellschaftsform. Zum Problem der konkreteren Aufhebung der Philosophie als institutionalisierter Wissenschaft," in: J. Klüver und Fr. O. Wolf (Hrsg.), *Wissenschaftskritik und sozialistische Praxis*, Stuttgart-Bad Canstatt 1972.

김 준, "철학의 변형과 선험해석학적 이해", 『해석과 이해』, 한국해석학회, 지평문화사, 1996.

11장
임마누엘 레비나스의 타자 해석학

머리말

임마누엘 레비나스(Emmanuel Levinas, 1905-1995)는 현대 철학자 가운데 특히 인간의 구체적인 삶에 관심을 가지고 고통받는 낯선 자에 대한 책임과 연대를 강조한 사상가이다. 그러나 그는 인간을 절대화하지 않고, 인간을 유한한 피조물로서, 윤리적 존재로서 파악하고 이웃과 나그네에 대한 책임을 강조하였다. 이런 점에서 그는 오늘날 기술공학, 특히 생명공학이 인간을 물적 대상으로 다루고자 하는 시대에 절실히 요구되는 사상가이다.

레비나스는 그의 대표적인 저서들『존재에서 존재자로』(De l' existence á l' existant, 1947),『시간과 타자』(Le Temps et L' autre, 1947),『전체성과 무한』(Totalité et Infiniti, 1961),『존재와 다르게 또는 존재 사건 저편에』(Autrement qu'étre ou au-delá de l' essence, 1974)에서 타자를 철학적 사유의 주제로 다루고 있다. 타자에 대한 그의 새로운 사유는 하이데거의 존재론과는 다른 방식에서 출발한다. 타자는 서구철학의 전통을 지배한 자아론적 사유가 말하는 친숙한 표상이 아니다. 타자는 낯선 자로서 비인칭적 존재로서의 “있음”(il y a)으로 간주될 수 없다고 본다. 낯선 자는 익명적 존재가 아니다. 낯선 자는 힘센

자가 아니라 무력한 자로서 우리들이 인격적으로 보호하고 변호해야 할 윤리적 얼굴로서 우리에게 다가온다: "타자는 타자로서 높음과 비천함의 차원에 스스로 처해 있다. 영광스런 비천함, 타자는 가난한 자와 나그네, 과부와 고아의 얼굴을 하고 있다. 동시에 나의 자유를 정당화하라고 요구하는 주인의 얼굴을 하고 있다."[633)]

그래서 레비나스는 "제일철학으로서의 존재론"은 "제일철학으로서의 윤리학"으로 대치되어야 한다고 주장한다. 서구철학이 전통적으로 기반으로 하고 있는 "제일철학으로의 존재론은 권력의 철학이다(Ontologie als die Erste Philosophie ist eine Philosophie der Macht)."[634)] 힘의 철학인 종래의 사변적 형이상학에 대하여 레비나스는 자신의 착상인 "제일철학으로서의 윤리학"(Ethik als Erste Philosophie)을 제시한다.

레비나스에 있어서 "타자"(l' autre)는 윤리적인 개념으로서 서구철학이 말해온 존재에 대한 대안(Alternative zum Sein)으로 나타난다. 타자는 하이데거의 자아론적 존재 표상과는 달리 무제약적인 것의 요구로서 자아를 향하여 다가온다. 레비나스는 무제약적인 것으로 다가오는 타자에 접근함에 있어서 얼굴로서 그의 말 건냄에 대한 해석을 시도한다. 여기에 그의 타자 철학의 해석학적 단초가 있다. 본 장에서는 이러한 타자 사상의 해석학적 성격을 규명할 것이다.

1. 제일철학: 존재론 대신 윤리학

레비나스는 타자의 타자성(die Andersheit des Anderen)을 지향성의 대상으로는 주제화할 수 없는 무제약적인 것의 요구(Unbedingtheitsansprüche)

---

633) E. Levinas, *Totalité et Infiniti,Essai sur extériorité* (La Haye: Nijoff, 1961), 229.
634) E. Levinas, *Totalität und Unendlichkeit. Versuch über die Exteriorität,* München/Freiburg 1987, 55.

로서 파악한다. 이것은 전통적 서구철학이 말하는 배타성과 비인간성을 표방하는 전체주의적 사고에서가 아니라 관용과 인간다움을 허용하는 "무한의 이념"(l' idee de l' Infini) 안에서 주제화된다.

레비나스에 따르면 "타자의 얼굴"(das Antlitz des anderen Menschen)은 절대자가 인간에게 경험되어지는 처소이다. 레비나스에 의하면 타자는 "따라 잡을 수 없는 전적 타자"(uneinholbares ganz Anderes)로서 우리의 사고를 통한 객관성에 들어 올 수 없는 자이며, 우리 사유의 모든 틀을 깨뜨린다. 타인으로서의 타자는 어떤 경우에도 나에게 통합될 수 없음, 절대적인 다름(absolutment autre), 절대적인 타자성을 지닌다. 그러므로 레비나스는 무제약적인 것을 주관 안에 담으려는 형이상학에 대하여 비판적인 태도를 가진다. 서구철학의 전통은 존재론적으로 각인되어 있다. "제일철학"으로 파악되는 존재론은 타자를 자아 존재의 동일성이라는 형이상학적 접근을 통해서 파악하였다. 여기서 타자의 진정한 타자성은 자아론적 전체성 안에서 매몰된다. 타자의 타자성은 탈자아론적 반성을 통해서 음미되어야 한다.

레비나스는 독일에서 나치가 집권당이 된 직후의 격동기에 쓴 "히틀러주의 철학에 대한 몇 가지 고찰"(Quelques réflexions sur la philosophie de l'hitlérisme, 1934)이라는 글에서 히틀러주의의 원천을 바로 서양존재론의 전체주의적 성격에서 찾는다: "국가사회주의의 원천은 '근본 악'의 본질적 가능성에서 유래한다... 이 가능성은 존재(l' Être)의 존재론에 기입되어 있다."[635] 그는 세계 제2차대전은 본질적으로 타자를 동일자(나)로 환원하는 서구존재론의 구조에서 필연적으로 유래할 수 밖에 없었다고 본다. 초기의 주저 『존재에서 존재자로』의 중심적 문제는 불면이다. 불면은 무한자에게로 열려진 '비-정적(靜寂)' 이다. 그는 독일 포로생활 속에서 지낸 유대인을 추방하기 위해 만들어진 에스파니아 수용소 안에서 불면증에 시달렸다.

---

635) E. Levinas, *Quelques réflexions sur la philosophie de l'hitlérisme* (Paris: ?d. Payot & Rivages, 1997) 1934(초판), 23.

그는 이 불면증을 통해서 동일성의 질서를 강요하는 나치주의의 전체성을 거부하고 무한자를 향한 비-정적의 소리를 듣는다. 무한자의 소리는 타자의 소리를 들음으로써 비로소 청취된다.

레비나스는 서구철학의 자아론적 전통과 결별하고자 한다. 레비나스는 진리를 향한 플라톤적 사랑을 순수사유가 의미에 마주 설정되는 "근친상간적 혼란"(inzestuöse Verwirrung)[636]으로 간주한다. 레비나스는 엘레아적 존재개념을 극복하고자 한다.[637] 플라톤은 영혼에 들어오는 것은 결국 이미 영혼 속에 내포되어 있다고 가르친다: "나의 동일화 – 나의 영화로운 자율성은 동일한 것으로 타자 변형의 자연 용광로(Schmelztiegel)이다."[638] 이러한 철학은 자율성에 갇힌 유아론이다: "서양철학은 타자가 존재자로 나타날 때 타자성을 상실하게끔 타자를 드러낸다."[639] 철학의 이러한 자아론적 이해는 레비나스에 따르면 하이데거에 있어서도 지배적이다: "하이데거가 나의 영혼과 의식의 처소에 갖다놓는 현존재는 동일한 것의 구조를 보존한다."[640] 레비나스는 "통일성 안에 용해될 수 없는 다원론을 지향함으로써" 존재는 하나요 불변한 것으로 보는 파르메니데스(Parmenides)의 존재 일원론을 극복하고자 한다.[641] 이에 대한 대안이 타자 사상이다: "타자는 존재자를 화석화된 순간(versteinerter Augenblick)의 침울한 의미에서 구체적인 시간으로 구속하면서, 존재자와 그의 존재 사이의 갈등적인 변증법을 극복한다."[642]

---

636) E. Levinas, *Humanismus des anderen Menschen*, Hamburg 1989, 24.

637) E. Levinas, *Le Temps et L'autre*, 1947, 강영안역, 『시간과 타자』, 서울: 문예출판사, 1996, 115.

638) E. Levinas, *La philosophie et l'idée de l'infini*, 167.

639) E. Levinas, *En Découvrant l'existence avec Husserl et Heidegger* (Paris: J. Vrin, 1982), 188.

640) E. Levinas, *La philosophie et l'idée de l'infini*, 169.

641) E. Levinas, *Le Temps et L'autre*, 강영안역, 『시간과 타자』, 서울: 문예출판사, 1996, 33.

642) Wolfgang N. Krewani, "Der versteinerte Augenblick, Zur Einführung in E. Levinas, Vom Sein zum Seienden," in: E. Levinas, *Vom Sein zum Seienden*, Freiburg/München: Karl Alber, 1997, 138.

레비나스는 희랍철학의 전통과는 다른 전통, 유대교 전통을 진지하게 받아들인다. 이 유대교 전통은 희랍 전통과 다른 흔적을 남기고 있다: "유대교적 현명함과 희랍적 현명함의 정신 안에서의 분열, 철학자와 예언자 사이의 불화는 서구문명의 정신적 지성사에서 그것의 흔적을 남기고 있다."643) 유대교 전통이란 구약성경, 탈무드, 랍비문헌에 근거를 두는 신앙의 내용체계, 도덕의 지식체계, 카빌라의 신비와 신지학(Theosophie) 등이다.644)

그러면서도 레비나스는 파스칼과 틸리히가 시도한 "아브라함과 이삭과 야곱의 신"과 "철학자들의 신" 사이의 분리를 중지시킨다. 그는 종교적 신과 철학적 신 사이의 구분을 넘어서서 양자를 연결하고 통일하는 보편적 언어를 사용하고자 한다. 레비나스는 유대교적 통찰을 전하는데 있어서 보편적 언어에 충실하고자 한다. 이것은 반-철학이 아니라 철학에 생명력, 즉 영감을 불어넣는 것이었다. 이것이 바로 그의 철학이 갖는 윤리적 형이상학적 성격이다.

레비나스는 『타인의 인간주의』(Humanisme de l' autre homme, Humanismus des anderen Menschen, 1972)에서 다음같이 피력한다: "불합리(die Absurdität)는 무의미에 있지 않고, 무수한 의미들의 개별화에 있으며, 의미들을 가르치는 의미의 부재에 있다. 결여되는 것은 의미들의 의미(der Sinn der Sinne)이다. 말하자면, 모든 길이 통하는 로마, 모든 의미들이 노래하기 시작하는 심포니, 노래들의 노래이다. 불합리는 순수한 무차별(Indifferenz) 속의 다양성으로부터 온다. 최종적인 것으로 착안되는 문화적 의미들은 통일성의 파괴와 같다."645) 인간의 자유는 지양될 수 없도록 불합리한 상황 앞에 서 있다. 무수한 의미의 개별화는 불합리를 구성하나, 이

---

643) Catherine Chalier, The Philosophy of Emmanuel Levinas and the Hebraic Tradition," in: A. T. Peperzak, *Ethics as First Philosophy*, New York: Routledge, 1955, 4.
644) Bernhard H. F. Taureck, *Emmanuel Levinas zur Einführung* , Junius Verlag Gmbh, 1997, 13.
645) E. Levinas, *Humanismus des anderen Menschen*(1972), Hamburg 1989, 30.

개별 의미들을 통일하는 의미는 무제약적인 것이다. 무제약적인 것은 인간의 외견상 부조리적인 상황을 원리적으로 제거하는 자이다. 이 무제약적인 것에 대한 반성은 형이상학-비판적인 겸양(eine metaphysikkritische Zurückhaltung)을 드러낸다. 이러한 근거에서 레비나스는 "존재 사건 저편에 있는"(au-delà de l' essence, jenseits des Seins) 통일성이 문화적인 복수성에 앞서 놓여 있어야 한다고 추정한다.

레비나스는 "존재 사건 저편에" 통일성이 있을 수 있으나, 거기서 중요한 것은 "존재의 통일성"이 아니라[646], 타자와의 관계로서의 통일성이라고 본다. 인간은 나의 이웃(Nachbar)일 뿐 아니라 나의 대화 상대자(Gesprächpartner)이다. 그런 한에 있어서, 통일성이란 언어적으로 구성된 다른 인간에 대한 나의 관계이다. 대화 상대자와의 관계는 지식으로 환원될 수 없다. 이 관계는 말해진 것으로 넘어갈 수 없는 "말함"(ein Sagen)이라는 근원적인 언어 속에서 관계이기 때문이다. 여기서 레비나스는 하이데거가 말하는 존재의 통일성을 언어의 통일성로 전환시킨다. 하이데거의 비인격적인 존재론은 레비나스에 있어서 인격적인 존재론, 즉 윤리학으로 바뀐다. 레비나스는 형이상학을 존재론으로서가 아니라 윤리학으로 전개하고자 한다.

2. 타자 관계성의 전제로서의 감성 - 윤리적인 직접성

레비나스에 의하면 나는 타자를 나의 신체로부터 떼어 낼 수 없도록 타자와의 관계 속에 있다. 왜냐하면 타자는 나에게 무제약적으로 관계하기 때문이다. 나는 이 관계를 반성적으로 따라 잡을 수 없다. 타자와의 관계는

646) E. Levinas, *Jenseits des Seins oder anders als Sein geschieht*, Freiburg/München 1992, 212.

주제화 할 수 없으며, 표상할 수 없으며 거리를 둘 수 없다. 따라 잡을 수 없는 타자를 통한 무제약적으로 관계됨(das unbedingt Angegangensein durch ein uneinholbar Anderes)의 전제가 바로 감성(die Sinnlichkeit)이다. 감성의 만남 속에서 자아는 "반성의 시간을 통해서 타자로부터 분리되지 않고 감성의 직접성, 배후로 갈 수 없는 직접성 속에서" 타자와 더불어 있다. 자아가 타자와 더불어 있음이 "근접성"(proximité, Nähe)이다. "근접성"의 이러한 직접성 없이는 나와 타자 사이에 틈이 있다. 이 틈은 타자로 가는 자아에 대한 극단한 의미, 즉 지향성을 전복시키는 의미에서 초월함을 방해한다.

레비나스에 의하면 "감성은 윤리적 직접성이며 지향성의 전환이다"(das Sinnliche ist ethische Unmittelbarkeit und Umkehrung der Intentionalität). "지향적인 것이 윤리적인 것으로 변화가 일어나고 중단되지 않는 곳, 근접성이 의식에 와닿는 곳, 그것이 일어나는 곳, 바로 거기에 피부와 인간적인 얼굴이 있다. 접촉은 애무(Zärtlichkeit)요 책임(Verantwortung)이다."[647] 감성은 타자의 매개하는 기준이 아니다. 감성은 먼저 생각할 수 없는 타자에 머뭄(unvordenkliches Beim-Anderen-sein)이다. 감성은 이런 의미에서 윤리이다.

타인의 얼굴은 정의를 호소한다: "먼저 얼굴의 정직함이 있다. 숨김없이 얼굴을 드러낸다. 얼굴의 살갗은 발가벗었고, 헐벗은 채로 있다. 깔끔하긴 하지만 여하튼 발가벗었다. 그리고 헐벗었다. 얼굴에는 가난이 깔려 있다. 흔히 어떤 자세를 취하고 무슨 내용을 담아 그 가난을 없애려고 노력하는 것으로 보아도, 그 점을 알 수 있다. 얼굴은 위협 앞에 노출되어 있다. 마치 폭력을 저지르도록 우리를 끌어들이는 듯하다. 동시에 얼굴은 우리의 살인을 금지한다."[648] 따라서 타인의 얼굴은 '정의롭게 해야 한다' 는 윤리적 함축성을 갖는다. 타인의 얼굴은 상처받을 수 있기 때문에 어느 누구도 타인

647) Ibid., 275.
648) E. Levinas, 『윤리와 무한』, 양명수역(서울:다산글방, 2000), 110.

의 얼굴을 거부할 수 없다.[649] 여기 타자의 얼굴에서 발가벗음, 정직성과 비폭력성이 나타난다. 타자에 대한 나의 의무를 깨닫는 것이 타인의 얼굴에 대한 대답이다. 결국 얼굴과의 관계는 책임의 관계이다. "나는 댓가를 기다리지 않고 상대방에게 책임을 진다. 그는 내 목숨까지도 요구한다. 댓가는 '그의' 문제이다. 다만 사람과 나의 관계가 상호관계가 아니기 때문에 나는 다른 사람의 종(sujetion)이다. 원래 그런 뜻으로 나는 '주체'(sujey)다. 모든게 내 책임이다."[650] "다른 사람을 떠받치고 그를 책임지는 것은 나다. 거기서 주체가 생기고 그런 주체 안에서, 다시 말해, 완전히 종이 되는 가운데 나는 제 일인칭으로 탄생한다. 내 책임은 끝없고 아무도 나를 대체할 수 없다."[651] 타자의 무력성과 상처받을 수 있는 가능성 때문에 나는 죽음의 한계를 넘어서서 그를 섬겨야 한다는 요청을 받는다.[652] 이것이 레비나스가 이 연관에서 윤리에 관하여 말하는 이유이다.[653] 감성은 여기로부터 대리(substitution, Stellvertretung)의 가능성의 조건으로서 보여진다. 나의 몸은 따라서 자유의 명료한 실현의 가능성의 조건이 된다. 자유가 어떻게 무제약적인 것의 실현이 될 수 있느냐는 질문은 이미 여기서 시작해야 한다.

3. 무제약적인 것에 관해 말함

타자에 대한 자아의 관계와 관련하여 다음 질문이 제기된다. 왜 자아는

---

649) Ibid., 111.
650) Ibid., 127.
651) Ibid., 131.
652) 최태연, 오승훈, "레비나스의 타자개념과 사전의사 결정", 「기독교철학연구」제4호, 2005.12. 31, 234.
653) Georg Schwind, "Vom Unbedingten reden," in: Joachim Valentin/ Saskia Wendel (Hg.), *Unbedingtes Verstehen? Fundamentaltheologie zwischen Erstphilosophie und Hermeneutik*, Regensburg: Verlag Friedrich Pustet, 2001, 79.

타자에 대하여 무조건적으로 순응해야 하는 요구를 느끼는가? 어떻게 인간은 무제약자의 부름에 정위되고 부름에 대하여 의무감을 인식하는가? 이에 대해 레비나스는 다음같이 대답한다: 인간이란 그가 스스로 규제할 수 없는 무제약적인 것에 의하여 각인되고 있다. 이러한 각인은 레비나스의 사고에서 "무한자 이념"(l' idee de l' Infini)으로서 큰 역할을 한다. "무한자 이념"이란 레비나스에 의하면 서구철학의 전통적인 의미에 있어서 이념이 아니다. 왜냐하면 무한자 이념은 훗설이 말하는 지향성(intentionalité, Intentionalität) 속에서는 표현되지 않기 때문이다. 무한자 이념은 무제약적인 것을 지향성이 표상하는 이념으로 해소하지 않는다: "자아는 무한자를 생각하면서, 자아는 본래부터 그것이 생각하는 것 보다 더 많이 생각한다"[654](Indem das Ich das Unendliche denkt, denkt es von vornherein mehr als es denkt).

이성은 무한을 규제할 수 없으나 무한에 가까이 접근한다. 무한성의 이념에 근거하여 이성은 스스로를 무한에 의하여 각인된 것으로 경험한다. 이성은 파악-하는 것(Be-greifen)이 아니라 "날개달린 사유"(beflügeltes Denken)다.[655] 레비나스는 관념론적 사유를 넘어선다. 무한자의 이념에 있어서 이성은 무한을 내용으로 포함하지도, 파악하지도 않는다. 무한자 이념은 이성에의 각인(der Prägung der Vernunft durch ein Unendliches)을 선행적으로 한다. 왜냐하면, "이성은 물러서지 않고, 수용하도록 있기 때문이다"(die Vernuft findet sich fähig zu empfangen, ohne darum abzudanken).[656]

레비나스의 착상은 신 증명을 하나님의 조명(照明)을 위한 간구 기도로써 시도한 영국의 켄트베리의 주교 "안셀름의 프로그램의 재공식화"(eine

---

654) E. Levinas, *Die Spur des Anderen.* übers. von W. N. Krewani (München: Verlag Karl Alber, 1983), 197.
655) E. Levinas, *Totalität und Unendlichkeit*, 61.
656) Ibid., 64.

Reformulierung von Anselm von Canterbury)로서 보여진다.[657] 그러나 무제약자에 관하여 말하는 모든 것은 이것들을 전달하는 경험 배후로 퇴각한다. 레비나스의 시도는 무제약적인 것에 대한 현상학[658](die Phänomenologie des Unbedingten)이다. 그는 자기 스승 훗설의 철학적 기획의 지평 속에서 절대적 타자성을 사유하는 어려움을 본다. 이러한 근거에서 레비나스는 무제약적인 것의 현상학은 해석학으로 시행된다.

존재는 스스로의 힘으로 주체성의 굴레로부터 벗어날 수 없다. 이제 존재자는 타자로부터 구속을 기다려야 한다.[659] 레비나스는 타자에 대한 관계를 주제화 될 수 없는 "근접성"(proximité, Nähe)이라고 말한다. "근접성"의 개념에 관하여 레비나스는 주관에 대한 객관의 의미일 수 없는 무제약적인 것의 의미라고 표현한다. "근접성"이란 오성의 종합을 통해서 매개될 수 없는 직접적인 접촉을 나타낸다. 그것은 "시작 이전(以前)의 의미"(anarchische Bedeutung)이다.[660]

레비나스의 철학적 공헌이란 철학의 제일철학적, 즉 형이상학적 정초를 시도하였다는 것이다. 다시 말하면, 존재론으로서가 아니라 윤리학으로서 철학을 형이상학으로 정초하고자 한 것이다. 그는 이미 『전체성과 무한』에서 형이상학적 사유를 윤리학적 사유와 동일시하고 윤리학을 일컬어 제일철학이라고 부른다.[661] 이 정초는 방향제시 없이 해석에서 해석으로 나아

---

657) Georg Schwind, "Vom Unbedingten reden," in: Joachim Valentin/ Saskia Wendel (Hg.), *Unbedingtes Verstehen? Fundamentaltheologie zwischen Erstphilosophie und Hermeneutik*, Regensburg: Verlag Friedrich Pustet, 2001, 80.

658) L. Wenzler, *"Zeichen und Antlitz,"* in: F. J. Klehr (Hg), *Den Anderen Denken*, 126 벤츨러는 이 연관에서 "경청의 현상학"(Phänomenologie des Hörens)으로 역설적으로 나타나질 수 있는 "제2의 봄의 현상학"(Phänomenologiee des zweiten Blicks)에 관하여 언급한다.

659) Wolfgang N. Krewani, "Der versteinerte Augenblick. Zur Einführung in E. Lévinas. Vom Sein zum Seienden," in: E. Lévinas, *Vom Sein zum Seienden*, Freiburg/München: Karl Alber, 1997, 134.

660) Wolfgang N. Krewani, "Der versteinerte Augenblick. 183.

661) E. Levinas, *Totalité et Infiniti, Essai sur extériorité* (La Haye: Nijoff, 1961), 281.

가는 상대주의를 피할 수 있는 것에 대한 근본전제이다.[662] 레비나스는 역사의 상대성에서 벗어난 진리에 대한 추구에 있어서 오로지 비역사적인 진리를 추구한 서구의 형이상학의 큰 흐름, 동일성의 철학적 전통에 대한 반기를 들었다.[663]

4. 타자 이해와 해석학: 철학적 사유의 코페르니쿠스적 전환

레비나스는 타자에 관하여 말한다. 레비나스는 현상학적 방법을 수행하면서 타자를 현상으로 기술하고자 한다. 그러나 타자는 현상학적 노에마의 기술로서 끝나지 않는다. 타자는 현상학적 노에마와는 다른 방식으로 존재하기 때문이다. 타자는 존재지평의 피안(Jenseits des Seinshorizontes)에 존재론적 진술을 넘어서 있다. 이 타자는 선험적 현상학이 수행하는 언어와 사유의 차원을 뛰어 넘어가는 초극의 현상으로 드러난다: "이러한 상황은 주체가 그 사건을 받아들이지도 않고 그것에 대해서 아무 것도 할 수 없는 상황이지만 그러면서도 어떤 방식으로든 그것과 얼굴을 마주하고 있는 상황이다."[664] 이러한 초극의 현상은 술어적 진술(Apophansis)인 언어적 특성을 넘어서고 있다. 이러한 타자는 존재의 본질을 현상학적으로 기술하는 자아론적 사고의 현상학적 기술의 구조를 깨뜨린다.

타자의 언어와 얼굴은 그것이 드러내는 전적 낯설음으로 인하여 친숙한 자아론적 선험적 사유의 노에시스-노에마(noesis-noema) 구조를 무용지물로 만든다. 타자는 "전적 타자"이다. 타자와의 만남은 얼굴(visage, Gesicht)로서의 만남이다. 만남에서는 언어(langage, Sprache)가 일어난다. 언어 속

662) Georg Schwind, "Vom Unbedingten reden," 72.
663) 강영안, 『타인의 얼굴』, 문학과 지성사, 2005.
664) E. Levinas, *Le Temps et L'autre,* 1947, 강영안역, 『시간과 타자』, 문예출판사, 1996, 91.

에서는 가르침(Belehrung)과 진리(vérité, Wahrheit)가 일어난다.[665] 첫째, 타자의 타자성, 둘째, 얼굴로서의 만남, 셋째, 언어, 넷째, 가르침으로서의 진리이다. 타자의 이러한 네 가지의 구조는 주체의 지향성이 의식작용 속에서 세상을 향하여 열려져 있다는 사실을 배제한다. 주체의 지향성은 자신의 단자(單子)적으로 폐쇄된 유아론적 세계 속에 있다. 레비나스는 의식작용 속에서 존재하는 모든 것이 이미 주어진 것이라는 훗설적 관념론을 부인한다. 지향성은 모든 지식의 최종근거가 아니라 지식을 단지 과제로 받아들일 뿐이다. 이것이 바로 타자의 타자성이요 초월성이다. 이러한 타자의 성격은 훗설적인 자아론적 사유방식으로 사상(事象)의 선험적 가능성의 근거를 드러내고자 하는 현상학적 방법과는 다른 방식으로 있다: "지금까지 우리는 일종의 변증법적 상황을 서술하였다. 어쨌든 이 방법이 끝까지 현상학적이 아니라는 사실을 사람들은 알고 있다."[666] 그러므로 레비나스는 타자에 대한 사유에 있어서 전혀 새로운 사유의 출발점, 즉 언어적 전환(linguistic turn)을 모색한다. 여기에 그의 해석학적 반성의 착상이 있다.

레비나스는 타자 이해의 새로운 출발에 있어서 언어에 대한 새로운 정립을 시도한다. 레비나스에 의하면 새로운 언어는 모든 언어체계나 구술적 행위 이전의 것으로서 타자에 대한 "근접성"(proximité, Nähe)을 의미한다.[667] 레비나스가 말하는 새로운 언어란 "근원적" 내지 "선근원적인 말함"(le Dire original ou pré-original, ursprüngliches oder vor-ursprüngliches Sagen)으로서 일반 언어 현상에서 일어나는 주제화 내지 술어적 진술로서는 포괄될 수 없는 것이다. 새로운 언어는 그것이 지시하는 대상에 대한 책임의 관계를 야기하고 대상을 말하게 하는 것이다.

---

665) Bernhard H. F. Taureck, *Emmanuel Lévinas Zur Einführung*, Hamburg, 1997, 46.

666) E. Levinas, *Le Temps et L'autre*, 1947, 강영안역, 『시간과 타자』, 문예출판사, 1996, 90-91.

667) E. Levinas, *Otherwise than Being or Beyond Essence*, trans. by Alphoso Lingis (The Hague : Martinus Nijhoff Publishers, 1981), 5.

이 말함은 언어적 이율배반의 자기 초월로서 말하여질 수 없음에 대한 구체적인 표현을 한다. 타자는 일반적 언어 차원을 넘어서 있다. 그러나 타자는 유한한 언어를 통해서만 우리들에게 그 모습을 드러낼 수 있기 때문이다. 여기서 레비나스는 자아와 타자, 말함과 말해진 것 사이의 역설적 관계를 말한다. 언어를 통해서 말해질 수 없는 것이 언어화되고, 그 언어화된 것은 "근접성"(proximité, Nähe)의 양식으로 타자에 관하여 말해준다.[668] 이러한 언어적 상황에 대한 이해는 언어에 대한 현상학적 이해의 차원을 넘어서는 것이다. 그리고 존재에 관하여 말해진 것 가운데 다시 그 본질을 파악하려는 자아론적 언어이해를 넘어선다. 그리고 언어를 통해서 말해지기 원하는 모든 지향성의 사유의 틀을 넘어선다.[669] 이러한 이해방식은 존재를 주관성의 관점에서 이해하고자 하는 것이 아니라 자아를 타자에 대하여 맡기고 타자의 관점에서 자아를 이해하는 관점이다. 이것이 바로 레비나스에 있어서 해석학적 사고이다.

여기서 레비나스의 해석학은 전통적 존재론적 사유의 수정, 즉 자아론적 사유에서 타자론적 사유로의 전환을 수행한다. 이것은 철학적 사유의 코페르니쿠스적 전환(Kopernikanische Wendung)이라고 말할 수 있다. 하이데거의 존재이해에 의하면 진리란 존재가 자기 자신에게 자신을 전개시키는 자기 계시 현상의 이해이다.[670] 이러한 하이데거의 존재이해에 있어서 인식이란 인간의 주체성 안에 일어난 주관적 현상에 대한 직관이다. 그리고 이것은 사유하는 작용(noesis)이 사유물(noema)에 대하여 인격적으로 도덕적으로 참여하지 않는 무관심의 결실이다.[671] 훗설에게도 마찬가지다. 훗설보다 하이데거는 실천에 관심을 가졌으나 존재에 대한 그의 이해는 인격

668) Ibid., 45ff.
669) Ibid., 47.
670) Ibid., 61.
671) E. Levinas, "Hermeneutik und Jenseits", in: *Wenn Gott in Denken einfällt, Diskurse über die Betroffenheit von Transzendenz,* übers. von Thomas Wiemer, Freiburg, 138.

적인 관계를 배제하고 있다.

『존재에서 존재자로』에서 레비나스는 익명적이고 무의미적인 존재에서 의미있는 삶으로의 이행, 즉 독립적인 자아를 지닌 존재의 출현을 현상학적으로 기술한다. 레비나스는 존재와 존재자 사이의 본래적 관계란 하이데거처럼 존재자의 존재 안에서 존재의 가능성과 현실성을 찾는 것이 아니라고 본다. 레비나스는 반대로 존재라는 포괄적인 지평에서 한 존재자가 스스로 독립적으로 존재함으로써 그 존재를 다스리게 되는 "홀로서기"(hypostase) 내지 실체화의 과정에서만 개별 존재자는 올바르게 이해된다고 주장한다.[672] 그리하여 레비나스는 하이데거처럼 존재자를 존재라는 이념 안에서 파악하고자 헤겔적 관념론적 전통과 단절하고 있다. 레비나스는 한 존재자가 스스로 독립적으로 자기의 생존과 양식(糧食)을 걱정하고 잠 못 이루는 밤을 통하여 자기를 홀로 세우는 구체적인 이해를 수행하고 있다. 타자란 보편적인 이념으로서가 아니라 낯설은 인격(fremde Person)으로서 얼굴(antlitz)로서 구체적인 존재자인 나에게 다가온다. 이러한 타자의 현현은 현상학 사고의 지평을 깨뜨리기 때문에 타자의 반성이전 근원적인 말함에 대한 해석학적 사고로서 접근할 수 있다.

레비나스의 새로운 사고는 해석학의 지평을 주관성과 존재성 사이의 경계선 너머로 넓히는 데 공헌을 하였다.[673] 그의 해석학적 사고는 인식의 한계와 그 한계를 넘어서는 타자에 대한 이해를 전통적인 존재론이나 현상학적 사고의 차원을 넘어서서 타자적 언어로 추구하는데서 나오기 때문이다. 이러한 그의 해석학적 사유는 훗설이 수행한 바 지향적 의식에 의해 해명되고 드러나는 현상학적 자기로부터 나옴(Aus-sich-heraus)과는 다르게 수행된다. 그의 해석학적 사유는 이러한 현상학적 지향성에 대한 초월적 사유이

672) E. Levinas, 『존재에서 존재자로』, 서동욱역, 서울: 민음사, 2001.

673) E. Levinas, "Hermeneutik und Jenseits," in: *Wenn Gott in Denken einfällt, Diskurse über die Betroffenheit von Transzendenz,* übers. von Thomas Wiemer, Freiburg, 132 이하.

다. 이것은 현상학적 지향성의 에포케(epoché)나 자기초월과는 다르다.[674] 이러한 초월은 메타논리의 무한의 추론이나 자기자신으로부터의 초월과는 질적으로 다른 타자적 피안(彼岸)으로의 초월을 말한다. 레비나스는 현상학적 기술이 아닌 변증법적 서술을 하고 있다: "나는 현상학적 방식을 따르지 않았다. 나의 논의는 오히려 변증법의 방식으로 전개되었다. 홀로서기의 동일성, 자아의 자기 자신에의 매임(l' enchainment du moi au soi)에서 시작하여 이러한 동일성의 보존으로, 존재자의 보존으로, 그럼에도 자기로부터 해방되는 자아로 우리의 논의가 전개되었다. 우리가 분석한 구체적 상황들은 이러한 변증법의 실현을 보여준다."[675]

레비나스가 말하는 타자란 비록 지향적으로 파악할 수 없음에도 불구하고 우리의 현상학적 생활세계 이해에 있어서 우리가 이미 함축적으로 경험하고 있는 사실이다. 우리는 생활세계에서 이미 세계와 나 그리고 이웃과 타자가 함께 존재한다는 사실을 명증적으로 체험한다. 개별존재자로서 우리는 이미 우리와 다른 무엇과 함께 존재하고 있으며 동시에 모든 일에 있어서 함께 관련되어 있다. 레비나스는 우리의 사유는 근원적으로 나 자신의 이해를 넘어서 타자와 연관되어 있다는 사실을 밝힌 것이다.

레비나스는 해석학적 보편적 지평이란 구체화된 존재자적 사건들의 연관에서 획득되는 것임을 밝히고 있다.[676] 레비나스는 하이데거 철학과는 달리 존재자의 개체 속에서 참된 세계이해와 참된 만남의 과정을 성찰하고 있다.[677] 레비나스는 하이데거의 『존재와 시간』 제9절에서 제시된 "각자성"(Jemeinigkeit) 개념을 강조한다. 그 이유는 레비나스가 하이데거가 이해한 존재자와 존재의 관계를 역전시켜 이해하고자 한 때문이다. 현존재 이해는

674) Ibid., 132.
675) E. Levinas, *Le Temps et L' autre,* 강영안역, 『시간과 타자』, 서울: 문예출판사, 1996, 115.
676) Ibid., 38이하.
677) Ibid., 64이하, E. Levinas, *Totalität und Unendlichkeit*. 특히 제II장.

존재이해에서 연역되는 것이 아니라 오히려 존재가 각 현존재(존재자, l'existant)에게 의존하고 있음을 말하고자 한다. 그리하여 레비나스는 해석학적 단초를 존재에서가 아니라 개별적 존재자인 현존재에서 찾고자 한 것이다.

5. 근접성(proximité, Nähe)의 해석학

레비나스의 해석학은 "근접성"(proximité, Nähe) 개념을 매개로 타자와 자아의 새로운 윤리적 관계를 드러낸다. 레비나스는 "근접성"을 다음같이 피력한다: "근접성은 자기 스스로를 통한 의미이다. 주관은 지향성과 봄의 개시성으로 들어갔다. 주관이 객관으로 나아감은 근접성으로 전환되며, 지향성은 윤리가 되었다."[678] 레비나스에 의하면 "일자와 타자는 오성의 종합을 통해서도 결합되지 않으며, 주관에 대한 객관의 관계를 통해서도 결합되지 않는 용어들의 관계"(eine Beziehung zwischen Termini)에 있다. 레비나스는 "일자가 타자에 대하여 비중을 갖고 그에게 중요하며 의미를 갖는 관계"를 "윤리적"이라고 부른다.[679]

"근접성" 개념은 레비나스의 후기 사상에 있어서 가장 독창적인 것이라고 할 수 있다. 이 개념은 초기에는 존재가 자기를 형성하는 원리로서 그의 사유의 한 단초로 감추어져 있었는데 후기에 들어와 더 원숙한 언어로 나타났다.[680] 레비나스는 "근접성"을 이해하기 위하여 "욕구"(besoin, Bedürfnis)와 "욕망"(désir, Begehren)을 구분하여 말한다.[681]

---

678) E. Levinas, *Die Spur des Anderen. Untersuchungen zur Phänomenologie und Sozialphilosophie,* Freiburg/München 1983, 274.

679) E. Levinas, *Die Spur des Anderen*. 274, 각주 3.

680) Adriaan T. Peperzak, "Transcendence," in: *Ethic as First Philosophy,* 188.

681) E. Levinas, Totality and Infinity, 33이하.
E. Levinas, "Die Philosophie und die Idee des Unendlichen," in: *Die Spur des Anderen,* 200이하.

"욕구"란 개별적 존재자인 인간의 근본 존재구조이다. 존재자인 인간은 이 세계에서 존재의 연속성을 위하여 자신의 욕구에 의하여 전체성이란 세계의 존재론적 구조를 인정한다. 존재론적 구조란 자신의 욕구를 타인에게서 찾는 것이다. 개별 존재자로서 자신은 타자들과 공동의 존재 연속성을 이룬다. 그리하여 타자와 연결된다. 이 존재론적 구조에서 개별적 존재자인 자아는 항상 무엇을 필요로 하며, 이것을 채우기 위하여 목적을 따라 이성적 선택을 한다. 이러한 개별적 존재자의 활동은 근본적으로 경제적 활동을 기반으로 하고 있으며, 세계라는 전체성 이념 아래 사회생활을 한다.

"욕망"이란 개별적 존재자가 타자에 대하여 갖는 사회적 태도이다. 개별 존재자인 자아는 타자가 보여주는 세계를 알기 위하여 나아간다. 여기서 수행되는 자아와 타자와의 관계는 "근접성"(proximité, Nähe) 개념으로 나타난다. 레비나스의 후기에 들어와 "근접성" 개념은 완숙을 이룬다. 이 개념은 자아가 필요에 의하여 타자를 규정하는 것이 아니다. 자아가 타자를 자신 안으로 받아들이지 않는다. 이것은 훗설이나 하이데거식의 자아론적 타자이해이기 때문이다. 오히려 이해구조는 타자 중심적으로 바뀐다. 자아는 타자에 대하여 진실할수록 그만큼 목말라하고, 대상과의 거리를 유지한다. 그리고 타자에게 자신을 내주는(expose) 형태의 삶을 산다. 갈증은 타자와의 관계 속에서 무한을 감지하며, 자신의 것으로 만들 수 없지만 관계에 충실함으로써 자기를 성취해나간다.[682] 타자와의 충실한 관계를 통해서 자아는 무한 이념 앞에 선다. 레비나스는 무한 이념이 요청하는 가능성을 타자를 향한 "근접성"의 사유(Denken der Proximität)라고 규정한다. 무한 이념을 표현할 수 있는 존재적 구조반성은 바로 "근접성" 이념으로 표현된다.

"근접성"이란 개별 존재자인 인간이 자신을 이해하기 이전에 스스로 그러하게 존재하는 방식이다. 이 "근접성"은 개별자인 자아가 근원적인 존재

---

682) E. Levinas, *Gott, der Tod und die Zeit*, 184 이하.

관계를 통해서 선이해적으로 타자와의 맺고 있는 관계를 말한다. 이 "근접성"은 그 어떤 것 보다 직접적이며, 근원적이며, 시간적으로 앞서 있는 실재이다. 그래서 이것은 일반화하는 존재론적 진술로서는 주제화 할 수 없다. "근접성"이란 자아가 타자와 만나고 있다는 기본적 상황에 대한 이해의 전제이다.[683] 여기에는 상호간의 접근이 가능한 공간적 여유와 인간성이 전제된다. 접근 가능한 것을 사유하는 인간이 이 "근접성"을 수행하기 때문이다.[684] "근접성"을 수행하는 정신은 단순히 이해나 의식이나 주체성을 넘어서서 타자에게로 향하는 근원적인 관계성이다. 이것은 타자에 대한 책임적 관계이며, 그 책임에 대한 반응이다.[685]

이 "근접성"은 자아와 타자가 서로 책임적 관계에 있다는 상황적 개념이다.[686] 이 "근접성"은 자아와 타자 사이에 균형적 관계를 말하지 않는다. 이 "근접성"은 지향적으로 규정된 관계가 파기되는 것을 말한다. 이것은 타자에 의하여 야기된 사로잡힘(obsession)의 현상이 일으키는 균형의 파괴이다. "근접성"의 구조는 사로잡힘의 구조이다. 이 구조는 지향성, 즉 "현상성의 몰락"(collapse of phenomenality)이다.[687] "근접성"은 자아에 의하여 기억될 수 있고 기억할 수 있는 모든 시간구조의 교란이다.[688] 자아와 타자가 만나는 상호적인 "근접성"에서 드러나는 것은 현상학적 직관적 지향성이 아니다. 이 "근접성"은 얼굴로 나타나는 타자의 무-시간적 직접성이다.[689] 상호적인 "근접성"은 근원적 직접성이다. 여기서는 원초적 자아가 드러난다. 이 자아는 자아론적 자아가 아니라 타자로부터 점유된 자아

683) E. Levinas, *Otherwise than Being or Beyond Essence*, 86.
684) Ibid., 81.
685) E. Levinas, *Otherwise than Being or Beyond Essence*, 83.
686) Bernhard Wandelfels, "Response and Responsibility in Levinas," in: *Ethics as First Philosophy*, ed. by Adriaan T. Peperzak (New York: Routlege, 1995), 53이하.
687) E. Levinas, *Otherwise than Being or Beyond Essence*, 88.
688) Ibid.,, 89.
689) Ibid., 91.

이며, 타자와 근원적인 관계 속에 있는 자아다. 이 자아가 "근접성" 속에서 드러나는 자아의 본래적인 모습이다. 이러한 자아는 타자에 대하여 진정한 책임적 관계 속에 있는 자아이다.

이러한 "근접성"의 주체성은 타자에 대하여 근원적인 관계 속에 주어져 있으며, 타자를 향하여 무한한 윤리적 책임과 의무 속에 있는 자아이다. 이러한 자아는 존재자의 근거를 묻는 하이데거의 존재론적 자아를 떠나있다. "근접성"의 주체성은 공시화 할 수 없는 통시성(non-synchonizable diachrony)을 갖는다. 이 주체성은 무한의 흔적(trace of infinity)을 타자로 나아가는 출발점을 지칭하기 위한 표상으로 변형시킨다.[690]

무한자 이념은 "근접성"의 사유 안에서 "흔적"(trace, Spur)으로 인식된다. 무한자 이념은 흔적 자체를 보여줄 뿐이며 타자의 드러남을 암시할 뿐이다. 따라서 "근접성"의 사유는 숨어 계시는 신의 대리가 될 수 없다. "근접성"의 의식은 비규범적인 것, 측량할 수 없는 것(Un-mass)으로의 초월을 지향한다.[691] "근접성"의 의식은 무엇을 표상하는 것이 아니라 타자를 현재화 속에서 존재론화 시키는 동시화를 벗어나는 사고의 연습이다. 이 "근접성"에서 결여된 것으로 사유되는 것은 타자의 얼굴을 통해서 명령하는 무한(infini)이다. "근접성"은 아직도 계시되지 않은 것(신)의 부재가 아니다.[692] "근접성"은 측량할 수 없는 것과의 만남의 의식이다. 이 "근접성"은 존재론적 사고의 지평을 넘어서 사유할 수 없는 것을 윤리적 지평에서 만나는 새로운 가능성을 말한다.

---

690) Ibid., 93.

691) E. Levinas, "Hermeneutik und Jenseits," in: *Wenn Gott in Denken einfällt, Diskurse über die Betroffenheit von Transzendenz,* übers. von Thomas Wiemer, Freiburg, 140.

692) E. Levinas, *Otherwise than Being or Beyond Essence,* 97.

6. 제삼자성(第三者性, illéité, illéité)의 해석학

레비나스에 있어서 시간은 타자와의 만남이 순수하게 그 발가벗은 모습[693] 그대로 드러나는 기본 장이다. 타자는 시간이 제시하는 장에서 "관계의 관계"로서 흔적이 될 수 있을 뿐이다. 흔적이란 과연 무엇인가? 레비나스에 의하면 흔적이란 숨어 있는 것을 다시 숨기기 위하여 드러내는 역설의 구조를 가진다. 사유자체는 역설적 구조를 지닌 흔적이 되고자 한다.[694] 데카르트는 무한의 이념을 사유했으나 레비나스는 타자를 사유한다. 이런 레비나스에게 무한 이념은 단지 흔적(trace)이 될 수 있을 뿐이다.

윤리적 관계에서 타자를 사유할 수 있든지, 또는 하나님의 초월을 생각하든지 레비나스의 사유는 단지 흔적의 역할만을 할 뿐이다. 무관계의 관계로서 참된 초월이 주어져 있다고 하더라도, 하나님이 타자의 완성이라고 하더라도 타자가 하나님이라고 할 수 없다. 타자적 봄과 타자적 현상은 얼굴(visage)과 관련되어 있다. 얼굴의 추구는 동방신학의 형상(形象, Icon)과는 다른 관점에서 추구된다. 동방신학이 신비주의의 형상 속에 있다면 레비나스의 사유는 도덕적 현실과 연관하고 있다. 타자는 무한 이념으로서 철학적 의미를 갖기에 이른다. 그리고 타자는 무한 이념 속에서 철학적 의미를 지닌다.[695]

"흔적" 속에 담겨 있는 무한자 이념은 하나님에 대한 지시이다. 레비나스에 의하면 타자는 궁극적으로 하나님을 가리키며, 하나님은 그의 타자 사상의 종착점이다. 레비나스는 이 "흔적" 속에 나타나는 무한자 이념을 "제삼자성"(第三者性, illéité, Illeitaet)[696]이라는 독특한 언어로 표현한다. 이

---

693) E. Levinas, "Die Spur des Anderen," in: *Die Spur des Anderen,* 226이하.
694) W. Peperzak, "Transcendence," in: *Ethics as First Philosophy,* 185 이하.
695) E. Levinas, "Die Philosophie und die Idee des Unendlichen," in: *die Spur des Anderen,* 206 이하.
696) E. Levinas, "Die Spur des Anderen," in: *Die Spur des Anderen,* 230.

"제삼자성"은 인간과 세계 사이에 근원적으로 주어져 있는 신적 연속성을 드러낸다. "제삼자성"은 어디까지나 "흔적"으로 드러나기 때문에 애매모호하다.[697] "제삼자성"은 신을 지시하면서 신 개방성을 말하는 신의 사유에 이르는 사닥다리이다.[698] "제삼자성" 개념은 드러냄과 감춤과 은폐를 수행하기 때문에 인간 언어와 표현의 대상을 지칭하지 않는다는 근원적인 역설적 현상을 드러내고 있다.[699] "제삼자성"은 레비나스 철학이 갖는 타자의 해석학의 열쇠에 해당한다.[700]

타자 얼굴의 실재는 근원적 정직성에서 "제삼자"를 드러낸다. "제삼자"는 타자의 눈으로 나를 바라본다. 얼굴로서 얼굴의 현현은 인간애, 이웃사랑을 열어준다. 얼굴로서 벌거벗음 속에서 얼굴은 가난한 자와 낯선 자의 결핍을 보여준다. 가난한 자와 낯선 자는 그 자신을 평등한 자로서 표현한다. 타자의 평등성은 본질적인 빈곤함에서 "제삼자"에 의지하는 데 있다. "제삼자"는 나와 함께 하러 온다. 그러나 "제삼자"는 자신에게 봉사하도록 나에게 다가온다. "제삼자"는 주인으로서 나에게 명령한다. 박애(博愛)의 근원적 사실을 구성하는 것은 절대적으로 낯설게 나를 바라보는 얼굴 앞에서의 책임성이다. 나의 단일성은 얼굴로서 타자 앞에 선 나의 위치를 구성한다. 얼굴의 환상에서 비로소 평등이 자리하게 된다. 평등은 타자가 동일자에게 명령하는 곳에서 형성되며, 책임성 속에서 그 자신을 동일자에게 드러낸다. 타자는 얼굴의 환영과 분리될 수 없다.[701] "제삼자" 해석학은 타자에 대한 윤리학적 성찰이다.

---

697) Ibid., 231.

698) 황덕형, "레비나스의 삼자적 타자성의 해석학", 『조직신학연구』, 2004. 제4호, 살림, 110.

699) E. Levinas, Phenomen and Enigma, 71이하, E. Levinas, "The Ego and the Totality," in: *Collected Philosophical Papers*, 29이하.

700) B. Casper, "Illeitaet: Zu einem Schlüssel 'Begriff' im Werk von Emmanuel Levinas," in: *Philosophische Jahrheft*, 1984, 273-288.

701) E. Levians, *Totality and Infinity*, 262, 303.

"제삼자" 해석학이 드러내는 인간 존재론으로서의 윤리학은 이웃과 타자에 대한 도덕적 절박성의 엄격함을 제시한다. 그것은 무한에의 열망이다. 이것은 사랑의 감상적 만족이 아니라 타자 사랑에 기반한 열망이며 그 자체 무한의 높이다. 그리하여 타자를 위한 존재의 무한성, "사랑의 지혜"(la sagesse de l' amour)[702]를 향한다.

맺음말

레비나스는 동일성의 사고에 친숙한 훗설과 하이데거의 현상학적 사고가 근거한 서구의 철학 전통에서 말하는 동일자 사유를 타자 사유로 전환시킨다. 그리하여 현대철학에서 하이데거 이래로 주제화되었던 존재 사유를 타자 사유로 전환시킨다. 이것은 철학적 태도의 근본적 방향전환이다. 주체성 중심의 철학에서 타자 중심의 철학으로 전환하는 것이다. 타자는 철저히 주체의 계산과 규정(한정) 바깥에 놓여 있으며, 어떤 식으로도 주체의 능력이 지배할 수 없다. 이 타자는 한정할 수 없는 것이므로, 한정되지 않음의 이념, 즉 '무한' 의 이념을 현시하고 있다.

타자는 무제약적인 것으로서 현상학적 지향성의 대상으로 천착할 수 없다. 여기서 레비나스는 나 중심이 아닌 "제삼자성"(第三者性)으로서 다가오는 타자에 대한 해석학적 반성을 시도한다. 자기 중심의 일인칭의 사고가 아니라 타자 중심의 삼인칭의 사고를 하고자 한다. 이러한 해석학적 반성은 현상학적 지향성의 한계를 넘어서는 형이상학적 윤리적 사고를 특징지운다. 이 사고는 고아, 과부, 방랑자, 낯선 자의 모습으로 다가오는 타자에 대한 무한한 윤리적 책임을 가져다 준다. 이것이 바로 형이상학을 존재

702) E. Levinas, *Autrement qu 'être ou au-delà de l' essence,* Martinus Nijhoff, 1974, 253 .

론으로 정초하고자 한 훗설과 하이데거에 이르기까지 서구의 주류적 철학에 대한 레비나스의 타자 해석학의 공헌이다.

참고문헌

Levinas, E., *Le Temps et L' autre*, 1947, 강영안 역, 『시간과 타자』, 서울: 문예출판사, 1996.

_______, De l' existence à l' existant (1947), Paris: J. Vrin, 1990, 서동욱 역, 『존재에서 존재자로』, 서울: 민음사, 2001.

_______, *Totalité et Infiniti, Essai sur extériorité,* La Haye: Nijoff, 1961), *Totalität und Unendlichkeit. Versuch über die Exteriorität,* München/Freiburg 1987.

_______, *Humanisme de l' autre homme,* Montpellier: Fata, Morgana, 1972, *Humanismus des anderen Menschen,* Hamburg 1989.

_______, *Autrement qu 'être ou au-delà de l' essence,* Martinus Nijhoff, 1974, *Jenseits des Seins oder anders als Sein geschieht,* Freiburg/München 1992, *Otherwise than Being or Beyond Essence,* trans. by Alphoso Lingis, The Hague : Martinus Nijhoff Publishers, 1981.

_______, "Hermeneutik und Jenseits," in: *Wenn Gott in Denken einfällt, Diskurse über die Betroffenheit von Transzendenz,* übers. von Thomas Wiemer, Freiburg.

_______, *Étique et infini. Dialoque avec Philippe Nemo,* Paris: Fayard/Culture France, 1982.

양명수 역, 『윤리와 무한』, 다산들방, 2000.

_______, *Dieu, la Mort et le temps,* Paris: Grasset & Fasquelle 1993, *Gott, der Tod und die Zeit.*

_______, *Die Spur des Anderen. Untersuchungen zur Phänomenologie und Sozialphilosophie,* Freiburg/München 1983.

_______, "Die Spur des Anderen," in: *Die Spur des Anderen.*

Krewani, Wolfgang N., "Der versteinerte Augenblick, Zur Einführung in E. Levinas, Vom Sein zum Seienden," in: E. Levinas, *Vom Sein zum Seienden,* Freiburg/München: Karl Alber, 1997.

Wenzler, L. "Zeichen und Antlitz," in: F. J. Klehr (Hg), *Den Anderen Denken.*

Taureck, Bernhard H. F., *EmmanuelLévinas. Zur Einführung,* Hamburg, 1997.

Peperzak, Adriaan T., “Transcendence,” in: *Ethica as First Philosophy.*
Wandenfels, Bernhard, “Response and Responsibility in Levinas,” in: *Ethics as First Philosophy*, ed. by Adriaan T. Peperzak (New York: Routlege, 1995).
Peperzak, W., “Transcendence”, in: Ethics as First Philosophy.
Casper, B., “Illeitaet: Zu einem Schlüssel ‘Begriff’ im Werk von Emmanuel Levinas”, in: *Philosophische Jahrheft*, 1984, 273-288.
강영안, 『타인의 얼굴, 레비나스의 철학』, 문학과 지성사, 2005.
서동욱, “타인과 초월”, in: 레비나스, 『존재에서 존재자로』, 민음사, 191-220.
정기철, 『해석학과 학문과의 대화』, 문예출판사, 2004.
최태연, 오성훈, “레비나스의 타자개념과 사전의사 결정”, 『기독교철학연구』, 제4호, 2005.12, 천안대 기독교철학연구소, 213-243.
_____, “임마누엘 레비나스에서 윤리의 기원”, 『해석학연구』, 1997.
황덕형, “레비나스의 삼자적 타자성의 해석학”, 『조직신학연구』, 2004. 제4호, 살림.

12장

폴 리쾨르의 해석학적 철학: 해석학적 현상학, 텍스트 해석학, 이야기 해석학

머리말

리쾨르(Paul Ricoeur, 1913-2005)의 해석학은 전기에서는 해석학적 현상학, 중기에서는 텍스트의 해석학, 후기에서는 이야기 해석학으로 전개된다. 이러한 그의 생애 있어서 수행된 해석학적 사고는 그의 철학을 해석학적 철학으로 규정하도록 한다.

리쾨르에 의하면 해석학은 현상학을 전제로 한다. 해석학은 현상학이 제시하는 의미를 해석하고자 하는 것이다. 현상학이 추구하는 지향성의 의미는 해석학의 전제이다.[703] 리쾨르는 인간의 본성을 기술하는데 있어서 현상학적 본질 기술을 수행하며 그 한계를 드러낸다. 선험적 현상학적 본질 기술의 기본 이념은 직접성이다. 그러나 현상학적 반성은 절대적 투명성,

---

703) Paul Riceour, "Phenomenology and Hermeneutics," In: John B. Thompson (ed. & trans.) *Hermeneutics and the Human Sciences,* Cambridge University Press, 1981, 101-128.

의식과 대상의 완전한 일치(das identisches Sein des Bewusstsein mit dem Gegenstand)를 추구한다. 그러나 리꾀르는 이러한 현상학적 본질기술에 있어서 의식 속의 직접적 자기 소여의 불가능성을 본다. 리꾀르는 경험현상학적 기술을 시도하면서, 그 한계를 극복하기 위하여 해석학적 반성을 시도한다. 그리하여 그는 현상학을 해석학적 현상학으로 전개한다. 여기서는 상징 해석학이 주도적인 역할을 한다.

리꾀르는 현상학에서 해석학으로 전환하면서 상징을 다루고, 다음에는 은유를 다루고, 그리고 이야기를 다룬다. 리꾀르는 이러한 상징, 은유, 이야기로 이어지는 비유언어(figurative language)를 철학적 사유의 중심에 올려 놓은 최초의 사상가이다. 댄 스티버(Dan Stiver)는 피력한다: "비유언어에 대한 이러한 철학적 성찰은 신학자들에게 가장 명료한 자산 중의 하나이다."[704] 언어학적 전환(linguistic turn)의 영향[705]을 받아 그는 상징, 은유, 이야기를 철학적 반성의 대상으로 취급하면서 텍스트 해석학을 전개한다. "언어는 본질적으로 은유적이다"(Language is vitally metaphorical).[706] 은유의 의미는 단어 자체만으로는 결코 파악될 수 없으며, 반드시 담론의 맥락 안에 있는 단어들의 상호작용에 의하여 규정된다.

그리고 리꾀르는 『시간과 이야기』에서 이야기 해석학을 전개한다. 여기서 리꾀르는 삼중의 미메시스(mimesis, 재현행위)라는 용어를 소개한다. 리꾀르는 이를 미메시스 I, 미메시스 II, 미메시스 III으로 표기하고, 전-형상화 (pre-figuration), 형상화 (figuration), 재-형상화 (refiguration)라는 용어를 사용한다.

리꾀르의 해석학적 현상학은 이미 졸저 『하이데거에서 리꾀르까지』에서

---

704) Dan Stiver, *Theology after Ricoeur: New Direction in Hermeneutical Theology* (Lousville: Westminster John Knox Press, 2001), 117.
705) Richard Rorty, *The Linguistic Turn* (Chicago: University of Chicago Press, 1967).
706) I. A. Richards, *The Philosophy of Rhetoric* (Oxford: Oxford University Press, 1986).

소개된 바 있다.[707] 본 장에서는 해석학적 현상학은 간략하게 소개하고, 리꾀르의 텍스트 해석학과 이야기 해석학을 주로 소개하고자 한다.

1. 해석학적 현상학

1) 의지의 현상학

리꾀르는 초기 저서 『의지의 철학』 제1권에서는 현상학의 지향성 개념을 받아들이면서 의지적인 것(자유)과 비의지적인 것(자연) 사이의 상호관계성을 중요시한다.[708] 리꾀르는 의지적인 것에 자유를, 비의지적인 것에 자연을 등치시키면서 의지와 신체 사이의 불가분리적인 "상호성" (réciprocité)[709] 내지 "원초적 계약"(pacte original)[710]을 제시하고 있다. "비의지적인 것은 의지를 위하여 존재하고, 의지는 비의지적인 것에 근거하여 존재한다"(L' involuntaire est pour la volonté et la volonté est raison de l' involontaire).[711] 의지는 비의지적인 것(신체)에 목적과 의미를 부여하고, 비의지적인 것은 의지에 바탕과 근거를 제공한다.

리꾀르는 지향성을 본질적인 속성으로 하는 주관이 세계 속에 있는 화신(化身), 즉 육화된 주체(le sujet incarné)로 있다고 기술한다. 체험의 지향적 통일은 의식화하는 반성 속에서 비로소 대상화된다. 의지에 대한 본질 현상학의 논구가 수행된다. 여기서는 의지의 본질학(eidetics of will)이 수행된다. 본질학은 이중의 판단중지를 수행한다. 하나는 현상학적 판단중지로서 대상화하는 의지의 관심을 배제한다. 다른 하나는 본질적 판단중지로서

---

707) 김영한, 『하이데거에서 리꾀르까지』, 박영사, 2005, 427-512.
708) P. Ricoeur, *Freedom & Nature*, 4th edition, 1979, 5, 34.
709) P. Ricoeur, *Philosophie de la volonté I: Le volontaire et l' involontaire*, Aubier, 1950, 1988, 8.
710) Ibid., 21.
711) Ibid., 82.

활동적 실존의 구체적인 특성을 배제한다. 그리하여 인간 의지에 관한 본질현상학적 논구를 수행한다.[712] 이 논구는 구체적인 경험적 고려를 배제한다. "나는 의지한다(Je veux)는 1. 나는 결정한다(Je décide). 2. 나는 나의 몸을 움직인다(Je meus mon corps). 3. 나는 승복한다(Je consens)로 기술한다."[713] 이러한 의지와 신체의 상호성의 원리를 기술하는데 있어서 리꾀르는 신체의 증세를 기술하는 진단학(diagnostics)이라는 경험과학을 의지적 의식의 본질기술을 위하여 사용하고 있다.

2) 비판철학의 수용 : 오류가능성의 현상학

의지의 철학 제2권 『오류의 인간』에서는 리꾀르는 훗설의 지각 현상학을 칸트적으로 변형하면서 의지의 현상학으로 전개한다. 여기서 리꾀르는 인간 존재의 경험적 구조에 대한 기술을 수행한다. 이 논구는 의지의 경험학(une empirique de la volonté, empirics of will)이다. 여기서는 활동적인 인간 실존의 가능성이 현상학의 기술의 내용이 된다. 이 경험현상학적 논구는 인과론적 설명이 아니라 지향적 분석이다. 이 논구에서는 존재론적 성격에 대한 질문이 괄호에 있게 된다. 리꾀르는 인간 존재에 관한 순수한 반성이 직접적으로 반성될 수 없는 한계, 즉 오류가능성(fallibility)에 직면한다. 오류 가능성은 의식적의 소여로서 직접적인 반성의 대상이 아니다. 이것은 오히려 의식의 표현물을 통해서 간접적으로 접근되어 질 수 있다.

리꾀르는 악의 가능성과 악의 현실성을 구분한다. 인간의 오류성을 분석했다고 하더라도 악의 체험된 사실에 도달한 것은 아니다. 인간 오류성에 대한 현상학적 질문은 악의 실재성의 이해는 배제하고 있다. 현상학적 기술은 악의 실재성을 드러내는데 좌초된다. 악의 가능성과 현실성, 오류의 가능성과 일상적인 삶에 현재하고 있는 죄 사이에는 비약이 존재하고 있

712) P. Ricoeur, *Freedom & Nature*, 4th edition, 1979, 3.
713) P. Ricoeur, *Philosophie de la volonté I*, 10.

다. 오류가능성은 의식의 잠재태이지 실재는 아니다. 가능성은 어디까지나 잠재성을 말할뿐 결코 그 가능성의 실현, 곧 현실태를 지니고 있지 않기 때문이다. 리쾨르는 인식과 존재를 동일시하려는 훗설 현상학의 관념론을 수용하지 않고 그의 지향적 분석을 칸트의 비판주의에 접근시키고 있다. 그리하여 리쾨르는 현상학의 한계를 해석학으로 극복하고자 한다.[714]

3) 상징 해석학

『악의 상징론』에서 리쾨르는 오류, 즉 악의 실재에 접근한다. 악의 실재는 악의 상징과 신화 속에서 나타나 있다.[715] 신화 속에 표현된 체험은 항상 암호로 된 체험(ciphered experience)이다. 이러한 체험은 명료하지 않고 의미의 잠재적인 층으로 있다. 여기서 현상학적 반성은 더 이상 기술현상학적 반성이 아니라 해석학적 반성이 된다.[716] 여기서 체험의 대상은 더 이상 의식지향적 체험 자체가 아니라 지향적 체험이 수행되는 초월적 영역이다. 이 영역이란 문화적 형식, 사회, 경제 구조, 선반성적인 자기 표현의 형식이다. 리쾨르는 표현을 대상으로 다룬다. 이 표현은 주관의 사상과 체험을 나타내기 때문이다.

『악의 상징론』에서 리쾨르는 해석학적 반성을 수행한다. 여기서 해석의 대상들은 상징적이고 신비적인 언어 속에서 표현되어 있는 죄와 증오, 어두움 등이다. 리쾨르는 악의 현실성의 이해를 위하여 상징적 표현의 개념을 완전한 언어로서 우선적인 차원에 놓고, 그 다음 신화를 상징적 질서의 상징표현으로 파악한다.

리쾨르는 세 가지 일차적인 상징, 얼룩(stain) 죄(sin), 죄과(guilt)를 말한다. 상징적 표현이 드러나는 세 가지 거대한 출현지역을 말한다. 첫째 지역

---

714) Pieere Giesel, "Paul Ricoeur," in: *Evangelische Theologie*(1974), Sonderheft, 9.

715) P. Ricoeur, *The Symbolism of Evil*, trans. by Emerson Buchanan, Boston; Beacon Press, 1967, 10.

716) 윤성우, 『폴 리쾨르의 철학』, 철학과 현실사, 2004, 68.

은 우주적 차원(하늘, 태양, 물, 지구 등)이다. 둘째 지역은 정신적 차원(꿈, 두려움, 불안 등)이다. 셋째 지역은 시적 상상(시)이다. 리꾀르는 상징의 표현에 있어서 주체성의 세 단계를 말한다. 첫 번째 단계는 일차적 소박성(first naivité)이다. 두 번째 단계는 비판성(critique)이다. 세 번째 단계는 이차적 소박성(second naivité)이다. 일차적 소박성 의식은 세 단계로 나누어진다. 첫째 수준이 부정(defilement)을 나타내는 얼룩(stain), 둘째 수준이 죄(sin), 셋째 수준이 노예의지(slave will)이다. 이차적 소박성은 비판의식을 통해서 상징의식의 내용을 매개할 수 있는 복구의 해석학(restorative hermeneutics)에서 일어난다.[717)]

2. 텍스트 해석학

1) 사건으로서의 담론(discourse as event)과 텍스트

리꾀르는 "텍스트란 쓰기에 의하여 고정된 담론"(Text is discourse fixed by writing)이라고 정의한다.[718)] 담론이란 말해진 언어(spoken language)와 쓰인 언어(written language) 모두를 포함한다. 발화사건을 통해서 생성된 언어적 표현이 원래의 시간과 공감에서 벗어나 독립하여 고정된 모든 것이 텍스트로 간주된다. 이러한 텍스트의 개념은 단지 글로 된 문서만이 아니라 노래, 신화, 우화(寓話) 등의 구어전승까지도 포괄한다. 이것들은 글로 쓰여지지는 않았지만 이러한 형식과 구조에 의해 원래의 상황에서 독립하여 고정된 형태로 그려진다. 그리고 그림, 조각, 건축물, 제의, 종교의식 등도 텍스트로 간주될 수 있다. 이것들도 원래 제작되었을 때에 작가의 의도와 상황이 있었겠지만, 지금은 상황과는 독립하여 고정된 텍스트로 존재한

717) P. Ricoeur, The Symbolism of Will, 356, 김영한, 『하이데거에서 리꾀르까지』, 443.
718) P. Ricoeur, 『해석이론』, 21.

다. 녹음, 촬영 등의 현대적 매체를 통한 고정된 발화도 텍스트라고 할 수 있다. 리쾨르의 텍스트 개념은 시간 공간 안에 일어난 모든 고정된 대상과 사건에 넓게 확장하고 적용할 수 있다.[719]

담론은 리쾨르에 의하면 항상 주체가 있고, 특정한 시간과 공간에서 일어나는 사건이다. 담론에는 사건(event)과 의미(meaning)가 있다. 담론을 이해하는 것은 사건과 의미의 변증법을 이해하는 것이다. 사건으로서의 담론(談論)은 시간 속에 이루어지고, 돌이켜 화자(話者)를 지시한다. 그리고 담론은 항상 무엇에 관한 담론이며, 담론에는 대화의 상대자가 존재한다. 의미로서의 담론은 말해지는 내용을 갖는다. 리쾨르는 프레게(Gottlieb Frege)의 제안에 따라 의미(Bedeutung, meaning)에서 어의(Sinn, sense)와 지시(Referenz, reference, Verweisungsbezug)를 구분한다.[720] 어의(뜻)는 문장의 내적 구조를 말하며, 지시는 담론의 내적 구조 밖에 있는 어떤 것을 지시한다. 리쾨르는 오스틴(Austin)이 제시한 언어행위 이론을 수용한다. 그는 발화행위(locutionary act), 발화수반 행위(illocutionary act), 발화효과 행위(perlocutionary act)의 구분을 받아들인다. 이런 구분이야말로 언어가 내적으로만 머물지 않고 언어 밖의 상황과 밀접한 연관이 있다는 것을 드러낸다.[721] 담론의 의미는 어의와 지시의 변증법에 의하여 이루어진다.

2) 고정된 담론 (fixed discourse)으로서의 텍스트

텍스트는 쓰기에 의하여 고정되었다. 텍스트는 쓰기에 의하여 고정됨으로써 담론과는 구분된다. 담론은 쓰기에 의하여 고정됨으로써 사건으로서의 성격이 사라지고 지시관계에도 변화가 생긴다. 말하기의 담론과 비교해 볼 때 텍스트가 된 담론은 삼중의 생(저자의 의도, 본래의 상황, 본래의 청

---

719) 이대성, “리쾨르의 철학과 기독교 세계관: 기독교 세계관 논의와 해석학적 평가”, 한국기독교철학회, 2010년 6월 12일 하계발표회(숭실대) 자료, 3.
720) P. Ricoeur, 『해석이론』, 51.
721) P. Ricoeur, *Interpretation Theory*, 28-29.

자로부터의 독립)을 하게 된다.

첫째, 텍스트는 저자의 의도로부터 독립이다. 말할 때는 화자와 청자 간에 상호작용이 있으나, 텍스트에서는 저자는 더 이상 텍스트의 의미에 대하여 권한을 갖지 않는다. 담론이 고정됨으로써 텍스트는 저자와 시공적으로 독립하며 더 이상 저자를 직접적으로 지시할 수 없다.

둘째, 텍스트는 말해진 본래의 상황으로부터 독립하게 된다. 말하기에서는 "이 분", "저 분", "이 곳", "저 곳"과 같은 지시어에 대해 고정된 지시대상이 있었다. 그러나 쓰기에 의하여 고정된 텍스트에서는 저자와 독자 사이에 공유된 상황이 존재하지 않는다.

셋째, 텍스트는 본래의 청자에 대해서도 독립한다. 텍스트는 무한한 독자들에게 열려 있다. 그리하여 본래의 담론사건은 시공적 성격은 사라졌으나 의미에 함축된 지시는 언어 밖의 세계를 향하여 열리게 된다.

3) 텍스트의 세계

텍스트의 해석은 상실된 세 가지 관계를 회복하는 과정이다. 쓰여진 텍스트는 본래의 지시대상을 상실하였으나 텍스트 해석은 지시대상을 전혀 무시할 수 없다. 글쓰기를 위한 일차적이고 직접적인 지시의 상실은 이차적 지시(secondary reference)가 성립하기 위한 조건이다. 이차적 지시는 실물적 지시(ostensive reference)를 가리키는 일차적 지시관계의 경험적 세계를 초월한다.[722] 리꾀르는 텍스트의 이러한 기능을 "지시 범위의 확장" (extension of the scope of the reference)[723]이라고 명명한다.

텍스트 해석이란 지시범위의 확장을 통해서 텍스트 내의 지시들이 그 확장된 지시 대상들을 찾아 새로운 관계를 형성하는 것이다. 텍스트 내의 지시대상은 실물적 세계의 대상이 아니고 텍스트가 지시를 통하여 만들어 내

722) P. Ricoeur, *Hermeneutics of Human Sciences*, 141.
723) P. Ricoeur, *Interpretation Theory*, 36.

는 가능의 세계이다. 텍스트를 이해한다는 것은 텍스트의 어의(sense)를 근거로 하여 지시(reference)로 나아가는 것이다. 지시대상이란 실물적 세계에서 찾아지는 것이 아니라, 텍스트의 지시가 만드는 세계로서 독자 앞에 열려진 세계이다.[724] 여기서 텍스트는 더 이상 저자의 구속을 받지 않으며 저자의 의도에서 독립하게 된다. 텍스트는 원래의 상황에서 벗어나게 되고 저자는 텍스트가 지시하는 가능적 세계 안에서 독자와 만난다. 텍스트는 저자가 독자와 만나는 유일한 처소이다.[725] 독자는 저자의 의도를 찾기 위하여 원래의 상황으로 되돌아갈 필요가 없다. 리쾨르는 독서란 능동적 행위이며 미래에 대한 투사(projection for the future)라고 본다. 독자는 저자의 의도를 넘어서 텍스트의 범위 안에서 저자의 의도를 다양한 뜻으로 읽을 수 있다. 텍스트가 여는 새로운 지시 대상은 새로운 상황으로 독자의 세계에 속한다. 그리하여 리쾨르는 독서를 새로운 의미의 세계의 창조라고 본다. "세계와의 관계를 제거함으로써 각각의 텍스트는 발화시점의 말에 의해 지시되는 환경적 실재를 대체하는, 다른 모든 텍스트들과의 관계 속으로, 자유롭게 들어가게 된다. 우리가 말할 때 있었던 세계의 상실 때문에 생기게 된 텍스트와 텍스트 간의 관계는 유사세계(quasi-world), 즉 문학(literature)을 만들어내게 된다."[726] 여기서 리쾨르의 텍스트 세계에서는 역사 이야기와 문학 이야기와의 차이가 사라지게 된다. 텍스트 세계는 가능적 세계로서 실재와 허구가 서로 엮여 공존하는 세계이다. 리쾨르는 텍스트 이해의 주관적 조건을 주관의 세 가지 단계에서 기술한다. 그것은 소박한 주관, 비판적 주관, 반성적 주관이다. 소박한 주관(naive subject)은 직접적으로 텍스트를 읽는 독자의 주관이다. 비판적 주관(critical subject)은 소박한 주관을 괄호에 넣고 언어적 사실지시에 회의를 하면서 구조적 연결을 전개한다. 반성적 주관(reflexive subject)은 텍스트 구조의 기반 위에서 텍

724) P. Ricoeur, *Hermeneutics of Human Sciences*, 218.
725) Ibid., 141.
726) Ibid., 149.

스트의 세계를 기획한다.[727]

4) 설명과 이해의 해석학적 순환

리쾨르는 독자가 기획하는 텍스트의 세계를 말하면서도 자신의 텍스트 해석학을 낭만주의적 해석학과 구별한다.[728] 쉴라이에르마허와 딜타이를 비롯한 낭만주의자들은 이해(Verstehen, understanding)와 설명(Erklärung, explanation)을 구별하였다. 딜타이는 이해는 인간의 정신을 파악하는 데 적합하며, 설명은 자연의 물리현상을 파악하는데 적합하다고 보았다.[729] 낭만주의 해석학은 이해와 설명을 두 가지 다른 범주의 해석으로 분리하였다. 이에 반하여 리쾨르는 양자를 변증법적으로 결합시킨다. 그는 설명과 이해를 분리시키는 것을 반대하면서 설명과 이해는 해석이라는 과정에 본질적으로 포함된다고 본다. 설명과 이해는 각기 다른 해석의 방법이 아니라 모든 해석에 필요한 각각 다른 단계라고 본다.[730]

리쾨르에 의하면 해석은 이해와 설명의 두 과정을 다 포함한다. 해석의 첫 단계는 이해의 단계이다. 선이해(Vor-verständnis, pre-understanding)를 통해서 해석을 시도한다. 선이해를 통해서 텍스트 전체의 의미를 추정(guess)한다.[731] 해석의 두 번째 단계는 설명이다. 이것은 추정한 것을 확인(validation)하는 단계이다. 이것은 텍스트에 대한 엄정한 과학적 탐구의 과정이다. 설명을 통해서 이전에 몰랐던 사실이 밝혀지면 선이해(先理解)는 부분적으로 수정된다. 그리하면 전체에 대한 이해가 수정된다. 이러한 수정된 전체에 대한 이해는 다시 확인을 요청하게 되고 다시 설명의 단계가 작동하게 된다.

---

727) 김영한, 『하이데거에서 리쾨르까지』, 452-455.
728) P. Ricoeur, *Interpretation Theory*, 71.
729) P. Ricoeur, *Hermeneutics of Human Sciences*,, 150-151.
730) Ibid., 150.
731) P. Ricoeur, *Interpretation Theory*, 75.

리쾨르는 이러한 이해와 설명의 과정을 가다머의 용어를 빌려서 "해석학적 순환"(hermeneutischer Zirkel, hermeneutical circle)이라고 부른다. 해석은 전체와 부분, 부분과 전체 간의 순환적인 운동이 반복됨으로써 이루어진다. 리쾨르에 의하면 텍스트의 전체 의미를 파악하는 것이 이해의 과정이고, 텍스트 부분의 세부사항을 확인하는 것이 설명의 과정이다. 설명의 과정에서 이해의 과정에 적절하지 않은 것이 있다는 것이 밝혀지면 그 이해는 수정되거나 또는 완전히 다른 이해로 대치된다. 그러므로 리쾨르는 설명의 과정에서는 개연성(probability)과 반증가능성(falsification)의 논리가 기본원리로 작동한다고 본다.

텍스트 해석학에 있어서 설명의 과정에는 경험을 통해 검증할 수 있는 것을 분석하는 것과 텍스트의 내적 관계를 분석하는 것이 포함된다: "추측과 확인의 변증법은 텍스트의 논리적 난제의 결정에 작용하는 소-변증법(the micro-dialectic)의 텍스트 수준에서의 실현이다. 두 경우에 있어서 확인 절차는 경험적 검증의 논리보다는 개연성의 논리에 더 유사성을 갖는다. 이 유사성(affinity)이란 불확정과 양적 개연성의 논리와의 유사성이다. 확인은 이런 의미에서 법적인 해석의 재판적인 과정(juridical procedures)에 유사한 논증적 규율의 관심이다."[732]

텍스트의 세계는 그 자체로 닫힌 세계이다. 그것이 지닌 내적 관계에 대하여는 과학적 분석을 가할 수 있다. 텍스트 내부 세계가 갖는 각 단위 간의 내적 관계를 파악하는 것은 텍스트 해석에서 필수적인 단계이다. 이 과정을 통해서 텍스트의 어의(sense)가 명료해진다. 설명은 텍스트의 저자와 청자의 상황을 재구성하는 것을 포함한다. 본래의 상황을 알기 위해서 역사적 상황을 재구성하는 것이 포함된다. 이러한 설명의 과정을 통해서 텍스트에 대한 오해 가능성은 줄어든다. 설명을 통해서 텍스트의 어의(sense)와 지시(reference)가 점차 명료해지면서 텍스트는 독자에게 이상적 의미(ideal

732) Ibid., 175.

meaning)[733]를 제시하게 된다. 이상적 의미는 가능한 해석의 최대의 외연(外延)이라고 볼 수 있다. 이상적 의미는 해석이 넘어서는 안 될 울타리를 제공하고 있다. 이 울타리를 넘어서는 해석은 객관적으로 확실하게 잘못된 해석이라고 배제된다. 리쾨르에 의하면 이해, 설명, 이해의 과정은 일회적이거나 순차적인 해석의 단계로 일어나지 않는다. 이러한 해석의 과정은 순환적이어서 끊임없이 반복되며, 순차적으로 일어나기 보다는 동시 다발적으로 일어난다.

5) 해석의 최종 단계로서의 전유(專有)

리쾨르에 있어서 텍스트 해석이란 이해와 설명 사이의 복합적이고 순환적인 과정이다. 이러한 순환과정에서 만족할 만한 의미가 찾아진다. 이러한 의미란 텍스트에 의해 열려진 세계를 발견하는 것이다. 해석과정이란 텍스트 지평과 독자 지평 사이의 지평융합(Horizontverschmelzung)이다. 텍스트가 속해 있는 지평과 독자가 속해 있는 지평이 만나서 융합되는 것이 바로 해석의 과정이다. 이 지평 융합의 과정에서 독자로서의 자기는 확장되고 심화된 지평을 갖게 된다. 텍스트 해석이란 지평융합을 일으키는 것이다. 텍스트의 세계의 발견은 자아 변화(the transformation of self)를 수반한다. 가다머는 이것을 적용(application)이라고 했으나 리쾨르는 이것을 전유(appropriation)라고 부른다. 해석의 최종단계는 전유(專有)이다.[734]

---

733) 신약성경학자 슈나이더스 (Sandra Schneiders,)는 이상적 의미라는 용어를 리쾨르의 해석학을 분석하면서 제시한다. "이상적 의미는 해석의 기초가 되고 작동 원리가 되는 객관적인 축으로서, 해석은 그 축을 향해 진행된다. 이 축은 동일한 텍스트를 해석하는 모든 독자들이 고유하고 있는 축으로, 모든 타당한 해석들은 각자 다양성을 갖는다 해도, 이 축을 통해 가족 유사성 (a family resemblance)과 비슷한 공통성을 갖게된다."(Sandra Schneiders, *The Revelatory Text - Interpreting the New Testament As Sacred Scripture* (Harper: San Fransico, 1991), 145, 이대성, 상게서, 9에서 재인용.

734) "전유"란 사유화 내지 친숙화로서 나의 것으로 만드는 것, 나에게 적용하는 것, 나에게 의미있는 것으로 만드는 것의 뜻을 갖고 있다. 김영한, 『하이데거에서 리쾨르까지』, 박영사.

해석의 최종목표는 전유이다. 전유를 통해서 독자는 원래 자신에게 없던 것을 취하게 된다.[735] 전유는 독자가 텍스트 앞에서 자신을 바라보는 것이다. 이것은 독자가 갖고 있는 주관 자신을 텍스트에 투사시키는 것이 아니다. 전유(專有)는 텍스트가 설명이라는 검증과정을 통해 열어주는 가능성의 범위 안에서, 즉 텍스트의 세계 안에서 자아를 새롭게 이해하는 것이다. 전유는 텍스트가 정해준 한 가지의 의미를 수동적으로 받아들이는 것이 아니고, 부분과 전체, 검증과 추정의 해석학적 순환과정에 독자가 능동적으로 참여하여 이루어 진다. 그리하여 전유란 해석의 과정 속에서 발견하게 된 세계 속에서 자아를 새롭게 이해하는 것이다. 리쾨르는 다음같이 피력한다: "이해한다는 것은 자기 자신을 텍스트 앞에서 이해하는 것이다. 그것은 텍스트에 우리의 유한한 이해의 역량을 부과하는 문제가 아니라, 우리 자신을 텍스트에 노출시키고, 텍스트로부터 확장된 자아를 돌려 받는 것이다. 이렇게 확장된 자아는 주어진 세계가 제시할 수 있는 가장 적합한 방식에 상응되는 적합한 존재가 된다."[736]

리쾨르의 해석학은 설명이라는 비판적인 검증의 절차를 통해서 가다머의 영향사 해석에서처럼 지평융합으로 이루어진 이해의 왜곡이나 오해를 감지하거나 방지할 장치가 없는 것에 대하여 이해의 비판적 장치를 부여하고 있다는 점이다.[737]

3. 이야기 해석학: 시간과 이야기

상징 해석학이란 언어를 통한 매개의 해석학이다. 이것은 전체적 매개를

735) P. Ricoeur, *Hermeneutics of Human Sciences*, 178.
736) Ibid., 143.
737) Werner Jeanrond, *Theological Hermeneutics: Development and Significance* (New York: Crossroad, 1991), 68-70.

반대하는 철학이다: "해석학적 철학이란 긴 우회로의 모든 요구를 받아들이는, 그리고 전체적 매개, 곧 반성이 절대적 주체로서의 투명성 그 자체 속에서, 다시금 정신적 직관과 그 대상이 동일하게 되는 전체적 매개의 꿈에 반대하는 철학이다."[738].

리꾀르는 언어를 통한 현실의 재창조인 이야기를 해석함으로써 역사서술과 문학에 관한 해석학을 전개한다. 리꾀르는 『시간과 이야기』에서 시간에 대한 질문으로 시작한다. 시간 이해란 영원한 인식론적인 아포리아이다. 그는 시간에 대한 이해의 대안을 제시한다. 어거스틴이 이미 파악했듯이, 물리적인 시간은 측정될 수 있는 부피를 지니고 있지 않다. 과거는 지나갔고, 미래는 아직 다가오지 않았으며, 현재는 머물지 않기 때문이다.[739] 그러나 인간은 시간의 길고 짧음을 측정하고 이에 대해 논의한다. 이것이 가능한 것은 "정신의 이완"(distentio animi)과 "정신의 긴장"(intentio animi)을 통해 시간을 측정할 수 있는 영역을 확보할 수 있기 때문이다.[740] 인간의 정신 속에 붙잡힌 시간을 그 존재에 관한 이야기 형식을 통해서 드러낸다. 리꾀르는 시간에 대한 사변이 결론을 내릴 수 없는 것을 이야기(narrative)를 통하여 시간에 대한 결론을 내리고자 한다. 그러나 이야기 해석학의 목적은 시간 경험의 난제에 대답할 수 있는 새로운 모델을 제시하려는 것이 아니고 이야기의 역사 서술과 문학에 적용 타당성을 탐구하는 것이다. 이야기 개념이 시간 개념과 관련하여 다루어지는 것은 양자가 뗄 수 없는 관계에 있기 때문이다.

1) 어거스틴의 시간 이해 : 시간은 영혼의 상태

리꾀르는 어거스틴의 『고백록』(Confessiones)의 제11장을 중심으로 한 시

738) P. Riceour, *Du texte à l'action, Essais d'herméneutique, II* (Seuil/Esprit, Paris, 1983), 32.
739) P. Ricoeur, *Temps et Récit I* , 23-30.
740) Ibid., 34-40.

간에 대한 사유, 즉 시간인식의 모순성을 다룬다. 어거스틴은 "시간이란 무엇인가"(Quid enim tempus?)라는 존재론적 질문에서 출발한다. 과거는 더 이상 존재하지 않고, 미래는 아직 있지 않는 비존재이며 현재는 머무르지 않아 공간이나 길이가 없다. 그리하여 시간은 측정이 불가해서 현상학적 기술이 불가능한 난제이다: "미래는 아직 오지 않았고, 과거는 이미 지나갔으며, 현재는 머물지 않기 때문에 시간은 실재하지 않는다."[741] "다가올 일은 존재할 것이고 지나간 일은 존재했으며, 현재의 일은 지나가고 있다. 어거스틴은 과거와 미래의 시간은 현재의 시간을 통해서만 알 수 있다고 본다. 과거는 기억으로서의 현재, 미래는 기다림으로서의 현재, 지금은 비전으로서의 현재로서만 알 수 있다. 어거스틴은 과거, 현재, 미래라는 세 가지 시간을 현재의 변형하는 영혼의 상태라고 본다." [742] 삼중의 현재(le triple présent)는 인간의 영혼의 상태로서 시간의 "이완과 긴장"으로 불협화음적인 현재의 불일치를 나타낸다. 시간의 이완이나 긴장은 길이나 공간의 근거를 제공한다.

리꾀르는 시간을 영혼의 움직임으로 이해한다. 과거, 현재, 미래는 인간 영혼의 상태이다. 인간 영혼은 집중하여 긴장할수록 확장되며, 산만하여 이완할수록 수축된다. 영혼의 긴장(緊張)은 시간의 확장이며, 영혼의 이완(弛緩)은 시간의 수축이다. 이는 수수께끼이다.[743] "인간정신이 긴장하면 할수록, 인간 정신은 팽팽한 관계로 고통한다."[744] 그리하여 과거, 현재 미래 사이에 불화협적인 균열이 생긴다. 인간 영혼이 과거를 기억하며, 현재에 집중하고, 미래를 기다릴 때, 기억은 더 이상 있지 않으며, 기대는 아직 오지 않으며, 지금은 흐르고 있기 때문에 인간 정신은 자기 균열을 경험한다. 그리하여 리꾀르는 어거스틴의 시간 성찰은 시간의 수수께끼를 푸는데 실패한다고 본다.

---

741) P. Ricoeur, *『시간과 이야기』 I, 김한식/이경래역, 문학과 지성사, 1999, 22.*
742) Ibid., 23-28.
743) Ibid., 41.
744) Ibid., 40.

2) 아리스토텔레스의 시간 경험 : 미메시스와 신화의 종합

리꾀르는 시간의 서술방법을 아리스토텔레스의 시학(poetics)에서 찾는다. 아리스토텔레스의 시학은 미메시스(mimèsis), 신화(muthos) 이론을 종합하여 이야기가 시간경험을 담지하는 공간을 제시한다. 시학(詩學)은 인간 경험을 언어로 형상화 시켜 불협화음적인 것에 대해 화음적인 것의 우위성을 드러낸다.[745]

리꾀르는 아리스토텔레스의 신화와 미메시스 개념에 주목한다. 신화란 줄거리 구성(mise en intrigue)이다. 말하자면, 신화란 파편화되어 있는 행동 주체, 목적 수단, 상호작용, 상황, 예기치 않은 결과 등, "이질적인 것에 대한 종합"(synthèse de l'hétérogènee)[746]이다. 이에 반하여 미메시스란 지나간 시간 경험에서 양산된 주체 행동에 대한 시적 재구성(refiguration poétique)을 통한 창조적 모방[747]이다. 이질적인 요소들의 상충으로 삶의 불협화음적 시간이 긴장과 이완의 양태를 드러낸다면, 삶이 이야기로 엮여질 때 조화로운 질서를 갖는다. 시간이 언어화된 이야기는 끊임없이 쪼깨지고 흩어져 없어지는 시간을 지킨다. 리꾀르는 신화와 미메시스의 분석을 이야기 해석의 출발점으로 삼는다. 줄거리 구성(mise en intrigue)인 신화는 인간 행동을 재현(모방)한다. 신화와 미메시스의 상호작용에 의하여 이야기가 만들어진다. 이야기는 정신의 시간을 보존하는 담지자이다. 시간이란 인간 경험을 언어매체로 표현하는 한에 있어서만 인지(認知)가 가능하다. 그래서 시간은 이야기의 방식으로 말해지는 한에 있어서 인간적 시간이 되며 그 의미를 갖는다.[748] 리꾀르는 피력한다: "시간은 이야기 양식으로 엮임에 따라서 인간의 시간(temps humain)이 되며, 이야기는 그것이 시간적 실존의 조건(une condition de l' existence temporelle)이 될 때 그 충만한 의

745) Ibid., 18.
746) Ibid., 102-3.
747) P. Ricoeur, *Temps et Récit I* , 60.
748) P. Ricoeur, 『*시간과 이야기*』 *I*, 17.

미에 이른다."[749]

3) 은유의 속성 : 의미론적 혁신

고대 수사학에서 은유(metaphore)는 단어의 의미를 확장하거나 대체하는 차원으로 분류되었다.[750] 리쾨르는 은유(隱喩)가 텍스트에서 단순한 수사학적 장식이나 대용(代用) 어법이 아니라 실재에 더 본질적으로 다가가는 인지적(cognitive) 능력을 지니며, 이를 통해서 실재에 대한 새로운 통찰에 이르게 된다고 본다.[751] 은유는 일차적으로 비유론 중의 하나로서 장르들 중 하나인 이야기와 단순히 비교할 수는 없다. 그러나 은유는 각자의 생산된 문자적 의미의 효과들을 주목할 때 "의미론적 혁신"(l' innovation sémantique)[752]이라는 현상을 발생시킨다. "의미론적 혁신"이라는 현상은 통상적인 어법의 정합성을 깨뜨리는 부적합한 술어를 부여함으로써 새로운 의미론적 적합성을 만들어낼 때 발생한다. 은유는 단순히 비유가 아니라 새로운 의미를 창조하는 능력과 인지적 능력을 제공하고 있다. 은유의 의미는 단어 자체만으로는 결코 파악될 수 없으며, 반드시 담론의 맥락 안에 있는 단어들의 상호작용에서 형성되어 진다. "남자는 늑대이다"라는 진술에는 은유는 남자의 악탈 본능, 탐욕스러움 등을 드러내는 취지와 도구가 되는 수단으로서의 개념인 늑대와의 상호작용에서 드러난다.[753]

"의미론적 혁신"이라는 현상은 이야기의 줄거리에서도 나타난다. 리쾨르에 따르면 줄거리는 산재된 여러 상황들, 서로 다른 계획들과 동기들, 상호작용과 우연 등, 서로 다른 요소들을 연결하는 "이질적인 것의 종합"(synthèse de l'hétérogène)이다. 여기에는 저자에 의한 줄거리 구성의 인위

---

749) P. Ricoeur, *Temps et Récit I* , 85.
750) P. Ricoeur, *Métaphore* viva (Paris: Seoul, 1976), 7.
751) Ibid., 57, *Interpretation,* 53.
752) P. Ricoeur, *Temps et Récit I,* 11, P. Ricoeur, *Du Texte á l'action* (Paris: Seuil, 1986), 20-21.
753) P. Ricoeur, *Métaphore* viva, 104-6.

적인 배열을 통해 새로운 적합성이 야기된다. 그리하여 은유의 술어적 기능을 통한 의미론적 혁신이 일어난다. 여기서 우리는 직접적인 묘사로는 도달할 수 없는 실재의 측면, 의미론적 혁신의 차원을 재현하는 은유적 진리(vérité métaphorique) 현상에 직면한다.[754] 의미론적 혁신이란 은유가 실재에 대한 단순한 대체가 아니라 "이기도 하면서 아니기도 한"(cela etait, n' etait pas) 의미론적으로 바꾸어진 사실성을 말한다.[755] 리쾨르는 실재에 대한 은유의 의미론적 혁신의 현상이 이야기의 미메시스(mimèsis), 즉 창조적인 "행동의 모방 또는 재현"(l' imitation ou la représentation de l' action)에 그대로 작용한다고 본다.[756]

4) 삼중의 미메시스와 해석학적 순환

(1) 미메시스 – 창조적 재현(再現)행위

리쾨르는 미메시스 안에서 읽고 듣는 차원에서 일어나는 창조적 행위를 본다. 독자들은 미메시스 I을 매개로 이야기와 그것의 시간적 요소를 수용하나, 아직도 텍스트에 능동적으로 참여하지는 않는다. 미메시스 II에서 독자나 청취자와의 관계와 고유한 시간경험이 가능해진다. 그리고 텍스트에 내재한 상징들과 기호들이 발견되고 해석되어진다. 미메시스 III은 독자들이 그들의 고유한 삶의 세계의 영향을 통해서 제약되어 이야기의 행동과 감정들을 추후적으로 수행하는 반성적 행위(ein reflexiver Akt)이다. 그래서 이야기된 시간은 실존론적 시간성과의 관계에 놓아진다. 텍스트 세계와 독자의 삶의 세계 사이의 단면에 있는 이러한 실천적인 시간성을 통해서 비로소 문학적인 예술 작품은 자기의 고유한 의미를 갖는다.[757]

미메시스 기능은 우화(寓話)구성에 있어서 가장 중요한 요소이다. 미메

754) P. Ricoeur, *Du Texte á l'action*, 24, P. Ricoeur, *Temps et Récit I*, 13.
755) P. Ricoeur, *Métaphore* viva, 282.
756) P. Ricoeur, *Temps et Récit I*, 58.
757) P. Ricoeur, *Zeit und Erzählung II*, 269.

시스는 우화(fable)의 모든 측면을 과정으로 연결하기 때문이다. 이야기의 시간적 형상화는 보편적 성격을 갖는다. 형상화의 기반이 이질적인 것의 시간적 종합이라는 형식적 도식(圖式)이기 때문이다.[758] 우화 구성은 사건들, 허구적 또는 역사적 질의 사건들을 결합하며, 그것들을 텍스트 세계의 연관으로 연결하기 때문이다. 우화구성은 이야기를 통해서 동일한 요소들, 즉, 상황, 인물들을 조화시킨다. 그리고 이러한 요소들을 시간적인 전체로 연결시킨다. 그리하여 텍스트의 통일성이 결과되어 나온다, 이러한 미메시스의 창조적인 행위는 각기 사건들의 질이나 범주와는 독립적이며, 거기서 야기하는 이야기와도 독립적이다. 리꾀르에게는 미메시스 II, 이질적인 종합인 형상화하는 행위는 동시에 허구적 이야기와 역사적 이야기 사이의 연결지체를 설명하는 동일한 과정이다.[759]

(2) 미메시스의 세 국면

리꾀르는 미메시스 개념에 그의 해석학적 관점을 확대적용하여 삼중의 미메시스를 정립한다.[760] 미메시스는 단순한 복사(copie)가 아니라 이야기를 통해 행동을 재현하는 창조적 재현이다. 미메시스는 아직 형태를 갖지 않는 삶의 현실로부터 무엇인가 일관성 있는 질서를 엮어내는 창조적 역동적 개념이다. 미메시스는 창조적 행위로서 그것의 모방 능력이 사건의 내용이 아니라 사건의 의미에 적용되어진다. 리꾀르는 미메시스가 인간 행위의 비유적인 성격(bildlicher Charakter)을 반영하기 때문에 미메시스를 은유라고 나타낸다. 미메시스의 생산적인 상상력은 실재에 대한 복사가 아니라 창조적 재기술(Neubeschreibung)이라고 본다.[761]

---

758) Ibid., 266.

759) P. Ricoeur, *Hermeneutic and the Human Sciences. Essays on Language, Action and Interpretation,* ed. trans. and introduced, by J. B. Thompson, Cambridge, 1981, 296.

760) P. Ricoeur, 『시간과 이야기 1』, 제3장 시간과 이야기- 삼중의 미메시스, 125-188.

761) P. Ricoeur, *Hermeneutic and the Human Sciences,* 292 f.

리꾀르는 시간적 경험이 이야기로 구성되고 유통되는데 있어서 "미메시스 I(전(前)형상화, préfiguration)-미메시스 II(형상화, figuration)-미메시스 III(재(再)형상화, refiguration)"이라는 해석학적 순환구조를 제시한다. 이 구조에 이해-설명-적용의 구조가 상응한다. 미메시스 현상은 삼중 재현활동을 통해서 문학작품의 문학성을 설명할 계기를 마련한다.[762] 삼중 재현활동 가운데 중심적인 것은 미메시스 II이다. 미메시스 II의 전과 후는 주변적인 형식인 I과 III을 통해서 형성되어진다. 문학작품에 있어서 미메시스 II는 작품으로서의 텍스트에 해당한다. 미메네스 I은 상류(上流, amont)로서 작품 이전의 전-이해의 장이다. 미메시스 I은 우화의 전형상화된 시간 측면이며, 미메시스 III은 하류(下流, aval)로서 작품 감상의 독서의 장이다. 미메시스 III은 시간적 실존의 재형상화된 측면이다. 문학작품으로서 미메시스 II는 미메시스 I과 미메시스 III 사이를 매개하는 작업이다. 미메시스 II는 시간과 이야기를 연결하는 매개작용을 한다. 매개작용에 있어서 미메시스 개념은 신적인 시간 파악과는 독립적이다. 미메시스 개념은 사건의 형상화의 여러 가지 국면에 관계한다.

[1] 미메시스 I

미메시스 I은 시간적 경험에 있어서 삶의 행위의 전(前)형상화 단계이다. 이것은 지나간 사건이 이야기로 구성되기 전 일차해석을 통해서 인식되고 간혹 파편적 이야기들이 유통되기도 하는 전(前)형상화의 단계이다.[763] 미메시스 I은 이야기로 구성되기 이전의 시간적 경험의 단계를 말한다. 이것은 삶의 현장을 말하는 실재영역으로서 선(先)이해(pre-understanding)의 과정을 말한다. 미메시스 I은 인간적인 행위, 언어, 상징론과 시간성의 선이해이다. 이 선이해는 일반자료이며, 저자와 독자에 의하여 텍스트 안에

762) P. Ricoeur, *Temps et Récit I*, 86.
763) Ibid., 88.

서 이해되어진다.

미메시스 I은 미메시스 II를 가능케 해주는 조건이자 상황이다. 이것은 형상화가 가능하기 위하여 전제가 되는 행동의 상징적 구조(symbolic structure of action)를 말한다. 형상화가 아무리 창조성을 발휘한다고 해도 그것은 선이해의 범위 안에서 이루어진다. 줄거리는 행동의 모방이기 때문에 모방해야 할 선행적인 행동일반의 구조가 요구된다.[764] 인간의 행동은 그것이 이야기를 통해 형상화 되기 이전에도 이미 미메시스 I의 상태에서 상징적인 관계성 속에 있다.[765] 리꾀르는 미메시스 I을 구성하는 세 가지 요소를 말한다: 첫째, 행동의 의미의 개념망(conceptual network of semantics of action), 둘째, 문화의 상징적 틀(symbolic framework of a culture), 셋째, 시간 속에서 인간 행동을 이해하는 특징(feature of understanding human action in the time)이다.

첫째, 미메시스 I은 의미론을 포함한다. 의미론이란 행동이 의미의 그물망 속에서 있다는 것이다. 행동 의미의 개념망이란 인간의 구체적인 행동이 의미 있고 이해되도록 만드는 공유된 개념의 관계를 말한다. 이러한 행동 의미의 개념망이 있기 때문에 단순한 물리적 동작과 사회적 행동이 구별된다.[766] 이 개념망 때문에 인간의 행동은 목적, 동기, 행동 주체 등의 관점에서 분석될 수 있다.

둘째, 미메시스 I은 상징성을 포함한다. 상징성이란 행동이 매개되는 틀이 있다는 것이다. 문화의 상징적 틀이란 행동이 기호, 규준, 규칙, 관습, 제도, 문화적 행동 등을 통해서 상징적으로 매개되는 방식이다. 이 틀로 인해 행동은 이야기가 될 수 있다. 이 틀은 행동을 이해하고 해석하는 규칙을 주기도 하지만, 행동을 평가하는 규범을 주기도 한다. 그리하여 어떤 행동은

764) P. Ricoeur, *Time and Narrative I*, 54.
765) David Pellauer, "The Symbol Gave Rise to Thought," in: Lewis Edwin Hahn,(ed). *The Philosophy of Paul Ricoeur* (Chicago, Il.: Open Court, 1995), 108.
766) P. Ricoeur, *Time and Narrative I*, 55.

다른 행동보다 우월하다거나 열등하다거나 하는 윤리적 판단이 주어지게 된다.[767)]

셋째, 미메시스 I은 시간성을 포함한다. 시간성이란 행동이 구체적인 시간 속에서 일어난다는 것이다. 시간 속에서 인간 행동을 이해하는 특징이란 시간적 구조는 이야기를 요청한다는 것이다. 우리의 삶은 시간에 의하여 조직되어 있다. 시간은 행동을 형상화하기 이전에 형상화의 조건으로서 미메시스 I에 포함되어 있다.

리꾀르는 미메시스 I의 중요성을 다음같이 피력한다: "우리는 미메시스 I의 풍부한 의미를 알게 되었다. 행동을 모방하거나 재현하는 것, 그것은 우선 인간의 행동, 즉 그 의미론, 상징성 그리고 시간성이 어떠한 것인지를 미리 이해하는 것이다. 줄거리 구성, 그리고 그와 더불어 텍스트와 문학의 재현성은 작가와 독자에 공통된 바로 이러한 선(先)이해를 바탕으로 세워진다."[768)] 미메시스 I은 삶의 행위의 전(前)형상화 단계로서 선이해의 과정을 말한다.

[2] 미메시스 II

미메시스 II는 시간적 경험에 있어서 삶의 행위의 형상화 단계이다. 이것은 지나간 사건이 줄거리 구성으로서 신화와 창조적 모방으로서의 미메시스 작용을 통해 전체의 단위의 이야기로 구성되는 형상화의 단계이다.[769)] 미메시스 II는 줄거리를 가진 이야기의 시간적 경험의 단계를 말한다. 미메시스 II의 과정은 삶의 행위 속에서 능동적 참여로서 표현되어지는 생동적인 시간 경험으로의 이행을 통하여 수행된다. 미메시스 II는 미메시스 I과 미메시스 III 사이의 다리 역할을 한다. 미메시스 I은 미메시스 II의 상류

767) Ibid., 58.
768) Ibid., 64.
769) P. Ricoeur, *Temps et Récit I*, 101.

(上流)이고, 미메시스 III은 미메시스 II의 하류(下流)이다. 미메시스는 상류에서 하류로의 흐름이다.

인간은 도식화 능력(le schématisme)으로 인하여 복잡하고 모순된 인간 행위를 인지가능한 해석영역으로 끌어들인다.[770] 이 종합하는 창조적 정신활동으로 인간은 행위를 형상화하고 삶의 이질적 요소들을 시적으로 조화롭게 한다. 이것이 이질적인 것의 종합, 즉 불협화음적인 것의 조화(la concordance discordante)이다. 이것은 이야기의 고유한 구성으로 텍스트 세계(text world)를 말한다. 미메시스 II의 작업과정은 인간 행동(미메시스 I)의 의미, 상징, 시간성에 대한 이해를 전제로 한다. 인간행위(l' agir)는 고통, 슬픔, 기쁨, 행복을 타자와 나누는 삶의 장이다.[771] 인간행위는 거의 준(準)-텍스트(un quasi-texte)행동의 한 패러다임이다.[772] 이는 이야기가 갖는 실존조건을 만들 때, 그 온전한 의미에 도달할 수 있다.[773] 우화구성은 실제행위 도식의 단순한 복사가 아니라 사고구조의 모방을 설명하는 이야기 속의 준(準)세계(Quasi-Welt)를 기획한다.[774]

미메시스 II는 미메시스 I의 기반 위에서 가능하다. 미메시스 II는 줄거리 구성(emplotment)의 단계이다. 이는 다양한 사건들을 의미 있는 전체로 구성한다.[775] 이것은 구체적으로 세 가지 과정을 포함한다. 첫째, 개별적인 사건들과 전체를 매개한다. 둘째, 서로 상이한 요소들, 예컨대, 행동의 주체, 목표, 수단, 상황, 예기치 못함 등을 하나의 이야기 속에 포함시킨다.

770) Ibid., 106.

771) 삶의 현실을 이야기로 엮어나가는 능력을 서사적 지성(l' intelligence narrative)이라고 부른다. 이 서사적 지성은 인간행동과 긴밀히 연관된 실천적 지성(phronesis)이다. 이 지성은 이야기 구성에 있어서 창조적 상상력을 수반한다. 인간은 창조적 상상력을 통해 불투명하고 일관성 없는 삶으로부터 형상화된 예술과 문학 텍스트를 만들 수 있다.

772) P. Ricoeur, *Temps et Récit I* , 175.

773) Ibid., 85.

774) P. Ricoeur, "Mimesis and Represenattion," in: *Annales of Scholarship 2*, 1981, Nr. 3, 20f.

775) P. Ricoeur, Time and Narrative I, 55.

셋째, 사건들에 시간성을 부여함으로 그것을 결말이 있는 이야기로 변환시킨다.[776] 미메시스 II가 작동하는 힘은 생산적 상상력(productive imagination)이다. 이 상상력은 서로 관련이 없는 다양한 요소들을 하나의 이야기라는 틀에 집어넣고 전체를 배열함으로써 의미 있는 이야기를 꾸려나간다.

[3] 미메시스 III

미메시스 III은 시간적 경험에 있어서 삶의 행위의 재형상화 단계이다. 이것은 형상화된 텍스트로서의 이야기가 독자와 만나는 지점에서 상호작용하는 단계를 말한다. 말하자면, 비트겐슈타인(L. Witgenstein)이 삶의 형식으로서의 언어 놀이(Sprachspiele as Lebensform)에서 말하는 것처럼 독자가 텍스트를 자신의 삶에 적용하는 재형상화의 단계를 말한다.[777] 미메시스 III은 독자들이 이야기를 자신의 삶의 자리에서 이해하고 설명하고 적용하는 시간적 경험의 단계를 말한다. 이것은 작품 수용입장인 독서현상(reading phenomenon)을 말한다. 미메시스 III은 텍스트 세계와 독자 사이, 이야기를 통해서 형상화된 세계를 읽는 독자가 적용을 통해서 재형상화하는 독특한 시간 경험을 형성하는 것이다,

미메시스 III은 텍스트에 놓여진 행위이다. 이것은 세계를 새롭게 기술하는 행위(Akt der Neubeschreibung)이다. 우화 구성은 실재 세계 밖에 놓여있는 허구적 또는 비허구적 테두리 안의 세계, 인격, 그의 행위를 주제화한다. 독자의 행위 안에서 두 세계의 연결이 생성되며, 따라서 상호적 영향이 가능케 된다.[778]

미메시스 III은 텍스트의 세계와 독자의 세계가 만나는 곳이다. 텍스트의

776) Ibid., 65.
777) P. Ricoeur, *Temps et Récit I* , 109.
778) P. Ricoeur, “Mimesis and Represenattion,” in: *Annales of Scholarship 2*, 1981, Nr. 3, 28.

세계는 형상화를 통해서 구성된 가상(假想)의 세계이다. 독자의 세계는 구체적인 시간과 공간 안에서 일어나는 실제 행동으로 이루어지는 세계이다. 미메시스 III은 텍스트 세계와 독자 세계, 양자가 교차하면서 생겨난다. 이러한 세계는 독서를 통해서 이루어지는 세계이다. 리꾀르는 이 세계에서 독자의 역할이 중요하다고 본다. 독자는 텍스트에 담겨 있는 의미를 수동적으로 받아들이는 것이 아니라, 능동적으로 창의적으로 텍스트의 의미 생산에 참여한다. 리꾀르는 저자의 역할도 중요하다고 본다. 저자가 미메시스 II에서 어떤 작업을 했느냐에 따라 미메시스 III에서 독자가 하는 역할의 방향과 폭이 결정된다. 저자는 일반적으로 인정된 유형들을 통하여 독자가 이야기의 형상화를 잘 따라가도록 돕는다. 그러나 어떤 경우, 저자는 독자를 시험하기도 하고, 독자와 게임을 하기도 한다. 독자 또한 미메시스 II에서 형상화 된 것을 조금 비틀어서 해석하면서 저자의 의도를 왜곡할 수도 있다. 독서 행위는 미메시스 III을 미메시스 II에 결합시키는 역할을 한다.779)

5) 이해, 설명, 이차적 소박성 사이의 해석학적 순환

시간적 경험에 있어서 삶의 행위의 세 가지 형상화의 단계에는 상응하는 다음 세 가지 단계들의 해석학적 순환이 적용된다.

첫째는 이해(compréhension)의 단계이다. 이것은 가다머의 선입견(Vor-Urteile)과 연관된 최초의 해석, 즉 각자의 영향사(Wirkungsgeschichte)에 기반을 둔 이해이다.

둘째는 설명(explication)의 단계이다. 처음 이해된 텍스트는 더 정확하고 안전한 이해를 위해 비평의 과정을 거친 후 설명을 필요로 한다. 왜냐하면 더 많은 설명이 더 잘 이해하는 결과를 보증하기 때문이다: "우리가 더 많이 설명한다는 것은 더 잘 이해한다는 것이다."780)

---

779) P. Ricoeur, *Time and Narrative I*, 77.
780) P. Ricoeur, *Du Texte á l'action*, 22.

셋째는 이차적 소박성(second naiveté)의 단계이다. 이것은 설명의 단계를 거친 텍스트에 대한 이해를 말한다. 여기서 해석은 텍스트를 독자의 삶에 적용(application)하거나, 혹은 전유(appropriation)를 통해 완결된다.[781]

이러한 이해(compréhension)-설명(explication)-이차적 소박성(second naiveté) 내지 적용(application)의 순환구조가 미메시스의 세 단계에 각기 개별적으로 적용된다.[782]

리쾨르의 이야기 해석학은 이야기로서의 텍스트의 상류(上流)와 하류(下流)상황을 글로 쓰인 고정된 텍스트와 연관하여 총괄적으로 다룬다. 독자는 자신의 독서행위로써 여러 이질적 요소들을 종합하되, 이해에서 시작하여 텍스트의 파악과 그 설명과 적용을 통해 자기 발견까지를 포함한다. 독자는 미메시스 I에서 미메시스 II를 거쳐 미메시스 III에 이르는 긴 여정을 책임지는 행위자가 된다.[783] 미메시스 II는 줄거리 구성으로서 미메시스 I인 실재경험과 미메시스 III인 재형상화 사이를 매개하고 있다. 줄거리 구성(mise en muthos)은 단순한 상상적 조작으로 인간 경험과 단절된 관념세계가 아니라 이미 그 이전의 삶의 현장인 미메시스 I에 연결되어 있음으로 진정한 인간적 진리의 작품이 된다.

아리스토텔레스의 줄거리 구성에는 원래 시간 성격이 없다. 그러나 리쾨르는 텍스트 형상화에서 시간을 도입한다. 그는 형상화된 시간을 매개로 전(前)형상화된 시간에서 재(再)형상화되는 시간에 이르는 길을 제시한다: "언어가 시간적 경험을 형상화하고, 재형상화 함으로써 시간성이 언어로 옮겨지고 그리고 단순히 동어 반복의 악순환이 아니라 새로운 변형이 형성된다."[784] 이것은 시간과 이야기 사이를 매개하는 것이다. 리쾨르는 시간

---

781) Ibid., 210.

782) 석종준, "Ricoeur의 Narrative이론에 비추어 본 복음주의 기독론에 대한 비판적 고찰", 한국기독교철학회 2010년 6월 12일 하계발표회(숭실대) 자료, 8.

783) P. Ricoeur, *Temps et Récit I*, 86-87.

784) Ibid., 87.

과 이야기 사이의 해석학적 악순환을 벗어나기 위하여 나선구조의 순환을 주장한다. 그는 해석에 있어서 격렬함(violence)과 중복성(redondance)을 언급한다.

⑴ 해석의 격렬함: 이것은 이야기의 이질적인 요소들에 "마치 -처럼"이라는 허구의 행태를 부여하는 것이다. 이것은 이야기의 결정적 요소로서 우연과 운명의 역전(逆轉)이 담당하는 교란의 역할을 말한다. 이것은 전회점(Pe ripetie), 숙명의 급격한 전환(ein überraschender Umschwung des Schicksals)을 통해서 나타내어진다. 해석의 격렬함에는 이야기의 역동성이 있으며 이완과 긴장 경험이 상호 대결한다. 이것은 창세기와 묵시록 사이에 종말이 여태까지의 사건을 역전시키고 새로운 날을 야기하는 것과 같다.

⑵ 해석의 중복: 이것은 이야기 분석에 드러나는 시간적 행태와 이야기 구조 사이의 순환성을 말한다. 말하자면, 경험에 내재한 시간 형태를 통해 이야기 구조를 해석하고, 이야기 구조를 통해 시간적 형태를 해석하는 것이다. 이러한 해석은 단순한 동의어반복적인 중복이 아니라 건전한 순환을 말한다.

⑶ 재형상화로서의 독서행위: 독자는 형상화된 작품에 대하여 줄거리를 혁신하거나 침전 놀이를 한다. 독서는 줄거리 구성을 바꾸거나 빼기도 한다. 그리하여 작품은 읽는 독자들에 의하여 재형상화 된다. 텍스트는 독자가 수동적 혹은 창조적 방식으로 실행하는 지시사항들의 집합이다. 그리하여 텍스트는 수용자와의 상호작용을 통해서 작품이 된다.

⑷ 이야기성과 대상지시: 작품은 독자를 통해서 텍스트의 세계로 나아간다. 텍스트 세계와 독자의 세계 사이의 교차는 일반적 담론 행위, 문학작품, 이야기 작품이라는 세 가지 전제에서 이루어진다.

일반적 담론 행위는 의미와 대상지시 사이에 관계를 설정한다. 리쾨르는 담론에서 지향된 것(l'intenté)은 담론 의미로서 어떤 것에 관해 어떤 것을 말한다고 본다. 그것은 언어를 초월하는 방향으로 나아간다. 언어는 그 자체로 동일자(même)의 질서에 속하나 세계는 타자이다. 세계의 타자성은 언어학이나 기호학에 속하지 않는다. 타자는 언어-외적인 것으로서, 세계와 시간 속에 존재한다. 이런 존재론적 조건이 먼저 선행하고, 언어를 통한 의사소통과 대상지시가 이루어진다.

문학작품은 경험을 언어로 옮긴 삶의 표현으로 모든 담론과 마찬가지로 세계와 관련된다. 따라서 문학 테스트는 실재(être)와 외관(paraître) 사이의 변증법으로 진실과 허위, 거짓과 비밀에 관한 언술을 포함한다. 문학작품은 고유한 은유적 대상지시 체제에 따라 세계와 관계 맺는다.[785] 문학 작품은 대상지시성과 진리주장과 관계해서 역사와 허구 사이의 불균형을 나타낸다. 한편으로, 역사서술은 경험 속에 새겨진 대상지시를 요구한다. 과거는 이미 존재하지 않지만 흔적인 기록을 통해서 과거가 있었다고 말한다. 다른 편으로, 과거부재성은 상상력이라는 매개단계를 통해서만 재구성된다. 모든 이야기는 마치 일어났던 것처럼 이야기된다. 역사가 허구를 차용하는 것 만큼이나 허구도 역사를 차용한다. 이것은 바로 리쾨르가 말하는 이야기된 시간, 즉 독서를 통한 체험의 시간이다.

6) 역사와 이야기

리쾨르는 역사의 문제를 『시간과 이야기』의 I권 2부와 III권 전체에서 집중논의하고 있다. 리쾨르에 의하면 역사와 이야기(narrative)는 서로 연관되어 있다. 역사는 일어난 사건이나, 이 사건은 이야기를 통해서 역사로 인식되어진다. 이야기를 통하지 않는 역사는 그 자체의 사건이나, 그것은 우리들에게는 접근될 수 없는 사건이다. 리쾨르는 랑케(Ranke)의 역사 실증주의를 거부한다. "역사란 사건들이 실제로 어떻게 일어났는지를 원래 있었던 그대로(wie es eigentlich war) 보여주는 것"이 아니다.

리쾨르에 의하면 역사란 시간 경험에 대한 기억, 증언, 자료와 흔적을 가

---

785) P. Ricoeur, *La Métaphore vive*, 7장.

지고 이야기 양식으로 실현된 재형상화이다. "이야기를 통한 시간의 재형상화는 역사 이야기와 허구 이야기가 결합된 결과라는 것이다"(la refiguration du temps par le récit est, selon moi, l'oeuvre conjointe du récit historique et du récit de fiction).[786] 역사 이해의 과제란 지나간 시간 경험을 어떻게 재현할 것인가의 과제이며, 궁극적으로는 역사 기술이 어떻게 이야기 성격을 갖는가를 설명하는 데 있다. 역사와 이야기의 서로 얽힘의 관계는 역사 이야기와 허구 이야기가 서로 얽힘과도 관계된다.

(1) 역사와 설명 모델

리쾨르는 역사는 이야기이며, 이야기는 설명의 한 모델이라고 본다. 그는 현대 프랑스 역사학계와 분석철학계의 사례를 검토한다. 두 사례의 공통점은 각기 역사 기술을 과학적 법칙이나 실증주의로 환원하는 시도를 반대하면서도 역사 기술로서의 설명에 이야기를 수용하는 것에 관심이 없었다는 것이다. 현대 프랑스 역사학, 특히 아날학파는 개인이나 사건 중심의 역사에 반대하면서, 역사를 지속적인 시간의 총체적 사회현실(fait social total)에 대한 선택적 재구성을 통한 설명이라는 개념으로 보았다.[787] 리쾨르는 아날학파(Annales-Schule) 그리고 아롱(R. Aron), 마로(H.-I. Marrou), 브로델(Braudel) 등이 행위하는 인물의 역사 대상을 사회적 현상으로 이전시키며, 그리하여 역사 대상을 일반화시켰다고 비판한다.[788]

둘째, 영미 분석철학계는 역사학을 과학과 동일시하려는 드라이(W. Dray)와 헴펠(Carl Hempel)의 법칙론적 모델(nomologisches Modell)에 대한 대안으로 한 사건에 대한 다양한 원인가능성을 용인하는 인과적 분석(l' analyse causale)모델과 동기(raison)에 의한 설명모델을 제안한다.[789] 리

786) P. Ricoeur, *Temps et Récit I* , 136.
787) Ibid., 143-6.
788) P. Ricoeur, *Zeit und Erzählung I,* 142.
789) P. Ricoeur, *Temps et Récit I* , 173-86.

꾀르에 의하면 이들 대안적 설명 모델들이 사건에 대한 다양한 개연적 설명의 가능성을 열어줌으로써, 각각 실증주의와 법칙론적 모델을 넘어선다. 그러나 실제 역사 기술에서 재구성될 때, 결국 줄거리 구성을 통한 사건의 재구성이라는 이야기 양식과 연계하여 설명하는 데까지는 이르지 못했다고 본다.[790] 리꾀르는 드라이, 헴펠 등이 학문적인 객관성을 추구하면서 역사 기술에서 이야기 형식을 제거하고 있다고 비판한다.[791] 법칙론적 모델의 오류는 역사 기술의 이 형식이 역사적 과정을 간과하는 데 있지 않고 그것의 역사적 의미가 인식되지 않는데 있다고 본다. 리꾀르는 비판하기를 역사 기술의 이 형식은 객관성 요구의 형식화를 통해서 역사학의 기초지우는 이야기하는 성격(erzählenderCharakter)을 놓치고 있는 것이라 본다. 역사의 가장 중요한 측면은 역사는 우화와 같이 역사의 탐지자로 기능하는 인간과 인간의 행위와 연관되어 있다는 것이다.[792]

셋째, 갈리(W. B. Gallie)의 착상은 역사의 추후수행 가능성(followability of history, Nachvollziehbarkeit der Geschichte)을 강조하면서 역사 이해 속에서 능력의 확장을 본다. 그에 의하면 역사를 따라간다는 것은 여기서 다양한 행위, 생각, 그리고 느낌에 참여하는 것을 의미한다: "역사를 추후수행한다는 것은 사건을 최종적으로 정신적으로 수용할 수 있다는 것으로 발견한다는 것을 의미한다."[793] 그는 역사가의 본래적 문제란 사건들을 수용할만한 이야기로 엮는 것에 있다고 본다.[794]

리꾀르는 화이트 (H. White)의 견해에 의존하여 역사기술과 우화(寓話)구성을 동일화하는 결론을 제시한다. 그리하여 허구적 이야기와 역사적 이야기는 그것의 서사적 구조와 관련하여 하나의 그룹에 속한다. 우화는 이야

790) P. Ricoeur, *Temps et Récit I* , 188, 202.
791) P. Ricoeur, *Zeit und Erzählung I,* 166ff.
792) P. Ricoeur, "Erzählung, Metapher und Interpretationstheorie," in: *Zeitschirft für Theologie und Kirche* 84, 1987, 236.
793) P. Ricoeur, *Zeit und Erzählung I,* 225f.
794) Ibid., 223ff.

기 양식이 된다. 사건의 우화구성의 도움으로 역사 속에 편입되면서 설명된다. 역사 기술은 여기서 한편으로는 문학적인 수단이 되고, 다른 편으로는 현실설명이 된다.[795] 리쾨르는 소급 질문을 발생적 현상학에 적용하면서 단순한 이야기의 불연속성 내에서 역사기술이 서사적인 이해(narratives Verstehen)에서 유래한다는 사실을 드러낸다.[796] 역사 기술의 해석학의 근본형식은 텍스트 해석학과 다름 없다: 더 많이 설명하는 것은 더 잘 이해하는 것이다(Mehr erkären heisst besser verstehen).[797]

리쾨르는 역사적 이야기와 관련하여 두 가지 주장을 한다. 하나는 우화구성 개념에는 허구적 이야기와 역사적 이야기의 공통적 기초가 있다. 다른 하나는 이야기 이론과 시간성은 필연적으로 연결된다는 것이다.[798] 허구적 사건과 역사적 사건 사이의 가장 중요한 구분의 기준이란 그것의 진리주장에 있다. 그리하여 역사적 사건이란 진실이나 사실로서 타당하든지 또는 비진리나 허구로서 밝혀진다. 진리질문과는 무관하게 공통적인 기초를 만들 수 있기 위하여 리쾨르는 이 측면을 괄호에 넣고 일차적으로 이야기 성격과 역사기술에 그의 연구를 집중한다.[799]

리쾨르에 의하면 역사 기술은 함축적으로 허구와 유사한 구조가 근저에 놓인 서사구조를 만든다. 역사 기술에서도 준(準)-줄거리(Quasi-Intrige)라고 표시되는 이질적인 것의 종합이 수행된다.[800] 그리하여 리쾨르는 이야기 개념을 허구적 역사와 사실적 역사로 확장하고, 이 둘에 여러 가지 요소들의 결합을 통해서 서사적인 의미를 구성하는 능력을 부여한다: "양자, 이

795) P. Ricoeur, "Narrative and hermeneutics," in: *Essays on Aesthetics,* hrsg. von J. Fisher, Philadelphia 1983, 153.
796) Jens Mattern, *Ricoeur zur Einführung,* Hamburg: Junius, 165.
797) Ibid., 166.
798) Ursula I. Meyer, *Paul Ricoeur. Die Grundzüge seiner Philosophie,* Aachen 1991, 182.
799) P. Ricoeur, *Zeit und Erzählung II,* 266f.
800) P. Ricoeur, *Zufall und Vernunft in der Geschichte,* Tübingen 1985, 35.

야기와 역사적 인식은 불일치와 일치를 서로 간에 마주 세우는 시간적인 형상화를 구성한다."[801] 리쾨르는 준(準)–우화와 준–사건 개념을 창안하면서 서사적인 개념들을 역사 기술에 적용한다. 서사적인 개념들은 리쾨르가 허구적 우화구성 작업과 역사적 사건의 결합에 위치시키는 공통적인 서사적인 기반을 명료히 한다.[802]

(2) 이야기와 인간적인 시간

리쾨르는 이야기는 설명이라고 본다. 사건에 대한 설명은 곧 이야기 줄거리 구성이라고 본다.[803] 리쾨르는 이야기(Erzählung)와 인간적인 시간(menschliche Zeit) 사이의 중심관계를 설명한다: "이야기의 행위에서 모든 형식에 있어서 드러나고, 설명되고, 명료화되는 인간 경험의 공통성격은 그것의 시간적 성격이다. 이야기하는 모든 것은 시간 안에서 일어나며, 시간을 사용하며, 시간 안에서 수행된다. 시간 안에서 수행되는 것은 이야기되어질 수 있다. 모든 시간적 과정조차도 그것은 하나의 방식 또는 다른 방식으로 이야기 될 수 있는 한에 있어서만 그러한 것으로 인식되어진다."[804] 시간성의 문제는 독서 행위에서 전개되어진다. 독서행위는 텍스트 세계와 독자의 생활세계 사이의 단면에서 위치한다.

하이데거(M. Heidegger)가 인간 존재를 드러내려고 했으나 현존재의 분석에 그치고 인간 존재를 시간성에서 파악하려고 했으나 구체적인 내용은 현상학적 내면의 체험 외에는 드러낸 것이 없었다. 그런데 리쾨르에 의하면 시간과 이야기의 관계를 통해서 실존의 구조를 표현하는 가능성이 제시되고 있다.[805]

---

801) Ibid., 36.
802) P. Ricoeur, *Zeit und Erzählung I,* 344.
803) P. Ricoeur, *Temps et Récit I* , 239-44.
804) P. Ricoeur, "Erzählung, Metapher und Interpretationstheorie," in: *Zeitschrift für Theologie und Kirche* 84, 1987, 233.
805) H. White, *The Content of the Form,* 170f.

리쾨르는 이야기에 은유와 같은 새 기술(Neubeschreibung)의 유사한 형식을 부여한다. 그는 이야기 속의 모방기능을 은유의 의미론적 술어의 차원에 위치시킨다. 은유와 이야기의 경우에는 "새로운 것, 아직도 말해지지 않은 것, 듣지 못한 것이 표현된다."[806] 은유가 현실을 새롭게 기술하는 것과 유사한 방식으로 이야기는 인간적 행동의 변화를 유발시킨다. "은유적 새 기술(記述)이 세계를 살 수 있도록 만드는 오히려 감성적이고 감정적이고 미적이고 도덕적인 가치의 영역에서 지배한다면, 이야기의 모방적인 기능은 우선적으로 행위와 시간적인 가치의 영역에서 지배한다."[807] 이야기는 여러 가지 다른 사건들을 하나의 공통적인 행위로 연결시킨다. 이야기란 행위 미메시스(Handlungsmimesis)이다.[808] 이러한 과정은 이질적인 것의 종합(Synthesis des Heterogenen)이다. 이것은 여러 가지 구별되는 사건들을 엮어냄이다. 이질적인 것의 종합을 통해서 흩어진 사건들은 하나의 역사로 형성되어 진다.

(3) 역사와 허구의 변증법

리쾨르는 역사와 허구의 공통점을 이야기로 표현하는 특성이라고 본다. 차이점은 역사가 줄거리 구성에 있어서 사건의 순서가 역사가에게 일어난 실재대로 부과되는 반면, 허구는 사건의 배열을 화자 자신이 원하는 대로 한다는 것이다.[809] 역사가는 사실을 창조하지 않지만, 허구의 작가는 사실을 창조한다는 점에서 차이가 있다. 역사가와 소설가의 가장 큰 차이는 "언젠가 있었던 것"(á ce qui, un jour, fut)으로서의 과거를 재구성하려는 의도 여부에 있다. 그러나 역사가는 역사적 실재의 "흔적"에 의존해서 과거를 재현하지만, 흔적이 전체의 부분만을 드러내기 때문에 나머지 부분들의 구

---

806) P. Ricoeur, *Zeit und Erzählung I*, 7.
807) Ibid., 9.
808) Jens Mattern, Ricoeur, *Zur Einführung*, Hamburg: Junius, 1996, 164.
809) P. Ricoeur, *Temps et Récit III*, 203-4.

성을 위해서는 허구적 상상력의 지원을 받는다. "흔적"이 역사적 사건의 모든 것을 설명해주지 못하기 때문에 역사가는 시간을 재형상화하기 위해 어떤 식으로든 허구를 사용할 수 밖에 없다.

반면에 허구는 이와는 대조적으로 역사의 사건을 사용해야만 시간의 재형상화라는 허구의 목적에 다가갈 수 있다.[810] "역사-허구"의 필연적 상관성은 "역사의 허구화"와 "허구의 역사화"라는 두 가지 측면을 갖는다.

첫째, 역사의 허구화는 역사가 있었던 그대로 인식되는 것이 아니라 역사적 상상력을 통해서 주어진다는 것이다. 그리하여 일어난 역사는 비유적으로 "라고 그려본다"(se figurer que...)는 행위를 통해서 재구성된다.[811] 여기서 역사라는 과거는 은유화된다. 그러나 역사에 허구를 얽히게 한다고 해서 역사의 재현능력이 약화되는 것은 아니다. 오히려 구상을 완성하는데 기여한다.[812]

둘째, 허구의 역사화는 허구 이야기가 역사 이야기를 "모방한다"(imite)는 가설에 기인한다. 무엇을 허구로 이야기한다는 것은, 그것이 마치 "일어난 것 처럼"(commes' il s' etait passé), "진실같음"(vérisimillitude)으로 이야기하는 것이다. "일어난 것 처럼"이 허구화의 본질이다. "일어난 것 처럼" 이야기하는 것은 허구 속에 "진실 같음"을 입히는 것이다. 비실재적 허구(irreale Fiktion)는 우리의 행위를 새로이 이해된 세계 안에서 바꿈으로써 실제적 효과 (reale Effekte)를 갖는다.[813]

역사적 사건에 대한 시간의 재형상화는 "역사의 허구화"와 "허구의 역사화"의 변증법을 통과해야 한다. 허구가 준(準)-과거(ein Quasi-Vergangenes)를 이야기 하는 것처럼, 역사 기술은 준(準)-허구(eine Quasi-Fiktion)를 이야기한다. 리꾀르는 인간적 시간의 새로운 형상화를 위하여

810) Ibid., 264-5.
811) Ibid., 269-270.
812) P. Ricoeur, *Temps et Récit III*, 271.
813) Jens Mattern, Ricoeur, *Zur Einführung*, Hamburg: Junius, 1996, 174.

역사적 이야기와 허구적 이야기가 서로 얽힌다고 말한다. 역사와 허구는 서로를 직조(織造)한다. 직조된 역사와 사의는 있었던 그대로의 역사라기보다는 일어날 수 있었던 개연적(蓋然的) 사건이다. 리꾀르는 피력한다: "허구의 준-과거는 "실제 과거 속에 은폐되어 있는 가능성들"(possibles enfouis dans le passé effectif)형상을 탐구하는 것이 된다. "실제로 일어날 수 있었던"(aurait pu avoir lieu) 것 - 아리스토텔레스가 말하는 "사실같음(vraisemblance) - 은 실재(réel) 과거의 가능성과 소박한 허구의 비실재적(iréel) 가능성을 동시에 포함하고 있다."[814] 역사와 허구가 교차하는 이야기의 변증법은 과거 시간적 행동과 시간들에 대한 재현 가능성을 최대한 확보한다. 그리하여 시간은 이야기를 통해서 인간의 시간(temps humain)이 된다.[815] 시간성은 이야기(narrative)를 통해서 간접적으로 드러난다.

(4) 이야기와 정체성

리꾀르는 자체-정체성(identité-idem)과 자기-정체성(identité-ipse)을 구분한다.[816] 자체-정체성은 시간 진행의 영향을 받지 않는 "무엇" 측면의 정체성이다. 이것은 수적 단일성과 무시간성을 의미하는 동일성(le mèmeté, the sameness)이다. 여기에는 수치, 질, 연속성, 영속성이 있다. 자기-정체성은 시간성이 내재된 상태로서의 누구의 정체성이다, 이것은 행동과 도덕적 차원을 고려한 시간상의 자기성(l' l'ipéité, the selfhood)이다. 여기에는 성격과 약속이 있다. 자기 정체성은 시간 속에서 지속성을 나타내는 자체 동일성과 자기 동일성의 변증법적 종합을 통해 드러난다.

자체-정체성(identité-idem)과 자기-정체성(identite-ipse)의 변증법은 이야기 안에 모두 내재되어 있다. 누구의 정체성은 바로 이야기 정체성

814) P. Ricoeur, *Temps et Récit III*, 278.
815) Ibid., 279.
816) P. Ricoeur, *Figuring*, 307.

(narrative Identität)이다.[817] 이야기 정체성은 인격과 공동체에 주어지는 동일성의 형식이다.[818] 자체 정체성 아래에서 줄거리 짜기가 시간 속의 영속성과 갈등한다. 이처럼 자기정체성 아래서는 다양성, 가변성, 불연속성, 불안정성이 시간의 영속성에 통합된다.[819] 이와같이 자체-정체성과 자기 정체성이 이야기에 내재한다.

미메시스 II는 수행하기까지 긴장이 있다. 줄거리 짜기(mise en intrigue)에는 일치(concordance)의 요청과 불일치(discordance)의 수용이 공존하는 긴장이 있다. 이로 인해서 구성 마지막까지 이야기 정체성은 위협 받는다. 그러나 줄거리 짜기를 통한 형상화(configuration)는 우연적일 수 있는 개인의 다양한 행위 사건들이 필연적 사건으로 변형되어 이야기(narrative)의 한 구성요소가 되도록 기능한다.[820] 이야기의 인물은 행동하는 주체로서 그의 자체 정체성과 자기 정체성이 줄거리와 필연적으로 엮여 있다.[821] 그러므로 인물 그 자체가 곧 줄거리 짜기[822]라고 말할 수 있다. 이야기는 개인만이 아닌 집단의 정체성의 담지자이다.

7) 이야기된 시간

이야기된 시간이란 재(再)형상화된 시간이다. 이야기는 시간경험을 표현한다. 이야기의 서술기능은 역사적이거나 상상적 현실을 재현하는데 그치지 않고, 독자의 현실세계와 관련하여 텍스트의 세계를 펼친다.

리꾀르는 이야기 내의 시간 구조의 분석을 뮐러(G. Müller)의 서사적인 시간 형식 개념에 정위시킨다. 뮐러는 진술행위, 진술 그리고 텍스트 세계로 구성되는 세 단계의 시간 도식을 발전시킨다. 여기에 대하여는 이야기

817) Ibid., 308.
818) Jens Mattern, *Ricoeur, Zur Einführung,* Hamburg: Junius, 1996, 175.
819) P. Ricoeur, *Soi-méme comme un autre,* Paris 1990, 148, 168.
820) Ibid., 175.
821) P. Ricoeur, *Soi-méme comme un autre,* Paris 1990, 173.
822) Ibid., 174.

시간(die Erzählzeit), 이야기된 시간(die erzählte Zeit) 그리고 허구적 시간 경험(die fiktive Zeiterfahrung)이 상응한다. 출발점은 이야기 시간과 이야기된 시간의 분리이다. 이야기 시간은 연대기적 차원 (chronologische Dimension)이고, 이야기된 시간은 비연대기적 차원(nicht-chronologische Dimension)이다. 이야기 시간이란 일반적으로 세계에 의하여 재어져서 보편적 타당성을 갖는 선적 시간(lineare Zet)이다. 이야기와 관련하여 이야기 시간은 페이지 수와 줄로, 말하자면, 독서에 필요한 이야기로 표현된다. 이야기된 시간은 텍스트에서 진행하는 시간이다. 허구적 내지 역사적 인격들은 자료들과 다른 사실들을 통해서 증명되어 질 수 있는 일정한 시간 설정에서 행동한다. 이야기된 시간은 시간 테두리를 형성한다. 그것은 이야기 시간처럼 선적(線的)으로 진행하나, 항상 텍스트에 묶여 있으며 읽는 동안에만 사이비-시간 (Pseudozeit)으로 수용된다.[823] 허구적 시간 경험 개념에서 리꾀르는 이야기 시간(에피소드의 차원)과 이야기된 시간경험(형상화하는 차원)의 연결을 주제화한다. 시간 경험의 이러한 형식에 대하여 두 가지 다른 시간 형식에 대해 대안이 되는 시간의 반복성격은 의미 있다. 시간경험의 이러한 형식은 단지 시간에서만 아니라 기억에서도 행위를 만든다. 이것을 통해서 주관은 이미 과거인 현존재의 가능성으로 되돌아 갈 수 있다.[824] 리꾀르에 대해서 이것은 근원적인 조건의 반복의 형식이다.

서사적인 시간경험은 나선(螺線) 운동에 있어서 가능성으로 되돌아가서 과거, 현재, 미래라는 선적 시간국면을 연결한다. 그것은 시적 시간처럼 더 이상 익명적이 아니나, 주관적인 시간경험의 설명보다는 더 많다. 리꾀르는 서사적인 시간을 공적인 시간(öffentliche Zeit) 또는 서로의 시간(inter-Zeit)으로도 나타낸다. 왜냐하면 공적 시간은 이야기와 화자, 화자와 청취자를 연결하기 때문이다.

---

823) P. Ricoeur, *Zeit und Erzählung II,* 129 ff.
824) P. Ricoeur, “Narrative Time,” in; *Critical Inquiry 7,* Autumn 1980, Nr. 1. 182 f.

하이데거가 제시하는 시간의 부스러지는 무아경에 대한 대답으로 리쾨르가 제시하는 역사의 사고는 헤겔적인 영원한 현재 속에 역사의 지양이 아니라 인간적인 행동의 실천적 차원에 정황을 지닌 총체성의 불완전한 매개이다.[825] 그러므로 화해된 인류의 사상은 단지 내용적으로 항상 충족되어야만 하는 주도이념일 뿐이다. 이 이념은 우리의 윤리적이고 정치적인 노력에서 미래에 관련하여 타당성을 갖는다. 전통 해석학과 이데올로기 비판 사이의 반정립적인 대립을 피하기 위해서는 리쾨르는 다음을 피력한다: "하나의 인류와 하나의 역사 이념을... 도식화 하는 미래기획에 대한 관심은... 이미 의사소통의 앞서 간 그리고 동시대적인 실천을 규정하고, 함께 전통 자체 속에 숨겨져 놓여 있는 미래기획과 지속적으로 연결되어 있다."[826]

미래와 현재의 변증법은 공동적인 역사 속에서 미래적 차원의 연관 속에서 생각되어지며 새로운 빛 속에서 나타나는 현재에 그 처소를 갖는다. 리쾨르는 현재를 강조한다. 현재는 우리가 미래기획과 과거를 통한 촉발됨을 매개 속에서 행동하기를 시작하는 주도력의 시간(Zeit der Initiative)이다. "거기에 현재의 힘이 있다. 그것은 역사적인 차원에서 주도력의 등가(das Äquivalent der Initiative)이다: 현재는 미래와 관련하여 우리의 윤리적이고 정치적인 노력에 대하여 전래된 과거의 충족되지 않은 가능성에 반응하는 가능성의 힘을 부여한다."[827] 이야기는 완전한 총체화의 사고에 저항하며 항상 파편적으로 남는다.[828] 항상 다른 역사가 있으며, 어떤 역사도 모든 것을 포괄할 수 없으며, 자체 속에 지양할 수 없다.[829]

리쾨르는 다음 논제를 피력한다: "시간은 이야기 양식에 따라 형성되는 만큼 인간적인 시간이 되며, 이야기는 시간적 실존의 조건이 된다면 그것

---

825) Jens Mattern, *Ricoeur, Zur Einführung,* Hamburg: Junius, 1996, 177.
826) P. Ricoeur, *Zeit und Erzählung III,* 412f.
827) P. Ricoeur, "L'initiave", in: *Du texte à l'action,* 277.
828) Jens Mattern, *Ricoeur, Zur Einführung,* Hamburg: Junius, 1996, 179.
829) 최태연, "폴 리쾨르의 후기 역사철학", 『해석학연구』, 2006년 봄, 한국해석학회, 47.

의 온전한 의미를 획득한다."[830] 인간적 시간 안에서 우주적 시간과 영혼의 시간은 허구와 역사 이야기에 의하여 기획되는 "제3의 시간"(die Drittzeit) 의미에서 서로 엮어진다. 인간적인 시간은 이야기된 시간 속에 기초되어진다. 이 사실은 그것을 넘어서서 근원적으로 사회적인 차원을 결정적인 결론으로 갖는다. 이것은 하이데거의 『존재와 시간』의 해석학적 현상학의 테두리에서와 현존재의 본래적이고, 모나드적인 시간성의 타락형태(Verfallsform)로서 나타나지 않는다. 이 타락 형태는 죽음에의 존재에 상응하기 때문이다. 인간적인 시간은 동일 근원적으로 사회적 시간이다. 인간적인 시간은 우리의 선조들의 촉발하는 시간과 동시대인들의 공동체의 공적인 시간(öffentliche Zeit)에 엮어진다. 그리고 인간적인 시간은 우리 시간의 지평을 우리의 후손의 시간으로 여는 미래의 기획 안에서 죽음에의 존재인 우리의 개별적인 존재를 초월한다.

리꾀르는 시간의 체험과 관련하여 역사가 영원한 현재로 지양되는 헤겔의 총체적 매개(totale Vermittlung)사상을 비판한다.[831] 이것은 모든 것을 포괄하는 우화를 해독(dechiffrieren)할 수 있다는 것을 부정하는 것이다. 리꾀르는 역사적 의식의 유한성을 인정하고 있다. 리꾀르는 "역사가 현실과 일치하는 총체성으로의 지양 없이 미래의 기대, 과거의 수용, 현재의 체험 사이에서 서로 교차되는 관점의 그물망으로 이해되는 열린, 비완결된, 그리고 불완전한 매개"[832]의 길을 제시한다.

맺는말

리꾀르의 텍스트 해석학이란 이해와 설명 사이의 복합적이고 순환적인

---

830) P. Ricoeur, *Zeit und Erzählung I, 87.*
831) P. Ricoeur, *Zeit und Erzählung III, 326, Temps et Récit III,* 293.
832) Ibid., 334.

과정을 밝히는 것이다. 텍스트 해석이란 지평융합을 일으키는 것이다. 텍스트의 세계의 발견은 자아 변화(the transformation of self)를 수반한다. 리쾨르는 이것을 전유(appropriation)라고 부른다. 해석의 최종단계는 전유(專有)이다. 전유는 텍스트가 설명이라는 검증과정을 통해 열어주는 가능성의 범위 안에서, 즉 텍스트의 세계 안에서 자아를 새롭게 이해하는 것이다.

리쾨르의 이야기 해석학은 숙명적인 현상학적 시간과 우주적인 객관적인 시간을 매개하여 직접적으로 붙잡을 수 없는 시간을 해석학적으로 드러내고자 한다. 공간을 갖지 않는 시간, 사라지는 시간, 불가능한 현재는 시간이 객관적으로는 규정될 수 없다는 것을 인정한다. 시간은 이야기라는 매체를 통해서 해석된다. 그리하여 그는 이야기 텍스트 내지 문학 텍스트에 대한 해석규칙을 얻는다. 그는 세 단계의 미메시스의 활동, 전형상화, 형상화, 재형상화라는 해석학적 순환의 과정을 거치면서 이해, 설명, 적용이라는 문학작품의 이야기성을 드러내고 있다. 이야기의 서술기능은 역사적이거나 상상적 현실을 재현하는데 그치지 않고 독자의 현실세계와 관련하여 텍스트의 세계를 펼친다.

역사적 그리고 허구적 이야기는 서로 엮어진다. 미래, 현재, 과거의 사건은 이야기 속에 형성된 엮임을 통해서 서로 매개된다. 이런 의미에서 역사서술과 문학은 서로 유사한 측면을 갖고 있다. 역사서술이 이러한 이야기의 매개 속에서 하나의 창의적 구성으로 이해된다면, 그것은 역사의 총체화에 대한 명료한 한계를 제시하는 것이다. 역사 서술에 있어서 리쾨르는 후기 헤겔적인 칸트주의적 비판주의적 입장을 제시하고 있다.

참고문헌

Foder, James, *Christian Hermeneutics: Paul Ricoeur and the Refiguring of Theology* (Oxford: Oxford University Press, New York: Clarendon Press, 1995.

Jeanrond, Werner, *Theological Hermeneutics: Development and Significance* (New York: Crossroad, 1991).

Mattern, Jens, *Ricoeur, Zur Einführung*, Hamburg: Junius, 1996.

Richards, I. A., *The Philosophy of Rhetoric* (Oxford: Oxford University Press, 1986).

Ricoeur, P., *Temps et Récit I* (Paris: du Seuil, 1983), (김한식/이경래역, 『시간과 이야기』 I, 문학과 지성사, 1999).

_______, *Du Texte á l' action* (Paris: Seuil, 1986).

_______, *Métaphore viva* (Paris: Seoul, 1976).

_______, *Hermeneutic and the Human Sciences. Essays on Language, Action and Interpretation*, ed. trans. and introduced, by J. B. Thompson, Cambridge, 1981.

_______, "Mimesis and Represenattion," in: *Annales of Scholarship 2*, 1981, Nr. 3.

_______, "Erzählung, Metapher und Interpretationstheorie," in: *Zeitschirft für Theologie und Kirche* 84, 1987.

_______, "Narrative and hermeneutics," in: *Essays on Aesthetics*, hrsg. von J. Fisher, Philadelphia 1983.

_______, *Zufall und Vernunft in der Geschichte*, Tübingen 1985.

_______, *Soi-méme comme un autre*, Paris 1990.

_______, "Narrative Time," in; *Critical Inquiry 7*, Autumn 1980, Nr. 1.

_______, *Figuring The Sacred: Religion, Narative and Imagination, Minneapolis:* Fortress Press, 1995.

______, *Interpretation Theory,* 『해석이론』.

______, "Phenomenology and Hermeneutics," In: John B. Thompson (ed. & trans.) *Hermeneutics and the Human Sciences,* Cambridge University Press, 1981, 101-128, Rorty, Richard, *The Linguistic Turn* (Chicago: University of Chicago Press, 1967.

Stiver, Dan, *Theology after Ricoeur: New Direction in Hermeneutical Theology* (Lousville: Westminster John Knox Press, 2001)Schneiders, Sandra, *The Revelatory Text - Interpreting the New Testament As Sacred Scripture* (Harper: San Fransico, 1991).

김영한, "리꾀르의 신학적 해석학", 『해석학연구』, 2006년 봄, 한국해석학회, 1-32.

______, "리꾀르의 해석학적 철학", 『해석학은 무엇인가』, 한국해석학회 엮음, 지평문화사, 1995, 75-98.

김종걸, 『리꾀르의 해석학적 철학』, 서울: 한들 출판사, 2003.

석종준, "Ricoeur의 Narrative이론에 비추어 본 복음주의 기독론에 대한 비판적 고찰", 한국기독교철학회 2010년 6월 12일 하계발표회(숭실대) 자료.

윤성우, 『폴 리꾀르의 철학』, 철학과 현실사, 2004.

이대성, "리꾀르의 철학과 기독교 세계관: 기독교 세계관 논의와 해석학적 평가", 한국기독교철학회 2010년 6월 12일 하계발표회(숭실대) 자료.

______, 『진리에 관한 다학제적 성찰: 폴 리꾀르의 해석학을 중심으로』, 2009.

장 경, "Paul Ricoeur를 통해서 본 문화해석과 삼위일체론," 한국기독교철학회 2010년 6월 12일 하계발표회(숭실대) 자료.

정기철, 『상징, 은유, 그리고 이야기』서울: 문예 출판사, 2002.

______, "역사, 정치 행위에 대한 해석학적 고찰", 『해석학연구』, 2006년

봄, 한국해석학회, 79-102.
최태연, "폴 리꾀르의 후기 역사철학", 『해석학연구』, 2006년 봄, 한국해석학회, 33-49.

쉴라이에르마허에서 리꾀르까지

- 현대 철학적 해석학의 흐름 -

초판인쇄 2011년 2월 10일

초판발행 2011년 2월 15일

지 은 이 김 영 한

펴 낸 이 김 대 근

펴 낸 곳 숭실대학교 출판부
서울 동작구 상도동 511

등 록 제14-2호(1982. 1. 25)
TEL 02-820-0771~2
FAX 02-817-5297
http://press.ssu.ac.kr

찍 은 곳 한다디자인
http://www.handapnt.co.kr
TEL 02-961-7500
FAX 02-961-7400

값 19,000원

ISBN 978-89-7450-261-4